U0124317

臺灣民主基金會
Taiwan Foundation for Democracy

臺灣民主之反思與前瞻

王業立　主編

TAIWAN FOUNDATION
for DEMOCRACY
財團
法人臺灣民主基金會

臺灣民主之
反思與**前瞻**

目 錄

臺灣民主之
反思與前瞻

蘇院長序

蘇嘉全

2003 年，在陳前總統的倡議與朝野不分黨派的一致支持下，臺灣民主基金會得以正式成立。這不僅是臺灣第一個國家級民主援助基金會，更是亞洲第一個以推廣全球民主為宗旨的國家級民主援助基金會。這象徵了臺灣民主與人權發展的里程碑，因為本基金會的核心目標是鞏固並深化得之不易的民主成果。更顯示了臺灣願意將自己寶貴的民主經驗，無私的分享於國際社會之中，並回饋給全體人類，使得臺灣民主經驗與人權理念，得以傳播到世界各個角落。

毫無疑問，1996 年的第一次總統民選是臺灣走向完全民主最關鍵的一步路。在過去 20 年之中，我們已經歷了三次政黨輪替。和平的政權轉移，讓臺灣成為 90 年代新興民主國家的模範生。現有的民主成就固然令人驕傲；然而，國內不斷出現的各項問題，持續挑戰民主的發展，我們卻是要時刻留意。從近兩三年來，風起雲湧的社會與學生運動，所提出的各項訴求，像是政府資訊的公開、透明決策等，皆突顯出了代議民主政治的諸多不足。顯然，要達到一個完全成熟的民主，仍有許多待我們改進之處。

基於這個理由，臺灣民主基金會特別在第一次民選總統屆滿 20 年之際，規劃了「臺灣民主之反思與前瞻」專書，邀請臺灣大學政治學系的王業立教授負責專書的策劃、邀稿以及編撰等工作。以憲政體系、全球化、公民社會與基層治理等角度，來全面分析審視臺灣民主發展的各項挑戰，並商討因應之道。各篇文章執筆的教授，均為一時之選，為該領域之碩彥。由於執筆學者的立場與觀念上的差異，書中的內容因而呈現出衝突甚至矛盾的論點。但這正可以顯示出多元觀念的價值所在。畢竟民主政治的真締，就在於展現包容之心，「山不辭石；海不辭水」，容納不同觀點論述的多元價值，方為朝向成熟民主發展

的正確方向。

　　這本專書，除了感謝王業立教授周詳的規劃外，更要感謝王前董事長金平與黃前執行長德福所給予的支持，使得本書得以順利出版。希望本書的出版可以激起國內外對相關議題更多的討論，讓臺灣的民主發展能夠更趨成熟。當然，我個人以及臺灣民主基金會，也將會持續並積極地致力於深化與鞏固臺灣民主的工作之中。

主編序

　　從 1996 年臺灣第一次民選總統開始，臺灣民主化進程更具體地向鞏固與成熟的方向前進，距離今年正好滿二十年。但是在這二十年的期間，可以看到臺灣的民主仍舊受到各種來自國內外情勢發展的挑戰。對內而言，從基本的憲政制度設計到基層民主治理，持續看到來自學術界與社會層面針對各種新的政治、經濟與社會問題提出檢討的聲音；對外來講，快速變遷的國際環境與日益緊密的國際互動，也強烈衝擊政府的應變與回應能力。

　　臺灣民主基金會鑑於自 1996 年臺灣第一次民選總統開始，這二十年來臺灣的民主仍舊受到各種來自國內外情勢發展的挑戰，因此籌劃透過專書的撰寫，邀請相關領域的學者，針對目前臺灣邁向成熟民主政治的發展過程中，認清各種挑戰的本質，審視國內外經驗，除了進行學術理論的探討外，更希望能提出可行的政策建議，因而有了《臺灣民主之反思與前瞻》專書的誕生，希望能為這二十年來 (1996 年至 2016 年) 臺灣的民主發展，留下一些檢討與見證。

　　本專書共分為十二個主題，每個主題均邀請相關領域的傑出學者撰寫。在初稿完成後，先舉行研討會，邀請各領域的資深學者，對於初稿進行評論，由撰稿人針對評論人意見進行修改後，再送兩位匿名審查人進行實質審查，而撰稿人再針對匿名審查人的意見進行修改後，始定稿出版。

　　本專書得以完成，要特別感謝臺灣民主基金會黃德福執行長、游清鑫副執行長的大力支持，以及陳瀅斐小姐和張容慈小姐在行政工作上的協助。另外也要感謝傅恆德、廖達琪、徐斯勤、冷則剛、趙永茂、陳立剛、瞿海源、張錦華等諸位學術界先進，在研討會中對於本專書各個主題所提出寶貴的評論意見，以及兩位匿名審查人對於本專書所進行嚴謹的審查工作。

　　2016 年的總統大選後，臺灣完成了第三次的政黨輪替，象徵著我國的民主鞏固又邁入了一個新的里程碑。希望本專書的出版，不僅能對於臺灣過去二十年的民主發展有所省思，更能對於臺灣未來民主進一步的深化有些許的貢獻。

謹誌於臺灣大學政治學系研究室

2016 年 5 月 20 日

我國半總統制憲法的困局與抉擇

吳玉山[*]

中央研究院

摘 要

　　雖然在 1947 年所制訂的中華民國憲法是採取了「改良式的內閣制」，但是自從 1997 年第四次修憲以來，我國的憲政體制就轉入了介於總統制和內閣制之間的「半總統制」，也就是一方面總統由人民直接選舉產生、一方面內閣總理領導政府對國會負責。半總統制的核心特色是「不確定的兩軌制」，因而有多種運作的次類型，包括「准內閣制」、「換軌共治」、「分工妥協」與「總統優越」等。從 1997 年以來的憲政經驗顯示我國是採取了「總統優越制」，此制所產生的困難是在府會一致時，有可能造成總統的權力氾濫；而當府會不一致時，又可能造成行政與立法相互頡抗，導致施政困難。為了改善憲政運作，出現了三種修改現制的主張，其方向都是節制總統的權力。第一類是不改變憲政制度，僅在現制內微調，主要是取消總統兼任黨主席的規定；第二類是維持半總統制，但藉著恢復立法院的閣揆同意權來改變運作次類型；第三類是取消總統直選，轉變憲政體制為內閣制。總體而言，任何對於現制的修改，都必須謹慎將事，只有在確認效果顯著與配套完善的情況之下才可實行。

關鍵詞：半總統制、憲政改革、府會不一致、總統優越、准內閣制

---

* 吳玉山　中央研究院政治學研究所特聘研究員、臺灣大學政治系教授、美國加州柏克萊大學政治學博士。主要專長為社會主義國家政治與經濟轉型、新興民主國家憲政體制，與國際關係與兩岸關係理論。曾撰寫與編輯 18 本中英文專書，出版 130 餘篇期刊與專書論文。最近出版與憲政相關之專書包括《權力在哪裡？從多個角度看半總統制》（2012）與《半總統制跨洲比較：亞洲與歐洲的對話》（2015）等。

　　自從 1996 年總統直選以來我國的憲政體制經歷了非常大程度的變動。原先於 1946 年所制訂、1947 年正式施行的中華民國憲法是採取了「改良式內閣制」的精神。一方面總統是由國民大會選舉產生，而非由人民直選；一方面行政院為國家的最高行政機關，對立法院負責。這樣的規定將我國的憲政體制指向內閣制，但是由於國會缺乏倒閣權，因此還不是標準的內閣制。不過這樣的憲政體制在「動員戡亂時期」被長期凍結，同時臺灣也進入了總統獨裁的實際統治型態。到了民主化之後，1947 年憲法被重新啟動，各項民意代表的選舉也逐一恢復，可是總統獨大的憲政慣例已經很難改變。到了 1996 年的總統直選、和 1997 年的第四次修憲之後，我國的憲政體制轉入了「半總統制」（semi-presidential system），而與 1947 年的架構有相當的不同。從 1997 年之後，我國憲法迄今（2015）雖然又經歷了三次修改（1999、2000、2005），但是基本的憲政框架沒有改變，始終維持在半總統制。半總統制是一種「進入容易、但運作困難」的憲政體制，這種情況在臺灣顯露無疑（Wu, 2007）。由於政治文化、歷史發展，和政治行為者算計與互動的結果，臺灣的半總統制走入了「總統優越」的次類型。在此種次類型之下，總統總攬大權，而府會也易生爭議，於是再度修憲之說不絕於耳。在以下的討論當中，將針對臺灣進入半總統制的過程、運作的困局，和抉擇的方向進行討論。[1] 我們將會發現民主國家憲政體制的變革其實是社會價值的抉擇，很難說哪一種體制相對於其他選擇是絕對優越的，因此憲政改革所能做的，只能是增進某些價值，但是也要承受對其他價值所可能帶來的損失。如何抉擇，自然有賴民主辯論，而學術界所能夠提供的，是釐清各種選擇的得失，使得憲政抉擇是基於知識的基礎，而不是僅受限於直觀反應、短期考量，或是個別政黨的利益盤算。

---

1. 本章所探討的憲政體制，主要集中於總統、國會與內閣之間的關係，也就是憲政體制的核心架構，並不涉及選舉制度、投票年齡、考試監察兩院存廢、修憲程序等其他問題。

壹、從改良式的內閣制到半總統制

　　我國的憲政體制是從改良式的內閣制轉化到半總統制。然而，究竟什麼是半總統制呢？世界上民主國家的憲政體制有多種，其中最主要的是內閣制、總統制，與半總統制。[2] 內閣制強調立法與行政融合，因此政府的產生必須獲得民選國會的同意，又要對國會負責。在這種體制下，合法性是一元的，主要的選舉也只有一個，就是國會大選。內閣總理掌握行政大權，但國會可以用不信任投票令其去職。在一條鞭的國會與內閣之外，另有國家元首存在，作為一國的象徵，但是基本上不握實權，由世襲繼承或間接選舉產生。在總統制的國家，國家元首和政府領袖是同一人，即為總統。總統由普選或是透過具有實質普選性質的選舉人團制度產生，不對國會負責。總統制下合法性是二元的，因為人民直接選出總統和國會，而讓二者相互制衡。總統直接領導內閣，任期固定，國會無法對其表示不信任。至於從第三波民主化後大為風行的半總統制，則是揉合了內閣制與總統制的精神，一方面有直選總統，一方面又設置了內閣總理，並需對國會負責。[3] 由於同時具有總統制與內閣制的核心特徵，因此半總統制的運作次類型有多

---

2. 有些學者將半總統制稱為「雙首長制」，或者逕稱為「混和制」。「雙首長制」容易讓人以為在所有此類國家當中，總統與總理均會分享行政權，這類似於 Giovanni Sartori（1997:131-132）的看法，但是分享行政權的體制只是半總統制的可能形式之一，因此範圍過窄。如果將半總統制理解為混和制，則無法標舉出此類體制的核心特徵，範圍又太寬。關於半總統制的定義，參見 Blondel（1992）、Siaroff（2003:290）、呂炳寬、徐正戎（2005:114）和 Elgie（2007:2-3）。

3. 相對於內閣制與總統制而言，半總統制是一種較新的憲政體制。它肇始於一次大戰後的威瑪德國與芬蘭，而在 1990 年代大幅擴張。半總統制基本上有兩種定義方式，比較狹義的定義出自 Maurice Duverger，他認為半總統制必須符合三項條件：總統直選、總統有相當的實權，以及總理領導政府對國會負責（Duverger, 1980）。由於何謂總統有相當的實權難以界定，因此 Robert Elgie 等學者便將這個條件刪除，認為任何憲政體系只要滿足了直選總統和總理對國會負責便是半總統制，這便是廣義的定義（Elgie, 1999; Elgie and Moestrup, 2007, 2008; Elgie, Moestrup, and Wu, 2011）。因為在操作上較為容易，Elgie 的定義現在已經被越來越多研究半總統制的學者所接受。根據這樣廣義的定義，半總統制現在已經成為世界上最被廣泛採用的憲政體制。

種，而且無法由其成文憲法來判定，而必須透過憲政實踐才能夠逐步發展確定。這些次類型有的偏向總統制、有的偏向內閣制、有的介於兩者之間、又或是搖擺不定。所以半總統制是頗為難以預測與運作的憲政體制。

更具體地來說，國家權力中最為關鍵的便是行政權，因此由行政權的掌控和負責可以讓我們界定不同的憲政體制。在內閣制中行政權是掌握在由總理領導的內閣手中，而內閣對國會負責；在總統制中行政權是掌握在總統手中，內閣官員全是總統的僚屬，他們對總統負責。在半總統制當中，由於有內閣制與總統制的兩種特徵，因此無法清楚地看出究竟是誰掌握最高的行政權，而行政部門又是向誰負責。造成這個現象的原因是半總統制有責任內閣的設計，所以可以走總理領導內閣對國會負責的軌道；但是在同樣的憲政體系當中又有總統直選的安排，這就使得總統具有統治的合法性，容易居於總理和內閣的上位，因此又可以走總統制的軌道。這樣兩軌的設計是半總統制的制度核心，影響所有其他的規定。總之，在半總統制當中國家權力的掌控和負責是不清楚的，有時候「總統制軌」較強，這個體制就運作得像總統制，甚至出現「超級總統制」；有時候「內閣制軌」較強，這個體制就表現得像是內閣制。又有時候兩軌平衡發展，或是兩軌交替運作，甚至相互頡頏，形成半總統制豐富的多樣性。「憲政兩軌制」與「運作不確定」是半總統制的兩項特色，可以合稱為「不確定的兩軌制」（吳玉山，2011）。

我國最早的憲政體制是規定於 1947 年的中華民國憲法。在這個體制當中，總統由國民大會選舉，而根據孫中山先生的國父遺教，國民大會是代表人民行使政權的機關，並不是依照人民意旨投票的選舉人團，因此中華民國的總統不是直選（中華民國憲法前言及第 25 條）。另一方面，國家的最高行政權力是掌握在行政院手中，而行政院要對立法院負責（憲法第 53 條、57 條）。行政院長由總統向立法院提名、並獲得同意後任命（憲法第 55 條）。非直選的總統加上責任內閣是內

閣制的標準特徵，所以我國憲法的原型是內閣制的。但是一般的內閣制國家都有國會可以倒閣的設計，以落實責任內閣的精神。而在1947年的憲法中，卻只有行政院長在兩院意見不一致、而立法院以三分之二堅持其意見時，必須接受或辭職的規定。這個增強行政權以維護政治穩定的機制，使得倒閣極為困難，因此是一種「改良式的內閣制」。不過這樣的體制在形式上僅僅維持了不到一年（1947-1948）。

在憲法制訂與施行時，由於國共內戰爆發，因此政府制訂了「動員戡亂時期臨時條款」，而於1948年五月開始實施，將1947年的民主憲法凍結起來，而賦予總統專斷的權力。這樣的法律規定，再加上長期實施的戒嚴、黨禁與報禁，使得臺灣進入了威權統治時期，而要到1990年代初才開始回復實施民主。在1991與1992年，國民大會與立法院相繼全面改選，行政院長的任命需要獲得立法院的同意，行政院也以不完全的方式對立法院負責，臺灣真正開始實行了「改良式的內閣制」，而行政院長郝柏村也展現了越過李登輝總統獨立行使職權的企圖。然而強人政治的傳統、李總統希望鞏固其統治合法性的需求，以及在野的民進黨希望以總統直選來突出臺灣為一個獨立主權國家的堅持，促使國民黨對於總統選舉辦法的主張從維持現狀、委任直選（類似美國的選舉人團），轉變到直接民選。當時在社會當中出現了總統直選才是民主的氛圍，一般民眾也認為臺灣在面對中國大陸的挑戰時，需要集中決策權力於國家元首，因此總體的外在環境也適宜於推動總統直選。[4] 由於有這些政治菁英和社會民眾兩方面的有利條件配合，總統直選在1994年第三次修憲時獲得通過，並在1996年第一次舉行，而由李登輝總統獲得連任。此時臺灣進入一個「准半總統制」的情境，一方面有直選的總統，一方面行政部門仍是以不完全的方式對國會負責。

在1994年所確定的總統直選具有極強的持續力，成為我國憲政

---

4. 關於此時菁英與民眾在直選總統偏好上的重疊，以及最後所造成的制度變遷，參見Liao與Chang（2010）。

體制難以撼動的基石。當 20 年後一般民眾對於總統權力是否過大產生疑慮，政治菁英開始倡議回復總統間接選舉，而將我國的體制轉向內閣制之時，民眾普遍無法接受此種改變。許多當年主張總統必須直選的論述，包括實踐民主與有效領導國家等，都已經深入人心，而難以轉變。此種普遍的心情，自然成為大幅地改變憲政體制的阻礙，而限縮了我國憲法可能變遷的範圍。[5]

在 1997 年進行的第四次修憲為半總統制的建立劃下最後一筆。當時李登輝總統為了任命行政院長之事與立法院中的反對黨產生了極大的爭議，而急切地尋求體制的改變。由於朝野合作是修憲的唯一可能途徑，因此當時的國民黨和主要的反對黨民進黨達成了一項妥協：民進黨同意國會放棄對於行政院長任命的同意權，而換得了可以對內閣進行不信任投票，也就是國會失去了決定內閣的權力，但是獲得了倒閣的權力。由於倒閣權是內閣對國會負責的關鍵權力，因此從 1997 年第四次修憲開始，我國一方面已經有了民選總統、一方面又使政府對國會負完全責任，因此我國的憲政體制正式進入半總統制。[6]

在以下的表一當中，我們將中華民國憲政體制的發展分為六個階段。在行憲之初的 1947-48 年，曾經有實現「改良式內閣制」的機會，這也就是「第一階段」。其後因為動員戡亂臨時條款的制訂和頒行，民主憲法被凍結，而我國也就進入了總統獨裁的「第二階段」（1948-

---

5. 此即為直選總統的「不可逆性」，參見蘇子喬（2012:309）。

6. 關於臺灣採行半總統制的個案分析，參見 Hsieh（1993）、Chu 與 Lee（2003）。如果從全球半總統制的發展來看，臺灣作為一個新興民主國家也採用了此一風行的憲政體制毋寧是非常自然的。在民主化之後，民意的自然歸趨是要求落實責任內閣，而總統和國會也要由人民透過直接選舉來產生。當總統和國會這兩個機構都被民主化並被賦權之後，所衍伸出的憲政體制就只可能是半總統制。基本上這就是新興民主國家希望透過內閣制和總統制的兩種機制來實現民主，而不感覺到這兩種體制的扞格不入。此一朝向半總統制發展趨勢一直到今日均未停止，例如原本是內閣制的捷克便在 2013 年第一次直選總統，而成為半總統制的國家。從獨立之後便採行內閣制土耳其也於 2014 年舉行總統直選，加入半總統制國家的陣營。關於半總統制的全球發展，參見吳玉山（2011）。

1991）。等到民主化之後，經歷了四次修憲，一方面總統直選、一方面立法院取得了倒閣權，因而滿足了半總統制的條件要求，而我國也正式地進入了半總統制的憲政體制，這個過程是「第三階段」。而從進入半總統制之後，我們歷經了「府會一致」（1997-2000，第四階段）、「府會不一致」（2000-2008，第五階段），而後又復歸「府會一致，第六階段」（2008-2016）的三個階段。從第四到第六個階段，我國不僅是在半總統制之下運作，更是在半總統制的一種特殊的次類型之下運作。許多憲政實踐所產生的問題，就是和此種特殊的次類型直接相關的。

表一　我國憲政演化的各個階段

發展階段	時　間	政府體制	總　統
第一階段	1947-1948	改良型內閣制	蔣中正
第二階段	1948-1991	總統獨裁 動員戡亂時期臨時條款	蔣中正 嚴家淦 蔣經國 李登輝
第三階段	1991-1997	進入半總統制	李登輝
第四階段	1997-2000	半總統制：府會一致	李登輝
第五階段	2000-2008	半總統制：府會不一致	陳水扁
第六階段	2008-	半總統制：府會一致	馬英九

資料來源：作者自行製作。

貳、走向總統優越次類型的半總統制

　　由於半總統制的核心特色是「不確定的兩軌制」，因此在運作時會因為黨政關係、政黨體系、政治文化傳統、行為者的操作等原因而產生一些特定的運作次類型。這些次類型有不同的分類方法，例如最為學界所熟識的「總理總統制」vs.「總統國會制」等。[7] 為了精確地掌握我國憲政體制運作的模式，在此必須先確定半總統制的運作次類型。

　　我們可以用是由總統還是國會多數來決定總理與內閣人事、以及總統和國會多數是不是同屬一個政黨這兩個變項，架構出四種半總統制運作模式。它們分別是准內閣制（quasi-parliamentarism, QP）、換軌共治（alternation-cohabitation, ALT）、分權妥協（compromise-power sharing, COM），與總統優越（presidential supremacy, PS）。准內閣制顧名思義便是依內閣制的原則來運作的半總統制。也就是雖然總統是由人民直接選舉產生，並且可能被憲法賦與實際的權力，但是總統在任命總理和組成內閣上，都是尊重國會多數，而並不想要以本身所屬意的人選來領導政府。這樣的總統基本上便如同內閣制下的虛位元首。由於總統虛位，因此不論是府會一致、或是府會不一致，總統基本上

---

7. 將半總統制區分為「總理總統制」（premier presidentialism）與「總統國會制」（president parliamentarism）是由 Shugart 與 Carey（1992）開先河，其後並獲得 Elgie（2001）等半總統制的主要研究學者贊同，並在國內學界中成為最普遍的分類法。這些學者普遍認為總統國會制是不利於民主的政治設計，相對地總理總統制則為較優良的制度類型。這兩種半總統制次類型主要的不同是在總統國會制當中，總統有獨力罷黜總理的權力，因而可以迫使總理對其負責；而在總理總統制當中，總統並無此種權力。總統國會制之所以不利於穩定與民主，是因為半總統制本就已經要求總理對國會負責，因此如果總統也有能力要求總理負責的話，就會造成雙重負責（dual accountability）的情況，容易導致府會相爭，因此不利民主鞏固，是制度罪人（institutional culprit）；而總理總統制由於負責的機制清楚，權責明晰，因此是較為優良的設計（Elgie and Schleiter, 2011）。主張此種二分法的學者通常是以檢視憲法條文的方式來確定一國的半總統制是屬於總統國會制還是總理總統制。關於半總統制的各種分類，參見蘇子喬（2011:33-39）、張峻豪（2012）；關於對「總統國會制/總理總統制」二分法的批評，參見吳玉山（2011）。

都不干預政事。在准內閣制中國會制的軌道是實的，而總統制的軌道是虛的。一些西歐的半總統制國家是屬於准內閣制，例如冰島與奧地利。換軌共治是因法國在 1986 年以後出現的三次共治而著名，甚至被錯誤地認為是半總統制的常態。在這種半總統制的次類型之下，府會是否一致會帶來很大的不同。當府會一致時，總統作為國會多數黨的實際領袖，對於決定總理和內閣的人事有最大的權力，並成為政府的實際最高領導人。總統可以隨時撤換總理、變更政策；而總理既然由總統所任命，又是被總統所領導的國會多數黨所支持，因此是直接對總統負責。然而一旦產生府會不一致的情況，則國家的治理方式開始換軌，總統會任命掌握國會多數的反對黨黨魁為總理並組織內閣，而政府的行政權也就移轉到反對黨的手中。在此種半總統制的型態當中，總統制和內閣制的軌道會隨著總統黨是否掌握國會多數而成為運作的主軸，所以有時像總統制、有時像內閣制。

分權妥協是指總統在府會一致時主導政事，而在府會不一致時和掌握國會多數的反對黨妥協，達成分割權力的協議。例如特定部會的閣員由總統決定，以確保總統在這些領域仍然享有主控權，至於其他部會則由反對黨掌控。這樣的分權模式可以是規定在憲法當中（例如波蘭在 1992 年制訂的「小憲法」），或是由總統和國會的反對黨視情況商議決定，以組成某種形式的聯合內閣。不論是憲法分權或是協議分權，總統制和內閣制的軌道都是實在的，但是對於政府卻都只有部分的控制能力，所以是一種分享統治權的妥協模式（Wu, 2011）。最後總統優越是一種總統意志凌駕一切的半總統制，在實質的運作上很接近總統制。此時雖然政府在形式上仍然必須對國會負責，但是總理的任命以及內閣的組成都是由總統決定，國會基本上無法干預。總理所扮演的只是總統幕僚長的角色，其人選由總統決定、而且對總統負責。總統優越是不分府會一致或是府會不一致的。當總統和國會多數同屬一黨的時候，總統是執政黨的領袖（不論是否有黨魁的名義），並以此號令執政黨的國會議員，因此總理不論如何任命、如何負責，

其對象都是總統。在府會不一致的時候，由於總統黨不是國會的多數黨，因此政府會面臨一種兩難的情況，會同時受到總統和國會的壓力。但是在總統優越的模式中，由於一些結構和偶發的因素，國會在實質上不能夠約束總統，而只有接受總統所指定的總理和內閣，也無法用不信任投票使其去職。總統優越和准內閣制恰好相反，不論在府會一致或府會不一致的情況下，總統都放手干預政事，而且還有效地阻擋了政府對國會負責。俄羅斯聯邦是屬於總統優越次類型的半總統制。

我國在 1997 年第四次修憲之後，雖然已經進入了半總統制，但是由於長期由國民黨掌控總統與國會，府會維持一致，因此還看不出來究竟是採取哪一種半總統制的次類型，只知道由於總統在此種情況下對於內閣有決定權（包括李總統對於連戰和蕭萬長的任命），因此不會是採用准內閣制。決定半總統制次類型的試金石是由選舉所造成的府會不一致，此時總統和國會的意志相左，於是我們可以從觀察內閣組成的方式，來瞭解體制的偏向。這個情境在 2000 年的總統選舉後來到。在那次總統選舉當中，民進黨的陳水扁獲勝，成為中華民國第十任總統，但是國民黨仍然掌控住立法院的多數席次。此時究竟是由總統決定內閣的組成，還是要尊重立法院的多數，便成為決定憲政體制類型最重要的關鍵。

由於在第四次修憲時，總統是被賦予了行政院長的完全任命權，不需要獲得立法院的同意，因此在制度上總統是可以依據本身的意志來行事的。這樣做的結果，當然可能導致國會的反對，而以不信任的方式迫使新內閣去職。然而此時憲法又規定總統可以解散國會，以探詢最新的民意。如果選舉的結果由國會的多數獲勝，則總統自應退讓。所以究竟會由總統、還是國會多數來決定內閣的組成，最後還是要由民意來決定。那麼究竟總統會如何行動，而國會又會如何的反應呢？在當時的政治情況之下，國民黨剛在總統大選中挫敗，政黨的聲望正低，同時「藍營」分裂，宋楚瑜組成了親民黨，與國民黨瓜分泛藍的票源，同時臺灣的民眾長期習慣於總統任命閣揆、主導行政，因

此一旦總統和國會對決,而最後以新的國會選舉來決定結局,則陳總統一方的勝算頗大。在這樣的情境之下,仍由國民黨所掌控的國會乃決定不挑戰陳總統的閣揆任命權,而陳總統也從唐飛開始,在其八年(2000-2008 年,其中 2004 年連任成功)的任期之內,一共任命了六位行政院長(唐飛、張俊雄 I、游錫堃、謝長廷、蘇貞昌、張俊雄 II),完全沒有徵詢國會的意見。[8] 在 2000 年關鍵時候所建立的先例,乃決定了我國半總統制的運作模式為「總統優越」,也就是無論府會是否一致,都是由總統依己意任命內閣,國會無法贊一言(參見表二)。[9] 閣揆既然如此任命,當然也就唯總統之命是從(張峻豪、徐正戎,2007)。此種總統優越的情況在 2008 年總統與國會大選,雙雙由國民黨獲勝後,自然也不會改變。由於府會復歸一致(2012 年國民黨又在總統和國會大選中獲勝),總統有憲法職權、國會多數,和民意支持來任命自己所屬意的行政院長。因此馬英九總統乃先後任命了劉兆玄、吳敦義、陳冲、江宜樺、毛治國與張善政等六位行政院長,而不需要徵求國會的同意。因此我國持續在總統優越的憲政軌道上運作,而此種半總統制次類型的運作缺陷,也在從 1997 年以來的憲政實踐當中充分地顯露出來。

總統優越型的半總統制在 2016 年政黨再次輪替執政時受到了一次相當大的考驗。對於馬英九總統而言,他理想中的憲政體制是接近「分工妥協」模式的。他在 2007 年接受國民黨提名為總統候選人時,便主張如果民進黨在國會選舉中獲勝,則他將會任命民進黨人為行政院長。由於國民黨在接下來的國會和總統大選中都獲得勝利,因以馬

---

8. 在任命新行政院長的過程中,當然也包括了將原有的行政院長免職。然而我國總統可以獨力將行政院長免職並非憲法的明文規定。事實上在 1997 年第四次修憲時,對於應給予總統對行政院長的「任命權」還是「任免權」曾經有過一番爭議,最後決定了給予總統任命權、而非任免權。因此總統將行政院長免職的權力是憲政實踐,而非憲法規定。

9. 關於臺灣為何沒有走向法國式的「換軌共治」,而是採取了「總統優越」的運作型態,參見 Wu(2000)、吳玉山(2002)、Wu(2005)、Liao 與 Chien(2005)、林繼文(2012)和蘇子喬、王業立(2014)。

總統的承諾無法實現。另一方面，從馬總統在安排內閣和國安人事時總是分批處理，而在前者相當尊重閣揆的意見、在後者則由總統決斷來看，他是頗為堅持總統在國安大政方針（國防、外交、兩岸）上的主導權（憲法增修條款第二條）。因此對於馬總統來說，如果反對黨掌控了國會多數，則固然行政院長之位應該由反對黨人士擔任，可是與國安相關的職位則仍應由總統決定。這就是「分工妥協」的運作模式。可是對於在 2012 與 2016 年民進黨的總統候選人蔡英文主席而言，她是以總統制的精神來理解我國的憲政體制，因此不接受由國會多數組閣的看法，而認為應該由新任總統決定內閣人事。這樣相互衝突的兩種意見，到了 2016 年總統與國會大選過後，就出現了憲政體制運作型態的爭議。因為一月選後到五月新任總統就職間還有四個月的時間，因此馬總統希望由民進黨人組閣，但是蔡英文主席則主張國民黨應以看守內閣的形式繼續執政到她在五月廿日就任時為止，並認為馬總統的主張會造成憲政混亂。由於民進黨拒絕組閣，而國民黨當時的閣揆毛治國又堅持請辭，因此馬總統便以張善政組閣，成為馬總統的第六任閣揆。馬總統還是在國會由反對黨控制的情況之下，決定了由同黨人士所組成的內閣，「總統優越」仍然持續（參見表二）。馬、蔡二人意見的不一致顯現出的便是「分工妥協」和「總統優越」這兩種運作型態的衝突，而最後政府依總統而轉，不依國會而變，則清楚顯示出我國仍然在「總統優越」的半總統制軌道上運作，並沒有依馬總統的主觀意願而改變。

從 2000-2008 年與 2016 年的經驗來看，各主要政黨在如何運作半總統制上面，並沒有共識。因此藍營對於陳水扁總統堅持少數政府並不贊成，而綠營對於馬英九總統認為應該由國會選舉結果決定內閣也不同意，兩次爭執都是由綠營決定了憲政體制的運作模式。由於缺乏共識，因此臺灣的半總統制即使在沒有修改憲政體制的情況之下，是否還會持續走在「總統優越型」的半總統制軌道上，還是有其不確定之處。然而，制度會透過不斷地重複實踐而累積本身的合法性，因此

我國總統優越型的半總統制如果不斷實踐下去，將會隨著其存續的時間增加而強化其延續力。

　　「總統優越型」的半總制是憲政實踐的結果，本身並不代表符合制憲或修憲時的各方理念。我國的行政院長為最高行政首長，並對立法院負責，雖然在 1997 年修憲之後，可由總統直接任命，毋須立法院的同意，但是行政院長本身的憲政角色並未改變，因此從法理面而言，自可強調「內閣制軌」方為主軸。特別是總統縱使能夠獨力任命行政院長，但是憲法並未給予總統免除行政院長職位的權力。如周育仁在本書第二章所述，在 1997 年修憲之時，國民黨與民進黨均不贊成給予總統行政院長的免職權，因此最後通過的修憲版本是給予總統對閣揆的「任命權」，而非「任免權」。因此日後所發展出來的總統任免行政院長的憲政實踐，實在是違反了當時修憲的本意。[10] 因此從法理上來說，行政院長既為最高行政首長、對立院負責，又非總統所得任意免職，因此實不應對總統負責，而「總統優越」的憲政實踐，也在法理規範上有其瑕疵。不過此處法理應然面的討論，與實然的憲政實踐並不處於同一層次。當在實際政治上，居國會多數的反對黨選擇不挑戰總統，而任由其組成少數內閣時，便使總統獲得了自由任命閣揆的能力，以及將此不獲國會支持的閣揆予以免職的實際權力。總統因而得以透過人事權而對政府實施全面的掌控。反對黨的態度，自與其算計選舉結果有關，也與社會普遍對於總統的高度期待有關，凡此均非憲法所能規範。因此我國半總統制的憲政實踐遂走向了和憲政法理與修憲意旨較不相合的「總統優越制」，強化了「總總制軌」、而弱化了「內閣制軌」。此實為半總統制規範與實踐不一致的典型案例，而早為杜瓦傑在為此一憲政體制命名時所明確指出（Duverger, 1980）。

---

10. 參見本書第二章，周育仁，「從行政與立法互動論臺灣民主」。

表二　半總統制之下的府會互動

總　　統	立法院多數	府會關係	行政院長	互動模式
李登輝（KMT, 1996/5-2000/5）	泛藍（第三屆, 1996/2-1999/1）	一致	連戰（KMT, 1993/2-1997/9）	總統優越*
		一致	蕭萬長（KMT, 1997/9-2000/5）	總統優越*
	泛藍（第四屆, 1999/2-2002/1）	一致		總統優越*
陳水扁（DPP, 2000/5-2004/5）		不一致	唐飛（KMT**, 2000/5-2000/10）	總統優越
		不一致	張俊雄（DPP, 2000/10-2002/2）	總統優越
	泛藍（第五屆, 2002/2-2005/1）	不一致	游錫堃（DPP, 2002/2-2005/2）	總統優越
陳水扁（DPP, 2004/5-2008/5）	泛藍（第六屆, 2005/2-2008/1）	不一致	謝長廷（DPP, 2005/2-2006/1）	總統優越
		不一致	蘇貞昌（DPP, 2006/1-2007/5）	總統優越
		不一致	張俊雄（DPP, 2007/5-2008/5）	總統優越
馬英九（KMT, 2008/5-2012/5）	泛藍（第七屆, 2008/2-2012/1）	一致	劉兆玄（KMT, 2008/5-2009/9）	總統優越
		一致	吳敦義（KMT, 2009/9-2012/2）	總統優越
	泛藍（第八屆, 2012/2-2016/1）	一致	陳冲（KMT, 2012/2-2013/2）	總統優越
馬英九（KMT, 2012/5-2016/5）		一致	江宜樺（KMT, 2013/2-2014/12）	總統優越
		一致	毛治國（KMT, 2014/12-2016/1）	總統優越
	泛綠（第九屆, 2016/2-2020/1）	不一致	張善政（KMT, 2016/2-2016/5）	總統優越

資料來源：作者自行製作。

說明：* 由於是處於府會一致的情況，因而此一時期之總統優越體制並未充分證實，僅能看出我國總統絕非准內閣制下之虛位元首。

　　　** 雖然唐飛為蕭萬長內閣之國防部長，並為國民黨員，但是其任命並非陳水扁總統與國民黨協調之結果，而是陳總統依其職權所為之單獨任命，在政治上係以唐飛之身分來緩和第一次權力交替之緊張，而為一過渡之選擇。

參、實踐總統優越制所產生的困難

　　由於總統優越是半總統制中總統權威最大的次類型，因此在實踐上容易在此一特點上產生問題。在府會一致時，總統優越制會給予總統極大的權限，一方面透過行政院長控制政府，一方面透過多數黨控制國會，因而可能產生權力氾濫的問題。而當政府力推具有高度爭議性的法案時，由於反對力量無法在建制管道中進行阻擋，因此就容易產生激烈的社會抗爭。在府會不一致時，總統優越制會讓總統還是能夠依照本身的意志來決定政府的人事與重大的政策，而與國會多數產生衝突。由於在這種體制之下國會不會訴諸倒閣的手段，因此府會間的爭議便形成僵局，而導致政府的重大法案無法通過，施政產生困難。一個衍生出來的問題是，總統雖然掌握大權，但是如有施政不當，卻不需要負責，而行政院長雖實為總統僚屬，卻常需要為不是自己決定的政策負責，被總統任意更換，以抒解民怨，因此總統被認為「有權無責」，閣揆卻是「有責無權」。因此，總統優越制無論在府會一致或是府會不一致的情況之下，都有其特殊的問題。在我國確立半總統制總統優越的體制之後，已經出現了陳水扁總統任內（2000-2008）的府會不一致、和馬英九總統任內（2008-2016）的府會一致兩種型態。在這兩種時期當中，各自出現了總統優越制的問題。這些問題就是社會各界在 2015 年呼籲重新進行憲政改革的主要背景。

　　在陳水扁總統的時代，從其就任第一天開始，到八年後卸任為止，民進黨都沒有在國會中掌握多數席次。在第四屆和第七屆立法院和陳總統任期重疊的期間（2000/5-2002/1，2008/2-2008/5），由於國民黨在立法院中據有過半的席次，因此反對黨掌握國會無庸置疑。在第五和第六屆立法院中（2002/2-2008/1），由於藍營的分裂，民進黨成為國會中的最大黨，分別佔有 225 席中的 87 席與 89 席，比其他個別政黨都多，但是一方面沒有過半，一方面國民黨、親民黨與新黨等泛藍政黨在這兩屆國會當中分別佔有 115 席與 114 席，均超過國會席次的

半數,並且較民進黨、或民進黨加上台聯黨的泛綠席次(100 席與 101 席)為多,因此在第五和第六屆的立法院時期,國會仍然是由反對黨所掌握的。由於國會由反對黨控制,而總統卻依己意任命行政院長,並從而掌握政府,因此造成了少數政府的情況,並帶來了府會間的劇烈衝突。

府會不一致所造成的結果似乎清楚可見。從 1997 到 2000 年,當府會還處於一致狀態之時,內閣的平均存續時間是 990 天,但是到了府會不一致時期,內閣的更替頻繁,平均存續時間變成只有 486 天。就法案通過的情況而言,如果觀察剛好處於由府會一致轉成府會不一致的第四屆立法院,會發現其第一與第二會期(1999/2-2000/1)通過了政府所提 304 件法案中的 221 件,通過率為 72.7%。然而到了同一屆立法院的第三與第四會期(2000/2-2001/1),在政府所提的 470 件法案當中,只有 180 件獲得通過,通過率降到只有 38.5%,約為府會一致時期的一半(盛杏湲,2003:86)。另外一個可以觀察的現象是政府在記名表決中的獲勝率。同樣在第四屆立法院時期,政府可以在府會一致時贏得 180 次記名表決中 177 次的勝利(獲勝率 98.3%),但是到了少數政府與府會不一致時期,政府在 96 次記名表決當中只能贏得 33 次的勝利(獲勝率 34.4%)。後者的獲勝率僅有前者的三分之一(黃秀端,2003:32)。總體而言,政府無法藉由立法來實現其政策目標,而反對黨則透過杯葛政府法案來達到弱化行政部門政績的作用。就具體事例而言,民進黨長期主張廢除核四,又要求以特別預算來採購美國所提供的武器,但是兩者都被反對黨所杯葛,而無法推動。總體而言,在八年的少數政府時期,反對黨無法迫使總統在內閣的人事任命上尊重國會多數,而總統則無法在法案的推動上獲得國會的支持,從而形成一種相互否決的情況。此類狀況就是半總統制研究中認為可能會導致府會劇烈衝突、甚至造成民主崩潰的情境,不過臺灣通過了這個嚴峻的考驗,成為總統優越體制中的異例(Wu and Tsai, 2011:189-190)。

　　相對於府會不一致的時期，在一個新興民主國家當中，當總統和國會多數屬於同黨的時候，總統優越型的半總統制容易產生另一方面的問題，那就是總統是否有可能專擅大權，從而造成「滑回威權」的可能。在這一方面最為顯著的例子便是俄羅斯。在蘇聯崩解後，俄羅斯聯邦成為一個新興民主國家，並且順應潮流也採取了半總統制的政體。由於俄羅斯 1993 年的憲法對於內閣任命的程序有利於總統，而且總統又可以隨時罷黜總理與內閣，再加上俄羅斯人民習慣於強勢的國家領袖，因此俄國總統均以己意任命總理，而不理會杜馬國會的政黨生態，因此俄羅斯無疑地是屬於總統優越型的半總統制。不過在整個的 1990 年代，俄國總統葉爾欽（Boris Yeltsin）均無法掌握國會多數，他雖然在執政的八年中七易總理，號令政府，但總是受到國會的掣肘，無法恣意專斷（吳玉山，2000：43-113）。但是到了他的繼任者普京（Vladimir Putin）上台，支持新總統的團結俄羅斯黨（United Russia）獲得民眾支持，從 2003 年開始便能夠掌握國會的多數，使得俄羅斯第一次出現了府會一致的狀態。然而在此同時俄羅斯的自由指數也逐漸下滑，從葉爾欽時期平均 3.5 的「部分自由」（partly free）一路下跌到 2004 年的 5.5，也就是落入了「不自由」的狀態（Freedom House, 2015）。俄羅斯是一個採用了總統優越型半總統制政體的新興民主國家，而其府會一致與滑回威權是前後發生的。迄今普京總統的聲望還是與俄羅斯的政治控制同步加強，顯見執政者的高度威望對於新興民主所可能帶來的挑戰（Levada-Center, 2015）。

　　臺灣自從 2008 年以來回歸府會一致，府會間結構性的緊張關係一夕解除。此時馬總統可以藉著直接任命行政院長來掌控內閣，又藉著其執政黨實質領袖的地位控制國會，並擁有民意對強總統的支持，因此形式上的權力極大。在執政初期，馬總統嘗試在總統和行政院長之間採取分工模式，由自己處理國安、兩岸與外交等事務，而由行政院長主理經濟與內政。這樣的分工是出於總統的主動，也隨總統的意志而調整，因此並非對於總統權力的限縮。果然在 2009 年八月莫拉克

風災後，由於民眾期待總統回到第一線直接領導、並擔負責任，因此馬總統便在許多行政院長權責事務中裁定政策，對政府進行指點，並替換了閣揆，可見總統綜攬權力的大局並無改變，而社會輿論也視為正常。迨 2009 年十月，馬總統接任執政國民黨之主席，其對黨政權力的掌控便更進一步（陳宏銘、陳俊宇，2011）。

馬總統在第一任期內雖然遭逢國際金融危機，但其所採行的對應方式與藉由改善兩岸關係來提振臺灣經濟的整體策略尚能獲得民眾的肯定，因而在 2012 年獲得連任成功。然而在第二任期初期（2012-2013年），馬總統急切地推動多項改革方案，包括調漲油電費率、開徵證所稅、進行年金改革、推動募兵制、實施教改方案等，遭到來自國會與社會之甚大阻力，而政府在壓力下多無法堅持，於是除原本反對者外也喪失本有的支持，同時各政策議題相互連結，反對勢力乃不斷增強，輿論持續批判，導致政府之聲望大幅跌落，逐漸已經無法再行推動重大具有爭議性之政策。2013 年洪仲丘事件導致輿論沸騰，出現「白衫軍」之公民運動，而政府在民間巨大壓力之下迅速讓步，同意修正軍事審判法，在非戰爭時期將軍人案件由軍事法庭移交一般司法機構審理。洪案設定了一個政府與抗議團體的互動模式，在政府威信低迷之時，社會抗議勢力可以強勢的抗爭手段迫使政府屈服。在此種情境之下，馬政府仍試圖推動 ECFA 之下的兩岸服務貿易協定，受到反對黨和眾多公民團體之抵制，最終釀成 2014 年春的「太陽花學運」，抗議學生藉著長期佔領立法院（3/18-4/10），成功迫使政府同意先建立兩岸協議監督機制，再以其審查服貿協議。太陽花學運甫息，反核四運動又起，政府亦快速做出最大讓步，同意核四停工封存，其命運將來再定。在 2014 年底之九合一地方選舉中，國民黨遭受極大的挫敗，似預示 2016 年總統與國會大選之結局。

社會各界對於馬政府在第二任期中之種種施政不當與社會抗爭事件進行檢討，多有認為與現有之憲政體制設計不良相關，因而引發新一波的修憲風潮。一般論述認為總統權力過大，一方面掌控行政，一

方面又以執政黨主席的身份控制黨籍立委，強使其支持總統所欲通過的爭議性法案，最終導致社會的抗議風潮。總統有權無責，而行政院長有責無權。因此追本溯源，應該限制總統的獨斷權力。在此即彰顯了半總統制的總統優越型體制在府會一致時所可能造成的影響，而成為反省與修正現制的重要理由。

肆、抉擇：節制總統權力？

由於我國實踐總統優越的半總統制在府會一致與府會不一致的情況之下都產生了運作的問題，因此許多人士主張進行制度上的變更，以節制總統的權力。這些看法，依其對於現有體制所造成變動幅度的大小，可以分為以下三類：一、不改變憲政體制，僅在現制內微調；二、維持半總統制，但改變運作類型；三、轉變體制成為內閣制。就改變體制最小的第一個選項而言，係維持總統優越的半總統制，但是取消總統兼任黨主席的規定，以防止總統的力量太過干涉立法，並維持府會間的制衡。更進一步的作法是選項二，也就是調整半總統制的運作模式，取消總統可不經國會同意逕行任命行政院長之權力，或／且明訂總統不得將行政院長或內閣閣員解職，以導引我國半總統制從「總統優越」向「分工妥協」、「換軌共治」或「准內閣制」的方向移動。最激進的作法是選項三，也就是取消總統直選，走向內閣制，將總統變為高拱無為的虛位元首。

要討論以上的問題，首先要確定臺灣的總統優越型半總統制是不是的確在府會一致時總統權力過大、而在不一致時又導致立法僵局與政府失能。從實例來看，馬英九總統執政的時期總統固然控制了行政部門，但是對於立法部門卻經常無法充分掌握，即使在馬總統兼任國民黨主席的時期（2009-2014）亦復如此。在立法院中反對黨對於政府的提案經常強力杯葛，而執政黨的議員也經常基於選區壓力不予配合，導致立院的黨紀不彰（蔡榮祥、陳宏銘，2012; Lin, 2011）。在 2013

年馬總統和立法院長王金平的「九月政爭」當中，充分揭露了立法院為一外於總統府掌控的權力核心，而總統對於國會議長無法控制，對於立法院中黨籍立委和反對黨議員之間的關係難以規範限制。所以雖然總統形式上居於優越的地位，但是並無法設定立法議程（陳宏銘，2012）。馬總統所欲強力推動的服貿協議便受制於立法院的各個關卡，最後強行通過委員會的動作更引發了太陽花學運，而立法院的生態更限制了政府處理學運的能力。這樣看起來，即使是在府會一致的時期，由於總統無法控制立法部門，因此其權力是受限的，其政策是難行的。[11]馬總統在其第二任期開始所推動的諸多改革，幾乎無一貫徹，而在軍事審判與核四等重大議題，也是當面臨社會巨大壓力時便迅速讓步。因此臺灣所採行的總統優越型半總統制，即使在面臨府會一致的情境時，並沒有出現總統權力過度擴張的情況。這和俄羅斯在府會一致後「滑回威權」有天壤之別。另一方面，在府會不一致的情況下，總統優越的半總統制是否帶來了立法僵局與政府失能呢？雖然有不少研究指出此一問題的確存在（如吳重禮、林長志，2002；吳重禮，2007），但是精細的模型分析讓我們瞭解到只有在特定的條件下（例如立院多數黨消極立法）立法僵局才會產生，而且分立政府絕非立法僵局產生的唯一原因（邱訪義，2010）。當然在其他條件不變的情況之下，府會分立較不利於政府施政，但是其間變數甚多，需要更多的研究才能更明確地判定府會分立在半總統制下所帶來的影響。更重要的是，在藍綠分歧頗為嚴重的臺灣，當面臨府會不一致時，如果讓行政部門與立法部門分立相抗，而無一方可以遂行己意，未必不是保障社會自由、避免激進政策的合理設計（Wu, 2007）。

有關於在總統優越制之下，總統是否有權無責之論，亦頗有值得商榷之處。大凡有任期制的首長，除了違法亂紀，皆受任期保障，其

---

11. 立法院的立法過程、各項內規，特別是「黨團協商」制度，都相當大程度地限制了總統透過多數黨影響立法議程的能力。本章以憲政框架為主，暫不討論這些細膩的立法運作過程。

目的不是為了保護個別人，而是為了提供施政的空間和可預期性，此從地方（如縣市長）到中央（如總統）皆是。總統一職，無論在何種憲政體制（總統制、內閣制、半總統制），均屬有固定任期的職務，而與閣揆與其所領導的內閣，需要國會的信任才能夠存續有所不同。因此總統如果施政不力，仍得以執政至任期結束，此實為總統選舉時眾所周知的契約規定。至於使總統有權且有任期保障較佳，還是使閣揆有權而時時得受國會監督、並隨時可能因國會不信任而下台較佳，各有利弊。前者可以提供較穩定的行政空間，但未能時時課責；後者更能體現責任政治，但施政的穩定性與可預測性較為不足。此兩類制度選擇都有其合理性，因此如果是由總統掌握實權，而受任期保障，實在並非「有權無責」，而是總統職位的本身屬性使然。

　　如果臺灣的總統優越型半總統制在府會一致時並不會帶來過度的總統濫權，而在府會不一致時又不會造成無可忍受的立法僵局與政府失能，總統「有權無責」之說又有所誤解，那麼現行體制需要改變的理由就不是那麼明顯了。無論如何，我們還是可以觀察上述三項改革的方案，並且討論其可行性與所可能帶來的得失。在這三者當中最小幅度的變動是不改憲政體制，但以不允許總統兼任黨主席的方式來降低總統對於立法的控制，從而節制總統的權力，以維持府會間的均衡。此一建議的背景是國民黨與民進黨兩大黨分別在黨章中規定，現任總統為黨員時，自其就任之日起兼任黨主席，至其卸任為止（國民黨黨務規章第十七條、民進黨黨綱第十五條之一）。此一規定之目的在於加強總統對於黨務的控制，促進行政與立法間的協調，使得總統得以透過對黨籍國會議員的影響，以貫徹其政策意旨，從而加大了總統的權力，但也增加了總統濫權的可能。在許多半總統制的國家當中，總統是不可以擔任所屬政黨領袖、甚至必須退出政黨活動的。這些設計的目的，是為了維護總統作為國家元首的中立超然地位，防止其介入黨派鬥爭。不過，我們從各國實踐中來看，即使以法律規定半總統制國家的總統不得兼任黨職、甚至退出政黨活動，總統作為國家領袖與

權力最大的從政黨員在實質上還是會擁有對政黨的極大影響力，例如法國第五共和即是。而在我國，由於國人普遍認為總統應該掌權與負責，因此立法規定總統不得擔任政黨領袖的實質效果恐為有限。也就是在執政黨內部決策、或是行政立法之間協調時，總統必然仍扮演極為重要的角色。不過，除去了總統政黨領袖的地位，並以他人代之，自然會降低總統號令黨籍立委的能力，而使得總統與立委之間的關係從垂直轉向平行。總統需要立委支持以通過法案時，可能會需要討價還價、交換利益，如同美國總統和國會議員之間的關係。此種情況一方面節制了總統的權力，一方面也增加了立法的成本，可謂有得有失。

就第二項的改革芻議而言，是在半總統制的框架內轉變次類型，藉回復立院的閣揆同意權，或直接由國會選舉閣揆，來剝奪總統的組閣權力，或更明訂總統不得將閣揆或內閣首長免職。[12] 此類規定將使總統無法決定閣揆人選，並失去影響政府決策最重要的機制。在半總統制的次類型當中，將閣揆決定權轉移到國會的結果，會導致「總統優越」體制向「換軌共治」、「分工妥協」，甚至「准內閣制」轉移。[13] 換軌共治的意義是當府會不一致時，閣揆與閣員由國會多數決定，而總統僅能予以同意任命。如此則總統一黨、而內閣一黨，總統的權力大幅度限縮，足以使總統無法濫權。不過一旦府會一致，則由於總統黨掌握了國會多數，而總統力足以控制其政黨，因此總統還是行政上的最高領袖。此種法國式的體制在許多半總統制國家中實行過，它要求總統接受依照國會大選結果決定本身的權力大小，以及和總理間時高時低的相互地位，是一種十分難以運作的制度。法國由於苦於三次共治的經驗（1986-1988，1993-1995，1997-2002），因此處

---

12. 我國憲法本就沒有總統得以將行政院長免職的規定，此一憲政慣例的形成是 1997 年以後歷屆總統實踐其權力的結果。

13. 在此我們沒有區分剝奪總統對閣揆任命權、免職權，或兩種權力均剝奪的不同組合。無論是採用何種組合，都會一定程度地削弱總統對於閣揆的決定權，並相對地增強國會的權力，從而改變現行的總統優越制次類型，而將體制往換軌共治、分工妥協，或准內閣制的方向推動。

心積慮以改變總統任期和選舉時程的方式來極小化府會不一致出現的機率。此一設計奏效，因而使得法國從 2002 年以來未曾再出現過府會不一致與左右共治，而均由總統黨掌握國會多數（郝培芝，2013；蘇子喬、王業立，2014）。另外在一些仿效法國憲法規範的國家，共治是導致府會之間和總統與總理間劇烈衝突（如烏克蘭 2004-2010、羅馬尼亞、蒙古、東帝汶）與民主崩壞（如尼日、蒲隆地）的重要原因（Reilly, 2011; Kirschke, 2007）。總體而言，對於最有換軌共治經驗的法國而言，其結論是盡量避免共治的產生，而使得總統恆居於領袖的位置，並以總理為其主要副手，以執行總統的意旨（其實這就是總統優越）；而對於較為無法處理共治狀態的新興民主國家而言，此一運作型態有可能導致民主崩壞。故而換軌共治並非改善總統優越體制的良方，而是一種極為難以操作、容易造成行政內部衝突（intra-executive conflict）的運作模式（Protsyk, 2006）。

除了「換軌共治」之外，轉移閣揆決定權到國會還可能出現「分工妥協」的運作模式。在此種次類型當中，當府會不一致的時候，總統固然尊重國會多數而交出閣揆的決定權，但是在特定領域（通常與國防、外交、安全相關，有時甚至包含內政）還是有權決定部會首長，因而在內閣中出現僅聽命於總統的「總統部長」（presidential ministers）。「分工妥協」與聯合內閣外貌相似但實質不同，蓋聯合內閣是依國會中各個政黨的席次協調組成，但是分工妥協內閣中的總統部長卻是基於總統的憲法權力，無論總統黨在國會中席次若干都無礙其存在。分工妥協模式在波蘭的「小憲法」（1992-1997）中有所規定，也是後共國家憲法中極為常見的制度安排。此類總統與國會多數瓜分內閣的作法，在非洲也曾出現，諸如肯亞與辛巴威。由於內閣中部分重要閣員並不聽命於總理，其權力基礎也不在國會，因此和總理所領導的其餘內閣必然扞格不入、常起衝突。在波蘭後共時期的第一任民選總統華文沙（Lech Wałęsa）就統帥總統部長和左派總理常起爭議，最後在 1997 年新憲中乃廢除了總統在專屬領域的特權。而在非洲

的半總統制國家當中，分工妥協與權力分享經常是重大選舉爭議後為了維持和平所採的暫時性措施，而其運作也常帶來政治不穩與軍事政變（Kirschke, 2007）。在我國的憲法當中，增修條款第二條規定：「總統為決定國家安全有關大政方針，得設國家安全會議及所屬國家安全局，其組織以法律定之」，這被認為是總統得以主導國家安全政策的依據。依此馬英九總統在調整內閣人事之時，經常會分成兩波，一波為與國家安全相關的人事，一波則為其他人事。前者完全由總統主導，後者則參酌行政院長的意見。在此種情況之下，如果遇到府會不一致的情況，而總統的閣揆決定權轉移到國會多數手中，總統極有可能依據增修條款第二條主張對於國防部長、外交部長，以及陸委會主任委員的決定權，因而使得這些安全相關部門的首長成為「總統部長」，雖在內閣中但不受行政院長的節制。如果此一狀況發生，則分工妥協模式所內生的衝突和緊張必然出現。以後共國家和非洲後殖民新興民主國家的經驗來看，這將不會是一個穩定的運作模式。與換軌共治一樣，分工妥協將會帶來總統和總理之間劇烈的權力鬥爭，而且是行政權內的相爭，其對於政治穩定必然造成重大的衝擊。

在轉移閣揆決定權到國會的情形之下，最後一個可能的模式是「准內閣制」，這是一種形為半總統制、但實為內閣制的運作模式，也就是雖然符合總統直選、又有責任內閣對國會負責的半總統制特徵，但是准內閣制的總統卻有內閣制總統的自我期許與社會期待，其角色為國家元首、而非政黨與行政領袖，對於內閣的組成不論是府會一致或是不一致均不積極介入，最多僅扮演促成的角色，對於政府的決策也不參與。這樣的總統最為符合當下節制總統權力的要求，與轉入內閣制相比，由於維持了總統直選，又有較大的可行性。在半總統制的國家當中，採行准內閣制的國家多在西歐，包括冰島、愛爾蘭、奧地利、葡萄牙等。也有少部分後共國家是屬於這個範疇，包括保加利亞、斯洛伐克、斯洛文尼亞等。問題是，在臺灣是不是有可能出現高拱無為、虛君型的總統呢？准內閣制的國家幾乎均在歐洲，均強烈地受到

歐洲內閣制的影響，所以雖然有直選總統，並且在若干國家還被賦予相當的憲法權力，但是這些總統的自我與社會期待都是一如內閣制下的虛位國家元首。臺灣所處的國際政治環境，並沒有內閣制的強大影響力。在周遭國家當中，只要有民選總統，無不為最高權力領袖，僅有君主國的日本、泰國等才有虛君。因此要在制度上做出設計、並發展出相應的社會期待，使直選出來的總統身為國家元首，卻不實際執掌政治權力，將是非常困難的。如果要這樣做，必須將總統與政黨徹底分離、削弱其憲法權力至無法有想像空間，並使其一切元首權力之行使均需伴隨閣揆的副署。即使如此，獲得全國多數人民支持的總統，是否願意甘為虛君，而民眾對其又僅有虛君的期待，則是制度修改所難以期望達成的目標。即便是鞏固民主的准內閣制國家，其總統行為、政黨體系、內閣組成與政府存續等各方面，都還是和純粹的內閣制有所不同（沈有忠，2011）。因此在新興民主的臺灣，期盼達成准內閣制確有甚大的困難。

　　如果要完全移除總統干政的合法性，則釜底抽薪的方法自然是將其直選改為由國會選舉產生，也就是將憲政體制做最大程度的修正，從半總統制轉為內閣制。一個由國會所產生的總統，一般是難以抗衡國會的。不過這樣激進的憲改，在半總統制的國家當中，僅僅發生過一次，就是後共國家摩多瓦的國會在與總統盧欽斯基（Petru Lucinschi）的權力鬥爭中通過修憲案（2000），把總統從全民直選改為由國會選舉（需要五分之三的絕對多數），並可由國會罷免，因此將摩多瓦從一個半總統制的國家改為內閣制的國家（Crowther, 2011）。這樣幅度的修正僅在一個半總統制國家中發生，顯見其困難。其最主要的原因便是將總統直選改為間接選舉不啻剝奪了人民選擇國家元首的權利，在修憲的公民投票中自然難以通過。而摩多瓦之所以能夠修憲成功，主要就是因為其修憲程序不需要透過公民投票，而可以在國會之內達成。以我國來看，修憲須經立法委員四分之一之提議，四分之三之出席，及出席委員四分之三之決議，提出憲法修正案，並

於公告半年後，經中華民國自由地區選舉人投票複決，如有效同意票超過選舉人總額之半數方可通過（增修條文第 12 條），因此必須通過高門檻的公民投票。由於一般民眾支持維持總統直選，因此將我國的憲政體制改為內閣制的可行性是極微的。

經過以上總體的考慮，我們發現我國現行的總統優越型半總統制雖然在府會一致與府會不一致時都容易產生若干問題，包括總統權力可能過大與少數政府所帶來的立法僵局，但是從過去的經驗來看，並非十分嚴重。就臺灣在自由之家（Freedom House）和 Polity IV 的自由積分來看，在 2000-2008 與 2008-2014 的這兩段時間，均屬於民主國家的最高一級，其中平均 Freedom Rating 為 1.53（1 至 7，最佳為 1），平均 Polity Score 為 9.7（10 至 -10，最佳為 10）（Freedom House, 2015; Polity IV, 2014）。很顯然無論是府會一致或是不一致，都沒有造成民主表現的下跌。當然這些民主測量，僅能含括有限的政府表現，因此或可作為基線的民主指標，而非全面性的治理評量。

然而，許多新興民主國家即使在此類基礎的民主測量中，其表現也是跌宕起伏（例如匈牙利、土耳其）。因此我們應該認知，臺灣的民主表現，在國際比較上來看，是相當穩定成熟的。至於我國的憲政體制是否對於除了民主核心的觀測指標之外，也對政府的各項治理實績產生影響，則有待更進一步的經驗研究來檢證。[14]

---

14. 我們可以採用世界銀行所製作的全球治理指標（The Worldwide Governance Indicators）來進行大致的觀察。臺灣在進入半總統制前的 1996 年六項治理範疇（表達意見與課責、政治穩定與無暴力、政府效能、規範品質、法治、控制貪腐）綜合分數為 75.25，其後從 1998 年的 76.95 上升到 2014 年的 81.34，其治理績效基本上是逐步上升的（The Worldwide Governance Indicators, 2015）。

表三　修改現制的三個方案

	方案一	方案二	方案三
內容	取消總統兼任黨主席的規定	恢復立法院之閣揆同意權，或/且明訂總統不得將行政院長或內閣閣員解職	取消總統直選
修改幅度	小修	中修	大修
對現制的影響	維持總統優越的半總統制	從「總統優越」向「分工妥協」、「換軌共治」或「准內閣制」的半總統制移動	從半總統制轉入內閣制
預期效果	防止總統干涉立法，維持府會間制衡	使總統無法全面掌控內閣	使總統成為虛位元首
實際影響	僅有部分效果，增加府會協調成本	換軌共治與分工妥協均難度高，造成行政權內部分裂，可能導致民主崩壞；准內閣制缺乏出現的政治文化與國際環境	總統由國會選舉，將喪失絕大部分政治影響力
可行性	毋須修憲即可行	需要修憲，民眾支持度較高	需要修憲，民眾支持度極低

資料來源：作者自行製作。

　　如果我們試圖改變現有的體制，則無論是禁止總統兼任黨職（在總統優越制中微調）、將閣揆決定權轉移給國會（可能轉入換軌共治、分工妥協，或准內閣制的次類型），或是廢除總統直選（進入內閣制），在效果上均為有限，而副作用甚大，或實不可行，因而無法斷定較現制為優（參見表三）。更準確地說，如果因為民眾無法接受總統非由直選產生，因而必須維持半總統制，則現行的總統優越體制實較換軌

共治與分工妥協易於運作,而副作用較小。至於准內閣制雖然滿足了維持總統直選與節制總統權力的兩項要求,但是與一般政治菁英與民眾的期待不合,同時缺乏適宜的國際環境,在可行性上甚低。因此在衡量了現制的狀況、其他選項的得失優劣,與實際可行性之後,可以看出現行的總統優越型半總統制有其持續的理由,至少在確認有可行並更佳的其他選項出現前,不宜率爾變動。

民主國家的憲政體制永遠無法達到絕對的理想境界,而只能做各種價值間的權衡,並考慮施行的實況,以為相對有利的抉擇。憲政體制也需要時間逐漸發展成熟,並使政治菁英與民眾熟悉接受,以改善其表現。我國現有的總統優越型半總統制在我國的特殊政治環境中成長,施行已經 18 年而未改變其基本框架。此制之基本精神有其強化領導、維持效能的考慮,並與民眾的期望接近。[15] 同時就實際運作情況來看,並未對民主自由有所斲傷、或使政府難以施政。對於此制如有需要滑潤改善之處,或可酌為修改選舉制度與選舉期程,而毋須變動憲政的基本框架。

對於憲政體制的修改,自非不可施行,在體制運作一定時間之後,如發覺其窒礙之處,而思有所調整,此毋寧為自然。然而修憲茲事體大,其發動宜滿足數項正面條件,並避免數項負面情境。就滿足正面條件而言,修憲應先認定體制之弊端,並確知有可以改進的方案,其

---

15. 臺灣政治制度長期以來是向「多數型」(majoritarian)發展,包括行政權力高度集中、以相對多數制為主的國會選舉制度、兩黨制、單一制,與排他性的代議民主等。根據 Arend Lijphart(1984, 1999)的看法,多數型的民主在多項治理表現上(例如政治平等、婦女代表性、公民選舉參與、政府政策與選民偏好的接近性等)不如共識型(consensual)的民主,因此如果能夠減少政治制度的多數性,對臺灣的民主發展可能是有利的。雖然 Lijphart 的論述有多國的經驗事例做基礎,但是其憲政制度上的要求(轉為內閣制)正是臺灣所難以達到的。如果在憲政體制上維持總統直選,但是在選舉制度上減少多數性、增加比例性,使得有效政黨數目提高,則一方面可以減少多數性的問題,一方面卻又落入了拉丁美洲國家的制度組合,此種組合一般認為在治理表現上是較為不佳的。因此在憲政體制與選舉制度的多數性無法同時降低的情況之下,維持現狀可能是次佳的選擇。

效果無疑義而副作用小，且有實際施行的可能，方適合進行。就避免負面情境而言，修憲需要避免因為對特定政策、政治人物，或政黨表現不滿而變動體制，因為此時造成問題的不是制度，而為人事。如果因人設制，則人事變動、政黨輪替之後，被倉促修正的制度會產生與預期相反的結果，制度乃受人事拖累，而被不當變更。其次，修憲需考量短期的現象與長期的效果。如果因為體制短期的表現不佳而加以變動，事先未給予其調適與發展的空間及時間，則新體制極可能很快又出現問題，而引發另一波的調整。憲政發展穩當的老牌民主國家，體制極少調整，即有也多屬微調，值得參考。最後一樣需要考慮的負面情境是政黨與其領袖作為政治競爭者，其利益經常與特定制度安排相聯繫，因而促使其主張特定的制度變動。當然修憲的倡議者經常有其理念，未必均為本身利益，但是政黨為求其生存，不可能不以制度對其本身的影響作為最重要的考慮。政黨不但從自利的角度思考修憲議題，更經常失算，此類例子在新興民主國家的憲政發展史中不絕如縷。因此學術界與社會大眾在討論憲政體制是否應修正時，對於政黨的主張不能不仔細剖析，而專注於制度的本質與效益，非對於個別政黨短期的影響。總體而言，修改憲法的重大政治工程，宜在符合上述正面條件，並避免各項負面情境的情況之下，方適宜啟動。

參考書目

吳玉山（2000）。《俄羅斯轉型 1992-1999：一個政治經濟學的分析》。台北：五南。

_____（2002）。〈半總統制多黨體系下總統組閣抉擇之研究：民國九十年國會大選後台灣的憲政發展〉，薛天棟（主編），《台灣的未來》，頁 9-33。臺北：華泰文化。

_____（2011）。〈半總統制：全球發展與研究議程〉，《政治科學論叢》，第 47 期，頁 1-32。

吳重禮（2007）。〈分立政府與經濟表現：1992 年至 2006 年台灣經驗的分析〉，《台灣政治學刊》，第 11 卷，第 2 期，頁 53-91。

吳重禮、林長志（2002）。〈我國 2000 年總統選舉前後中央府會關係的政治影響：核四議題與府會互動的評析〉，《理論與政策》，第 16 卷，第 1 期，頁 73-98。

呂炳寬、徐正戎（2005）。《半總統制的理論與實際》。台北：鼎茂。

沈有忠（2011）。〈半總統制下行政體系二元化之內涵〉，《政治科學論叢》，第 47 期，頁 33-64。

林繼文（2012）。〈共治可能成為半總統制的憲政慣例嗎？法國與台灣的比較〉，沈有忠、吳玉山（主編），《權力在哪裡？從多個角度看半總統制》，頁 341-373。台北：五南。

邱訪義（2010）。〈臺灣分立政府與立法僵局—理論建立及其實質意涵〉，《臺灣民主季刊》，第 7 卷，第 3 期，頁 87-121。

郝培芝（2013）。〈半總統制蜜月期選舉時程與政府型態：體制投票（regime voting）的分析觀點〉，《中國行政評論》，第 19 卷，第 3 期，頁 159-190。

張峻豪（2012）。〈半總統制運作類型的跨國研究〉，沈有忠、吳玉山（主編），《權力在哪裡？從多個角度看半總統制》，頁 61-101。台北：五南。

張峻豪、徐正戎（2007）。〈閣揆角色的受限或突破—政黨輪替後我國行政院長與總統互動之研究〉，《臺灣民主季刊》，第 4 卷，第 1 期，頁 51-108。

盛杏湲（2003）。〈立法機關與行政機關在立法過程中的影響力：一致政府與分立政府的比較〉，《臺灣政治學刊》，第 7 卷，第 2 期，頁 51-105。

陳宏銘（2012）。〈半總統制下總統的法案推動與立法影響力：馬英九總統執政時期的研究〉，《東吳政治學報》，第 30 卷，第 2 期，頁 1-70。

陳宏銘、陳俊宇（2011）。〈領導權競爭與政黨制度化：以中國國民黨黨主席之

更替為例〉，《中華行政學報》，第 9 期，頁 7-21。

黃秀端（2003）。〈少數政府在國會的困境〉，《臺灣政治學刊》，第 7 卷，第 2 期，頁 3-49。

蔡榮祥、陳宏銘（2012）。〈總統國會制的一致政府與憲法運作：以馬英九總統第一任期為例〉，《東吳政治學報》，第 30 卷，第 4 期，頁 121-176。

蘇子喬（2011）。〈哪一種半總統制？—概念界定爭議的釐清〉，《東吳政治學報》，第 29 卷，第 4 期，頁 1-72。

＿＿＿（2012）。〈台灣憲政體制的變遷軌跡（1991-2010）：歷史制度論的分析〉，沈有忠、吳玉山（主編），《權力在哪裡？從多個角度看半總統制》，頁 291-339。台北：五南。

蘇子喬、王業立（2014）。〈總統與國會選舉制度對半總統制憲政運作的影響—法國與臺灣的比較〉，《政治科學論叢》，第 62 期，頁 35-78。

Blondel, Jean (1992). "Dual Leadership in the Contemporary World." In Arend Lijphart (ed.), *Parliamentary versus Presidential Government* (pp. 162-172). Oxford: Oxford University Press.

Chu, Yun-han and Lee Pei-shan (2003). "Crafting Taiwan's Semipresidentialism in the Shadow of History." Paper presented at the International Conference on Semi-Presidentialism and Nascent Democracies, October 24-25, Academia Sinica, Taipei.

Crowther, William (2011). "Semi-Presidentialism and Moldova's Flawed Transition to Democracy." In Robert Elgie, Sophia Moestrup, and Yu-Shan Wu (eds.), *Semi-Presidentialism and Democracy* (pp. 210-228). New York: Palgrave.

Duverger, Maurice (1980). "A New Political System Model: Semi-Presidential Government." *European Journal of Political Research*, Vol. 8, No. 2:165-187.

Elgie, Robert (ed.) (1999). *Semi-Presidentialism in Europe*. Oxford: Oxford University Press.

＿＿＿ (ed.) (2001). *Divided Government in Comparative Perspective*. Oxford: Oxford University Press.

＿＿＿ (2007). "What Is Semi-presidentialism and Where Is It Found?" In Robert Elgie and Sophia Moestrup (eds.), *Semi-Presidentialism Outside Europe: A Comparative Study* (pp. 1-13). London: Routledge.

Elgie, Robert and Sophia Moestrup (eds.) (2007). *Semi-Presidentialism Outside Europe: A Comparative Study*. London: Routledge.

_____ (eds.) (2008). *Semi-Presidentialism in Central and Eastern Europe*. Manchester: Manchester University Press.

Elgie, Robert and Petra Schleiter (2011). "Variation in the Durability of Semi-presidential Democracies." In Robert Elgie, Sophia Moestrup, and Yu-Shan Wu (eds.), *Semi-Presidentialism and Democracy* (pp. 42-60). New York: Palgrave.

Elgie, Robert, Sophia Moestrup, and Yu-Shan Wu (eds.) (2011). *Semi-Presidentialism and Democracy*. New York: Palgrave.

Freedom House (2015). *Freedom in the World: Individual Country Ratings and Status, FIW 1973-2015*. https://freedomhouse.org/report-types/freedom-world#. VVHHmI6qpBc (accessed April 20, 2015).

Hsieh, John F. S. (1993). "Parliamentarism vs. Presidentialism: Constitutional Choice in the Republic of China." *Chinese Political Science Review*, No. 21:173-202.

Kirschke, Linda (2007). "Semipresidentialism and the Perils of Power-Sharing in Neopatrimonial States." *Comparative Political Studies*, Vol. 40, No. 11:1372-1394.

Levada-Center (2015). *Approval of Vladimir Putin*. http://www.levada.ru/eng/ (accessed April 10, 2015).

Liao, Da-chi and Hui-chih Chang (2010). "The Choice of Constitutional Amendments in a Young Democracy—From Indirect to Direct Election of the President in Taiwan." *Journal of Current Chinese Affairs*, Vol. 39, No. 1:111-131.

Liao, Da-chi and Herlin Chien (2005). "Why No Cohabitation in Taiwan?" *China Perspectives*, No. 58:55-59.

Lijphart, Arend (1984). *Democracies: Patterns of Majoritarian and Consensus Government in Twenty-one Countries*. New Haven, CT: Yale University Press.

_____ (1999). *Patterns of Democracy: Government Forms and Performance in Thirty-six Countries*. New Haven, CT: Yale University Press.

Lin, Jih-wen (2011). "A Veto Player Theory of Policymaking in Semipresidential Regimes: The Case of Taiwan's Ma Ying-jeou Presidency." *Journal of East Asian Studies*, Vol. 11, No. 3:407-35.

Polity IV (2014). *Individual Country Regime Trends, 1946-2013*. http://www.systemicpeace.org/polity/polity4x.htm (accessed April 10, 2015).

Protsyk, Oleh (2006). "Intra-executive Competition between President and Prime Minister: Patterns of Institutional Conflict and Cooperation in Semi-presidential

Regimes." *Political Studies*, Vol. 56, No. 2:219–241.

Reilly, Benjamin (2011). "Semi-Presidentialism and Democratic Development in East Asia." In Robert Elgie, Sophia Moestrup, and Yu-Shan Wu (eds.), *Semi-Presidentialism and Democracy* (pp. 117-133). New York: Palgrave.

Sartori, Giovanni (1997). *Comparative Constitutional Engineering: An Inquiry into Structures, Incentives and Outcomes*. New York: New York University Press.

Shugart, Matthew Søberg and John M. Carey (1992). *Presidents and Assemblies: Constitutional Design and Electoral Dynamics*. Cambridge: Cambridge University Press.

Siaroff, Alan (2003). "Comparative Presidencies: The Inadequacy of the Presidential, Semi-presidential and Parliamentary Distinction." *European Journal of Political Research*, Vol. 42, No. 3:287-312.

The Worldwide Governance Indicators (2015). *The Worldwide Governance Indicators—2015 Update: Aggregate Governance Indicators 1996-2014*. http://info.worldbank.org/governance/wgi/index.aspx#home (accessed January 1, 2016).

Wu, Yu-Shan (2000). "The ROC's Semi-presidentialism at Work: Unstable Compromise, Not Cohabitation." *Issues & Studies*, Vol. 36, No. 5:1-40.

_____ (2005). "Appointing the Prime Minister under Incongruence: Taiwan in Comparison with France and Russia." *Taiwan Journal of Democracy*, Vol. 1, No. 1:103-32.

_____ (2007). "Semi-Presidentialism—East to Choose, Difficult to Operate: The Case of Taiwan." In Robert Elgie and Sophia Moestrup (eds.), *Semi-Presidentialism Outside Europe: A Comparative Study* (pp. 201-218). London: Routledge.

_____ (2011). "Exploring the Power-Sharing Mode of Semi-Presidentialism." Paper presented at the 1st IPSA/ECPR Joint Conference, Sao Paulo, February 16-19.

Wu, Yu-Shan and Jung-hsiang Tsai (2011). "Taiwan: Democratic Consolidation under President-Parliamentarism." In Robert Elgie, Sophia Moestrup, and Yu-shan Wu (eds.), *Semi-Presidentialism and Democracy* (pp. 174-91). New York: Palgrave.

臺灣民主之
反思與前瞻

Semi-presidentialism in the ROC:
Dilemma and Choice

Yu-Shan Wu *

Abstract

The framers of the 1947 ROC Constitution created a version of "refined parliamentarism." Fifty years later the fourth amendment of the constitution transformed the old system into "semi-presidentialism," a system that combines the core features of presidentialism and parliamentarism by instituting a directly-elected president and a prime minister who leads the cabinet and answers to the parliament. Semi-presidentialism can be characterized as an "uncertain two-track system" for the multiple operational sub-types that it brings about, such as "quasi-parliamentarism," "alternation-cohabitation," "compromise-power sharing," and "presidential supremacy." The post-1997 experience in Taiwan shows that the country has developed into "presidential supremacy." The inherent problems with presidential supremacy are that during president-parliamentary congruence the president may wield too much powers, and during incongruence the executive (president and prime minister) and the legislative are at loggerheads that may paralyze decision-making. In order to improve government performance, three solutions are offered, all of which geared towards curtailing presidential powers. The first solution would not change the constitutional structure, but force the political parties to abandon their practice that requires the incumbent

* **Yu-Shan Wu** is Distinguished Research Fellow at the Institute of Political Science, Academia Sinica. He is also professor of Political Science at National Taiwan University. He received a Ph.D. degree in political science from the University of California, Berkeley. His major interests are in political and economic transitions in socialist countries, constitutional engineering in nascent democracies, and theories of international relations and Cross-Taiwan Strait relations. His area focuses are Taiwan, mainland China, Eastern Europe and Russia. He has authored and edited eighteen books and published more than 130 journal articles and book chapters. His recent books in constitutional engineering include *Where is Power? Semi-presidentialism in Multiple Perspectives* (2012) and *Semi-presidentialism Across Continents: A Dialogue Between Asia and Europe* (2015).

president to take party chairmanship. The second solution keeps the system within semi-presidentialism, but shifts it away from presidential supremacy to compromise-power sharing, alternation-cohabitation, or even quasi-parliamentarism by reinstituting the Legislative Yuan's right of confirming the president's nominee for prime minister. The third solution is to abolish direct election of the president, and to bring the constitutional structure from semi-presidentialism to parliamentarism. However, a careful look at Taiwan's semi-presidential system at work reveals that the president does not possess excessive powers during congruence, nor does the system suffer from serious legislative gridlock or government failure during incongruence. Because all the three proposed solutions either have limited effect and negative consequences, or are utterly impractical, any change of the current system needs to proceed with great caution.

Keywords: semi-presidentialism, constitutional reform, incongruence, presidential supremacy, quasi-parliamentarism.

從行政與立法互動論臺灣民主

周育仁 [*]

國立臺北大學

摘 要

　　依我國 1996 年以後行政立法互動實際經驗觀之，在少數政府期間，總統不尊重行政院院長之組閣權與最高行政首長地位，造成總統有權無責的憲政亂象，更進而造成少數政府的行政院無法對立法院負責，也經常可見行政部門推諉卸責的現象。在多數政府期間，總統一樣未尊重行政院院長之組閣權與最高行政首長地位，有權無責，並涉入行政院之決策與立法院之議事過程，進而影響行政院對立法院之負責。此外，作為少數黨的執政黨或在野黨，一再運用肢體衝突與群眾運動，強力反制立院多數黨主導重大議事過程，也違反「少數服從多數」最基本的民主原則。整體而論，1996 年以來，無論是多數政府或少數政府時期，皆顯示我國尚未落實憲政主義，我國民主政治之品質仍有待提升。

關鍵詞：行政立法互動、總統國會制、總理總統制、多數決、臺灣民主

---

* 周育仁　國立臺北大學公共行政暨政策學系教授，研究領域為臺灣憲政體制、管制行政與政策、情緒管理與領導。

　　1996 年我國總統改由民選，行政與立法部門雖皆由國民黨主導，惟由於國民黨在立法院之席次僅些微過半，行政部門對立法院之掌控已趨於式微。2000-2008 年之間，民進黨雖贏得總統選舉，惟該黨從未掌握立法院過半席次，但仍堅持少數政府（minority government），結果導致行政與立法間持續對立與政治僵局。2008 年第七屆立委選舉，國民黨囊括七成以上席次，接著馬英九也贏得總統大選，行政與立法再次由同一政黨掌控，惟國民黨多數政府似仍無法有效掌握立法院議事運作過程，依舊受制於民進黨之杯葛。換言之，在總統直選與1997 年行政院院長改由總統直接任命，不需立法院同意後，無論是在多數政府或是少數政府期間，行政部門與立法部門間之互動都存在嚴重對立，行政部門運作也相當程度受制於立法部門。就此而論，我國民主政治之深化與鞏固似仍存在重大瓶頸。本文將藉由探討 1996 年以來之行政立法互動，評析我國民主政治之現況。

壹、我國行政立法互動機制

　　根據我國憲法：「總統為國家元首」（35 條）；「行政院為國家最高行政機關」（53 條），行政院院長是最高行政首長，由總統提名，經立法院同意任命之（55 條）。在 1997 年修憲（以下簡稱九七修憲）前，憲法第 57 條對於行政立法兩院關係的規範如下：

　　「行政院依左列規定，對立法院負責：

一、行政院有向立法院提出施政方針及施政報告之責。立法委員在開
　　會時，有向行政院院長及行政院各部會首長質詢之權。

二、立法院對於行政院之重要政策不贊同時，得以決議移請行政院變
　　更之。行政院對於立法院之決議，得經總統之核可，移請立法院
　　覆議。覆議時，如經出席立法委員三分之二維持原決議，行政院
　　院長應即接受該決議或辭職。

三、行政院對於立法院決議之法律案、預算案、條約案，如認為有窒
礙難行時，得經總統之核可，於該決議案送達行政院十日內，移
請立法院覆議。覆議時，如經出席立法委員三分之二維持原案，
行政院院長應即接受該決議或辭職。」

　　九七修憲後，憲法增修條文第三條規定： 行政院依左列規定，對
立法院負責，憲法第 57 條之規定，停止適用：

一、行政院有向立法院提出施政方針及施政報告之責。立法委員在開
會時，有向行政院院長及行政院各部會首長質詢之權。

二、行政院對於立法院決議之法律案、預算案、條約案，如認為有窒
礙難行時，得經總統之核可，於該決議案送達行政院十日內，移
請立法院覆議。立法院對於行政院移請覆議案，應於送達十五日
內作成決議。如為休會期間，立法院應於七日內自行集會，並於
開議十五日內作成決議。覆議案逾期未議決者，原決議失效。覆
議時，如經全體立法委員二分之一以上決議維持原案，行政院院
長應即接受該決議。

三、立法院得經全體立法委員三分之一以上連署，對行政院院長提出
不信任案。不信任案提出七十二小時後，應於四十八小時內以記
名投票表決之。如經全體立法委員二分之一以上贊成，行政院院
長應於十日內提出辭職，並得同時呈請總統解散立法院；不信任
案如未獲通過，一年內不得對同一行政院院長再提不信任案。

　　上述憲法本文與憲法增修條文皆顯示，行政院行政院院長是最高
行政首長，其負責對象是立法院，不是總統。

　　1997 年修憲後，行政院與立法院之互動機制包括質詢、預算審
查、法案審查、覆議、閣揆任命、倒閣與解散立法院。在質詢方面，
行政院有對立法院提出施政方針之責，並接受立委備詢，發生重大事
項或施政方針改變時，也必須向立法院報告。被質詢者除避免國防、

外交明顯立即之危害或依法應秘密之事項者外，不得拒絕答復。在預算審查方面，每年在立法院下半會期時，行政院應將明年度中央政府總預算案送立法院審查，立法院可以刪減預算，但不得提議增加支出。民進黨執政以後，國民黨在立法院亦透過主決議或附帶決議方式，凍結行政機關預算，行政機關必須向立法院提出解凍報告，立法院通過後才可以解凍。法案審查是立法院主要職權，行政院所提法案若未獲立法院同意，固然無法依法執行政策，若立法院通過的決議行政院認為窒礙難行，行政院則有權試圖透過覆議否決立法院之原有決議。在九七修憲前，覆議案立法院要維持原決議之門檻為出席人數的三分之二，行政院只要掌握立法院三分之一席次，即可免於受制于立法院。惟九七修憲後覆議維持原決議門檻已降為全體委員二分之一，若行政院無法掌握立法院過半席次，就很難否決立法院之原決議。

此外，憲法第 57 條也規定，立法院對於行政院之重要政策不贊同時，得以決議移請行政院變更之。由於行政院只要掌握立法院三分之一席次，即可透過覆議反制立法院，此規定較有利於行政院。九七修憲後，上述機制被不信任投票取代。不信任案經全體立法委員二分之一以上贊成，行政院院長應於十日內提出辭職，並得同時呈請總統解散立法院。由於倒閣機制衍生的解散立法院係屬被動解散權，若立法院所提不信任案失敗，或未提信任案時，行政院院長則無權呈請總統解散立法院。

最後，關於閣揆的產生方式，九七修憲前行政院院長係由總統提名，經立法院同意後任命之。由於立法院有權影響總統所提人選是否過關，1997 年之前從未出現過少數政府。然而，在九七修憲後，行政院院長改由總統直接任命，不再需立法院同意，致使 2000-2008 年之間出現了八年的少數政府。惟依我國憲法相關規範，少數政府是否合憲，恐不無疑慮，本文對此亦將作深入論述。

貳、總統國會制？總理總統制？

在討論半總統制次分類前，需先瞭解民主的基本特徵。由於直接民主成本甚高，且存在許多問題待克服，[1] 代議民主乃成為民主社會之妥協參政方式。根據 Roskin 等學者的看法，代議民主有以下幾項基本特徵：主權在民、政治競爭、權力更迭、人民代表、多數決、表示異議與不服從的權利、政治平等、大眾諮商與新聞自由（Roskin et al., 2010; Ranney, 2001）。

依上述代議民主特徵，不難理解民主強調主權在民與多數決原則。惟除上述關於代議民主之特徵外，Samuel Huntington 認為，若一國最高領導人是透過公平、公正、公開的定期選舉方式產生，即可謂之民主國家（Huntington, 1991）。惟除從選舉程序界定民主外，更重要的是，民主政府被認為是「有限政府」（limited government），亦即政府權力是有限的。T. Ginsburg 指出，憲政設計關係到政治權力之配置（Ginsburg, 2003）。制訂憲法目的之一就是建構政府並賦予權力，惟有憲法並不保證憲法能被落實。有憲法的國家，不必然實施憲政主義（constitutionalism）。所謂憲政主義，是指政府權威係源自一部基本法，並受制於該基本法（Fehrenbacher, 1989）。易言之，政府權力必須確實依據憲法受到限制，人民權利必須依據憲法受到保障，[2] 方才符合憲政主義之原則。職是之故，民主政府之憲政實踐必須依循憲法規範，政府官員不得任意擴張權力，逾越憲法規範之權限。是以民主國家領導人固需依 Huntington 之主張方式產生，更重要的是，民選領導人及其政府更需恪遵憲法規範，依憲法規範行使應有職權，不得任意行事，方能謂之民主。民選領導人與政府不會因具有直接民意支持，就有權逾越憲法規範，任意擴大其權力，或侵犯其他政府首長依憲法應享有之權力。若憲政實踐逾越憲法規範，就表示該國尚未落實憲政

---

1. 請參閱高永光 (2011)。

2. 請參閱 Roskin 等 (2010，第四章)。

主義「有限政府」之基本理念。

　　根據以上代議民主之特徵與與憲政主義之精神，行政與立法互動若欲落實民主，就必須服膺主權在民、多數決與有限政府等基本原則，行政與立法機關之權力皆需根據憲法規範受到限制。

　　1997 年後我國憲政體制普遍被認為係屬半總統制，惟 Matthew Soberg Shugart 與 John M. Carey 進一步將半總統制分類為「總統國會制」（president-parliamentary）與「總理總統制」（premier-presidentialism）（Shugart and Carey, 1992）。林繼文（2000）則提出「總統主導型」、「總理主導型」、「雙首長型」、「無政府型」和「總統干政型」等五種半總統制運作類型。黃德福（2001）認為，由於半總統制下的總統與國會都是由人民選舉產生，以致容易爭奪對內閣的控制權；總統在面對國會時可能出現主導（或言競爭、對抗）與妥協（或言合作、退讓）兩種策略立場的選擇，國會面對總統時亦同，可得到「總統主導」、「總理主導」、「權力分工」、「權力衝撞」等四種運作模式。吳玉山（2011）則藉由總統或國會多數決定總理與內閣人事，以及總統與國會多數是否係屬同黨二個變項，建構出半總統制四種次類型：准內閣制、換軌共治、分權妥協與總統優越。以上各種類型，多係針對憲政實踐所作分類，惟並未進一步深究各項分類是否合乎憲政主義原則。

　　Shugart 與 Carey「總統國會制」與「總理總統制」之分類，主係依據總統是否具有閣揆免職權而定。M. A. Duverger（1980）認為歐洲國家賦予總統權力，正式權力與非正式權力是分開的，而非正式權力往往比正式權力更重要。Shugart 與 Mainwaring 也指出總統權力來自制度性權力與非制度性權力（Shugart and Mainwaring, 1997）。若總統具有制度性權力，則屬「總統國會制」（Samuels and Shugart, 2010）。我國究竟應歸為哪一類，有學者認為我國總統有權獨立任免閣揆，因此將之歸類為「總統國會制」[3]。張佑宗、朱雲漢與黃敏華認

為我國憲法使總統得以透過任命行政院院長與擔任執政黨黨魁，在幕後操控政府（Chang, Chu, and Huang, 2011）。吳玉山則指出，臺灣總統在實務上將行政院院長視為首席僚屬，可任意任免，是以學術界均將之視為「總統國會制」（吳玉山，2011），且臺灣民主發展已相當穩固（Wu, 2007; Wu and Tsai, 2011）。惟我國總統究竟是否具有任意任免行政院院長或主導組閣的制度性權力，而非制度性權力可否逾越憲法所建構的制度性權力，恐仍需回歸憲政主義與憲法相關規範去探究。本書第一章從憲政實踐探討各階段我國政府體制走向「總統優越制」之困局，本章則側重從憲政主義出發，依憲政規範論述我國半總統制應呈現之分類，從而分析「總統國會制」或「總統優越制」之憲政實踐有違憲法相關規範，並在此基礎上評析我國總統直選後之行政立法互動關係。二章研究途徑不同，關注重點有異，對我國民主之發展現狀看法亦有所出入，或能提供讀者不同思考方向。

1996 年總統改為直選後，以至 1997 年修憲賦予總統任命行政院院長不需經立法院同意，但根據憲法行政院院長仍是最高行政首長，且行政院院長負責對象仍是立法院，並未改為總統。另根據大法官387 號解釋文，組閣應係由行政院院長依其政治理念提名，再由總統任命之，並未改由總統負責組閣。職是之故，總統任命行政院院長時，仍需同時考量其任命之行政院院長能否落實憲法所賦予該職務之角色與權力。換言之，憲法其他關於行政院院長職權與角色之規範，建構了限制總統人事任命權之框架，總統只能在此制度性框架中行使其人事任命權。

吳玉山（2011）認為我國憲法關於總統控制行政院院長的機制只提到任命，未明確提到解職，致使以「總統可否獨力將總理免職」作為分類標準的 Shugart-Carey-Elgie 論述無法清楚適用，留下解釋的模糊地帶。1997 年後我國總統是否有權獨立行使行政院院長免職權，透

---

3. 沈有忠（2012）認為我國總統制度權力屬於強，另請參閱蘇子喬（2013:34-35）；陳宏銘與梁元棟 (2007)。

過檢視當年修憲過程,其實就能獲得明確答案。

1997 年修憲關於總統任命行政院院長之規定,國民黨規劃之版本係由作者負責草擬,共有兩案:甲案是「行政院院長由總統任免之」,乙案是「行政院院長由總統任命之」。討論本議題時,修憲幕僚單位國民黨中央政策會只提出甲案,作者雖於口頭說明時補提乙案,並指乙案較符合國發會改良式雙首長制精神,惟修憲諮詢小組通過的還是甲案。有鑑於甲案不符國發會雙首長制共識,不但總統權力過大,也會使行政院院長陷入同時向總統與立法院負責的困境,經透過行政院徐立德副院長向連戰院長力陳其弊病後,獲連戰院長認可修改為「任命之」;國民黨修憲諮詢小組隨後也配合修改為乙案。在邁後國民黨配合修憲所召開的臨時中全會,有人質疑為何是「任命之」而非「任免之」,作者曾發言解釋。當時主持會議的是連戰院長,李登輝總統也在現場,最後通過的還是「任命之」。此過程證明國民黨最終修憲版本並未賦予總統對行政院院長的主動免職權(周育仁,2010)。

此外,民進黨所提修憲版本,也反對賦予總統主動將行政院院長免職的權力。[4] 有鑑於主導修憲的兩個主要政黨都反對賦予總統主動免職權,憲法亦未明文賦予總統對於行政院院長的免職權,總統無權主動將行政院院長免職,應是無庸置疑。

此外,關於九七修憲後總統的職權,司法院大法官第 627 號解釋文有相當明確的解釋:

---

4. 根據 1997 年民進黨國大黨團憲改小組所提修憲條文說明,「若賦予總統將行政院院長主動免職的權力,非但行政院院長隨時可能下台,施政計畫無從編定,形成行政院長既向國會負責,又向總統負責的不合理現象;且一者將造成總統以免職為威脅要求行政院院長在政策上讓步,而形成長期政爭;再者總統可於國會改選滿一年後,將行政院院長免職,改任命己黨出任行政院院長,若國會通過不信任案則解散之,週而復始直到總統所屬政黨穩定執政為止,如此政爭最長可能持續四年直到總統卸任。」1997.3.25。此文獻充分證明民進黨反對賦予總統主動將行政院院長免職的權力(轉引自周育仁,2010:130-131)。

　　自八十四年十月二十七日以來，歷經多次修憲，我國中央政府體制雖有所更動，如總統直選、行政院院長改由總統任命、廢除國民大會、立法院得對行政院院長提出不信任案、總統於立法院對行政院院長提出不信任案後得解散立法院、立法院對總統得提出彈劾案並聲請司法院大法官審理等。然就現行憲法觀之，總統仍僅享有憲法及憲法增修條文所列舉之權限，而行政權仍依憲法第五十三條規定概括授予行政院，憲法第三十七條關於副署之規定，僅作小幅修改……總統於憲法及憲法增修條文所賦予之行政權範圍內，為最高行政首長，負有維護國家安全與國家利益之責任（司法院，2007）。

　　解釋文明指總統職權範圍僅包含國家安全、國防及外交。大法官明確示知總統權力僅限於憲法及憲法增修條文列舉之權限，行政權依憲法係概括授予行政院，總統只是為國家安全、國防與外交領域之最高行政首長。若依 Shugart 與 Carey 二人「總統國會制」與「總理總統制」之分類，我國憲法增修條文既已將多數最高行政權賦予行政院院長，總統與立委選舉結果理應不得改變憲法此一制度性權力安排，其所建構的體制自應較偏向後者。

　　董翔飛大法官指出：「憲法結構是整體的，每一條文前後呼應並環環相扣，焉能依一己之好惡為選擇性之詮釋」（董翔飛，2008）。思考總統閣揆任免權時，現有許多論述僅從其所具民意多寡或特定憲法條文觀之，未從憲法相關條文作整體思考，恐流於見樹不見林，產生錯誤認知。行政院院長之憲政職權既已在憲法中明定為最高行政首長，並需對立法院負責，總統任命之行政院院長就必須服膺憲法此一規定，否則即屬違憲。就此而論，根據憲政主義精神，我國憲法建構的半總統制應較類似「總理總統制」或「總理主導型」體制，無論總統所屬政黨在立法院是否係多數，都必須任命一位能扮演最高行政首長角色，而非作為總統執行長的行政院院長；且行政院院長依憲法規定只需對立法院負責，不必對總統負責。總統若未依憲法規範任命適

當之行政院院長，試圖將體制在形式與實質上皆操作為「總統國會制」、「總統優越制」，或是「權力總統化」[5]，應皆有違憲法相關制度性規範，進而將激化行政與立法衝突，影響民主正常發展。[6]惟我國行憲以來總統具有實權之傳統，以及人民對民選總統確實期望其能有所作為，是以當總統所屬政黨能掌握國會多數席次時，只要總統未透過總統一職直接干預行政院人事與政策，而是透過執政黨平台發揮其影響力，讓政府體制在運作形式上仍符合憲法「總理總統制」規範，應尚可免於違憲之虞。此外，若立法院運作不符合主權在民與多數決原則，甚至試圖以民粹方式反制多數黨代表的多數民意，也有違代議民主之基本原則。

參、我國行政立法互動情形

根據我國憲法增修條文規定，行政院與立法院之互動機制包括質詢、預算審查、法案審查、覆議、倒閣、解散立法院與閣揆任命。以下將從總統關於行政院院長的任命是否依循憲法相關規範，與立法院是否服膺主權在民與多數決原則，分階段探討 1996 年以來多數政府與少數政府時期的行政立法互動關係，進而在此基礎上評析我國民主政治。

一、1996 -2000 年國民黨執政多數政府期間

1997 年修憲後，李登輝總統任命蕭萬長先生擔任行政院院長，惟蕭院長顯然未扮演最高行政首長角色，主要人事與決策權皆掌握在李總統手中，政府體制被操作為「總統國會制」。

在此階段，法案審查平均每會期通過 73.5 件，較 1996 年前明顯

---

5. 關於半總統制權力總統化之分析，可參閱沈有忠（2012）與 Shen（2012）。
6. 關於 1997 年以後臺灣憲政運作是否符合憲政主義，可參閱 Chou（2012）與周育仁（2011b）。

增長，第四屆第二會期更達 115 件。在預算審查方面，1998 年刪減率為 1.46%，2000 年降至 0.93%。在覆議方面，民國 86 年 5 月 23 日立法院通過「漢翔航空工業股份有限公司設置條例」第 9 條修正案，將「由經濟部會同國防部依相關法規辦理現有人員之案置或遣退」修正成「現有人員之安置或遣退，由國防部會同經濟部準用公營事業移轉民營條例第 8 條之規定辦理」（周萬來，2002:193）。行政院認為這將導致遣退非軍職人員經費暴增，並引發其他單位要求比照，於 6 月 12 日提出覆議。由於適逢立法院休會，本擬於下會期再決議，但 7 月 21 日公布的憲法增修條文第 3 條第 2 款規定，立法院對於行政院移請覆議案，應於送達十五日內作成決議，如屬休會期間，立法院應於七日內自行集會，並於開議十五日內作成決議，逾期未議決者，原決議失效。立法院在 7 月 28 日召開臨時會，但經歷五次延期都不足法定人數，至 8 月 11 日已超過十五日內應決議之期限，導致立法院原決議失效。

在倒閣方面，臺灣自亞洲金融風暴後，國內經濟極度嚴峻，行政院雖推出穩定股市與房市措施，但經濟並未有所起色。此外，李總統與行政院蕭院長對於挽救金融經濟的政策見解發生嚴重衝突，對於證券交易稅是否調降，蕭萬長拒絕工商團體陳徵或彈性調降證券交易稅的訴求，然而總統卻要求行政院修改稅法。總統與行政院院長意見出現扞格，蕭內閣請辭獲總統慰留後堅拒調降證交稅的立場鬆動[7]，此項個案凸顯總統已侵犯行政院院長的最高行政權。民進黨與新黨於 1999 年立院開議第一天提出不信任案，投票結果 142：83 未通過。

整體而論，此階段制度被操作為「總統國會制」，行政院院長最高行政首長之憲法角色未被尊重，行政院院長組閣權也被架空，憲政主義未被落實。執政黨作為立法院多數黨，無論是在覆議或不信任投票方面，較未受制於少數黨。立法院對行政院之監督主要是透過質詢

7. 請參閱中時電子報（1999）。

與預算審查。

二、2000-2008 年民進黨執政少數政府期間

2000 年總統大選結果，陳水扁總統所屬民進黨在立法院雖只有 70 席，不到三分之一，惟陳總統仍堅持籌組少數政府。以唐飛內閣為例，其內閣多數閣員皆係在發佈唐飛為閣揆前即已確定，係屬總統人馬，此顯示陳總統並未遵循大法官 387 號解釋文規範，讓唐飛院長「依其政治理念」提名閣員，侵犯了唐飛院長組閣權。停建核四事件，更充分顯示總統對於政策之主動權完全凌駕於行政院院長之上。在唐飛之後的歷任民進黨閣揆，同樣也無法主導閣員提名，多係由陳總統主導，游錫堃院長甚至明白表示行政院院長就是總統的執行長，放棄其作為憲法上最高行政首長的制度性權力。

就議事效率而言，此階段每會期平均通過 97.8 件法案，第四屆（1999-2002）第六會期及第五屆 (2002-2005) 第一會期更接近 200 件，顯示少數政府時期並未出現立法遲滯。前六會期與過去相比，第七屆 (2008-2012) 新國會僅在第三、四會期表現明顯高於過去，第五會期雖亦高於平均值，但與過去表現持平。第一、二、六會期通過法案數，甚至遠低於平均值。若以前六會期加總比較，第七屆通過法案總數為 595 件，約略高於第四到第七屆的平均值 587 件。若再細究各屆別，第七屆表現僅優於第六屆 (2005-2008)，仍未及第四與第五屆之表現（參見表一）。

針惟根據管碧玲、陳鳳瑜（2006）的統計，少數政府時期行政院所提法案通過比例約五成。盛杏湲（2003）研究顯示，少數政府時期行政院提案通過比例大幅降低。基於多數決原則，執政黨在立法院既是少數黨，本就缺乏主導議事條件。居於少數的執政黨試圖主導立法院議事過程，也不符合多數決原則。多數黨作為在野黨，也不可能配合少數執政黨之重大政策，以避免為執政黨分擔政策責任。關於行政院優先法案通過比例，可參閱表二，各項數字充分顯示少數政府欠缺

主導重大法案的條件。

表一　第四屆至第七屆（一至六會期）通過法案數量表

通過提案數	第四屆	第五屆	第六屆	第七屆 （一至六會期）	第四至六屆 平均數
第一會期	81	190	46	71	105.7
第二會期	115	112	82	87	103
第三會期	93	88	75	149	85.33
第四會期	88	70	56	123	71.33
第五會期	61	76	121	86	86
第六會期	199	57	104	113	120
通過法案數 總計	637	593	484	629	571.3（平均每會期95.2）

資料來源：整理自立法院網站「立法統計」，2016/4/20。

　　第五屆第三會期行政院提出 120 項優先法案，通過 16 案，連財經六法（即「金融重建基金設置及管理條例修正案」、「自由貿易港設置及管理條例草案」、「兩岸人民關係條例修正案」、「農業金融法草案」、「金融監督管理委員會組織法草案」、「不動產證券化條例草案」）都未通過。行政院副院長林信義指出財經六法未過，將使政府拚經濟綁手綁腳。惟蔡正元委員認為法案未過是因為「行政怠惰」，有的法案朝野協商還沒結果，有的條文有問題，行政機關也未提修正版本；黃義交委員也認為，行政首長公然指控國會，顯示行政權獨大的意圖。財經六法未過，也凸顯少數政府執政下推諉責任的問題（田裕斌，2003）。

表二　行政院優先法案通過情形（第四屆第四會期～第七屆第二會期，1999-2008)

屆會期	行政院提出優先法案數	立法院通過之行政院提出優先法案數	行政院優先法案通過比率（％）
第四屆第四會期	184	6	3.2
第五屆第一會期	292	116	39.7
第五屆第二會期	42	0	0
第五屆第三會期	120	16	13.3
第五屆第四會期	116	12	10.3
第五屆第五會期	150	15	10
第五屆第六會期	54	4	7.4
第六屆第一會期	1	0	0
第六屆第二會期	17	0	0
第六屆第三會期	30	0	0
第六屆第四會期	78	6	7.7
第六屆第五會期	90	9	10
第六屆第六會期	82	6	7.3
第七屆第一會期	92	14	15.2
第七屆第二會期	65	16	24.6

資料來源：行政院研究發展考核委員會（2011:48）。

　　少數政府之優先法案通過率不高，確實反映朝小野大的現實，但行政院優先法案是否真屬優先？執政黨是否刻意將高度爭議性法案列

為優先法案？行政院對優先法案是否積極爭取委員支持？恐皆有進一步探討必要。此外，執政黨的優先法案，未能獲在野黨認同，少數執政黨期望在野黨支持其優先法案，顯然不切實際。

少數政府時期最令人詬病的，是逕行以行政命令停建核四，引發行政立法激烈衝突。此外，2007 年 1 月 19 日立法院該會期最後一天會議，由於對中選會組織法修正案缺乏共識，民進黨立委不但霸佔主席台，甚至鎖住主席出入門，使立法院院長無法主持會議，議事陷入癱瘓。在行政院院長任命方面，2008 年 1 月立委選舉民進黨大敗，張俊雄院長提出總辭，惟陳總統卻退回總辭案，其理由之一甚至聲稱司法院大法官釋字第 387 號與第 419 號解釋意旨應不再適用，應重建憲政慣例（陳志華，2011）。此舉被大法官質疑是「退總辭，大總統自己釋憲？」（董翔飛，2008）陳總統顯然試圖以一己主觀意志凌駕憲政規範，任意擴張其非制度性權力。

在預算審查方面，除民國 92、93 年外，其他年度刪減幅度略增至 2％以上，僅民國 91 年大砍 5.04％（鄭雪梅，2011:67-68），幅度較高。民國 97 年則因國民黨考量可能二次政黨輪替，預算審查著重凍結而非刪減。我國預算法關於「預算審議」並無凍結預算規定，立法院審查總預算時卻透過「主決議」凍結預算，並認為此與法定預算具有相同拘束力，明定各機關若未按主決議執行，將議處機關首長（黃耀生，2005）。民國 93 年以後，立法院常凍結預算。以民國 93 年度中央政府總預算為例，由於該年度進行總統大選，國親兩黨在預期重新執政的心理下，預算刪減幅度只有 1.22％，但凍結了 481 億元，佔總預算比例 3.02％。民國 94 年以後，陸續爆發「台開內線交易案」、「高雄捷運外勞弊案」、「梁柏薰司法黃牛案」和「陳由豪政治獻金案」，致使民國 95 年總預算被刪 364 餘億，刪減率 2.26％，但被凍結的 2460 餘億，則高達總預算的 15.67％。行政院院長謝長廷本想提出我國史上首次針對預算案的覆議，但未獲陳總統支持，還為此下台。

臺灣民主之
反思與前瞻

　　民國 95 年 4 月，總統夫人吳淑珍涉及「SOGO 禮券案」及介入「SOGO 經營權之爭」，6 月又爆發陳水扁總統的「國務機要費案」，在 9 月引爆「紅衫軍倒扁熱潮」，10 月時國親兩黨更推動總統「罷免案」，致使民國 96 年總預算被刪 344 億，刪減率 2.07%，並凍結 1817 億，佔總預算 11.15%。陳水扁總統本人及其夫人、女婿、親家，還有政府官員涉及多起貪汙弊案，重創民進黨形象。由於民進黨支持度不斷下降，國民黨在預期民國 97 年總統大選能獲勝情況下，該年度總預算僅刪除 136 餘億，刪減幅度為 0.8%，為少數政府八年以來的新低，甚至比多數政府時期還少，但凍結預算 1100 餘億，仍佔總預算 6.6%，且凍結日期只到民國 97 年 5 月 20 日，以便國民黨重新執政後能推動政府施政。

　　少數政府時期，每年度中央政府總預算刪減幅度和多數政府時期差不多，多數反對黨並未大砍預算，即便陳水扁總統第二次當選的正當性遭質疑，且陳總統家族及民進黨政府又發生諸多弊案，預算刪減比例最高也只有 2.26%。民國 93 年以後，在野黨多半「以凍代刪」方式監督執政黨，由於執政黨在立法院係少數，對於多數在野黨的決議也難以反制。

　　在覆議方面，此時期計有四次覆議案，第一案是「財政收支劃分法第八條及第十六條之一」覆議案。民國 91 年 1 月 17 日立法院通過「財政收支劃分法第八條及第十六條之一」修正案。由於本案事關選區利益，在野黨內部也有利益矛盾問題，覆議案表決結果：贊成維持原決議者 109 人，反對維持原決議者 103 人，贊成維持原決議者未達全體立法委員二分之一人數（113 人），原決議作廢，這也是少數政府時期唯一覆議成功案例。由於本修正案是第四屆立委最後一個會期通過，行政院提覆議時已變成第五屆立委，出現跨屆覆議。[8]

　　其次，立法院於民國 92 年 11 月 27 日通過「公民投票法」，由

---

8. 關於跨屆覆議所產生的憲法問題，可參閱蘇永欽 (2002)。

於公投範圍、公投提案權、公投審議機關通過的都是國親兩黨版本，行政院於 12 月 12 日提出覆議。表決結果：出席委員 114 人，贊成維持原決議者 114 人，反對維持原決議者零人，行政院覆議案未通過，維持原決議。

再者，「三一九槍擊事件真相調查特別委員會條例」覆議案是因為 2004 年總統大選後，立法院於民國 8 月 20 日通過國、親兩黨主導的「三一九槍擊事件真相調查委員會條例」。行政院認為真調會組成及職權行使違反權力分立原則、違反正當法律程序，並侵犯司法偵查權和審判權，於 8 月 27 日提出覆議（聯合報，2004）。表決結果以過半數的 114 票贊成維持原決議，否決行政院覆議案，民進黨及台聯黨乃改向司法院大法官聲請釋憲。大法官會議於 12 月 15 日發布 585 號解釋，認為立法院成立真相調查委員會合憲，性質上係屬協助立法院行使調查權的特別委員會，得對重要事項進行調查，但真調會委員任命應由立法院院會決議，並由立法院長任命，且真調會並不具追究刑事責任偵查權（司法院，2004）。[9] 職是之故，對於真調會要求調閱文件、證據，各行政機關均以違憲之虞拒絕提供，且拒撥經費給真調會。在行政機關拒絕配合情況下，真調會民國 95 年 1 月 17 日提出報告後，即宣布解散。

最後，「農會法第四十六條之一及漁會法第四十九條之一修正條文」覆議案是因立法院於 5 月 11 日通過農、漁會法修正，除取消農漁會總幹事任期限制，現行農漁會選任及聘僱人員經二審判刑應解除職務的規定，也放寬為判刑確定才解職。行政院認為有違社會反黑金期待，且不符公平正義原則，於 5 月 30 日提出覆議（廖繼銘，2007），立法院於 6 月 11 日表決，兩項表決結果均是 115 人贊成維持原決議，96 人反對維持原決議，行政院覆議失敗。

另外尚有 NCC 組織法、三一九真調會條例修正案、民國 95 年總

---

9. 詳請參閱大法官釋字 585 號解釋文。

預算案等爭議法案，行政院雖認為窒礙難行卻未提覆議，而是透過釋憲或行使抵抗權方式杯葛。此時期經驗凸顯了少數政府之困境，不但其所欲重大法案立法院不支持，立法院堅持之法案，行政院亦無力否決。問題是：覆議案受挫後，行政院理應依憲法規定接受立法院決議，惟實際上行政院卻是透過消極不作為等方式反制，造成立法院決議無法順利執行，以致出現行政機關推諉卸責與責任不明的困境。

在倒閣部份，在此期間立院多數在野黨從未試圖倒閣。此一方面與選舉制度、個別立委自身利益有關，更重要的是，即便倒閣成功，總統亦可能不解散立法院，直接任命其他人士出任行政院院長，繼續主導政府；即便倒閣成功後立院重選在野黨仍維持多數席次，總統也未必會邀請多數黨組閣，並釋出組閣權。有鑒於此，是以在野黨雖有能力，卻無意願倒閣，致使倒閣機制形同具文。

整體而言，少數政府時期延續了「總統國會制」，行政院院長最高行政首長之憲法角色未被總統尊重，淪為總統的執行長，行政院院長之組閣權也被總統架空。凡此皆顯示少數政府時期總統嚴重違反憲法相關規範，未能依憲法落實「總理總統制」精神。更有甚者，少數政府不但試圖以民粹方式反制立法院多數黨，奢望「多數支持少數」，還拒絕執行覆議失敗之法案，或逕行以行政命令規避立法院監督，甚至以霸佔主席台或將主席出入門上鎖方式杯葛議事進行，凡此皆有違多數決原則，違反憲法行政對立法負責之規範。

三、2008 年以後國民黨執政多數政府期間

2008 年 1 月國民黨在立委選舉大勝，連同無黨籍聯盟共計掌握了七成五席次，國民黨提名的馬英九也在當選總統後籌組了多數政府。

在多數政府優勢結構基礎上，國民黨政府在法案審查方面，理應居於絕對優勢，得以有效主導法案與預算審查過程與結果。惟相較於民進黨少數政府時期立法院平均每會期通過 97.8 案，馬總統第一任的四年期間，立法院每會期平均通過的法案數目僅微增加為 108.1。馬

總統第二任國民黨在立法院雖仍維持多數，其絕對優勢已消失，但立法院每會期平均通過的法案數目仍維持在 107 案（如表三）。整體而言，多數政府與少數政府期間立法院每會期平均通過之法案數目相當接近，並未因為是少數政府就大幅減少通過數目，也未因為是多數政府就大幅增加通過數目。

表三 第七屆至第八屆（2008-2016）通過法案數量表

通過提案數	第七屆	第八屆	第七至第八屆平均數
第一會期	71	15	50
第二會期	87	93	91
第三會期	149	87	123.5
第四會期	123	146	137
第五會期	86	101	102.5
第六會期	113	157	123
第七會期	130	132	130.5
第八會期	106	125	126.5
通過法案數總計	865（平均每會期 108.1）	856（平均每會期 107）	107.55

資料來源：整理自立法院網站「立法統計」，2016/4/20。

　　惟就具有高度政治性之法案而言，少數在野黨則透過肢體抗爭與群眾運動等方式，進行實質杯葛。2012 年上半年，針對是否開放含來克多巴胺（俗稱瘦肉精）美牛進口一事，在野黨堅持「零檢出」，並

霸佔議場進行長達五天四夜抗爭，使立法院議事完全癱瘓[10]。在「軍公教退休人員年終慰問金改革」議題上，更是完全被民進黨主導。行政院在 2012 年 10 月 22 日提出「本於照顧弱勢的原則，將月退休俸在 2 萬元以下（含 2 萬元），以及因作戰受傷、殘廢、死亡的退休人員或遺眷，列為發放標準」的政策方案，有國民黨立委直指「這是亡黨的問題」（華視新聞雜誌，2012），但仍通過行政院版改革案，此一決議應相當程度影響了 2014 年九合一選舉，以及 2016 年元月總統與立委之選舉結果。

再看兩岸服貿協議，2014 年 3 月有學生因對立法院服貿協議審查程序不滿佔領立法院，開啟了「太陽花學運」。太陽花學運 4 月退場時要求，需先制訂兩岸協議監督條例，再逐條審查服貿協議。儘管各界關於服貿對臺灣的影響與必要性存有不同看法，但在建立兩岸協議監督機制立法方面，則較有共識。惟兩岸協議應如何監督，朝野看法卻相當分歧；加上在野黨本有意藉監督條例阻擋兩岸協議，以減緩兩岸經貿往來速度與密切程度，監督條例草案在立法院更是版本紛呈。行政院雖在 4 月初將監督條例草案送立法院，惟卻因民進黨強力杯葛，一直未進行審查。學運結束後，審查完全停擺，毫無進展。國民黨掌握立法院多數席次，在美牛進口問題、慰問金改革與服貿協議等重大議題，都無法貫徹多數意志，暴露出行政與立法互動過程存在許多問題，立法院多數黨之多數流於形式。

在預算審查方面，除民國 101 年刪減率為 0.85%，低於 1% 以下，民國 102 年刪減率 1.903%，接近 2% 以外，其他年度皆維持在略高於 1% 以上，民國 98 年 1.11%，民國 99 年 1.15%，民國 100 年 1.105%，民國 103 年 1.262%，民國 104 年 1.277%。相較於少數政府時期，多數政府期間預算刪減率顯然較低。惟多數政府時期，總預算之審查也經常未於法定期限內完成。

10. 請參閱華夏經緯網（2012）。

　　立法院各委員會於 2014 年 10 月起審查 2015 年度總預算，惟 2014 年國營事業預算，本應於 2013 年 11 月完成三讀，拖了一年卻仍未完成三讀。根據《預算法》，總預算案應於會計年度開始一個月前由立法院議決，即每年 11 月底前完成三讀。惟各部會預算案，常拖到隔年 1 月才完成三讀。至於國營事業跟非營業部分的附屬單位預算案，甚至拖到隔年 6 月才完成三讀。其中 2012 年預算應在 2011 年 11 月底前完成，卻拖到 2012 年的 12 月 14 日才完成三讀，2013 年預算應在 2012 年 11 月底前完成三讀，迄 2014 年底仍未完成三讀。加上 2014 年，立法院已連兩年未審國營事業預算（何哲欣，2014）。根據以上預算審查之拖延狀況，不難看出即便在多數政府時期，少數黨仍有能力杯葛預算審查。

　　在監委人事案方面，立法院於 2014 年 7 月 29 日對馬英九總統提名的 29 位監察委員行使同意權，其中 11 人未獲半數立委同意。總統馬英九強調必須遵守憲法，且根據大法官解釋，監察委員出缺時必須補提名。由於第五屆監察委員尚缺 11 位，占監察委員法定員額三分之一以上，已嚴重影響監察院行使職權，馬總統乃於 9 月 10 日補提名 11 位監察委員，惟民進黨則強調應保留給下屆總統提名。在民進黨強力杯葛下，監委補提名案一直未進行審查。此案再度凸顯立法院未能落實「少數服從多數」之原則，反而是由少數黨主導重大人事案。

　　在不信任投票方面，民進黨曾二度發動倒閣。第一次是 2012 年 9 月 18 日民進黨與台聯黨以馬英九總統以一人意志凌駕內閣之上，讓陳冲變成有責無權的傀儡院長，破壞憲政體制等 10 項理由，對陳冲提出不信任案，要求內閣進行改組。由於國民黨仍掌握立法院過半席次，結果是贊成 46 票，反對 66 票，不信任案遭到否決。第二次倒閣是在立法院 2013 年 9 月 17 日開議後，民進黨針對江宜樺院長毀憲亂政等七項理由為由，以「不道歉、不上台」為由杯葛，江宜樺施政報告六度受阻。民進黨團並提出倒閣案，表決結果反對 67 票、贊成 45 票，倒閣案未通過。由於不信任投票結果關係政府改組，多數執政黨委員

不太可能支持少數黨的倒閣案,是以民進黨兩次倒閣案皆未通過,並不令人意外。

　　整體而論,在此階段一開始馬總統曾有意回歸憲法規範,讓總統退居二線,惟最後還是回到「總統國會制」,其中馬總統對於恢復開徵證所稅的堅持,也充分顯示其未能尊重行政院院長的最高行政權;此外,歷任行政院院長的組閣權同樣被架空,多係由馬總統主導。此外,少數黨以民粹或肢體衝突方式杯葛立法,經常在重大法案或人事案上迫使「多數服從少數」,也不符合代議民主多數決原則。

肆、從行政與與立法互動分析臺灣民主

　　我國總統自 1996 年起改為人民直選,1997 年修憲後總統任命行政院院長不再需立法院同意,此應係我國憲政體制被許多學者歸類為「總統國會制」的主要依據。惟無論根據憲法本文或增修條文,行政院院長都仍是政府最高行政首長,且憲法明文規定行政院負責對象是立法院,並非總統。

　　1996 年總統直選與 1997 年行政院長改由總統逕行任命後,許多人認為總統權力已大增,甚至認為政府體制已轉型為總統制。[11] 惟就奧地利、愛爾蘭、冰島、新加坡與葡萄牙經驗觀之,其總統都是直選產生,但皆非總統制國家,此顯示總統選舉方式與總統權力大小或是否屬於總統制無關。總統改為直選,不等於政府體制轉變為總統制(周育仁,1996)或總統就能行使憲法未賦予的權力。就憲政主義而言,總統權力來自憲法,與民意多寡無關[12],總統的非制度性權力,亦不

---

11. 前行政院研考會主委林嘉誠曾指出:「全球實施總統直選的國家並無內閣制運作的例子,它必然是偏向總統制的雙首長制」,引自吳東野(2001)。

12. 荊知仁教授(1996)認為我國採成文憲法,無論總統如何產生,其權力必須有憲法依據。王業立教授(2001)認為,就憲法法理來看,總統直選與總統權力增加無關。胡佛教授(1998)認為:「總統的選舉方式,並不一定能決定政府體制的性質。」謝復生教授(1995)指出:根據憲法,政治權力重心在立法院與行政院,總統直選並未改變此一

允許逾越憲法制度性之規範。總統直選雖擴大了總統民意基礎，惟強化的只是總統行使憲法所賦予其權力的正當性基礎，不會因直選就改變憲法關於政府體制原有之制度性設計。

　　檢視憲法增修條文相關內容，我國總統直選後，憲法賦予的總統權力與直選前其實差異不大。1997 年後行政院院長雖改由總統逕行任命，但仍維持其最高行政首長的角色。職是之故，民選總統任命行政院院長時仍必須符合三項憲法規範之要件：一、行政院院長應係最高行政首長，並非總統的執行長；二、行政院只對立法院負責，不對總統負責；三、閣員應由行政院長依其政治理念提請總統任命之，總統不得干預（司法院 387 號解釋文）。換言之，總統在行使憲法所賦予其之行政院長任命權時，仍需兼顧其所任命之院長能恰如其分扮演憲法所規範之相關角色（周育仁，2014）。令人遺憾的是，1996 年以來，所有總統皆未服膺上述各項憲政規範，以致出現總統有權無責、行政院院長有責無權的亂象，或是出現不符憲政規範的少數政府，嚴重影響行政與立法互動正常關係。

一、少數政府時期

　　首先，1997 年修憲似提供了總統籌組少數政府機會，惟總統拒絕由立法院多數黨組閣，並將行政院院長貶抑為總統的執行長，不但戕害了行政院院長作為最高行政首長的憲法角色，也破壞了行政院對立法院負責的憲政機制，並導致政府施政陷於癱瘓。[13] 居於少數的執政黨透過民粹施壓立法院多數黨支持執政黨政策與法案，更違背了「少

　　事實，不能因總統直選就不依法辦事。謝復生（1996）強調總統直選，不必然導致總統權力的增加。惟郭正亮教授（1996）認為，總統具有實權的看法，早已內化於民眾的政治文化。是以總統直選後，不可能屈就於立法院之下。總統直選後究竟有無實權，其實是「法」與「力」間的拉扯。惟「力」之運作終究需面對「法」的約制，不可能取而代之，否則就是憲法破毀。陳水扁總統強調其權力來自人民，行政院院長權力來自總統，並不符合憲政主義之精神。請參閱周育仁（2000）。

13. 請參閱周育仁（2011a）。

數服從多數」之民主原則。多數黨不支持行政院政策，即被冠以「為反對而反對」、「輸不起」、「惡意杯葛」、「野蠻」等大帽子，因而激化朝野政黨與行政立法衝突。少數政府下，「行政院要的、立法院不給」，「立法院要的、行政院難以拒絕」。少數政府不但有違憲法相關規範，無力推動重大政策，更難以否決其所認為窒礙難行的立法院決議。對於立法院未通過行政院所欲法案，行政院一貫是將責任歸咎於立法院杯葛，企圖卸責，導致責任不明，影響憲法所設計行政院對立法院負責機制。經驗顯示，少數政府不但逾越了相關憲政規範，對我國憲政民主也產生了負面影響。

其次，覆議與倒閣機制旨在解決行政立法間重大爭議，也是立法院對行政院重要的課責手段。少數政府時期，國民黨或泛藍雖有條件卻無意願倒閣，反而是執政黨一再慫恿國民黨倒閣，但國民黨卻不為其所動，致使倒閣機制徒具形式，覆議因而成為朝野重要攻防戰場。

在少數政府時期，行政院重大政策不但很難獲得立法院支持，行政院也很難透過覆議否決立法院多數黨主導通過之決議。1997 年修憲後覆議門檻降低為全體委員二分之一，行政院若未掌握過半立委支持，就無法透過覆議否決立法院決議。2000 年後少數政府除財劃法覆議成功外，其餘三項覆議案皆告失敗，未提覆議之決議，即便提出恐也無法否決立法院原決議。行政院若覆議失敗，依憲法規定應「接受該決議」，惟實際狀況卻是行政院消極不執行立法院決議（如三一九真調會條例），以致影響立法院決議之實施成效，惟行政院卻將責任歸咎於立法院決議窒礙難行。更有甚者，少數政府覆議失敗後，又以聲請釋憲或行使抵抗權等方式反制立院，如廢核四、中正紀念堂及中華郵政改名等，或逕以行政命令迴避立法院監督，皆使覆議機制強調的負責精神蕩然無存。

整體而論，陳總統未尊重憲法所賦予行政院院長最高行政首長角色，全面主導內閣人事與政策，致使行政院院長無法依憲法規定對立

法院負責。少數政府試圖主導立法院議事程序，要求多數黨支持少數政府政策，亦不符民主政治「多數決」原則。而覆議失敗後拒絕執行立法院決議，甚至將執行不力歸咎于立法院決議窒礙難行，也破壞了憲法規範之行政院對立法院負責精神。易言之，少數政府時期我國憲政運作並不符合憲政主義之精神。

二、多數政府時期

馬英九總統在 2008 年上任後，一開始曾誓言要遵守憲法，讓行政院院長主導政務，並將總統角色定位在「二線」，惟民眾並不認同馬總統之作法。面對八八風災民眾對馬總統之批評，以及全球金融危機之挑戰，馬總統之角色因而愈來愈偏向「總統國會制」。在馬總統兼任國民黨黨主席後，其影響力更趨擴大（Chou, 2012）。馬總統之權力也涉入經濟等屬於行政院院長主管之領域，其中尤以主導證所稅復徵最具爭議。證所稅復徵本屬行政院職權，惟馬總統基於有所得即應課稅之公平正義理念，堅持復徵證所稅，甚至跳過行政院陳冲院長直接指揮財政部劉憶如部長。馬總統將政府體制操作為「總統國會制」，一方面未落實行政院院長作為最高行政首長之角色，也未尊重行政院院長的組閣權，被批評為「總統有權無責，行政院院長有責無權」，也削弱了憲法所設計行政院對立法院負責的機制。

其次，民進黨作為立法院少數反對黨，卻動輒以非制度性手段杯葛議事程序，阻擋執政黨重大法案。2008 年以後執政的國民黨既在立法院掌握多數席次，理應有條件充分主導議事過程，但實際狀況卻非如此。以兩岸服貿協議、兩岸協議監督條例或監委補提名審查為例，皆可看到少數黨訴諸肢體衝突強力杯葛議事程序，或透過結合學運之方式，反制執政黨在立法院之席次優勢。依代議民主原則，政府施政雖應透過大眾諮商瞭解民意，惟民意絕非決策唯一參考依據。執政黨既已透過選舉贏得行政部門或立法部門多數，自有正當性主導政策或立法院議事過程。若立法院少數黨得以透過肢體杯葛或結合群眾運動

反制多數選民選出的多數執政黨,將使選舉產生的多數喪失意義。若認為應以民調主導決策,代議民主之選舉又有何意義?具有多數選民支持選出的執政黨或立法院多數黨,若無權主導政策制定過程,勢將無法為其施政成敗負責。少數在野黨以肢體杯葛等方式阻擋執政黨重大法案,又不需為該政策無法落實造成之影響負責,顯也有違責任政治之原則。

民主政治重視責任政治,執政黨若能主導國會過半數席次,自應有權主導議事過程,並為其施政成敗負完全責任。在野黨若反對執政黨法案或政策,理應在立法過程中提出修改意見或對案,若執政黨不同意在野黨主張,應有權透過表決主導最後版本。在野黨既屬少數,無法透過表決擋下執政黨主張也不令人意外,惟執政黨必須為其所主導政策或法案最後結果負完全責任則是毋庸置疑。若輸掉國會選舉的在野黨得以透過肢體杯葛等非制度性手段反制國會多數黨對議事的主導權,「少數服從多數」或「多數決」此一最基本的民主原則將蕩然無存,國會多數黨將無法代表選民制定法案或政策,贏得國會多數將變得毫無意義。

整體而論,馬總統也未尊重憲法所賦予行政院院長最高行政首長角色,積極主導內閣人事與政策,行政院院長淪為代替總統對立法院負責的角色。至於少數黨以非理性方式杯葛多數黨主導政策,也不符「少數服從多數」原則。易言之,多數政府時期我國憲政運作仍存在許多違反憲政主義之現象。

肆、結語

依我國 1996 年以後行政立法互動實際經驗觀之,在少數政府期間,總統不尊重行政院院長之組閣權與最高行政首長地位,造成總統有權無責,進而導致少數政府無法對立法院負責,也經常可見行政部門推諉卸責現象。在多數政府期間,總統同樣未尊重行政院院長組閣

權與最高行政首長地位，有權無責，並涉入行政院之決策，進而影響
行政院對立法院之負責機制。從憲政主義精神觀之，1996 年以來所有
總統皆未尊重行政院院長最高行政首長的憲法角色，也未落實憲法所
設計行政院對立法院負責的機制。

此外，少數黨執政時企圖主導立法程序，在野時又試圖杯葛多數
執政黨主導立法，一再運用肢體衝突與群眾運動，強力反制立院多數
黨主導重大議事過程，也都違反「多數決」與「少數服從多數」等基
本的民主原則。

1996 年以來，無論是多數政府或少數政府時期，所有總統都試圖
將政府體制操作為「總統國會制」，顯示我國尚未落實憲政主義。由
於政黨或政治人物缺乏憲政主義與民主政治基本認知，不斷逾越憲法
規範，試圖不當擴大總統的非制度性權力，或是不尊重選民選出的多
數。就此而論，我國民主政治之品質應尚有深化之必要。

參考書目

中時電子報，（1999）。〈去留之間蕭揆有口難言〉，2 月 25 日。http://forums.
　　chinatimes.com/report/money2/88022505.htm。2016/04/20。

王業立（2001）。〈總統直選對憲政運作之影響〉，陳健民與周育仁（主編），《九七
　　修憲與憲政發展》，頁 152-181。台北：國家政策研究基金會。

立法院（2016）。〈立法統計〉，http://npl.ly.gov.tw/do/www/lawStatistics?first=y&
　　blockId=1&titleName。2016/04/20。

司法院（2004）。〈大法官第 585 號解釋文〉，《司法院大法官》，http://www.
　　judicial.gov.tw/constitutionalcourt/p03_01.asp?expno=585。2016/04/20。

_____（2007）。〈大法官第 627 號解釋文〉，《司法院大法官》，http://www.
　　judicial.gov.tw/constitutionalcourt/p03_01.asp?expno=627。2016/04/20。

田裕斌（2003）。〈人物專訪─林信義談待審財經法案〉，《新台灣新聞周刊》，
　　第 378 期，6/19。

行政院研究發展考核委員會（編）（2011）。《強化行政與立法部門協調溝通機
　　制之研究》，RDEC-RES-099-024，委託研究報告。台北：行政院研究發展
　　考核委員會。

沈有忠（2012）。〈半總統制「權力總統化」之比較研究〉，《臺灣民主季刊》，
　　第 9 卷，第 4 期，頁 1-36。

林繼文（2000）。〈半總統制下的三角政治均衡〉，林繼文（主編），《政治制度》，
　　頁 135-175。台北：中央研究院。

何哲欣（2014）。〈立委擺爛不審預算立院預算中心都開罵〉，《蘋果日
　　報》，10 月 12 日。http://www.appledaily.com.tw/realtimenews/article/
　　new/20141012/486188/。2016/04/20。

吳玉山（2011）。〈半總統制：全球發展與研究議題〉，《政治科學論叢》，第 47 期，
　　頁 1-32。

吳東野（2001）。〈多數政府？少數政府？雙首長制憲政運作的省思〉，《國政
　　研究報告》，2001/10/22。

周育仁（1996）。〈總統直選對我國憲政體制之影響〉，《問題與研究》，第 35 卷，
　　第 8 期，頁 62-74。

_____（2000）。〈總統權力來自憲法不是來自人民〉，《中華日報》，4 月 5 日，
　　版 A4。

_____（2010）。《政治學新論》，第三版。台北：翰蘆出版公司總經銷。

_____（2011a）。〈行憲以來我國行政立法關係之演變—憲政規範與實際運作經驗分析〉，蔡政文（編），《2011 年台灣展望》，頁 51-92。台北：財團法人國家政策研究基金會。

_____（2011b）。〈憲政主義與台灣民主化〉，周育仁、謝文煌（主編），《台灣民主化的經驗與意涵》，頁 1-17。台北：五南圖書出版有限公司。

_____（2014）。〈回歸內閣制—新黨魁應兼閣揆〉，《聯合報》，12 月 2 日，第 A15 版。

周萬來（2002）。《議案審議：立法院運作實況》。台北：五南出版社。

胡 佛（1998）。《憲政結構與政府體制》。台北：三民書局。

郭正亮（1996）。〈尋求總統和國會的平衡：雙首長制對台灣憲改的時代意義〉，《問題與研究》，第 35 卷，第 7 期，頁 56-72。

高永光（2011）。〈直接民主的嘗試與困境〉，周育仁、謝文煌（主編），《台灣民主化的經驗與意涵》，頁 251-270。台北：五南圖書出版有限公司。

荊知仁（1996）。〈憲法修改與憲政改革獻言〉，《政策月刊》，第 12 期，頁 2-5。

陳志華（2011）。〈行政、立法互動與台灣民主化〉，周育仁、謝文煌（主編），《台灣民主化的經驗與意涵》，頁 47-76。台北：五南圖書出版有限公司。

陳宏銘、梁元棟（2007）。〈半總統制的形成和演化—台灣、法國、波蘭與芬蘭的比較研究〉，《臺灣民主季刊》，第 4 卷，第 4 期，頁 27-70。

盛杏湲（2003）。〈立法機關與行政機關在立法過程中的影響力：一致政府與分立政府的比較〉，《臺灣政治學刊》，第 7 卷，第 2 期，頁 51-105。

鄭雪梅（2011）。《我國分立政府與一致政府之研究 - 以 2000 年至 2011 年立法院審議預算為例》，國立臺灣大學社會科學院政治學系政府與公共事務碩士在職專班碩士論文計劃書。

廖繼銘（2007）。〈農漁會法修正案 政院決定提出覆議〉，《自立晚報》，5 月 30 日。http://www.idn.com.tw/news/news_content.php?catid=1&catsid=2&catdid=0&artid=20070530ah004。2016/04/20。

黃德福（2001）。〈少數政府與責任政治：臺灣「半總統制」之下的政黨競爭〉，明居正、高朗（主編），《憲政體制新走向》，頁 97-140。台北：新臺灣人基金會。

黃耀生（2005）。〈立法院審議預算附加決議之效力〉，《主計月刊》，第 590 期，頁 49-58。

華視新聞雜誌（2012）。〈別為了陳冲斷送國民黨！費鴻泰：這是亡黨 的 問 題 ！〉，12 月 14 日，http://news.cts.com.tw/nownews/

politics/201212/201212141163089.html。2016/04/20。

華夏經緯網（2012）。〈民進黨老戲重演霸佔主席臺〉，6 月 12 日，
　　http://big5.huaxia.com/thpl/tdyh/wzf/2012/06/2885421.html。2016/04/20。

董翔飛（2008）。〈退總辭，大總統自己釋憲？〉，《聯合報》，1 月 30 日，版
　　A15。

管碧玲、陳鳳瑜（2006）。〈當前「行政─立法」權力分立的困境〉，《研考雙
　　月刊》，第 30 卷，第 6 期，頁 55-63。

蘇永欽（2002）。〈法律案跨屆覆議的憲法問題〉，《法令月刊》，第 53 卷，第
　　2 期，頁 3-12。

蘇子喬（2013）。〈兼容並蓄或拼裝上路？─從內閣制與總統制優劣辯論檢視半
　　總統制的利弊〉，《臺灣民主季刊》，第 10 卷，第 4 期，頁 1-48。

謝復生（1995）。〈內閣型態與憲政運作〉，《問題與研究》，第 34 卷，第 12 期，
　　頁 1-10。

＿＿＿＿（1996）。〈駁『總統直選後權力必增』說〉，《聯合報》，3 月 1 日，版
　　A11。

聯合報 (2004)。〈真調會覆議案 政院通過游揆說雖沒把握 但要捍衛憲政 籲在野
　　黨不要貪圖一時之快 在歷史留下瑕疵〉。8 月 28 日，A6。

Chang, Yu-tzung, Yu-han Chu, and Min-hua Huang (2011). "Procedural Quality Only?
　　Taiwanese Democracy Reconsidered." *International Political Science Review*,
　　Vol. 32, No. 5:598–619.

Chou, Yujen (2012). "Constitutional Reforms and Constitutionalism in Taiwan." Paper
　　presented at the International Conference on Democracy and Development—
　　Taiwan and the Baltic Countries in Comparative Perspective, organized by the
　　Latvian Academy of Sciences and Taiwan Foundation for Democracy. Riga,
　　Latvia, April 27-28.

Duverger, Maurice A. (1980). "New Political System Model: Semi-Presidential
　　Government." *European Journal of Political Research*, Vol. 8, No. 2:165–187.

Fehrenbacher, Don E. 1989. *Constitutions and Constitutionalism in the Slaveholding
　　South*. Athens, GA: University of Georgia Press.

Ginsburg, Tom (2005). "Constitutional Choices in Taiwan: The Implications of
　　Recent Global Trends." Paper delivered at the International Conference on
　　Constitutional Reengineering in New Democracies — Taiwan and the World.
　　Constitutional Reform Promotion Panel, Office of President, Taipei, October 28-29.

Huntington, Samuel P. (1991). *The Third Wave: Democratization in the Late Twentieth Century*. Norman, OK: University of Oklahoma Press

Ranney, Austin (2001). Governing: *An Introduction to Political Science*. Upper Saddle River, N.J.: Prentice-Hall, Inc.

Roskin, Michael G., Robert L. Cord, James A. Medeiros,and Walter S. Jones (2010). *Political Science: An Introduction*. Englewood Cliffs, N.J.: Prentice-Hall International, Inc.

Samuels, David J. and Matthew Soberg Shugart (2010). *Presidents, Parties, Prime Ministers: How the Separation of Powers Affects Party Organization and Behavior*. New York: Cambridge University Press.

Shen, Yu-chung (2012). "Presidentialized Semi-Presidentialism in Taiwan: View of Party Politics and Institutional Norms." Paper presented at the International Conference on Democracy and Development—Taiwan and the Baltic Countries in Comparative Perspective, organized by the Latvian Academy of Sciences and Taiwan Foundation for Democracy. Riga, Latvia, April 27-28.

Shugart, Matthew Soberg and John M. Carey (1992), *Presidents and Assemblies*：*Constitution Design and Electoral Dynamics*. Cambridge: Cambridge University Press.

Shugart, Matthew Soberg and Scott Mainwaring (1997). "Presidentialism and Democracy in Latin America: Rethinking the Terms of Debate." In Scott Mainwaring and Matthew Soberg Shugart (eds.), *Presidentialism and Democracy in Latin America* (pp. 12-54). New York: Cambridge University Press.

Wu Yu-shan (2007). "Semi-Presidentialism—Easy to Choose, Difficult to Operate: The Case of Taiwan." In Robert Elgie and Sophia Moestrup (eds.), *Semi-Presidentialism Outside Europe: A Comparative Study* (pp. 201-218). London: Routledge.

Wu Yu-shan and Jung-hsiang Tsai (2011). "Taiwan: Democratic Consolidation under President-Parliamentarism." In Robert Elgie, Sophia Moestrup, and Yu-shan Wu (eds.), *Semi- Presidentialism and Democracy* (pp. 174-191). New York: Palgrave.

Analyzing Taiwan's Democracy through the Executive-Legislative Interactions

Yujen Chou *

Abstract

Interactions of the executive and the legislative branches after 1996 in Taiwan showed that, during the period of minority government, the president actually did not respect the premier's right to organize the cabinet as well as the premier's role as the highest executive head of government. This situation would result a constitutional chaos where president substantially owned the power but relatively had no responsibility. In addition, the Executive Yuan of the minority government failed to undertake its role of being responsible for the Legislative Yuan, which made the Executive Yuan constantly try to shirk its responsibilities. The aforementioned situations did not change even during the period of majority government. In reality, the president does not make way for the premier to organize the cabinet and to play the role of head of government. The president, possessing power but with no responsibility, may involve in the decision-making procedure of the Executive Yuan and that of the Legislative Yuan, which would thereby affect the mechanism that the Executive Yuan should work as to be responsible for the Legislative Yuan. Moreover, to highlight issues or its political argumentation, the minority ruling party or opposition party usually uses the ways of physical clashes or mass movements to counter the majority party in the Legislative Yuan. Such political confrontations violated the "majority rule" of the most basic principles of democracy. As a whole, since 1996, we have not yet seen that constitutionalism, either in the majority government or the minority government is really implemented. Hence, the quality of Taiwan's democracy needs to be further improved.

Keywords: executive-legislation interaction, president-parliamentary system, premier-presidentialism system, a majority vote, Taiwan's democracy.

* **Yujen Chou** is Professor, Department of Public Administration and Policy, National Taipei University. Research areas include Taiwan Constitutional System, Regulatory Administration and Policy, EQ Management and Leadership.

臺灣的選舉制度改革，究竟改革了什麼？

林繼文 *

中央研究院

摘 要

在臺灣，「單記非讓渡投票複數選區制」（single non-transferable vote under multi-member district system，簡稱單記非讓渡投票制或 SNTV；亦有人稱為中選舉區制）的歷史可謂淵源留長。在此制下，大黨通常在每個選區提名超過一位的候選人，同黨候選人為了爭取選民那張不可轉讓的票，經常造成內部紛爭。單記非讓渡投票制雖有一定的比例性，卻有利於一黨獨大，所以在短期內不易改變。不過，單記非讓渡投票制的競選成本高，隨著可分資源的減少，執政黨的得票率也會逐漸下降，終究導致多黨化。2004 年立法院通過了修憲提案，將立法委員的選舉制度改為單一選區兩票制，並於 2005 年由國民大會通過。以選制改革的倡議者而言，對單一選區兩票制的期待包括以下諸項：該選制將能提升國會效能、增進黨內團結、降低賄選的效用並緩解意識型態的對立。本文透過實證資料，將這些期待轉為變數，以檢視其落實的程度。發現如下：第一，比較最近四次立委選舉，新選制下的有效政黨數明顯低於舊選制，符合大黨的目標；第二，選制改革後，未獲政黨提名而參選的比例明顯減少；第三，在官方資料中，單一選區兩票制的賄選被訴案雖於 2008 年達到高峰，但之後快速下降，而且減少的幅度超越縣市議員選舉；第四，選制改革後，在選舉公報中以國族認同為訴求的候選人比例下降。其中第二、四項結果，和選制改革有明顯的關連。政黨數的減少符合大黨的利益，至於是否能因此提升國會效能，還要搭配席次減半來觀察。至於賄選被訴案件

---

* **林繼文** 中央研究院政治學研究所研究員，研究領域為比較政治制度、東亞政治、形式理論。

的下降,則不能忽略其他變因的作用。

關鍵詞:單記非讓渡投票複數選區制、單一選區兩票制、選舉制度改革、有效政黨數、意識
型態衝突、賄選

壹、選舉與選舉制度

只要有選舉，必然有規則。選舉制度，即在決定人民如何投票、當選者如何產生，而選舉制度也可能有所變動。本章從臺灣的第一次直接選舉談起，討論臺灣選舉制度的起源和改革，並對比新舊選制的結果，以驗證改革是否達成改革者的目標。

基本上，選舉可分為行政首長選舉和代議機關選舉，前者的選舉制度比較簡單，後者則制度複雜，引起最多討論。回顧歷史，臺灣居民第一次有權投票給代議者，發生在日治時期。1935年，臺灣總督府發佈改革地方自治的相關法令，擴大地方議會的立法權限，並於該年11月舉行第一屆民選市會議員與街庄協議會員的選舉，並預計於1936年11月舉行第一屆民選州會議員選舉（臺灣總督府，1935）。這當然是限制選舉，在臺灣居民中只有3.8%的人可在1935年的選舉中投票，而且僅限於男性（井出季和太，1937:862-863）。在選舉制度方面，引進當時實行於日本的「中選舉區制」，採無記名一票制，投票對象為候選人，以候選人得票高低判定是否當選，應選名額超過一席（中越榮二，1938:523-524, 860）。

類似的選舉制度，也出現在1945年以前的中華民國（當時臺灣不在其領土範圍內）。以大陸時期的中華民國來看，第一次選舉是在1912年舉行，選出眾議院和參議院代表，選舉制度正是中選舉區制，但這是間接選舉而非直接選舉（Young, 1983:223）。1936年公布的五五憲草，規定立法院的立法委員乃由國民大會代表選出，所以也非直接選舉。1945年8月15日日本宣布無條件投降後，中華民國接收臺灣，於1947年年底舉行第一屆國民大會代表選舉，是1945年後第一次採取的直接選舉，而其所採取的制度正是中選舉區制（國民大會秘書處，1961）；一年之後所舉行的第一屆立法委員選舉，也採取同樣的選舉制度（立法院秘書處，1948）。在此之前，臺灣已經實施了多次的地方選舉，由人民直接選出民意代表，所以採行中選舉區制進

行直接選舉的起源，是在日治時期的臺灣。

從地方自治的角度觀之，1945 年前後的地方選舉，不管從參選人或選舉制度來看，都有很強的連續性。就選舉制度而言，1945 年之後臺灣所舉行的鄉鎮民代表選舉、縣市參議員以及省參議員（即後來的縣市議員和省議員）選舉，都是採行中選舉區制（陳明通、林繼文，1998:40），和日治時期的州市街庄選舉是一致的。[1] 中選舉區制在臺灣有這麼長的歷史，我們即可從這套選舉制度的特性來探討臺灣選舉的起源和後果。

所謂中選舉區制，和「單記非讓渡投票複數選區制」（single non-transferable vote under multi-member district system，以下簡稱為單記非讓渡投票制，詳見 Lijphart, 1994 的定義）十分接近。從定義上來看，中選舉區制是指應選名額介於三到五席。同理，「小選舉區制」的應選名額為一到兩名，若應選名額為五人以上，則為「大選舉區制」，但不管是哪種選制，選民都只投一票。單記非讓渡投票制的定義也相當簡單：每位選民投一票給一位候選人，所以候選人的選票無法轉讓給他人，最後以候選人的得票高低決定當選人，而每個選區的應選名額通常超過一人。不管是「中（大）選舉區制」還是單記非讓渡投票制，在定義上有很大的重疊性：選民都投一票給候選人，候選人以得票高低來分配席次，而應選名額大於一。為和既有文獻連結，本章會使用單記非讓渡投票制來描繪臺灣的選舉制度，但在討論選舉史的時候，會使用當時的名稱。

單記非讓渡投票制的定義雖然簡單，全世界採取這套選制的國家卻相當稀少。以全國性的選舉而言，除了臺灣和日本，還曾用於韓國、約旦、萬那杜等國的國會選舉。[2] 之所以如此，是因為單記非讓渡投票制結合了三種選制的特性，所以並不常見。第一，此一選制是一種多

---

1. 有關二次大戰以後臺灣的地方選舉，請參考中央選舉委員會（2016a）。
2. 請參考 Inter-Parliamentary Union（2016）的資料庫。

數決選制，但大多數多數決選制的應選名額為一；由此可知，單記非讓渡投票制的當選門檻隨著應選名額的提高而降低。第二，比例代表制也有利小黨勝選，但絕大部分的比例代表制都以政黨為投票對象，而單記非讓渡投票制則是由個人得票決定當選人。第三，某些複數選區制也是投票給個人，但選民或是投票給超過一位以上的候選人，或是將候選人依偏好排序，和單記非讓渡投票制的一票制不同。最關鍵的問題是，如果選制影響投票行為，單記非讓渡投票制是否也會產生異於其他選制的效應？這是次節的重點。

貳、單記非讓渡投票制的特性

發行於殖民時期臺灣的《警察沿革誌》，紀錄了臺灣第一次舉行地方選舉時的狀況。當時「地方自治聯盟臺中支部」共推舉四名參選人，參與市會議員選舉。四名參選者決議相互聯絡協調並以 300 圓為競選費用的上限，以期宣揚該聯盟的理念。選舉一開始，協議即遭破壞，最終有兩人落選。相較於此，嘉義與臺南的候選人卻全部當選，主因在於被提名人並非核心幹部，卻是當地的資產家和地主（臺灣總督府，1939:581-582）。這場選舉，說明了單記非讓渡投票制的特性。在此選舉制度下，選民通常會將票投給最喜歡的候選人，如果同一政黨或聯盟提出好幾個候選人，彼此就會產生理念或意識型態的競爭，甚至導致分裂；如果候選人沒有黨派色彩，就要看他如何鞏固票源。通常，提供選民「特殊財」（particularistic goods，即可分配給特定團體的資源）是鞏固選票的最佳方法。臺灣在 1935 年的選舉，剛好出現這兩種對比：臺中候選人陷於分裂，南部候選人則透過各自的資源而順利當選。

我們可以從各類選制的特性來理解選舉後果。第一，如前所述，在單記非讓渡投票制下，應選名額大於一，選民以候選人為投票對象，但每位候選人只能得到一票，所以候選人的條件越相近，越會成為彼此的競爭者。因為採行複數選區制，小黨有一定的機會贏得席次。第

二，如果應選名額為一，選舉又採相對多數決來定勝負，選民很可能
會犧牲小黨而集中選票在前兩名候選人上（Duverger, 1963），所以選
舉時很少出現同黨相爭的問題，且因無黨派選民往往扮演關鍵角色，
所以難以只靠特殊財勝選。第三，如果應選名額大於一而席次以政黨
得票為分配標準，則應選名額越多，選民越不會犧牲小黨。在此類選
制下，候選人多會重視政黨形象，不易出現黨內競爭；某些政黨的政
策主張或趨於極端，但選舉主體是政黨而非個人，而且極端政黨通常
只佔有少部分的席次。第四，如果應選名額大於一但選民是以候選人
為投票對象，則多數國家或採連記法或讓選民排出偏好順序，比較不
會發生同黨相爭的情況。[3]

　　表一以三項指標比較不同的選舉制度。由表可知，單記非讓渡投
票制最大的特性，在於競選者以「可接受特殊財的選民」為主要的訴
求對象，但投票方式使同黨相爭的情況相當明顯。但同黨相爭究竟形
成黨內派系還是多黨化？這些問題都要看選區的分歧結構（我們會在
下節詳談）。要特別注意的是，「單一選區相對多數決制」在各方面
的特性都和單記非讓渡投票制相反，也最容易成為選制改革的理想標
的。

表一　單記非讓渡投票制與其他選制的比較

選舉制度	當選門檻	同黨相爭	選舉訴求
單記非讓渡投票制	低	高	可接受特殊財的選民
單一選區相對多數決制	高	低	多數選民
比例代表制	低	低	特定政策
其他複數選區制	高	低	多數選民

資料來源：作者整理。

---

3. 別的選舉制度，當然也有可能引發策略投票。例如，在全額連記法下，小黨的支持者可
能會將所有選票投給前兩大黨，以避免浪費選票。

　　回到當前臺灣的脈絡，單記非讓渡投票制的確引起了不少批評，由此選制產生的立法院，在民意調查中的聲望也都不高。但是瞭解選制特性如何影響選舉後果的人其實有限，遑論進行跨選制比較。雖然早有學者倡議選制改革，但一直要到 2004 年，才有幾個因素將這個議題帶入議程。這次改革，中國國民黨（國民黨）和民主進步黨（民進黨）的態度都很重要，但民進黨為何願意改採對其似乎不利的單一選區兩票制？以下列出幾個可能的因素。

　　第一個因素，是政黨體系和策略投票的問題。在 2000 年以後，親民黨已從國民黨分裂，所以即便是在偏向泛藍政黨（國民黨、新黨、親民黨）的選區，相對多數決選制仍使民進黨有獲勝的可能。關於此點，已可從 1994 年的臺北市長選舉看出：在新黨趙少康參選的情況下，民進黨的陳水扁當選；2000 年的總統選舉，宋楚瑜和國民黨的連戰都參選，結果陳水扁又贏得選舉。單一選區是否會如 Duverger（1963）所預測的那樣發生策略投票，成為影響國民黨、民進黨席次率的焦點。在這兩次選舉中，獲勝的陳水扁都未取得過半選票，使民進黨認為相對多數對其有利，可能也強化了該黨在 2004 年後推動選制改革的信念。

　　第二個原因，在於民進黨席次的增加。一般認為，2008 年民進黨在新選制下舉行的第一次選舉只獲得 23.89% 的席次，顯現該黨對選制改革過於樂觀。但回到 2004 年的時空，民進黨並非沒有改變選制的理由。從 2000 年到 2004 年，民進黨在重要選舉中的表現都超越國民黨：2000 年總統選舉民進黨勝選、2001 年立法委員選舉民進黨成為第一大黨、2001 年縣市長選舉民進黨執政縣市人口超過總人口一半、2004 年總統選舉只有兩組候選人競選，結果又是民進黨勝選。這一連串的勝利，可能讓民進黨領袖覺得泛藍陣營會持續分裂，改變立法委員的選舉制度將能使該黨掌握過半的立院席次。

　　第三，和選制改革同時出現的是「國會席次減半」，反映選民對

立法院的不滿。[4] 根據當時媒體的調查，贊成此一主張的選民比例非常高，但瞭解選舉制度變革的人卻很少（黃德福、廖益興，2009:19-20）。此外，林義雄在立法院門口靜坐抗議，也使各政黨都面臨實踐選制改革承諾的壓力。當時距離 2004 年年底的立委選舉已經不遠，選票壓力可以解釋親民黨、台灣團結聯盟等小黨為何要支持選制改革，也說明國民黨和民進黨如何藉此機會通過立法院的選制改革提案。[5]

第四，日本在 1994 年已將該國眾議院選舉所採用的單記非讓渡投票制改變為以單一選區相對多數決制為主的單一選區兩票制（日本稱為「小選舉區比例代表並立制」）。如前所述，採用單記非讓渡投票制的國家非常少，而日本選制改革正提供清楚的理由，使臺灣意圖推動選制改革的政黨找到依據。[6] 值得注意的是，小黨對於臺灣的選制改革仍然扮演一些角色（至少可以採取拖延策略），所以最後的折衷版本包含了一些比例代表制的成分。

立法院在 2004 年 8 月 23 日通過修憲提案，其中關於選舉制度的部分包括以下項目：總席次由 225 席降為 113 席，任期由三年增為四年，席次分為三部分，73 席透過單一選區相對多數決制選出，34 席全國不分區比例代表制由政黨名單分配，六席原住民代表由單記非讓渡投票制決定，三種席次分開計算。新的選舉制度，總稱為單一選區兩票制，所謂「國會席次減半」，也順利達成。這些修憲提案，在 2005 年 6 月 7 日由任務型國民大會複決通過。新的選舉制度，是否產生表一的效

---

4. 立法院的總席次，在 1992 年為 161 席，1995 年為 164 席，1998 年到 2004 年為 225 席。所謂「國會席次減半」是指對 225 席減半而言。

5. 單憑國民黨和民進黨，尚未能達到修憲所需要的立法院四分之三多數，所以需要小黨的支持。根據修憲規則，小黨即使同意立法院的修憲提案，還是可以在國民大會中加以否決。這表示，小黨仍可在任務型國民大會代表的選舉中，使國民黨和民進黨不能掌握超過四分之三的席次。選舉結果，贊成修憲的政黨所獲席次超過四分之三，小黨沒有達成目標。

6. 很多亞洲國家的選制變革都對大黨更有利，而這和其它區域的變革方向相反。請參考 Reilly (2007)。

果？混合了比例代表制，是否導致選舉策略的變化？這是次節的主題。

參、「並立式單一選區兩票制」的運作與影響

「並立式單一選區兩票制」屬於混合選制（mixed-member electoral systems）（Shugart and Wattenberg, 2001；王業立，2011）。所有的混合選制都包含區域選舉和比例代表選舉等兩種選制，而區域選舉的勝選者必然獲得席次。[7] 近年來混合選制之所以廣被採用，有可能是因為新興民主國家尚處於民主化初期，許多政黨還在摸索自身的實力，所以混合選制是較為保險的選項。就混合選制的計席方式來看，可以分為兩大類：在「並立式混合制」（mixed-member majoritarian system）下，區域選舉和比例代表選舉分開計席；在「聯立式混合制」（mixed-member proportional system）下，由政黨票決定政黨席次，但區域選舉的勝選者必然獲得席次。聯立式是由政黨票決定席次分配，所以符合比例代表制的原則，但並立式就不是這樣了。

臺灣的區域選舉採取單一選區相對多數決制，所以將此一選制稱為單一選區兩票制。此外，單一選區在臺灣和日本都佔有很高的比重。目前日本有 295 席單一選區席次，佔眾議院總 495 席的 59.60%（之前曾為 62.5% 和 60%），臺灣有 73 席單一選區席次，佔立法院總席次的百分之 64.6，兩者都以單一選區相對多數決選制為主。[8] 依照表一，「單一選區相對多數決制」可能導致選民犧牲小黨、黨內紛爭較低且以多數選民為訴求對象，和單記非讓渡投票制剛好相反。表一，是根據選制特性所進行的理論推演，但如何在現實上觀察，則

---

7. 在混合選制中，大部分的區域選舉都採取單一選區相對多數決制。關於混合選制的定義和實際運作狀況，請參考 Massicotte 與 Blais (1999)。

8. 但臺灣和日本還是有些許差距。日本設有雙重代表制 (dual candidacy)，臺灣則無；臺灣的全國不分區席次以百分之五為門檻，日本則分為 11 個比例區且未設政黨門檻。此外，南韓也採取單一選區兩票制，而其單一選區席次所佔比例更高。

是實證研究的問題。除此之外,還有三個影響判斷的問題:一、所謂的目標,和政黨的利益不見得相容。後者如何影響前者的實現?二、臺灣採行的是並立式混合制而非純粹的單一選區相對多數決制,區域選舉和比例代表選舉會不會互動,產生兩種選制之間的「感染效果」(contamination effect)?三、所謂國會改革還包含席次減半,我們如何確定哪些後果由席次減半引起,哪些來自選制改革?

在回答這些問題前,我們先歸納選制改革中經常出現的議題,並提出如何將其運作化為可觀察的指標。

第一項議題涉及國會效能。許多人認為,國會沒有效能是因為太亂。所謂「亂」,可能指人太多,也可能指政黨太多,而新選制至少可以降低政黨數目。所謂的「降低政黨數」,主要指單一選區制下的策略投票,其發生機率取決於兩個條件。首先,必須有可信資料,顯現候選人的實力差距,並向選民傳遞這個訊息。第二,即便選民能辨別候選人實力,還要確信其他人也有類似想法。政黨體系的建制化,可以同時解決這兩個問題。如果採取單一選區相對多數決制,候選人多為政黨提名,選民很容易從民調數字上得到有關候選人實力的線索;政黨,也會向支持者傳遞動員訊息,降低選民猜測的困難。從這個觀點來看,臺灣的政黨體系具有清楚的界線,可以扮演這個角色。所以,新選制下的策略投票,是可以預期的後果。

第二項議題,和政黨團結度有關。單記非讓渡投票制最大的問題,就是黨內派系。在選舉時,因為選民只有一票,而大黨又提名好幾個候選人,為了搶票,最大的競爭對手可能就在黨內。那麼,單一選區兩票制可以降低選區層次的黨內相爭嗎?在此選制下,一旦政黨確定提名人選,黨內相爭的情況的確不太會發生,否則很容易讓敵對政黨贏得選舉。不過,在爭取黨內提名時,有意競選的人士不但會彼此競爭,通常也會訴諸政黨理念較強,但在全體選民中立場較偏的人士。整體而言,黨內相爭的程度應該是下降的,所以選制改革應該會降低

脫黨參選的人數比例。但對政黨內部而言，初選可能更為重要。

　　第三，是競選策略的議題。正如一開始所提到的，1935 年臺灣第一次地方選舉，曾因理念競爭或利益分配而產生不同的訴求方式。這也說明單記非讓渡投票制可能形成兩類政黨體系：如果選民能被特殊財吸引，則不同派系的候選人仍會同居一黨；如果選民脫離了原有的社會網絡或變得難以辨認，則理念相近的候選人反而會彼此相爭，進而促成多黨化。相對而言，在單一選區兩票制下，候選人應會訴諸多數利益（包含難以辨認的選民），所以效果應該和舊選制不同。哪種方法有效，要看選區的特性。理論上，我們應將每次選舉每個選區的性質連結到候選人的策略，但這超出本文的範圍。在此我們至少可以用「利益」和「理念」為基準，比較新舊選制的差別。

1. 從利益分配的角度觀之，一般認為單一選區兩票制能降低盛行於單記非讓渡投票制的特殊財（例如由私人團體所承包且有利少數個人的公共工程），但這樣的資料並不好找。相形之下，所謂「賄選」乃是以金錢交換選票，應該是最極端，但是也比較容易確認的特殊財。這裡所說的賄選，是採取法律定義，範圍可能小於實際的賄選。賄選應該只佔所有特殊財的一小部分，但可透露出不同選制的效果。競選者是否需要賄選，和當選票數與應選名額有關，前者隨著席次減半而來，後者由選制改革造成。從競選者的角度來看，應選名額的下降減緩了賄選的需求，但當選所需票數的變動，仍會影響賄選動機。探討此一議題，也可以顯現選制改革是否達到改善選風的目標。

2. 從理念競爭的角度來看，一般認為單一選區兩票制能降低常見於單記非讓渡投票制的極端政見。對競選者而言，可能理由有二。一、應選名額從多變一，而選民又將選票集中投給前兩名候選人，使極端主義不利勝選。二、無黨派選民很可能是決勝關鍵，理念位置在兩黨之間，選舉的投票率又不確定，這些因素都會降低極端主張出

現的機率。[9]

以下，將說明如何尋找相關變數來呈現這些預期，並檢證相關假設。

肆、評估選舉制度改革的影響

以上的討論有應然面，但對政黨和競爭者而言，實然面的影響更為重要。我們據此將應然轉換為實然，得出以下有關臺灣選制變革的假設。以立法委員選舉而言，與單記非讓渡投票制相比，

假設一、單一選區兩票制下的有效政黨數下降；
假設二、單一選區兩票制下脫黨參選的比例下降；
假設三、單一選區兩票制下因賄選而被起訴的候選人比例下降；
假設四、單一選區兩票制的選舉公報中，以國家認同或統獨問題為訴求的候選人比例下降。

立委選舉有固定的舉行時間，個案總數有限，本文僅就每次選舉的情況進行比較。我們以 1993 年以後的選舉為檢證個案。[10]

先看假設一。所謂的「有效政黨數」（effective number of parties），是這樣計算的：$1/\Sigma S_i^2$，其中 S_i 表示 i 政黨贏得的席次率（Laakso and Taagepera, 1979）。[11] 和其他選制相比，單記非讓渡投票

---

9. 實質上是否會出現這樣的後果，還受到一些因素的影響，例如候選人是否會藉著極端意見降低無黨派選民的投票意願、現任者是否真的受到挑戰者的威脅等。

10. 本書出版時，2016 年立委選舉已經結束，由民進黨贏得國會多數席次 (有效政黨數為 2.17)。對於這個結果，學者提出不同的見解，有人認為是政治板塊移動，有人則認為藍綠分歧仍在，只是偏藍選民選擇不投票。無論何種解釋，都應注意到無黨派選民比例的上升，而他們往往扮演關鍵角色。需要說明的是，目前 2016 年的選舉資料尚不足以完整檢證假設，所以本文未將此次選舉納入範圍。

11. 本文將非政黨人士視為一個團體。如果無黨籍人士過多，使用 1/Σ Si2 就會產生偏誤。Taagepera (1997:147-148) 建議採取「最少成份法」(least component approach) 以解決無黨籍議員的問題。

制的席次分布有這樣的特性：特殊財的分配，須建立在選民可資辨認，而競選者寄託大黨以利壟斷資源分配時，但選民終將因都市化而逐漸喪失其可辨認性，再加上政府財政負擔的惡化與該選制本身的比例性，最後導致一黨獨大解體。換言之，單記非讓渡投票制的有效政黨數將由一黨獨大變為多黨化。臺灣在 2005 年採行單一選區兩票制時，適逢一黨獨大解體，但大黨席次仍大時，因此新選制有利大黨。根據表二所示，臺灣的選制改革由單記非讓渡投票制變為單一選區兩票制，而有效政黨數也的確因此下降，直到選制改革時。我們也發現，最後兩次採取單記非讓渡投票制的立委選舉，就是泛藍、泛綠陣營各自分化成多黨制的時候。[12]

表二　兩種選舉下的有效政黨數

選舉年度	選舉制度	有效政黨數
1992	單記非讓渡投票制	2.19
1995	單記非讓渡投票制	2.54
1998	單記非讓渡投票制	2.49
2001	單記非讓渡投票制	3.48
2004	單記非讓渡投票制	3.26
2008	單一選區兩票制	1.75
2012	單一選區兩票制	2.23

資料來源：因中央選舉委員會選舉資料庫網站資料是從 1995 年第三屆立法委員選舉開始公布，故以國立政治大學選舉研究中心 (2015) 的選舉資料庫為資料。
說明：作者整理。

---

12. 有效政黨數也會影響投票率。具有比例性的單記非讓渡投票制，因為支持小黨的選民覺得他們的候選人有勝選機會，所以投票的機率應該高於單一選區兩票制 (Blais, 2007)。但這是指區域層次的選舉，而且目前僅在新選制下舉行三次立委選舉，所以目前難以檢證不同選制下的投票率。

政黨數目的減少,是否代表國會效能的提升?所謂效能,可以從質量兩方面來觀察。以量而言,選制改革減少政黨數目,即便黨團協商增加了小黨的談判空間,整體而言仍然降低了溝通成本。不過,以質而言就不見得如此。臺灣選制改革的重要議題之一是席次減半,其結果是每位立法委員的影響力被放大,也對立法品質產生一定的影響。目前立法院設有八個常設委員會,雖然低於選制改革前的 12 個常設委員會,但每個委員會人數介於 13 席與 15 席之間,仍比選制改革前少很多。換言之,只要七到八名委員同意,即可決定各委員會之議事。人少或許較有效率,但是否能提升議事品質,仍然有待觀察。

第二個假設,探討「非政黨提名參選者」的比例。因為每屆參選人數不一,所以我們用未獲政黨提名參選的人數和比例為指標。所謂「非提名」,是指積極違背黨紀的行為。換言之,「非政黨提名」只會發生在政黨已在選區提名的情況下,不包括報准參選。單記非讓渡投票制的當選門檻低,違背黨紀仍有可能勝選;單一選區兩票制的當選門檻高,違背黨紀的參選者很難當選。這些當選門檻的變化,影響區域立委參選人和政黨的談判籌碼,最終反映在違背黨紀而參選的比例上。依表三所示,無論就百分比或人數來看,「非政黨提名而參選」的候選人,的確都因為選制改革而下降。

賄選與否涉及選風,是一般人最注意的議題,而這也是假設三的目的。相較於單記非讓渡投票制,單一選區兩票制是否能遏止賄選?事實上,賄選是一個重要而複雜的問題,涉及賄選的定義、檢調機關的調查、是否起訴以及各級法院對起訴案件的審理和判決。再者,賄選不僅是以金錢交換選票,還涉及樁腳的動員,以及與其他選舉的關係。檢證此一假設的舉證方式,受到以下因素的影響:第一,賄選應該在選舉年及其後一年最普遍,所以其數字變化並非線性;第二,各級法院對賄選案件的判決是否公平,也需要實證分析(吳重禮、黃紀,2000);第三,對賄選的審理是否有黨派因素,應受檢視(王金壽,1997)。對此,本文以法務部對各類選舉賄選的起訴案件為主要資料,

希望控制時間和黨派因素，並從各類選舉的選舉年衡估案件變化的狀況。以法務部對賄選案件的起訴為對象，也可以有一致的標準，避免各地法院判準不一的狀況。

表三　兩種選舉下「非政黨提名參選」的人數與比例

選舉年度	選舉制度	非政黨提名人數	佔區域席次比
1992	單記非讓渡投票制	13	10.92%
1995	單記非讓渡投票制	4	3.28%
1998	單記非讓渡投票制	12	7.14%
2001	單記非讓渡投票制	8	4.76%
2004	單記非讓渡投票制	3	1.79%
2008	單一選區兩票制	1	1.37%
2012	單一選區兩票制	1	1.37%

資料來源：中央選舉委員會。
說明：作者整理

　　表四呈現 1993 年以來各類選舉賄選案件的起訴情形。為便於分析，我們將選舉分為三大類：民意機關選舉（含立法委員、直轄市及縣市議員、鄉鎮市民代表）；行政首長選舉（含總統、直轄市長與縣市長、鄉鎮市長、村里長）；人民團體（含農會、漁會、水利會）。其中立法委員選舉在 2005 年透過修憲進行了制度改革，其餘各類選舉的制度大致未變。[13] 我們可以從兩個角度來觀察這筆資料。和立法委員選舉最接近的，是縣市議員（包含直轄市議員和縣市議員）選舉。

---

13. 從 2001 年開始，農會會員選舉理監事時，從全額連記法改為限制連記法。立法委員選舉，則從 2008 年改為年初舉行。

表四　法務部各種選舉賄選案件起訴情形

年度	立法委員	直轄市議員	縣市議員	鄉鎮市民代表	正副總統	直轄市長	縣市長	鄉鎮市長	村里長	農會	漁會	水利會
1993	3	--	0	0	--	--	0	0	0	9	1	--
1994	0	--	56	18	--	--	6	12	26	3	0	--
1995	6	--	9	8	--	--	1	0	10	1	0	--
1996	51	--	0	0	1	--	0	2	0	0	0	--
1997	3	--	0	0	0	--	3	1	0	42	3	--
1998	8	--	32	9	0	--	12	15	13	3	0	--
1999	25	--	1	2	0	--	3	2	4	1	1	--
2000	1	--	2	0	6	--	1	0	0	1	0	--
2001	41	--	1	7	1	--	9	1	7	81	7	--
2002	46	--	141	60	0	--	23	57	98	9	1	--
2003	5	--	19	12	2	--	2	7	31	3	0	--
2004	20	3	0	0	7	0	0	2	0	0	0	--
2005	116	0	143	0	0	0	8	85	1	16	0	--
2006	4	3	185	77	1	1	36	94	95	1	0	--
2007	1	24	3	16	1	1	5	6	34	0	0	--
2008	127	2	2	1	5	0	0	3	8	0	0	--
2009	4	0	22	0	1	0	1	9	2	60	3	--
2010	4	2	130	49	0	0	14	67	56	8	1	11
2011	0	64	1	23	0	0	1	5	122	2	1	1
2012	30	0	0	3	5	0	0	1	6	1	0	0
2013	1	0	1	0	0	0	0	0	2	74	1	0

資料來源：法務部調查局 (2014:135)。

說明：以案件為單位

　　圖一顯示法務部調查局對這兩類選舉起訴案件的跨年比較。我們發現，選舉年及選後一年，的確是起訴的高峰期。除了選舉年最可能發現賄選外，選後一年可能和調查證據需要耗費時間有關。若以長期的角度觀之，兩者的趨勢都非線性。以縣市議員選舉而言，2005/2006年達到頂點，而立委選舉則在 2008/2009 年最多。我們無法得知詳細的原因，但可能和調查局執行任務的效率或與相關法令是否修改有關。圖一也顯示，立委選舉和縣市議員選舉的高峰期很類似，但立委的數量比較低。原因究竟是因為立委選舉制度改變所致，還是因為起訴總數有差，我們尚不得而知。

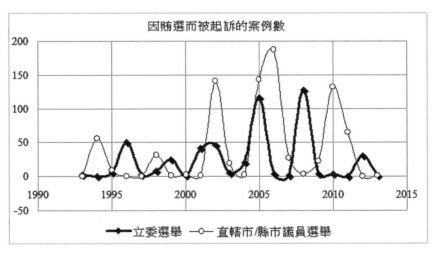

圖一　立委選舉與縣市議員選舉因賄選而被起訴的案件數
資料來源：法務部調查局（2014:135）。
說明：以案件為單位

　　另一種方式，是觀察變化的幅度。若以立法委員的選舉年及選後一年被起訴的案件數來看，1995 年、1998 年、2001 年、2004 年、2008 年和 2012 年的六次選舉分別是 57 件、33 件、87 件、136 件、

131 件和 31 件；在縣市議員選舉方面，1993 年、1997 年、2001 年、2005 年與 2009 年五次選舉的被起訴案件數分別是 56 件、32 件、142 件、328 件和 152 件。我們可以根據這些數字算出改變幅度（大於 1 為增加，小於 1 為減少）。若以立委選舉對比縣市議員選舉，在最近三次的立委選舉中，改變幅度分別為 1.56、0.96 和 0.24，而縣市議員的部分則分別是 4.44、2.31 和 0.46。2009 年三合一選舉中究竟有多少被起訴的縣市議員案例，目前尚不得而知，但應該高於 2012 年立委選舉的比例。我們也可以將 2008 年立委選舉賄選被訴案的升高視為新舊選制的過渡階段。在選後，單一選區的勢力範圍已經確立，賄選效用快速降低，被起訴案件也相對減少。這個趨勢，可以對應吳親恩 (2008, 2012) 的兩項發現：地方議會選舉曾遭起訴的議員比例仍然很高；在單記非讓渡投票制下，若候選人數或應選名額增加，賄選的機率是增加的，但到了 2008 年的單一選區兩票制選舉，這些變數卻欠缺影響力，而賄選也無助當選。

「勢力範圍」有兩種意涵。第一，在單一選區制下，競爭者通常要掌握過半選民的支持才能勝選。所以，「勢力範圍」指的是選民的比例。這表示，要得到過半選民的支持，以特定財換取選票可能不是好方法。透過立法或政策讓選區多數選民能分享利益，比用直接利益收買的效益好得多，而後者可能涉及違法，前者不但合法，甚至本身就有法律依據。第二，因為臺灣的選制改革伴隨著席次減半，平均的當選票數應該是上升的，所以「勢力範圍」指的是選民人數的增加。表五描繪每屆立法委員選舉的平均當選得票數和得票率，清楚呈現兩者都隨選制改革而上升。既然得票數幾乎加倍增長，以直接利益爭取這麼多選民中的半數，更是難上加難。這兩個因素都表示，選制改革會降低賄選的誘因。

表五 勝選者平均得票數與平均得票率

選舉年度	選舉制度	得票數平均值	得票率平均值
1992	單記非讓渡投票制	58,599	15.62%
1995	單記非讓渡投票制	55,230	15.21%
1998	單記非讓渡投票制	44,819	12.69%
2001	單記非讓渡投票制	42,583	11.49%
2004	單記非讓渡投票制	43,763	12.71%
2008	單一選區兩票制	75,326	56.16%
2012	單一選區兩票制	95,721	53.54%

資料來源：中央選舉委員會。
說明：作者整理

　　最後要檢證的是假設四：在單一選區兩票制下，競選者是否減少國家認同所佔的比重？如果是，選區服務是否比國家認同更能獲得選票？我們用當選人在立法委員競選公報中提及國家認同的比重來檢證這個假設。因為資料的限制，我們從 2001 年的選舉開始進行比較（這也是民進黨執政後的第二年），並以當選人為分析單位。這裡所謂的「國家認同」，包含族群問題、統獨選擇、主權定位、兩岸關係或九二共識等項目，屬於較為寬廣的定義。結果如表六所示，不論就出現次數或出現比重（相對於所有當選人），都可看出選舉制度的影響。以 2012 年為例，會在選舉公報中提及國家認同相關問題的當選人，只有不到 11%，比 2004 年的 35.71% 低很多。那麼，選區服務的效果如何？盛杏湲（2014）已經提示了答案。她比較 2002 年到 2012 年的區域立委，發現單一選區兩票制下的立委比過去更強調選區服務，花更多時間在選區，且對選區服務的態度更為慎重。如果再搭配國家認同

議題比重的下降,就可以探知目前立法委員的勝選誘因。在單一選區兩票制的區域選舉中,非黨派選民的重要性大幅增加,採取鮮明的國家認同立場可能會失去這些選民的支持,再加上許多選民會從服務績效來評價候選人,這些因素都誘發立委參選人調整其獲票策略。這正是選制改革的效應之一。

表六　「國家認同」在立法委員選舉公報中的人數與比例

選舉年度	人數	比例	得票率平均值
2001	單記非讓渡投票制	31	18.45%
2004	單記非讓渡投票制	60	35.71%
2008	單一選區兩票制	12	16.44%
2012	單一選區兩票制	8	10.96%

資料來源:中央選舉委員會。
說明:以當選人為限

伍、結論

在各種制度之中,選舉制度的效應最清楚,也最不受特定時空的影響,因此受到許多學者的關切,並產生豐富的研究成果。在既有文獻的基礎上,本章問了一個問題:臺灣的選舉制度改革,究竟產生什麼影響?我們可以從既有研究學到什麼?本章從臺灣的選舉史談起,說明單記非讓渡投票制的起因和影響。在第一次使用此一選制的民意代表直選中,即使以倡議地方自治為理念的聯盟,也因為選制的因素而產生紛爭,反而是地主階級比較容易鞏固選票。戰後延續了此一選制,和臺灣地方派系的發展可謂相輔相成,也產生不少的批評。2005年修憲將立法委員的選舉制度改為以單一選區為主的單一選區兩票

制，希望扭轉舊選制的一些問題，例如金權政治、黨內派系、極端主張等。到目前為止，已經在新選制下進行了三次立委選舉，累積了一定的資料，可以對選制改革的成效進行初步評估。

　　本章從選制特性出發，假定政黨以極大化選票為目的，並藉此探討制度規則如何影響競選策略。得到的推論是，單記非讓渡投票制會鼓勵候選人和選民建立質量特殊的利益關係或理念連結，目的都是要鞏固特定選民的選票，以使他們不會投票給別的候選人；這種關係，在同黨候選人中特別明顯。理論的推演，也顯示單一選區兩票制能導致一些變數值的下降，包括有效政黨數、脫黨參選比例、因賄選而被起訴的案例、以及以國家認同為訴求的候選人比例等。經過實證檢驗，發現脫黨競選的人數比例和極端政見的淡化，都和選制改革有密切關係。不過，新選制雖然也造成有效政黨數的下降，卻不見得提升國會效能。此外，值得進一步思考的，是選制改革對降低賄選的影響。從法務部對賄選案件的起訴與否來進行測度，發現立委選舉被起訴的數量在 2008 年（第一次採行單一選區兩票制）達到高點，但之後就快速下降。如果對比縣市議員選舉，發現也有類似的變化，但整體的賄選被訴比例仍高於立委選舉。我們的推論是，影響賄選的因素相當多，而其比例的下降也不能全部歸功於選制改革。不過，賄選在立委選舉的降幅較大，仍然顯示單一選區兩票制的部分作用。

　　新的選舉制度，當然也帶來一些新問題，其中又以公平性的滑落最明顯。在選制改革之前，小黨進入立法院的可能性比現在高出許多，而國會欠缺小黨參與，有可能壓抑多元的聲音，影響決策品質。從區域選舉的角度來看，每個選區只有一個人可以當選，將使許多選民被迫二擇一；如果投票率也因此降低，勝選者不一定能宣稱他／她代表多數選民。如果社會的分歧程度大，單一選區制將進一步弱化少數群體的代表性。再者，臺灣並未實施內閣制，所以人民透過選舉產生立法委員，也選出總統，即使總統和國會多數屬於同一個政黨，也不能確保兩者的意見一致。此外，憲法規定立法委員不能兼任官吏，使前

者經常處於決策圈外，也難以真正監督後者。新選制使區域立委成為選區唯一的代表人，也加深了民意和黨意的衝突。

　　擴大小黨的參政空間，應該有助於改善一些問題，但眼前有幾項難關要克服。首先，憲法增修條文規定，政黨要分配全國不分區席次，必須得到 5% 以上的政黨票。這個門檻很高，所以 2015 年修憲時，立法院政黨曾達到將門檻降為 3% 的共識，但到目前為止修憲提案仍在立法院。其實，某些小黨在某些區域的得票率已經超過 5%，卻不見得能在全國拿到這麼高的比例。如果比例代表席次有分選區競選，這個問題就不會這麼嚴重。第二，2015 年 2 月 14 日修正的《公職人員選舉罷免法》第 43 條規定，全國不分區立委選舉政黨得票率達 3.5%(原規定為 5%) 以上者，應補貼該政黨競選費用補助金，每年每票補貼新臺幣 50 元。對某些小黨（尤其是新興小黨）而言，要在全國不分區要拿到 3.5% 的選票，還是一大挑戰。第三，對新成立的小黨而言，保證金是另一個問題。依據《公職人員選舉罷免法》第 24 條，除非政黨曾經提名總統候選人、最近三次全國不分區及僑居國外國民立委選舉得票率曾達 2% 以上或現有立法委員五人以上，若要參與全國不分區立委席次分配，即需提名 10 個區域立委，每位候選人要繳交 20 萬元保證金，也就是至少要準備 200 萬新臺幣元才能參選。我們不難想像，剛成立的小黨即便理念清晰，但難以和既有政黨比較財力。

　　由此可知，現存制度設下了幾個不利小黨（尤其是新成立的小黨）的門檻，使臺灣民主政治的發展也面臨一些障礙。若要改革現有選制，由於無黨派選民所佔比例不低，某些人對政黨的印象不佳，所以純粹的封閉式政黨名單比例代表制恐非首選。[14] 保留現存的混合選制，但適度增加比例代表的席次比重，是比較穩健的作法。例如，將全國部分區的席次提升到所有席次的一半、劃分比例代表席次的選區、降低分配比例區席次所需的得票率、甚至採行開放式名單，都是可行的方

---

14. 2005 年臺灣即曾採用政黨名單比例代表制選舉任務型國民大會代表，但投票率只有 23.35%。詳見中央選舉委員會（2016b）。

法。[15] 如果不能修憲，則仍應修改選罷法，降低小黨取得補助金和繳交保證金的門檻。另一種不修憲的方法，是將兩輪投票制引入區域選舉的單一選區制。按照 Duverger 的理論，兩輪投票制有利於形成溫和型的多黨制，雖然不見得能讓小黨贏得席次，但可促使大黨吸納其理念。讓大黨傾聽理念型小黨的聲音，並受到民眾的監督，或許是提升民主品質的最佳安排。

---

15. 提升比例席次所佔比例還有一個好處：增加當選區域席次所需要的票數。已有研究指出，當選所需票數越高，政黨標籤的重要性就越強。詳見王宏恩 (2015)。

臺灣民主之
反思與**前瞻**

參考書目

中越榮二（編）（1938）。《臺灣地方制度法規輯覽》。臺北：臺灣地方自治協會。

中央選舉委員會（2016a）。〈縣市議員選舉〉，《選舉大事紀》，中央選舉委員
　　會。http://web.cec.gov.tw/files/15-1000-13946,c1642-1.php。2016/3/4。

_____（2016b）。〈94 年任務型國大代表選舉〉，《選舉資料庫》，中央選舉
　　委員會。http://db.cec.gov.tw/histQuery.jsp?voteCode=20050501R1A9&qryTyp
　　e=prof。2016/3/4。

井出季和太（1937）。《臺灣治績誌》。臺北：臺灣日日新報社。

王宏恩（2015）。〈政黨標籤的規模效應：以 2014 年村里長選舉為例〉，《選舉
　　研究》，第 22 卷，第 1 期，頁 109-141。

王金壽（1997）。〈國民黨候選人買票機器的建立與運作：一九九三年風芒縣長
　　選舉的個案研究〉，《臺灣政治學刊》，第 2 期，頁 3-62。

王業立（2011）。《比較選舉制度》。臺北：五南。

立法院秘書處（編）（1948）。《行憲第一屆立法委員錄》。南京：立法院秘書處。

吳重禮、黃紀（2000）。〈雲嘉南地區賄選案件判決的政治因素分析：「層狀勝
　　算對數模型」之運用〉，《選舉研究》，第 7 卷，第 1 期，頁 87-113。

吳親恩（2008）。〈地方議會金權政治的變化：司法判決書的分析〉，《臺灣政
　　治學刊》，第 12 卷，第 2 期，頁 165-212。

_____（2012）。〈立法委員選舉的賄選誘因與效果－從 SNTV 到 FPTP〉，《臺
　　灣民主季刊》，第 9 卷，第 1 期，頁 41-80。

法務部調查局（編）（2014）。《法務部調查局廉政工作年報》。臺北縣新店市：
　　法務部調查局，頁 135。

政治大學選舉研究中心（2015）。〈臺灣選舉類別與結果線上瀏覽〉。http://vote.
　　nccu.edu.tw/cec/vote4.asp?pass1=B。2015/03/17。

國民大會秘書處（編）（1961）。《第一屆國民大會實錄》。臺北：國民大會秘書處。

盛杏湲（2014）。〈再探選區服務與立法問政：選制改革前後的比較〉，《東吳
　　政治學報》，第 32 卷，第 2 期，頁 65-116。

陳明通、林繼文（1998）。〈臺灣地方選舉的起源與國家社會關係轉變〉，陳明通、
　　鄭永年（主編）《兩岸基層選舉與政治社會變遷》，頁 23-70。臺北：月旦
　　出版社。

黃德福、廖益興（2009）。〈我國立法委員為何選擇並立混合制選舉制度？2004
　　年選舉制度改革之觀察〉，《政治學報》，第 47 期，頁 1-27。

臺灣總督府（1935）。《臺灣時報五月號》。臺北：臺灣總督府。

_____（1939）。《臺灣總督府警察沿革誌第二編日本領臺以後の治安狀況中卷臺灣社會運動史》。臺北：臺灣總督府警務局。

Blais, Andr (2007). "Turnout in Elections." In Russell J. Dalton and Hans-Dieter Klingermann (eds.), *The Oxford Handbook of Political Behavior* (pp. 621-635). New York: Oxford University Press.

Duverger, Maurice (1963). *Political Parties: Their Organization and Activity in the Modern State*. London: Methuen.

Inter-Parliamentary Union（2016）. "PARLINE database on national parliaments." *PARLINE SEARCH*. http://www.ipu.org/parline-e/parlinesearch.asp (accessed March 4, 2016).

Laakso, Markku and Rein Taagepera (1979). "The "Effective" Number of Parties: A Measure with Application to West Europe." *Comparative Political Studies*, Vol. 12, No. 1:3-27.

Lijphart, Arend (1994). *Electoral Systems and Party Systems: A Study of Twenty-Seven Democracies 1945-1990*. Oxford: Oxford University Press.

Massicotte, Louis and André Blais (1999). "Mixed Electoral Systems: A Conceptual and Empirical Survey." *Electoral Studies*, Vol. 18, No. 3:341-366.

Reilly, Benjamin (2007). "Democratization and Electoral Reform in the Asia-Pacific Region." *Comparative Political Studies*, Vol. 40, No. 11:1350-1371.

Shugart, Matthew Soberg and Martin P. Wattenberg (eds.) (2001). *Mixed-member Electoral Systems: The Best of Both Worlds?* New York: Oxford University Press.

Taagepera, Rein (1997). "Effective Number of Parties for Incomplete Data." *Electoral Studies*, Vol. 16, No. 2:145-151.

Young, Ernest P. (1983). "Politics in the Aftermath of Revolution: the Era of Yuan Shih-k'ai, 1912-16." In John K. Fairbank (ed.), *Cambridge History of China Vol. 12, Republican China*, 1912-1949, Part 1 (pp. 209-255). Cambridge: Cambridge University Press.

臺灣民主之
反思與前瞻

What Has Taiwan's Electoral Reform Reformed?

Jih-Wen Lin [*]

Abstract

The single nontransferable vote under multi-member district system (also called SNTV or the medium-sized district system) has a long history in Taiwan. Under SNTV, multiple candidates tend to be nominated by large parties in a district to garner the nontransferable vote from their core supporters, making fratricide a common problem. SNTV is difficult to change in the short term because it favors one-party dominance. Nevertheless, the campaign cost under SNTV is high, which will gradually decrease the resources to be distributed and eventually create a multi-party system. In 2004, Taiwan's Legislative Yuan passed a constitutional amendment to replace SNTV with a mixed-member majoritarian (MMM) system, later on adopted by the National Assembly in 2005. According to the proponent of electoral reform, MMM should enhance legislative efficiency and party cohesion, as well as reduce vote buying and ideological polarization. This study operationalizes these expectations into variables and examines how they have been fulfilled. What we find is the following: first, in the legislative elections held so far, the effective number of parties decreases significantly after the electoral reform; second, the percentage of un-nominated contenders in the legislative elections drops after the electoral reform; third, official archives indicate that, in the legislative elections, the number of prosecuted vote-buying cases reaches a climax in 2008 but drops thereafter with a greater magnitude than that of the magistrate elections; fourth, the percentage of campaigners raising issues of national identity declines after MMM was introduced. It is clear that the second and the fourth results are induced by electoral reform. Still, whether legislative efficiency is improved is affected not only by the decrease of legislative parties but also by the halving of the legislative seats. As for the reduction of the vote-buying case, other variables should also be considered.

Keywords: single non-transferable vote under multi-member district system (SNTV); mixed-member majoritarian (MMM) system; electoral reform; effective number of parties; ideological polarization; vote buying.

* **Jih-Wen Lin** is a research fellow of the Institute of Political Science at Academia Sinica. His major research interests include comparative institutions, East Asian politics, and formal theory.

臺灣民主化後之兩岸關係

明居正 *

國立臺灣大學

摘 要

　　中華民國在 1987 年解除戒嚴、開放黨禁，全面走向民主化，不但對自己而言是一件大事，在世界上也是一件大事。在多數人眼中，臺灣民主化主要是個臺灣內政問題，殊不知它對兩岸關係也帶來了很大的影響。我們無意將二者描繪成因果關係，然而兩岸關係的跌宕起伏確有相當部分受到臺灣民主化的影響。本文首先擬建立評價大陸政策的指標，然後將 1987 年後之兩岸關係分別自蔣經國、李登輝、陳水扁及馬英九總統等四個階段作討論，期盼檢討過去能對瞻望未來有所貢獻。

關鍵詞：臺海危機、和平演變、一個中國、戰略彈性、壞孩子策略、好孩子策略。

---

* **明居正** 國立臺灣大學政治學系教授，研究領域為中共政治、中共外交、國際政治、兩岸關係、政黨與選舉。

壹、評價的指標

在臺灣評價兩岸關係,很容易蹈入情緒化的陷阱,因為人們對於政治性甚至非政治性的問題,已經過度習慣於用黨派或藍綠等簡單二分的標籤來作判斷,但往往卻忽視了問題的本質。本文企圖超越這種簡單的二分法,嘗試建立一套相對客觀的評價標準。

要建立評價標準,我們必先對臺灣大陸政策所處的環境作一檢視。首先要指出,臺灣及其大陸政策並非只存在於兩岸之間,它們其實是處於一個變動的國際局勢當中,極易受到外來因素影響。蘇聯瓦解後,美國成為唯一的超級強國,企圖依照其理想重新建構國際秩序。在歐洲,它主要利用北約東擴來箝制俄羅斯;在亞洲,它主要利用強化美日同盟來約束中共。2001 年的九一一恐怖攻擊使得美國暫時將注意力由大國政治轉向反恐戰爭,這給了俄羅斯及中共發展的機會。由於近年來中共在戰略上更具挑戰性,所以美國對其之回應更見積極。簡言之,美國打算像對前蘇聯般和平演變中共政權(明居正,2013)。此時的臺灣面臨重大戰略矛盾:在經濟發展上,它較為依賴大陸;然而在戰略安全及價值觀上,它卻更加接近美國及日本。此一戰略矛盾充分反映於其內部政治中。

問題的癥結其實在於大陸的未來動向。如果大陸國力持續強化,則兩岸談判的機率將會大幅升高;如果大陸出現像蘇聯及東歐共產政權般的演變,則臺灣勢必要面對是否進取大陸的戰略抉擇。無論如何,臺灣都需要最大的迴旋空間。所以我們認為,如何保障臺灣的最大戰略彈性——亦即,目前在統一與獨立二選項間暫不作選擇——是最重要的。或者再寬泛一些,當前臺灣與大陸間的關係不宜太過緊密,以致讓人看來覺得臺灣在媚共;然而也不宜太過疏遠,以致讓北京懷疑臺灣有走向獨立的危險。簡單的說,臺灣必須拿捏好與大陸關係親疏之分寸。本文即以此作為評量歷任總統大陸政策優良與否之判準。

貳、蔣經國總統時期

　　蔣經國總統於 1972 年接掌行政院，開展十項建設加速工業化，推動臺灣經濟的轉型與起飛。數十年內，十項建設及相關計畫一直扮演著火車頭的角色，臺灣經濟的發展也相當順利。

　　正如其他國家一般，高速的經濟發展對臺灣社會帶來了極大衝擊；最明顯的即為新興中產階級對於當時的政治環境頗有不滿。最後，蔣總統在 1987 年解除戒嚴、開放黨禁及報禁，使臺灣從自由化走上了民主化的階段（徐中約，2002:939-948）。但是，由於民主化幾乎是蔣經國總統在最後一刻才做出的重大決定，所以嚴格的說，臺灣社會乃至政治對於這場政治變革是準備不足的。

　　臺灣雖然民主化了，然而當時的政治運作、乃是整個社會的思維模式基本上仍然停留在威權時期。其中最突出的應屬大陸政策。1987年 9 月，自立晚報派遣兩位記者繞道前赴大陸公開採訪，不但在臺灣社會掀起大旋風，也實質打破了蔣總統所堅持的「不接觸、不談判、不妥協」的大陸政策。

　　1987 年 11 月初，蔣經國總統宣布開放臺灣老兵返鄉探親，正式開啟兩岸交流之門。兩個月後，蔣總統辭世。隨之而來的是民間自發性的湧入大陸探親、觀光、交流甚至經商投資，而當時政府只能眼睜睜的看著其發生，雖曾嘗試最終卻無力阻止。中共方面為了拓展其對台工作故大開綠燈，造成了兩岸來往中「單向流動」的洶湧波濤。

　　蔣經國總統民主化的主要著眼點固然是內政考量，但卻成為未來兩岸互動之重要因素。臺灣因此更受到西方主流社會的青睞，對其未來面對中共之壓力有極大之助益。

參、李登輝總統時期

　　蔣經國總統去世後，副總統李登輝依憲法規定繼任總統。許多人

批評他台獨，但是如果詳查其施政方向，可以清楚看出，在其任內李總統不但並未推進臺獨，反而在兩岸關係上大幅開放；而且直至今日兩岸交流的秩序與規範也是出自於他起初的規劃與推動。

李總統是一位眼光銳利、思慮周密的政治人物。在當時，他將臺灣的內政、外交和大陸政策三盤棋同時攤在桌面而分手落子。驚人的是，李總統的三盤棋佈局不但交互影響，而且出手錯落有致，不見太多紛亂。最後整體而言，棋局的結果應該都可說是瑕不掩瑜，為臺灣留下了比較正面的結果。由於主題所限，下文將主要集中探討大陸政策與兩岸關係。不過，在此將李總統對於其他兩部份的主要戰略設想與目標略作討論仍有必要。在內政方面，除了鞏固權位外，他的目標就是繼續推進蔣經國總統所開啟的民主化。在外交方面，其主要目標就是確保臺灣的主權、提升國際地位與能見度以及擴大臺灣在國際上的活動空間。

是故，改善與中共的關係就成為重要關鍵。蔣經國總統開放老兵返鄉探親已做了很好的開端，李總統需要考慮的就是如何繼續推進。他認為透過逐步擴大的、有秩序的交流，一方面可以改善兩岸間的緊張關係，另一方面又可配合美國對於共產世界所推行的和平演變戰略。依其設想，對臺灣最有利的發展應為：當兩岸的政經差距縮小至一定程度時進行和談以解決雙邊關係的問題。易言之，除了透過交流推動大陸發產生良性變化外，他還必須為臺灣在終將面對的兩岸談判中準備好足夠籌碼。

他的具體作為有三：設立相關組織、訂定指導綱領以及透過進一步推動臺灣民主化為現階段兩岸關係作更佳定位。首先，他於 1990 年 10 月在總統府成立國家統一委員會，作為總統的諮詢機構；1991 年 1 月在行政院成立大陸事務委員會，協調政府各部會大陸政策。另外，為了處理因兩岸交流而衍生的大量問題，於 1991 年 3 月成立了海峽交流基金會，一個經由政府授權的民間機構。他認為，在目前的氛圍

下臺灣官方不宜與大陸官方有正式接觸，以免在國際社會上造成雙方準備進行政治談判而對臺灣形成不利的印象。讓海基會作為政府的白手套，區隔兩岸官方的接觸，俾使臺灣有更大的迴旋空間（王銘義，1993:190-210）。中共原本希望雙方官方能直接接觸，所以最初抗拒成立對口單位。然於短期內看來仍有困難，又為了突破與臺灣的關係，最後北京終於在 1991 年 12 月勉強成立了海峽兩岸關係協會，作為海基會的對口單位。

其次，國統會於 1991 年 2 月底通過了國家統一綱領，作為指導兩岸關係未來發展的綱領性文件。國統綱領為兩岸關係所揭櫫的最高目標厥為建立一個民主、自由、均富的中國。它將其步驟區分為近程（互惠交流階段）、中程（互信合作階段）以及遠程（協商統一階段）等三階段。每一階段對於臺灣與大陸分別提出了不同的發展目標，也對雙方的交流、合作乃至互動關係提出了設想；當上一階段的目標都基本達成後才會進入下一階段（行政院大陸委員會，1991）。

國統綱領的重要設計之一是有進程而無時間表。綱領並不硬性規定哪一方何時必須達成什麼目標；而是當雙方各自依照自己的發展速度分別達到預設的目標時，兩岸關係即可開展下一步。如此設計表面看來或許進展緩慢，然其優點是對雙方都不存在時間壓力，且因為主動權及詮釋權在其手中，對於較小的臺灣而言具有較大的保障係數。更重要的是，由於綱領將兩岸關係的終極目標設定為建立民主、自由、均富的中國，吻合世界發展潮流，這才是對全體中華民族所做的最大保障（行政院大陸委員會，1991）。

最後就是如何重新定位臺灣民主化後的兩岸關係。動員戡亂時期於 5 月 1 日終止，12 月，立法院、監察院及國民大會的全體委員或代表退職，另行選出新委員。尤為重要者，兩岸關係的定位將因此出現微妙的變化。1992 年 8 月，國統會通過了「一個中國的涵義」，其第一條為：「海峽兩岸均堅持『一個中國』之原則，但雙方所賦予之涵

義有所不同。中共當局認為『一個中國』即為『中華人民共和國』，將來統一以後，臺灣將成為其轄下的一個特別行政區。我方則認為『一個中國』應指 1912 年成立迄今之中華民國，其主權及於整個中國，但目前之治權，則僅及於臺澎金馬。臺灣固為中國之一部分，但大陸亦為中國之一部分。」這段文字不僅將中華民國與中華人民共和國並列，暗示接受對方存在的事實；同時也隱喻雙方對等。這不但是李總統希望建構的新的兩岸關係定位，同時也是他對將來國際社會對於兩岸關係新定位的希望。

於此，我們必須對當時的國際形勢及其對於兩岸關係之影響稍加檢視。李總統主政一年半後，六四事件爆發，中共在崩潰邊緣苦苦掙扎後勉強保住政權。但在兩年半內，蘇聯、蒙古及東歐十個共產政權竟先後瓦解，結束了半個世紀的冷戰，即一般所謂之「蘇東波」。此一情勢讓美國大感振奮，除了力助這些國家進一步鞏固民主進程外，更有一部分人將眼光投回中國，希望利用這千載難逢的歷史浪潮一舉瓦解中國的共產制度，推進民主化大業（聯合報編譯組（譯），Tyler（原著），2000:428-455）。

歷史的轉折有時真是詭譎。就在此時，野心勃勃的伊拉克海珊政權突於 1990 年揮軍併吞科威特。以美國為首的西方社會大驚，決定出兵懲罰海珊並重建國際秩序。布希總統為了確保中共不會在安理會中杯葛其軍事行動，派遣密使與中共達成協議，美方以取消對北京的六四制裁作為回報。對兩岸而言，這不啻意味著美國原本對於中共所採取的和平演變政策將出現緩解，同時也意味如若中共政權得以穩定，則李登輝總統對大陸的政策作為必須更加謹慎。

在透過發表「一個中國的涵義」重新界定兩岸定位後，李總統即正式向國際社會推出。過去數年，兩岸的頻繁交流衍生了許多問題，如：來台外省人原來在大陸的婚姻關係、原婚生子女的認定與繼承權及其他商務糾紛等。這些問題透過海基會與海協會的隔海互動已無法

有效解決,所以雙方領導層級的直接會商就十分必要。1993 年 4 月下旬,海基會的辜振甫與海協會的汪道涵在新加坡正式會面(王銘義,1997:3-274)。對國際社會而言,這代表著分隔了 38 年的大陸與臺灣達成了初步的和解,兩岸關係從此跨入嶄新階段。在大陸看來,這意味著他們多年來對臺灣統戰政策的成功;然而對李登輝而言,辜汪二老在新加坡的會面,其實落實了他「在國際場合凸顯兩岸地位對等」的戰略設想。

1994 年下半年,鄧小平病重入院,江澤民視之為其在政治上一飛沖天的機會。翌年 1 月底,江推出了簡稱江八點的「為促進祖國統一大業的完成而繼續奮鬥」的講話,敦促臺灣方面進行「結束兩岸敵對狀態」的談判,盼能推進兩岸關係,締造他個人的歷史地位(人民日報,1995)。1995 年 5 月底焦唐會談敲定 7 月下旬召開第二次辜汪會談,北京大為興奮,視其為臺北同意進行上述談判的訊號。

就在此時,華盛頓傳出同意李登輝返回母校康乃爾大學演講的消息;中共勃然大怒,認為這是美方在蓄意破壞兩岸關係,其對美關係幾至破裂。這時中共的憤怒完全指向華府,對於李的康乃爾之行只做了行禮如儀的批評。6 月中旬,中共反復琢磨後才赫然發現其實他們遭到李登輝耍弄。北京的態度遂陡然急轉直下,除了單方面宣告取消 7 月份辜汪會談,還要求臺灣「在言詞上和行動上回到一中原則。」李登輝的回應未能令中共滿意,遂有 7 月份與 8 月份的兩次飛彈演習事件。起初美國雖然有所表態,但其強度顯有不足。1996 年 3 月份,臺灣進行總統大選,李登輝代表國民黨參選。中共再次拉開架式,在臺灣海峽進行第三度的飛彈試射及軍事演習以威懾臺灣。這次美國被激怒了,先後公開派遣兩個航空母艦戰鬥群駛入臺灣附近海域,情勢才得以緩和(許綏南(譯),Carter and William(原著),2000:139-149)。

從表面來看,李總統的美國之行導致了第三次的台海危機,讓臺

灣再度陷入中共的武力威脅下。然平心而論，整件事情最後的結果對臺灣而言是利大於弊：首先，它再次凸顯臺灣問題已經國際化，中共僅憑一己之力無法解決臺灣問題。其次，李總統利用這次衝突將臺灣民主化與臺灣需要國際空間兩大議題推入了國際視線，提昇了臺灣問題的能見度。第三，整起事件使得人們看清，美日安保的範圍實質上涵蓋臺灣；第四，它明確顯示美日安保將中共視為潛在的對手。當然，這次臺海危機對臺灣亦非完全正面。它不但強化了中共內心對臺灣的敵意，還刺激中共全力擴建海軍，今日我們所看到的遼寧號航空母艦及多艘核子潛艇即為著例。第三次台海危機結束後，北京方面因轉向收回香港的問題遂對臺灣做了一年半的「冷處理」。

1999年7月初，距離卸任總統一職還有十個月，李總統再度出手。在接受德國之聲專訪時，他對於兩岸關係做了如下的描述：「1991年修憲後，中華民國政府已將國家領土範圍限定於台、澎、金、馬，正副總統與國會議員也僅由臺灣選出，並也承認中華人民共和國的合法性。臺灣和中國大陸的關係早就已經是『國家與國家』，或『至少是特殊的國與國的關係』，而非『一合法政府、一叛亂團體』，或『一中央政府、一地方政府』的『一個中國』內部關係。」中共聞言勃然大怒，將其視為李走上宣告「法理台獨」的前奏，決定採取強硬手段加以制止。數日內，中共軍機頻頻出海，不時飛越海峽中線挑釁臺灣，緊張情勢一觸即發。美國政府再度出面滅火，一方面向北京澄清他們事先並不知情，一方面向台北施壓要求改口（鄒景雯，2001:227-262）。後因臺灣發生九二一大地震，加以江澤民在內部強力鎮壓法輪功，這次的兩國論風波才在延燒兩個多月後逐步平息（蘇起，2003:73-122）。

許多人想當然耳的將這次緊張事件再度歸咎李登輝，指責其企圖搞台獨而挑起臺海緊張。其實不然。從戰略的角度來看，李總統此舉的核心構想是：他預見臺灣終將面對與大陸的談判，故藉著先行拉開兩岸間之距離而為臺灣繼任總統預謀談判空間。未來總統若能善加運

用,則對於臺灣的談判極為有利。這亦為本文上節所言保持戰略彈性之具體表現。

回頭看去,這段時間對於臺灣和大陸的內部以及兩岸間的互動都極具挑戰性。臺灣方面,蔣經國總統在其晚年推動了解除戒嚴及開放大陸探親兩大政策。繼任總統李登輝在經歷風浪後終得鞏固政權,大展拳腳。大陸方面,中共在強人鄧小平的掌舵下奇蹟般地挺過了六四事件、蘇東波[1]以及權力交班江澤民的動盪,嗣後重新開始經濟改革。在此氛圍下,兩岸開展了多方面的交流,而雙方的經貿互賴關係也日益升高。出於臺灣方面的主動,兩岸的交流有了明確的管道,也比較制度化。中共方面雖然起初有所猶豫,但是辜汪會談隔桌握手的歷史鏡頭畢竟向國際社會清晰地傳達了兩岸對等的意涵。

當然這段時間的台海關係曾經數度陷入緊張,前有三波的中共飛彈試射及軍事演習,後有兩國論所引起的動盪。但長遠來看,這些緊張情勢反而凸顯中共能力有限,在臺海地區仍無法為所欲為。臺灣雖小,但仍有不可輕侮的實力。更有甚者,臺灣與周邊大國有共同戰略利益,一旦有事,美國及日本就會關切介入。簡言之,臺海的緊張情勢基本上仍然處於可控制的範圍內,而李登輝總統亦藉此為臺灣擴大了戰略上的彈性空間。

肆、陳水扁總統時期

2000 年 3 月 18 日臺灣大選,由於國民黨分裂為連戰與宋楚瑜兩組候選人,意外導致陳水扁當選中華民國第十屆總統。這是國民黨遷台後第一次失去中央政權,但是也造就了中華民國政治史上第一次政黨輪替。臺灣民主化的進展使其在國際社會的形象大幅得分,當然也使得第一次執掌中央政權的民進黨籍陳水扁總統廣受各方矚目。

---

1. 1989-1991 年發生於蘇聯及東歐共產政權的風波,大陸稱之為「蘇東波」。

　　陳水扁總統先後執政八年，引發許多爭議；其中最尖銳的批評首推對大陸鎖國及追求臺灣獨立兩點。然而如果我們詳細檢視史實，卻會發現這兩點指控其實並不成立。陳總統對於臺灣最大的傷害與其說是以上二者，毋寧說是對於大陸作出過多的單方面讓步，卻未從對方得到相應的回報，以致大幅削減了臺灣未來的談判籌碼，對臺灣造成了重大的戰略傷害。

　　這些當然不是陳總統甫就任時人們的印象。對於臺灣的政黨輪替，美國和大陸雖然感受迥不相同，卻都抱有高度的不確定性。他們的共同憂慮是：出身民進黨的陳水扁總統究竟是否會走上臺獨之路？陳總統對於外界的擔憂瞭然於胸，所以在就職演說中以「四不一沒有」做出回應。他說：「只要中共無意對台動武，本人保證在任期之內，不會宣布獨立，不會更改國號，不會推動兩國論入憲，不會推動改變現狀的統獨公投，也沒有廢除國統綱領與國統會的問題」（陳水扁，2000）。

　　接著，他大陸政策的首要目標就是重建因兩國論而中斷的海基海協兩會對話，而具體作法即為釋出系列善意。2001 年 1 月 2 日，經他批准，兩岸間的「小三通」因臺灣單方面開放而正式起航。10 日陳總統在接見美國眾議員時表示，兩岸應從經貿統合進而政治統合。16 日他重申依據中華民國憲法，「一個中國原本不是問題」，呼籲兩岸盡速重啟海基海協兩會間的協商大門。2 月初，他開放了大陸記者長期駐台採訪，新華社記者范麗青與陳斌華拔得頭籌（華夏經緯網，2001）。

　　然而一年下來，看著陳總統不斷釋出的善意，北京方面依然冷眼相對，維持他們所謂「聽其言、觀其行」的做法。

　　陳總統並未就此放棄。當年 11 月 7 日行政院通過調整「戒急用忍」方案，放寬企業對大陸的投資限制。23 日經濟部決議開放資訊軟硬體、通信及消費性電子等三大類共 120 項產品赴大陸投資。行政院還通過

「開放大陸地區人民來台觀光推動方案」，但暫時以旅居海外的大陸人士為主要對象（華夏經緯網，2001）。

這時國際社會爆發了震驚全球的九一一恐怖攻擊事件。驚怒交加的美國在不到一個月的時間內出重兵打擊阿富汗，企圖剿滅蓋達組織；同時宣布發動一場全球反恐戰爭。日後的發展証明，這個事件對於國際政治，尤其是大國間的互動，產生了巨大的衝擊。兩岸關係，尤其是陳水扁總統的大陸政策，自然也無法置身事外。

現在讓我們回到兩岸關係。眼看大陸對他的善意都未作正面回應，陳總統決定砸下更大籌碼。2002 年 5 月 9 日，陳總統在訪問金門前線的大膽島時說，他要在此「大膽」的發表三項重大主張：第一，兩岸關係正常化是臺海永久和平基礎，正常化必須從經貿關係正常化開始，而兩岸政治統合必須從經貿文化的統合著手，此目標不會改變。第二，兩岸必須重啟協商大門，方能減少誤會及誤判，復談的第一步就是先行互訪。8 月 1 日接任民進黨主席後，他將推動「民進黨中國事務部主任」率團訪問大陸，以促進彼此了解與政黨和解。第三，兩岸終將三通，小三通是大三通的第一步，臺灣會積極研擬規劃擴大小三通（華夏經緯網，2002）。

中共的回應是陳總統所始料未及的。7 月 21 日他就任民進黨主席，然而就在同一日，中共宣布與諾魯建交，而諾魯宣布與臺灣斷交！這無異於一個巴掌刷在他臉上！（余莓莓，2009）。

眼看單方面釋出善意一年多換得的竟是這種不堪的結果，陳總統的憤怒可想而知。8 月 3 日，世界臺灣同鄉聯誼會年會在日本東京開幕，陳總統在對其電視講話中，第一次公開主張：要「走我們臺灣自己的路」；「臺灣是一個主權獨立的國家」，「臺灣跟對岸中國一邊一國，要分清楚」；並提出「要認真思考公民投票立法的重要性和迫切性」（華夏經緯網，2002）。

批評陳總統的人士往往舉以為是他支持台獨、推動台獨的証明。

我們並不同意這種看法，我們認為這是經過計算後的策略轉變。也就是說，在嘗試了兩年的「胡蘿蔔政策」發現無效後，他企圖改採「大棒政策」。通俗點說，陳總統有意地從「好孩子」變成了「壞孩子」。我們認為，策略的轉變並不等於目標的轉變；他的策略是「以獨逼和」，企圖藉此逼迫大陸與臺灣和解，甚至簽訂兩岸和平協定。

我們這麼說是有充分根據的，因為在往後的幾年中，無論中共對臺灣的打壓多麼嚴厲，扁政府雖然有所起伏，但仍會不時的對大陸釋放善意。

在諾魯斷交僅僅兩個月，2002 年 10 月，針對中共副總理錢其琛有關「兩岸航線」談話，陳總統回應：「只要對岸不要附加前提，並且有協商的意願，兩岸應該可以很快達成直航的目標」。2003 年 1 月 1 日，陳總統發表元旦講話，重申其「四不一沒有」承諾，表示可以從協商和推動兩岸直航著手，為兩岸經濟文化交流提供條件，也希望建立兩岸和平穩定的互動架構等等。8 月中，財政部金融局公佈銀行赴大陸設分支機構的相關規定，今後銀行經專案核准即可在大陸設立辦事處。10 月 9 日，立法院通過兩岸人民關係條例修正案，大幅調整有關兩岸協商、三通和文教交流的規定，調整比例高達 70%，重要的是其基本方向是大幅放寬而非收緊（華夏經緯網，2002, 2003）。

然而時不時的，陳總統的口中仍會出現讓中共或是藍營人士怒不可遏的話語。這些語言一部分當然是他「壞孩子」作風的表現，但是另外一部分他的確是另有所圖。

我們不要忘記，2004 年是總統大選年。陳總統眼看其第一任的政績並不突出，若想連任勢必需另闢戰場。若從這個角度看，他許多看似呼應臺獨的言論與活動的真正目的就豁然明朗了。

2003 年 10 月 25 日，一場由綠營主辦的「1025 全民公投、催生新憲大遊行」在高雄舉行。陳總統在會中發言鼓吹「公投制憲」要「畢其功於一役」，要使臺灣成為「正常、完整、偉大的國家」（華夏經

緯網，2003）。

再如，當行政院 12 月 29 日通過公投法草案，陳水扁宣稱「一邊一國已成臺灣主流民意」；「2004 年選舉將是一邊一國對一國兩制、相信臺灣與唱衰臺灣」之爭；或「一個中國主張，不管玩什麼文字遊戲，都是一個中國，絕不能接受」（華夏經緯網，2003）。對於熟悉臺灣政治的人來說，這些都只不過是選舉語言而已，並不能反映說話人的真正政治立場。

2004 年 3 月 20 日，第十一屆總統選舉結果揭曉。陳水扁以 50.11% 的些微優勢連任，而連宋以僅 0.22% 的些微差距落敗。同步舉行的兩項「公投」因投票人數未達總投票人數的一半而宣告無效。

如果說陳水扁第一任期時的大陸政策是不理想的話，那麼第二任期的大陸政策恐怕只能用糟糕來形容了。

2005 年 3 月 14 日，大陸通過了《反分裂國家法》，明確指出可能對臺用武的三個時機。即便其真正落實仍存在許多困難，但是它的出現仍然使得包括美國在內的許多國家深感不安。臺灣的反應當然十分激烈，各界批評聲浪不絕於耳。執政的民進黨 12 日召開臨時會，主席陳水扁在會中首次發言譴責，指制定反分裂法「只會讓兩岸關係更加分裂」，他呼籲臺灣百萬民眾參與「3‧26 民主和平護臺灣」的大遊行。3 月 26 日當天，參加遊行的人非常多。最重要的是，陳水扁以總統的身分參與了，這也是第一次有現任總統參與的街頭遊行。

另一方面，國民黨最初的反應是很好的。他們，陳水扁過度抬舉反分裂法，不如宣佈反分裂法效力不及臺灣，而且只要站穩中華民國憲法立場，反分裂法根本沒有執行空間。但是 4 月 29 日，國民黨主席連戰卻在此尷尬時機訪問大陸，與中共領導人胡錦濤舉行會談，會後還發佈了「連胡公報」。其中載明了雙方的十點共識，宣稱這是未來兩岸共同努力的方向。不久後，親民黨主席宋楚瑜也訪問大陸，也發表了「宋胡公報」。連宋二人相繼訪問大陸，對於陳總統的確造成了

一定壓力。在試探性地主動爭取訪問大陸未果後，陳總統的大陸政策明顯地更加向所謂「獨立」的方向傾斜（余莓莓，2009）。也就是說，在北京先後利用連戰和宋楚瑜作為對付臺灣的槓桿之後，陳總統加強了他「壞孩子策略」的力度，因為他手中能運用的籌碼日漸流失，他試圖將美國拖入這場棋局。

2006 年 2 月 27 日，陳總統在「國安會議」中宣布：國家統一委員會終止運作；「國家統一綱領」終止適用，並送交行政院查照。這明顯違反了他上任以來所說的「四不一沒有」。值得注意的是，在北京尚未激烈反應前，華盛頓已經跳腳了。3月2日，美國務院發表聲明，公開要求陳總統「必須毫不含糊地確認國統會並未廢除」。5月11日，副國務卿佐利克表示，美國不會改變 30 年來的一個中國政策體系；台獨意謂著戰爭，臺灣如果不斷挑戰美國早已定調的一個中國政策，就是一直在撞牆（華夏經緯網，2006）。

很顯然的，美國真的被陳水扁總統激怒了。問題是，難道陳總統及其執政團隊都不知道這麼做有可能會激怒美國嗎？我們認為，他們當然知道，不過這麼做的目的不是為了激怒美國，就是為了有限度地施壓美國，拖其下水。

九一一事件後，美國於 2001 年 10 月發動阿富汗之戰。兩年後，美國指控海珊製造核子武器並資助恐怖組織，又因此發動伊拉克之戰。美軍在兩場戰爭的正規戰場上都大獲全勝：在阿富汗，美國消滅了塔里班政權；在伊拉克，美軍消滅了海珊政權。但是美軍在這兩個戰場卻被拖入一場幾乎無法脫身的游擊戰，小布希總統從原來的躊躇滿志變成了後來的焦頭爛額。

我們認為，陳總統團隊看見了美國的狼狽，他們正是想利用這個時機大喊臺獨，並不斷的在表面上做出向臺獨方向靠攏的姿態，藉此壓迫美國出手調解兩岸關係，甚至最後推動兩岸間簽訂和平協議，從而在臺灣社會進行政治上的大收割。簡單說，這是「以獨逼和」的「壞

孩子策略」。

不過北京也不是省油的燈，這局棋他們也看懂了；更厲害的是，他們想出了破解的棋路。

北京一方面利用自身的大國優勢，公開表示他們不但全力支持美國的全球反恐戰爭，而且有能力作出重大貢獻。另一方面，北京同樣掌握了小布希總統進退維谷的窘境，利用各種管道將陳總統的所謂「臺獨」言行抹黑為「臺灣海峽的麻煩製造者」。當 2003 年 12 月訪問美國時，總理溫家寶說：「我們解決臺灣問題的基本政策，就是"和平統一，一國兩制"。我們一直在盡最大的努力和平實現國家的最終統一。我們真心誠意地希望和平解決臺灣問題。只要有一絲希望，我們就不會放棄和平的努力。但是，我們的和平努力，一再受到"台獨"分裂勢力的挑戰。他們打著"民主"和"人權"的旗號搞旨在"台獨"的公投，使分裂活動更具欺騙性和危險性。對他們的"台獨"行為，我們絕不會容忍」。而布希的回應則是：「美國反對任何由臺灣及中國片面改變現狀的決定，而臺灣領導人最近的言論及行動，顯示他可能已經決定要片面改變現狀，這也是美國所反對的」（華夏經緯網，2003）。很顯然，布希逐漸接受了北京而非台北的觀點。

2004 年 1 月 29 日，胡錦濤同布希通電話。胡強調，台獨勢力的分裂活動依然是台海地區和平穩定的最大威脅，他希望美方用實際行動履行堅持一個中國政策、遵守三公報、反對台獨等承諾，不向臺灣當局發出錯誤信號。布希則表示，他理解中方在臺灣問題上的關切，重申美方奉行一個中國政策，堅持美中三公報，並且反對台獨（華夏經緯網，2004）。

2005 年 11 月，布希訪問北京，胡錦濤又抓住機會說：「共同反對台獨，維護台海地區和平穩定，符合雙方的共同利益」。這實質上已經是公開邀請美國與中共聯手反對台獨（華夏經緯網，2005）。布希表示，美方堅持一個中國政策，反對台獨，但是也反對任何一方單

方面改變台海現狀；巧妙的避開了「聯手反對」的邀請。再如遲至
2007 年胡錦濤在悉尼會見小布希時還不斷強調，2007 至 2008 兩年是
台海局勢高危期。「臺灣當局」無視各方警告，肆無忌憚的推動入聯
公投、「以臺灣名義申請加入聯合國」等台獨分裂活動。華盛頓和北
京必須對臺灣提出更加嚴厲的警告，搞任何形式的台獨分裂活動是絕
對不可能得逞的（華夏經緯網，2007）。

綜合而言，在陳總統的第二個任期中，臺灣與美國的關係愈來愈
壞，幾乎可以用跌到冰點來形容。國際上甚至有人將這段時期的臺灣
海峽視為「華盛頓與北京的共管區域」。這種說法或許言過其實，然
而它至少意味陳水扁的「壞孩子策略」踢到了鐵板，臺灣的戰略彈性
亦因此而大幅壓縮。

或許許多人會因此而認為此時的兩岸關係必然非常緊張，其實完
全不然。在這些年當中，兩岸的交流十分熱絡，經貿的往來反而大幅
提升。例如，2005 年初，兩岸春節包機的模式改為：「雙向對飛、多
點、不中停第三地」，中共官方因此高興地宣稱：「中斷 56 年的兩岸
航線第一次實現雙向飛航，成為兩岸往來的一大突破」（華夏經緯網，
2005）。2006 年 4 月，行政院長蘇貞昌說，「兩岸包機等各項議題只
要經雙方協商，可持開放態度」；「而若 6 個月後協商仍未完成，但
相關配套措施均已完備，臺灣不排除片面宣佈開放客貨運包機及大陸
民眾直接赴台觀光」（華夏經緯網，2006）。也就是說，不論中共同
意也好，不同意也好，反正臺灣方面必定會片面開放。同年 12 月底，
不顧有些人士的強烈反對，行政院宣布放寬准許赴大陸投資的 8 寸晶
圓廠制程技術，由 0.25 微米放寬至 0.18 微米（華夏經緯網，2006）。

另外，2007 年初發佈，2006 年兩岸間接貿易額達 1,078 億美元，
同比增長 18%。其中，大陸對臺灣出口 207 億美元，同比增長 25%；
大陸自臺灣進口 871 億美元，同比增長 17%。這表示陳總統主政時期
的兩岸關係即使表面看來非常糟糕，但是兩岸經貿交流不但不受影響，

甚至還出現了大幅增長（華夏經緯網，2007）。

2007 年，陳水扁總統可能因為意識到他的任期只剩下一年，所以他的「壞孩子策略」招數更加凌厲。

3 月 4 日元宵節晚上，他出席親臺獨的臺灣人公共事務協會晚宴，即席發表「四要一沒有」：「臺灣要獨立，臺灣要正名，臺灣要新憲，臺灣要發展；臺灣沒有左右路線，只有統獨的問題」（華夏經緯網，2007）。他的談話是對於 2000 年就職演說「四不一沒有」的直接否定。可想而知，華盛頓與北京大為光火，分別發表了措詞尖銳的抨擊。

5 月初，當兩個大國怒氣尚未平息時，陳總統再度出手。但是這次他拿出來的卻不是棒子，而是胡蘿蔔。陳水扁在接受彭博社採訪時表示，胡錦濤不必先承認臺灣主權才能接受他的邀請到臺灣訪問。他表示，如果中國有誠意，而胡主席又有這種願望，他非常樂意代表臺灣政府及人民邀請他訪問臺灣。而且他對胡主席的邀請，不附帶任何條件（華夏經緯網，2007）。尷尬的是，胡錦濤對此邀請完全未做任何回應。不過陳總統似乎並未放棄，他仍在試圖尋找其他機會釋出善意。6 月中旬，首次兩岸端午節包機順利完成（華夏經緯網，2007）。不過中共對於陳總統的態度仍未有任何改變。

終於到了 2008 年陳總統任期即將屆滿的時候了。部份或許為了發洩不滿，部份或許為了嘗試「壞孩子策略」的最後一擊，在當年 3 月 22 日總統大選的同時他推出了以臺灣名義進入聯合國的公投案（華夏經緯網，2008）。正如各方事先的預判，這次的公投絕無通過的可能，所以美國和中共只做了禮貌上的批評。

這次的總統大選由國民黨籍的馬英九及蕭萬長獲得勝利，中共的高興顯而易見。4 月 12 日，博鰲論壇召開。胡錦濤會見了蕭萬長——新出爐的中華民國副總統當選人——及其率領的臺灣兩岸共同市場基金會代表團。會中他特別強調，「在新的形勢下，大陸將繼續推動兩岸經濟文化等各領域交流合作……繼續促進恢復兩岸協商談判」（華

夏經緯網，2008）。也就是說，陳總統努力了八年都無法恢復的海基海協兩會磋商，胡錦濤輕飄飄地就將它當作送給馬英九上台的第一件賀禮了。

本節起首處指出，不喜歡陳總統的人往往指責他鎖國及臺獨。我們用了許多具體的案例證明他對大陸不但沒有鎖國，而且實質上是非常開放的；至於他「台獨」的言論及行動，在我們看來只不過是經過設計的「壞孩子策略」罷了。但是他並不是「天生壞」，他原本是想作個「好孩子」，是遭對方拒絕而被「逼壞」的，而他的戰略彈性也因而縮減。從策略的角度而言，「壞孩子政策」不是不可行，但是對於時機及對手心態的掌握必須十分精確，再加上自己手中必須握有足夠的籌碼，否則不易成功。例如，北韓的金正日和金正恩在國際政治上曾經多次運用「壞孩子策略」，而且基本上都還算是順利；其主要的關鍵就是手中握有連大國都忌憚的核子武器，因而得以成功訛詐對手。公允的說，我們不認為陳總統團隊對於時機的掌握欠佳，關鍵在於對於美國布希總統決策心理的判斷失準，而且手中缺乏像北韓般的恐怖武器，僅憑口頭上威脅要推動臺灣獨立恐怕可信度尚有不足，因而最後落空。

但是陳總統的大陸政策卻另有重大失誤。在 2002 年 8 月開始改用「壞孩子策略」之後，陳總統的操作手法是「口中喊著棒子，手中贈送胡蘿蔔」；中共的對策則是「口中同樣喊著棒子，但手上笑納胡蘿蔔」。策略上固然已是高下有別，但是中共在對小布希團隊的心戰策略及時機掌握都非常出色，因此大獲全勝。

是故，我們總結陳總統的失誤在於：當我方不斷的單方面釋出善意而對方幾乎沒有正面回應時，我方仍然「不求回報地」繼續片面示好。如此，不但臺灣珍貴的談判籌碼單方面流失，臺灣最大的一張戰略王牌——臺灣獨立——也因為對大陸的經濟依賴過高而變得幾乎不可能，臺灣的戰略彈性亦大幅下滑。這才是我們認為陳總統執政八年

的大陸政策的最大失策！

伍、馬英九總統時期

　　2006 年 8 月爆發的紅衫軍運動幾乎預告了 2008 年總統大選的結果，代表國民黨的馬英九順利高票當選。重新爭回政權固然值得讓國民黨欣喜，但是出現政黨間的「二次輪替」對臺灣民主的國際形象再度加分。而馬英九個人因為形象清廉清新，臺灣選民乃至大陸高層對其都抱持極高期望，大都認為兩岸關係應可一掃陰霾，步上坦途。

　　誠然，在中共強力杯葛陳總統的「壞孩子策略」長達六年後，馬總統改弦更張採用「好孩子策略」，開始時當然容易見效。可是在兩岸基本體制與核心價值仍然存在根本衝突的情況下，我們必須清醒地預見，「好孩子策略」在對外及對內兩方面必然會有其局限性。這恐怕是馬總統未能逆料的。而且讓我們至感驚訝的是，馬團隊在競選期間已經宣告在執政後將會回到「一中原則」，在兩岸間全無談判折衝且中共未作任何讓步之前，就此將李總統在兩國論中奮力拉開的臺灣談判空間輕率地拱手讓人，大幅壓縮己方戰略彈性，確屬重大失策！而且，北京對於如何對付這位即將就任的臺灣政壇新星另有盤算。

　　2008 年 5 月 20 日，就在馬總統就職典禮當天，中共外交部發言人在記者會上宣稱，臺灣不具備加入世衛組織或以觀察員身份參與世衛年會的資格，北京將繼續在一個中國的原則下處理有關問題（華夏經緯網，2008）。這就是中共給「臺灣當局」——也就是馬總統——上任第一天的下馬威！

　　不過在臺灣方面低調回應後，北京立刻換上另一副面孔，開始端上胡蘿蔔了。6 月 12 日，海協會會長陳雲林與海基會董事長江丙坤舉行了會談。這是兩會領導人十年來的首次會面，雙方詳細討論了推進兩會協商、加強交往等事宜，並就解決兩岸週末包機和大陸遊客赴台

等案交換意見（華夏經緯網，2008）。中斷九年的兩會協商在中共精心計算後正式恢復。

11 月 3 日，陳雲林來台展開歷史性訪台行程，這原本應該是九年前汪道涵所跨出的那一步。接著，兩會簽署了空運、海運、郵政和食品安全四項協定（華夏經緯網，2008）。12 月 15 日，兩岸海運、空運、通郵三協議正式實施，兩岸直接三通的構想基本實現（華夏經緯網，2008），從此兩岸間各種交流、合作與互動有如滾滾洪流般地向前推進，各層面關係也日益緊密。以下我們將就這幾年內比較重要的互動或合作做一回顧，盼能對兩岸互動的全貌有較完整的了解。

2009 年 7 月 26 日，馬英九挾其高人氣當選國民黨主席，胡錦濤以總書記身份致電祝賀，馬主席也作了禮貌的回復，這是兩岸領導人60 年來首次的直接互動（華夏經緯網，2009）。8 月 31 日，兩岸定期直航正式起飛，大陸的航點由 21 個增至 27 個，航班由每週 108 班增至 270 班，雙方各飛 135 班（華夏經緯網，2009）。9 月 15 日，外交部長楊進添表示，台北今年並未委託友邦提出「參與聯合國案」，而是務實地爭取參與國際專門機構，以「國際民航組織」及「聯合國氣候變化框架公約」為優先目標（華夏經緯網，2009）。這可以說是兩岸在外交領域上交鋒數十年來第一次的緩和，當然也是馬英九總統「外交休兵」政策重要的一步。

2010 年 4 月 6 日，上海市長韓正率上海市政府訪問團來臺灣參訪四天，成為 60 年來首位訪台的大陸直轄市長（華夏經緯網，2010），標誌著兩岸政治人物互動的層級逐漸升高。

兩岸經貿合作的推進更引起人們關注。2010 年 6 月底，第五次江陳會談在重慶簽署《海峽兩岸經濟合作框架協定》（ECFA）和《海峽兩岸知識產權保護合作協定》，意味著兩岸的經濟關係開始進入制度化合作的階段，更可視為在兩岸關係的重要里程碑（華夏經緯網，2010）。11 月 16 日，兩岸金融合作監理備忘錄（MOU）正式生效，

開啟了兩岸金融合作的新頁，也為兩岸合作打開了一個新的領域（華夏經緯網，2010）。翌年1月6日，兩岸經濟合作委員會在兩會的框架下正式成立，兩岸間的次長級經貿官員從此有了正式會面及合作的管道（華夏經緯網，2011）。

2012年，臺灣在年頭要準備總統大選，大陸在年底要準備換屆，所以在雙邊關係上沒有發生太重大的事情。1月14日，臺灣舉行總統大選，馬英九與吳敦義擊敗對手，順利當選連任。11月初，中共召開十八大，雖然中間曾爆發王立軍與薄熙來等事件，但習近平最後仍順利接掌總書記一職。其間，1月開始，ECFA最大規模降稅發動，台早收清單產品進出口快速增長（華夏經緯網，2012）。3月底，候任副總統吳敦義代表臺灣方面率團赴海南島，參加博鰲論壇；大陸方面由候任總理李克強出面接待，為兩岸新政府未來的互動做了準備（華夏經緯網，2012）。

當習李體制在2013年正式接班後，兩岸互動開始加速。2月，臺灣銀行開辦人民幣業務；4月初，兩岸銀行業監管機構簽署備忘錄，正式啟動兩岸貨幣清算機制（華夏經緯網，2013），實現兩岸貨幣的互通，成為兩岸「三通」後的「第四通」。6月21日，兩岸服務貿易協議完成簽署，貨物貿易協議協商分歧也在逐步縮小，兩岸間的經濟關係由交流、合作漸向整合方向邁進（華夏經緯網，2013）。9月底，國際民航組織第38屆大會在加拿大蒙特利爾舉行，在中共首肯下，臺灣首次正式派代表出席會議（華夏經緯網，2013）。

2014年新春伊始，陸委會主委王郁琦和國台辦主任張志軍即在南京進行了正式會談（華夏經緯網，2014）。本來人們都因此預期兩岸關係在今年內會更加升溫，不料隨後不久臺灣即發生了太陽花運動，對後來的海峽交流互動產生了遲滯的作用。

3月17日立法院內政委員會審查《海峽兩岸服務貿易協議》，因過程簡略引發學生反對，演變成內有學生佔領立法院議場、外有上千

支持群眾長期露宿立法院週邊的大型群眾運動。事件最後雖然在三週後落幕，但對大陸政策及臺灣政局卻帶來重大衝擊。

整體事件容或仍有各種爭議，然而它卻反映出臺灣社會對於馬總統執政不效、經濟疲軟、生活水準下降和中共對臺灣滲透日增的憂慮及不滿。經此一役，服務貿易協議條例被迫優先排入立法程序，且今後兩岸所有重要協議均須經過立法院審議通過，增加了兩岸關係的不確定性，更導致國、民兩黨的大陸政策趨向保守。接著，不令人意外地，國民黨在 11 月 29 日的九合一選舉中慘敗，在地方上變成了實質上的少數黨，不但大幅削弱其在 2016 年總統大選的勝算，而且也令兩岸關係面臨新挑戰。

總體來說，馬總統的大陸政策有得有失。得的部分主要在於兩岸破冰，政治關係緩解。這部份的收穫平心而論有一半來自中共的配合。正如前述，中共在經歷了陳總統六年的「壞孩子政策」，從中得到了好處，不過如果兩岸關係能夠大幅好轉，那麼他們當然也會十分歡迎；這就是馬總統「好孩子政策」初期成功的原因。

伴隨著緩解的政治關係而來的，厥為兩岸經濟交流與合作的大幅推進。表面看來，臺灣這些年對大陸大幅出超，不但平衡了外貿的入超部份，還有相當盈餘。所以支持者往往舉以為與大陸經濟合作的紅利，其實這種看法不盡然正確。

讓我們來與陳總統時期做一比較。陳總統時期兩岸政治關係長期緊張，但是經貿關係並未受到影響，不但每年雙邊貿易都有相當成長，而且臺灣一樣享有相當規模的出超。所以兩岸的政治關係只要不壞到一定程度以下，兩岸的經貿往來未必會受到衝擊。我們認為，馬團隊在競選期間即已公開回到一中原則，主要是在受到自身意識形態及黨爭心態的影響下戰略計算有欠精到所致。他們誤以為必須與民進黨對手明確區別立場，才有可能與中共改善關係，從而透過與大陸的經濟交流合作才有可能大幅推動臺灣的經濟發展，如此馬政府的政績才容

易快速展現。這種計算蘊含了一個重大盲點：馬團隊如果不盡快回到一中原則，與中共的關係即無法改善，則後面的政治紅利都無法實現。這種想法當然不正確。因為回到 2008 年，在面對馬英九與謝長廷兩組人馬時，中共選擇謝長廷的機率應該是等於零，所以馬團隊其實有相當大的模糊空間可以運用。過早的讓步，就如前文所述，就是將兩國論所開拓的談判空間拱手讓人。這就是我們所說的「好孩子策略」的局限性之一。

　　「好孩子策略」的缺點還不止於此。它的基本心態是希望對方喜歡自己，若然則稍一不慎就容易產生自我審查與自我設限。每當做任何事情時都會在自己心中盤算：「我這麼做，對方會不會不高興？」。這在面對一個有根本敵意的對手時是絕對致命的。在國家與國家的遊戲中，沒有任何一個國家可以在最根本的時候相信或依賴他國的善意，每個國家都是自身利益的最後的，甚至是唯一的，守護者。也就是說，我們絕不可能從頭到尾都採取「好孩子策略」，那樣必然是自尋死路。真正的優良策略必須是「時而好孩子、時而壞孩子」，虛實相生、交互運用，擴大戰略空間，才有可能最大程度的推進國家利益。

　　一昧的推行「好孩子策略」還會帶來其他的負面效果。我們的盟邦，或者是與我們有平行利益的國家，會對我們最終的政策走向產生疑慮；輕則在關鍵時刻對我們信心不足，重則會在戰略上放棄我們。這種情況在今天臺灣的國際處境上已經略有所聞：有部分美國和日本的戰略安全專家，對於臺灣在關鍵時刻究竟是否會挺身對抗中共是存有疑慮的。對臺灣的安全而言，這種疑慮是極端危險的。

　　其次，「好孩子策略」會引發內部不同政見者對於執政者的懷疑，他們會擔心執政者輕則會喪失臺灣自身的主體性，無法捍衛國家利益；重則可能會投降中共，出賣臺灣。太陽花運動之所以會擴大，在一定程度上就是這種疑慮的表現。同樣的，我們並不是說「好孩子策略」完全不能用；我們只是想指出它有其局限性及潛藏的風險，它必須與

「壞孩子策略」交互使用才能發揮最大效用。

在對「好孩子策略」作了深入剖析後，我們必須為馬總統的大陸政策說一些公道話。這幾年來，由於馬總統對大陸推行和解政策，臺灣社會中有許多人不諒解他，認為他不是親中就是賣台。這對他是個徹底的誤解及抹黑。實質上，1991 年所推出的「國家統一綱領」與馬總統有極密切的關係。親臺獨的朋友看見「統一」二字很可能就會七竅生煙，大發雷霆，斥其賣台。其實這是對國統綱領的誤解。國統綱領的核心精神其實不是在於兩岸統一，而是在於藉著全方位的交流，透過滴水穿石的方式推動大陸共產政權的和平演變。這份綱領的出現完全吻合了美國當年對於蘇聯及東歐共產政權的大戰略，希望同樣的政策能夠改造中共政權。而如果中國大陸也出現了蘇東波的情況，也就是中共瓦解後走上了民主自由的道路，則兩岸統一就成為一個可以接受的──當然也並非唯一的──選項。況且這都還只是遠程的構想，目前他所能設想的大陸政策目標也只是兩岸和解、經貿交流與發展，最後或許在國際大國的調停下簽訂兩岸和平協議而已。這個目標與陳水扁總統的目標完全相同，唯一差別只在於使用的手段有異而已。

是故最後的關鍵問題是：截至目前為止，針對大陸的和平演變政策是否見效？其實經過三十多年的改革，大陸因為自身經濟與社會的變遷，和平演變的因子已在內部出現並開始發酵，因兩岸交流而出現的臺灣因素在這時起到的是加速作用。2012 年初臺灣進行總統大選，約在一個月前開始大陸五大入口網站：百度、搜狐、新浪、騰訊和網易，特闢專欄每天報導臺灣的大選。由於每個網站都與臺灣的一個媒體合作，故其內容基本正確忠實，而且巨細靡遺，十分豐富。幾乎所有關於臺灣總統大選的細節，諸如：選舉制度、選票設計、投票方式、民意調查、哪個政黨推出哪位候選人、政綱政策、造勢活動、群眾反應等等，盡皆完整呈現。任何人只要每日詳細閱讀，必然會對臺灣的總統選舉得到十分充分的了解。試問：臺灣這種民主選舉的資訊得以在大陸五大入口網站完整呈現，豈不是對大陸網民一次徹底的民主教

育嗎？這種資訊的開放是誰才能拍板決定呢？決策者難道不明白其所蘊含的衝擊嗎？他們為什麼要在此時讓中國的網民接受這種衝擊呢？令人矚目的是，同樣事情在 2016 臺灣大選再度出現！

開放兩岸交流所帶來的另一衝擊表現在旅遊上。大陸現在仍是個資訊管制的社會，百姓每天從各種媒體上所獲資訊皆經過官方過濾。透過來台旅遊，他們所接觸到的臺灣社會、風土人情、生活方式、政治運作、多元資訊乃至宗教活動，其實都會為將來的和平演變作一鋪墊。換個角度說，民主不只是一種政治制度，更是一種生活方式。所以開放大陸人民來臺灣觀光旅遊，實質上就是讓大陸遊客透過生活進行「民主浸潤」，而這個開放政策是臺灣與大陸最高領導人各自獨立決策的共同結果。

最後值得一提的是開放大陸學生來台念書的效應。前文述及之「民主浸潤」效果對於來台陸生不但存在，而且因為他們較為年輕、敢於探索、對於大陸現狀相對較為不滿，所以效果反而更強。目前根據實際接觸，大陸學生來台念書後仍然堅決維護中共一黨專政，而且認為大陸完全不需民主化者可謂鳳毛麟角。若此一觀察正確，則假以時日民主化成為大陸無可迴避的挑戰當不難想像。

那麼，這是否意味著開放兩岸交流對臺灣而言完全無害呢？當然不是。就目前所見，交流至少出現了三個比較明顯的負面效應。第一，因為臺灣近年經濟表現較差，所以臺灣社會會有小部分人對中共領導方式的接受程度明顯提升，伴隨而來的就是對臺灣認同度的下滑。這在很大程度上對臺灣面對大陸時所應具有的主體性會帶來傷害。其次，中國共產黨當年戰勝國民黨的三大法寶之一，統戰，在兩岸全面開放交流的情況下獲得更大運作空間，而且產生了明顯的效果。最後，中共襲取當年透過文宣打敗國民黨之故智，透過各種直接間接方式購買或是掌控臺灣媒體，或直接進行正面宣傳，或間接壓制對其不利輿論，企圖在心理戰線上先行麻痺臺灣社會民眾。我們必須清醒地看見，中

共這種作法也已經產生了一定效果。

總而言之，馬英九總統絕非親中、更非賣臺。其大陸政策最大的問題在於，他一昧地推行「好孩子策略」，雖原盼藉此推動對大陸的和平演變戰略，但是由於對中共的警惕心薄弱以致引發內部反彈，從而削弱了他大陸政策的效果，更導致了國民黨 2016 大選的慘敗。

陸、結束語

海峽兩岸的臺灣與大陸，無論在領土面積、人口、經濟總量乃至軍事實力等各方面都存在著巨大的差距。然則在此情況下臺灣如何得以存活超過六十年而不被併吞？除了自身的經濟成就外，國際情勢對我有利是最根本的因素。六十年來，在臺灣的中華民國因為其價值觀與主流國家相同，因此而受保障。這種價值觀在過去是反共，現在則為民主化。臺灣的民主化成就由蔣經國總統所開啟，繼而由李登輝總統大幅推進。

臺灣在國際政治上是個小國，無法自外於國際浪潮的衝擊，因而臺灣的戰略定位就必須非常精確。我們認為，臺灣的最佳戰略定位應是在美日安保及中國大陸之間微幅擺盪。在經濟方面，目前我們或許不得不對大陸有所依賴；然而在國家安全方面，我們必須更加依賴美日安保。其間分寸之拿捏必須十分精到，否則難免召禍。截至目前為止，臺灣的大陸政策應以李登輝時代表現得最為出色，其主要原因就是能夠在精確掌握國際趨勢的前提下，交互使用「好孩子策略」與「壞孩子策略」，擴大戰略彈性，因而捍衛了國家利益。

最後我們必須指出，如果將兩岸關係置於兩岸之間來看，則我們難免悲觀。然而如果將兩岸關係置於國際局勢與世界潮流中來看，則我們當然應該大大樂觀。試問：在今日還有多少人——尤其是在大陸——認為中共的一黨專政還能繼續存活下去？如果可以，那麼它還能

存活多久？如果大陸的一黨專政在不久的將來無法存活，那麼它將會如何轉變？屆時，我們臺灣應如何看待之？如何自處？又應如何發揮兩岸民主化先行者的優勢以引領大局？

參考書目

人民日報（1995）。〈為促進祖國 一大業的完成而繼續奮鬥〉，《人民日報》，
　　1 月 31 日，頭版。

王銘義（1993）。《不確定的海峽》。台北：時報文化。

＿＿＿（1997）。《兩岸和談》。台北：財訊出版社。

行政院大陸委員會（1991）。〈國家統一綱領〉，《大陸資訊及研究中心》。
　　http://www.mac.gov.tw/ct.asp?xItem=68276&CtNode=5836&mp=4。
　　2015/05/02。

許綏南（譯），Carter, Ashton B. and William J. Perry（原著）（2000）。《預防性
　　防禦：後冷戰時代美國的新安全戰略》。台北：麥田出版社。

余莓莓（2009）。《破冰與決堤》。台北：晶典文化。

明居正（2013）。《大美霸權的浮現：後冷戰時期大國政治的邏輯》。台北：五
　　南書局。

徐中約（2002）。《中國近代史》。香港：香港中文大學。

陳水扁（2000）。〈台灣站起來—迎接向上提升的新時代〉，《中華民國第十任
　　總統陳水扁宣誓就職演說全文》。 www.president.gov.tw/Portals/0/Bulletins/
　　paper/word/6341.doc。2015/05/02。

華夏經緯網（2001）至（2014）。〈兩岸關係大事記〉，1994 年 8 月— 2015 年 5
　　月，http://big5.huaxia.com/lasd/lagxdsj/index.html。2015/05/02。

鄒景雯（2001）。《李登輝執政告白實錄》。台北：印刻出版社。

蘇起（2003）。《危險邊緣》。台北：天下文化。

聯合報編譯組譯（譯），Tyler, Patrick（原著）（2000）。《中美交鋒》。台北：
　　聯經出版社。

Cross-Taiwan Strait Relations after Taiwan's Democratization

Chu-Cheng Ming [*]

Abstract

In 1987, the Republic of China (Taiwan) lifted the martial law, removed the ban on political parties, and embarked on a comprehensive process toward democratization. These events were not only important to the country itself, but also for the world at large. In the eyes of many, Taiwan's democratization is mainly a matter of Taiwan's domestic politics, but unbeknownst to them, it has generated a large impact on cross-strait relations as well. It is not our intention to portray the link between Taiwan's democratization and cross-strait relations as causal, yet the ups and downs in cross-strait relations were indeed influenced in part by the democratization process in the island. This chapter first develops an objective criterion for evaluating Taiwan's policies toward mainland China. Next, it divides the discussion of cross-strait relations since 1987 into four stages according to the presidencies of Chiang Ching-kuo, Lee Teng-hui, Chen Shui-bian, and Ma Ying-jeou. Lastly, by reappraising Taiwan's past policies toward the mainland, this chapter hopes to make a contribution for future policy research in cross-Taiwan strait relations.

Keywords: Taiwan Strait crisis, peaceful transformation, one China, strategic flexibility, bad-boy strategy, good-boy strategy

---

* **Chu-Cheng Min** is a Professor, Department of Political Science, National Taiwan University. His research fields include PRC Domestic Politics and Foreign Policy, International Relations, Cross-Taiwan Strait Relations, Political Parties and Voting Behavior.

政黨競爭與藍綠衝突：議題演化的觀點

吳重禮、楊和縉、黃俊翰 *

中央研究院、世新大學、政治大學

摘 要

　　政黨政治和政黨競爭是民主政治重要的一環，我國民主化之後，由一黨獨大的政黨體系逐漸演變成多黨競爭、藍綠對抗的局面。觀諸我國近二十年來的選舉過程可以發現，政黨之間的競爭與合作、政黨與選民的連結，這些都需要仰賴政黨對於重要政治議題的立場選擇。本研究引介美國政治學者發展的「議題演化」（issue evolution），將此概念套用於適用台灣的政治脈絡，並探討族群議題和國家認同對於朝野陣營競爭和政黨體系的影響，瞭解政黨競爭的過程和藍綠衝突的起源。確切地說，在解除戒嚴初期，省籍情結、民主與威權等議題，是政黨（黨外人士）間區隔選民、訴諸支持的重要政治議題。但自 1990 年起，統獨議題逐漸成為不同政黨彼此競爭的焦點，並在 2000 年之後，逐漸衍生出政黨認同、統獨議題、國家認同等政治議題，並導致藍綠之間衝突不斷。由此可見，政治議題的演化與政黨競爭的型態呈現緊密相關的發展態勢。在結論中，本文認為兩岸交流、財富分配、選舉制度效應、憲法改革等新政治議題，皆可能為我國的政黨政治與民主發展帶來深遠的影響。

關鍵詞：政黨政治、政黨競爭、藍綠衝突、政治議題

＊**吳重禮** 中央研究院政治學研究所研究員，研究領域為美國政治（政治制度）、比較政治、都市暨少數政治，以及選舉研究。

＊**楊和縉** 世新大學行政管理學系博士候選人，中央研究院政治學研究所研究助理，研究領域為公共行政、廉政與治理。

＊**黃俊翰** 國立政治大學政治學研究所碩士，中央研究院政治學研究所研究助理，研究領域為投票行為與國會研究。

壹、前言

在政治發展的過程中,政黨的出現是促進政治民主化的重要特徵。民主政治強調責任政治,而責任政治則體現於政黨政治。對於政黨政治與民主政治的關係,E. E. Schattschneider(1942:1)的觀點或許是最佳詮釋:「政黨創造了民主政治,現代的民主政治藉著政黨始可存在。…現代政治哲學最重要的區別,以及民主與獨裁之間的差異,可以根據政黨政治來加以判定。因此,政黨不僅是現代政府的附屬品;它們是現代政府的核心,而且在其間扮演著決定性和創造性的角色」。對於一個民主體制來說,政黨有著若干重要功能,包括利益表達、利益集結、政治甄補、政治社會化、提名候選人、從事競選活動,以及組織政府或監督政府等(Crotty and Jackson, 1985:131-132; Ware, 1988:112-113)。在非民主國家,政黨功能容有差異,但是在匯集輿論、提供向政府表達需求的管道,以及政治領袖人才的甄補等方面,執政黨往往扮演著更為重要的角色(吳重禮,2008b:24)。

在現代政治體系中,由於政黨體制和民主發展密切相關,因此諸多學者投注精力於政黨議題的研究。綜觀這些著作,政黨政治的研究範圍約可區分為三項領域,包括「政黨組織」(party organization)、「政黨與選民」(party-in-the-electorate),以及「政黨與政府」(party-in-government)(Beck, 1997:9-13; Key, 1964:180-182)。對於本文所聚焦的「政黨競爭與藍綠衝突」而言,不僅涉及了政黨在選舉場域上的競爭關係,也攸關選民如何在不同政黨所提供的政策議題,選擇與其偏好相符的選項,因此可歸類為「政黨與選民」的範疇。

本文以政治議題作為政黨彼此相互競爭的依據,和政黨與選民之間的連結平台。為了使得後續討論更為聚焦,作者引用 Carmines 與 Stimson(1989)的「議題演化」(issue evolution)理論,套用在我國的政治脈絡,探討政治議題如何影響朝野政黨競爭,甚至左右選民對於不同政黨的依附感。更確切地說,我們認為,以臺灣特有的歷史背

景與社會環境，核心議題即為族群政治及其所衍生的國家認同議題。本文嘗試檢視不同政黨在這些「重要議題」（salient issues）上的政治競爭，剖析政黨在關鍵「政治分歧」（political cleavages）所採取的立場，觀察選民如何回應和選擇政黨所採取的議題立場，並且討論我國政黨政治如何演變成為民眾所熟知的藍綠對抗過程。

　　鑑此，本文擬探究數項相關議題。首先，作者檢視相關文獻，扼要說明「議題演化」的意涵和基本邏輯，及其對於「政黨重組」（party realignment）的影響，並且藉由「議題演化」所蘊含的啟示，闡明本文的研究背景與主要論點。其次，為了說明族群議題和國家認同對於我國政黨競爭的關鍵影響，本文將我國競爭政黨體系演變分為三個階段，分別是 1987 年至 2000 年的民主轉型階段，2000 年至 2008 年政黨輪替與朝野對峙形成，以及 2008 年至 2015 年二次政黨輪替與藍綠衝突。在結論中，本文摘述研究要點，藉由「議題演化」的觀點審視過去近三十年來，政黨體系的變化、政黨競爭模式的轉變、重要政治議題的演化、選民對於政黨議題立場的回應等角度，回顧臺灣政黨政治和藍綠衝突僵局的過程，裨益於讀者瞭解我國政治發展的現況。

貳、議題演化的概念及其理論意涵

　　政治行為的研究一向致力於影響選民投票行為（尤其是投票抉擇）的可能因素，以及這些因素之間的因果關係。就分析的理論架構而言，「社會心理學研究途徑」（social psychological approach）被認為是瞭解選民政治行為的重要切入點，其強調個人內在的人格特質、價值體系和政治態度，往往形塑其政治意見、投票行為和政治參與。依據密西根學派的「漏斗狀因果模型」（funnel of causality）觀點，影響選民投票行為的因素主要有三項，分別是長期影響的政黨認同取向、中程影響的議題取向，以及短期影響的候選人取向。其以為，政黨認同是影響投票抉擇長期且穩定的「心理依附」（psychological

attachment）。政黨認同之所以成為經驗政治理論的核心概念，主要是因為政黨認同協助選民瞭解政治社會，決定政治偏好；換句話說，政黨認同不僅左右個人投票抉擇，甚至影響選民對於「議題」的詮釋與「候選人」的評價（游清鑫，2009:438；Campbell et al., 1960; Niemi and Weisberg, 1993; Rosenstone and Hansen, 1993）。另一個角度來說，在實際的政黨競爭活動中，對議題立場的表態也就成為政黨獲得選民支持的重要樞紐之一。

依據議題取向的觀點，在選舉過程中，政黨及其候選人必須對於關鍵議題提出主張，逐漸形塑建立自我的意識形態立場，以爭取核心選民的支持。然而，政黨選擇何種特定議題和採取何種政治立場，必須經過深思熟慮的過程，並不易在短期內完成。其理由在於，選民必須意識到這項議題，並且認為該項議題具有重要性，才得以促使民眾產生採取具體行動的決心，並且根據這項議題決定投票對象。因此，即使社會輿論已經聚焦在其他不同議題時，政黨仍然必須持續關切某些議題，並且瞭解該議題的何種立場最能夠吸引最多民眾的支持，這使得政黨策略得以隨時配合民眾意向，目的在於極大化政黨的選民支持。

在美國政治上，政黨透過各種重大議題，鞏固原有「基本盤」並擴展新興選民支持已經成為常態。但是，並非所有議題都可以成為政黨發揮影響力的工具，比較常見的政治議題有槍枝控制以及環境保護等議題外（Lindaman and Haider-Markel, 2002），兩黨也常藉由墮胎議題作為政黨政見的區隔，用以號召爭取選民的支持（Adams, 1997）。更明顯的是黑白種族議題，直到 1960 年代中期民權運動興起之後，種族隔離政策的議題才在民主黨與共和黨之間產生意識形態的差異，迄今持續討論（Kirby, 1980; Pomper, 1971, 1972; Sundquist, 1968）。

為了處理持續產生的新興議題，政黨會將其分類為「簡單議題」（easy issues）和「複雜議題」（hard issues）。前者意指民眾在做出

決定之前，只需要接獲簡單訊息即可輕易判斷；一般大眾基於淺顯易懂的資訊就可以直接瞭解「簡單議題」的內涵，並且對於該項議題產生共識。如此，政黨得以迅速預估應選擇何種立場，會得到和失去多少選民的支持。Carmines 與 Stimson（1989:11）認為，區別「簡單議題」和「複雜議題」關鍵就在於「**處理某個議題的認知過程所需要的成本**」。

反之，「複雜議題」意指「**需要脈絡知識、仔細辨別不同政策選擇的細微差別、瞭解政治理念的整體結構、從手段到目的的理性推論、對於政治生活的興趣和關注以清楚說明資訊蒐集成本，並且達成決策**」（Carmines and Stimson, 1989:11-12）。此類議題需要民眾蒐集、彙整、分析大量資訊，以便對於議題作出最有利於自身利益的選擇。由於其繁瑣本質，使得「複雜議題」涉及各種環境的不同潛在效應，這種議題對於政黨支持的長期影響不易評估，甚至可能導致長期持續的「政黨重組」。[1]

在諸多議題相互競爭過程中，政黨和政治領導者扮演重要的詮釋角色；依據黨綱政策立場，不同政治菁英對於「複雜議題」的解讀和具體表態成為「簡單議題」，引導選民對於政治議題的反應，影響選民的政治態度和投票抉擇。這種議題轉化的過程促使選民對於朝野政黨支持的改變，稱之為「議題演化」。借用「達爾文漸進演化」（Darwinian pure gradualism）的概念，這些演化的議題具有「**長期生**

---

1. 「政黨重組」是典型「一詞多意」的概念，依據 Key（1955:16）原著意涵，意指選民結構是否產生明顯且持續的改變。其起初提出「關鍵選舉」（critical election）概念以描述某種特定性質的選舉類型，這種選舉所造成的結果是「明顯且持續的政黨選民重組」形塑嶄新的、持續的選民結構，促使某個政黨持續勝選。他以美國東北部城市為分析單位，檢證 1916 年至 1952 年期間選民投票總體資料。長期政黨得票趨勢顯示，自 1928 年總統選舉之後，某些地區形成了新的選民群體，民主黨的得票率短期內明顯成長，並且這種情形維持到 1952 年。因此，1928 年的選舉可視為關鍵選舉。這些地區的選民具有若干重要特質，包括都市型居民、高度工業化地域、外國移民後裔，以及信奉天主教等。至於在其他地區，儘管民主黨得票亦呈現明顯成長，不過卻是短暫現象，並不符合關鍵選舉「持續」特質。之後，為了修正關鍵選舉的概念，Key（1959:199）提出另一種類

命週期；它們會發展、演變、有時需要經歷一段時期才能夠解決」。甚者，「這種議題類型的關鍵重要性在於，它們可能對於政黨體系產生根本且持續的改變」（Carmines and Stimson 1989: 11, 13）。在本質上，由於「複雜議題」必須仰仗密集資訊，使得民眾未必能夠基於理性角度進行判斷，因此政黨、政治人物、新聞媒體掌握著操作的空間，左右民眾的政治意向。

這種政治操作的結果導致原有選民結構產生新的政治分歧，既有「和諧平衡」（harmonious balances）和「政治均衡」（political equilibriums）受到這種政治操作所產生的干擾，套用 William H. Riker 的說法，稱為「內部矛盾」（internal contradictions）。這些先前沒有受到關切的議題，逐漸得到民眾注目，「**直到這些政策問題持續獲得社會重視以尋求解決方法**」（Carmines and Stimson, 1989:9）。以美國社會來說，1960 年代以來的民權運動和種族議題，以及 1980 年代「雷根經濟學」（Reaganomics）導致經濟意識形態的差異，就是「內部矛盾」的明顯例證（Cavanagh and Sundquist, 1985:37）。

摘述美國政治學界所發展的「議題演化」之後，讓我們回過頭來檢視臺灣政黨競爭與政治議題的關連。必須強調的是，作者絕非認為他國學者所提出的學說必然更具創見，只不過「他山之石，可以攻錯」，經由探討其他研究者的論點，應可裨益我國學者引進相關概念與分析架構。依據 Carmines 與 Stimson（1989）的論述，美國自創建

型的政黨重組，亦即「漸進重組」（secular realignment），藉此描述選民對於政黨依附感的漸進移轉。更精確地說，這是某種類別的選民對於政黨的心理依附感，從某一黨轉換到另一黨的過程，而且這種轉變延續了相當長的時間。所謂某種類別選民可能是職業、收入、宗教信仰，或者居住地區等方面性質相近的選民，由於某些特質使得這類選民的政黨依附感趨向同質化。欲解釋漸進重組的起動機制，我們可以設想，相同類別選民朝向「政治同質化」（political homogeneity）的過程，這個過程提供給政治菁英動員選民的機會，裨益其所屬政黨贏得選舉。這種轉換過程之所以緩慢的原因，Key 認為可歸納為兩個原因。其一，選民的政黨認同往往是持久的，不易在短期間內立即改變，因此依附不同的政黨價值必須歷經長時期的過程。其二，美國政治文化的特質助長選民抱持政治冷漠，因此即使喪失原有政黨依附感，也不易對另一政黨立即產生認同感。

以來，不同時期側重討論各種社會經濟議題，然而環繞的核心關鍵仍然在於種族議題，只不過在不同時期各種政治角色（包括總統、參議員、眾議員、政黨領袖等）基於自身權益，計算不同詮釋的利益和損失。顯然，政黨之間競爭關係，並非僅有左右意識形態的分野，也可藉由各種不同重大議題以爭取民眾認同與支持。事實上，因為我國民眾對於意識形態上的左右意涵，普遍存有認知不清甚至有誤解的情況，因此，統獨議題比意識型態更能呈現出我國政黨競爭的樣態（蕭怡靖、鄭夙芬，2014）。

以臺灣特有的歷史背景與社會環境之下，族群政治、國家認同及其相關議題（譬如省籍、族群認同、統獨爭議、台海安全，以及兩岸經貿互動的政治影響等）咸可視為關鍵的「社會分歧」（social cleavages）。在政治運作過程中，尤其每逢選戰期間，這些分歧現象經常成為熱門話題，甚至成為政黨或者候選人選舉動員的關鍵依據。之所以如此，乃是因為族群議題和國家認同，猶如美國種族議題的基本特質一般，均屬於「簡單議題」，亦即民眾無須投入高度的資訊成本，不必依憑充分的政治知識，僅需憑藉基本常識便可判斷的議題。顯然地，由於族群議題和國家認同涉及高度情感性與敏感性成分，因此極易成為各方政治勢力激化動員的訴求。民進黨、新黨、建國黨、台灣團結聯盟等政黨在創始初期，往往嘗試訴諸族群認同與國家意識，均是鮮明的例證。此一結果，一方面發展出多元、細緻的族群認同，另一方面則是顛覆以往的國家認同。臺灣族群結構本身的多元性、族群政治運作所產生的衝突，以及國家認同的重整，均是當前臺灣民主化歷程的重要研究領域。以下各節，作者嘗試說明，族群議題和國家認同是臺灣政黨政治的重要訴求。

參、1987 年至 2000 年的民主轉型階段

臺灣社會從 1986 年起歷經劇烈政治變動，包括該年 9 月以黨外

勢力為主體的民主進步黨於圓山大飯店正式成立，成為我國當時最主要的反對黨；1987 年 7 月戒嚴法的廢止，黨禁、報禁亦獲得解除，政治體制開始邁向民主化發展；1987 年開始社會運動的興起，以及 1988 年 1 月蔣經國逝世之後因國民黨內政權爭奪所導致的動盪不安等。這些事件所透露的訊息，顯示國民黨威權統治基礎呈現鬆動的現象，競爭性政治局勢的漸趨成形。

在公職人員尚未開放全面改選的年代，政黨體系仍是由國民黨一黨主導，當時的黨外勢力或組黨後的民進黨，一開始皆只能以增補選的方式進入民意機構監督政府施政。雖然當時反對勢力對於國民黨政府施政的影響力相對有限，但在幾次選舉之後，民進黨的得票率和席次率逐漸獲得成長（黃德福，1992）。以黨外勢力所組成民進黨，當時主要以省籍情結、民主 vs.威權，改革 vs.安定等議題作為主要訴求。融合過去國民黨政府遷台之後，對於閩南族群的壓迫的歷史記憶、國民黨長期一黨專政所產生的諸多弊端及不合理現象，強烈訴諸民主化與推動改革。就支持群眾的組成來說，民進黨和國民黨支持者是依政治議題立場不同而產生區別。朝野政黨主要訴求差異可以分為本省和外省、民主和威權、改革和安定等政治議題（陳義彥，1986；盛杏湲、陳義彥，2003）。黨外人士和民進黨成功地運用這些社會分歧，猶如表一所示，在 1986 年立委增補選中，獲得 22.17% 選票和 16.44% 席次，在 1989 年立委增補選中，獲得 28.26% 選票和 20.78% 議席；民進黨在選舉實力的增長，使得我國逐漸朝向競爭性政黨體系的方向發展。

1990 年代以後，國民黨政府逐步開啟政治改革，諸如 1991 年廢止動員戡亂時期臨時條款、資深中央民意代表全數退職，1992 年國會全面改選、放寬海外黑名單等，使得國民黨所背負的保守和反動的壓力逐漸消失。於此同時，民進黨過去用以訴諸民眾支持的民主化與政治改革的議題，在國民黨政府開啟政治改革之後，逐漸面臨瓶頸。然而，由於國際情勢使然，1989 年發生天安門事件與 1991 年蘇聯瓦解，前蘇維埃成員國紛紛獨立，使得民進黨內的台獨勢力獲得鼓舞，因此

表一　1986 年至 2012 年我國主要政黨在立法委員和總統選舉的選舉結果

		國民黨	民進黨	新黨	親民黨	台聯	無黨籍及其他
1986 年立委補選	得票率 (%)	69.20	22.17	NA	NA	NA	8.63
	席次	59	12	NA	NA	NA	2
	席次率 (%)	80.82	16.44	NA	NA	NA	2.74
1989 年立委補選	得票率 (%)	60.22	28.26	NA	NA	NA	11.52
	席次	72	21	NA	NA	NA	8
	席次率 (%)	71.29	20.79	NA	NA	NA	7.92
1992 年立委選舉	得票率 (%)	53.02	31.03	NA	NA	NA	15.95
	席次	95	51	NA	NA	NA	15
	席次率 (%)	59.01	31.68	NA	NA	NA	9.32
1995 年立委選舉	得票率 (%)	46.06	33.17	12.95	NA	NA	7.82
	席次	85	54	21	NA	NA	4
	席次率 (%)	51.83	32.93	12.80	NA	NA	2.44
1996 年總統選舉	得票率 (%)	54.00	21.13	14.90	NA	NA	9.98
1998 年立委選舉	得票率 (%)	46.43	29.56	7.06	NA	NA	16.95
	席次	123	70	11	NA	NA	21
	席次率 (%)	54.66	31.11	4.89	NA	NA	9.33
2000 年總統選舉	得票率 (%)	23.10	39.30	0.13	NA	NA	37.46
2001 年立委選舉	得票率 (%)	28.63	33.46	2.62	18.61	7.78	9.12
	席次	68	87	1	46	13	10
	席次率 (%)	30.22	38.67	0.44	20.44	5.78	4.44
2004 年總統選舉	得票率 (%)	49.89	50.11	NA	NA	NA	NA

2004 年立委選舉	得票率 (%)	32.83	35.72	0.12	13.90	7.79	9.64
	席次	79	89	1	34	12	10
	席次率 (%)	35.11	39.56	0.44	15.11	5.33	4.44
2008 年立委選舉	得票率 (%)	55.77	39.79	NA	0.3	0.99	3.15
	席次	81	13	0	1	0	4
	席次率 (%)	77.22	16.46	0	0.89	0	3.54
2008 年總統選舉	得票率 (%)	58.45	41.55	NA	NA	NA	NA
2012 年立委選舉	得票率 (%)	48.18	43.80	0.08	1.33	NA	6.61
	席次	64	40	0	3	3	3
	席次率 (%)	56.64	35.40	0	2.65	2.65	2.65
2012 年總統選舉	得票率 (%)	51.60	45.63	NA	2.77	NA	NA

資料來源：TEDS2001

在 1991 年國民大會代表選舉前，民進黨通過「公投台獨黨綱」，為日後影響臺灣政局多年的統一和獨立議題埋下伏筆。另外，國民黨在李登輝的領導之下，逐步推動民主化與本土化，其對於兩岸政策的論述亦遊走於統獨之間，並且在國民黨內掀起主流派和非主流派之爭，導致新國民黨連線於 1993 年出走國民黨，成立新黨。不同政黨的對於統獨立場的表述，逐漸成為此時期政黨競爭的焦點。

　　1994 年臺灣省長暨直轄市長選舉即為顯著例證。當時新黨候選人趙少康質疑總統李登輝有「急獨時間表」，呼籲「保衛中華民國」，嚴厲譴責台獨。使得統一和獨立議題在該次選舉當中發酵，成為影響選舉的主要議題。統獨議題也在日後成為藍綠衝突的起源（陳文俊，1995；徐火炎，1998；盛杏湲，2002）。然而，除了新黨以統獨議題搶占競選焦點之外，建國黨的成立與統獨議題的分歧亦有相當密切的關係。若依照此時期不同政黨的實力來說，民進黨與新黨儘管以統獨

議題作為競選主軸，在立委選舉和地方選舉都可以獲得若干席次，但是整體來說，國民黨的實力並未因新黨出走而遭到大幅削弱，仍然穩居第一大黨；民進黨於此時期也逐漸獲得部分民眾的認同，在 1992 年和 1995 年立委選舉分別可得到 31.03% 與 33.17% 的得票率，穩定成為第二大黨。

1994 年第三次的憲法增修案，確立我國的正副總統改由人民直選。因此在 1996 年，第九任總統、副總統由人民直接選舉產生，國民黨由時任總統李登輝和連戰代表參選，民進黨則由彭明敏和謝長廷搭檔參選，新黨則支持以無黨籍身份參選的林洋港和郝柏村，加上以無黨籍身份參選的陳履安和王清峰，一共有四組候選人參與此次選舉。在競選過程當中，即便面臨中共的武力威嚇和台海飛彈危機，但由於「李登輝情結」的作用（黃秀端，1996；徐火炎，1999），選舉結果由代表國民黨參選的李登輝和連戰贏得我國首任總統直選，為我國民主政治奠定重要基礎。

就我國憲政結構的調整而言，經由 1994 年第三次與 1997 年第四次憲法增修案，確立了總統在中央政府行政部門組織、人事與決策的主導權。[2] 在李登輝就任總統之後，第四次憲改對於我國日後的政治發展具有深遠的影響。第四次憲法增修的主要內容，以政府體制的變動和政府層級的調整較為人熟知，我國行政與立法之間的關係於本次憲

2. 相對而言，第三次憲改的變動幅度較小，除規定總統、副總統由中華民國自由地區全體人民直接選舉（第二條）之外，主要的變革為行政院長副署權的縮減。第四次憲法增修條文則大幅增加總統的職權，其主要包括總統的人事任免權（尤其是將憲法五十五條的行政院長提名權修改為任命權，同時取消立法院的閣揆同意權）（第二、三條）、立院解散權（第二、三條）、緊急命令權（第二條）、設置國家安全會議及所屬國家安全局（第二條）、提名權（第二、三、五、六、七條）、刪除監察院對總統及副總統的彈劾權（第七條）等。迄今六次憲改之中，關於總統職權的擴張以及其餘政府組織與機構的調整，已引起國內學術界的重視和廣泛的討論，亦累積了相當的研究文獻。其中一項主要爭議是，修憲之後，究竟我國憲政體制屬於總統制、內閣制抑或雙首長制。儘管若干學者以為，我國憲政體制仍非屬於總統制，但許多學者認為，我國憲政體制已由原憲法設定的內閣制架構朝向半總統制發展。

法增修當中更改為「雙首長制」或稱為「半總統制」。另外，臺灣省政府也於本次修憲當中「精省」。然而，由於第四次修憲對於政府體制的著墨甚深，因此對於我國往後的民主發展、府會關係、政黨政治，乃至於選舉競爭都有重大的影響。

在 1996 年前後，國民黨仍然維持主導地位，並於 1998 年的立委選舉再度囊括多數席次，民進黨雖然能夠在立委選舉中獲得穩定的得票率和席次率，但大約維持在三成左右。在地方縣市長選舉當中，民進黨於 1997 年的縣市長選舉獲得 12 個縣市的執政權，1998 年的直轄市長選舉也首度獲得高雄市的執政權，呈現略微成長的趨勢。與此同時，以統獨議題作為競選主軸的新黨，每逢選舉，未獲提名的黨員經常嚴厲批判少數黨務幹部把持，尤其在 1998 年「全國競選暨發展委員會」（簡稱全委會）通過立委、直轄市議員選舉辦法，決議在黨內競爭激烈的選區，以公民初選決定提名人選。自該年 7 月下旬起，在各選區進行約 80 場的初選投票，鼓勵有選舉權之公民在戶籍所在地參與初選，希冀藉此增強新黨日漸式微的競選動員能力。然而，新黨內鬨的戲碼並未隨著初選的結束而告落幕。初選過程中，新黨一直面臨擾攘不休的同室操戈，在經歷風波不斷的初選之後，黨內鬩牆已使得新黨遍體鱗傷（吳重禮，1999:99）。在 1996 年之後，新黨開始出現得票率下滑的現象，其推薦的總統、副總統候選人：林洋港、郝柏村於 1996 年總統選舉中敗選；1998 年立委選舉，新黨也僅能獲得 7.06% 的選票支持，席次率僅為 4.89%。如是以觀，我國的政黨體系在 1996 年之後已經開始朝兩黨競爭的方向發展。

整體而言，我國在解嚴之後開啟民主改革，政黨體系從國民黨一黨獨大的型態演變成三黨競爭、兩黨競爭的局面。同時，政治議題的演化，伴隨著政黨競爭的強度也逐漸在這個時期浮上政治舞台。解嚴初期民進黨以本省和外省、民主和威權、改革和安定等議題，與國民黨作出區隔。1990 年之後，省籍情結、統一和獨立議題逐漸成為朝野政黨用來訴諸選民支持的策略，顯示出政黨與選民之間的連結主要是

以重要政治議題作為平台；黨際競爭也根據這些重要政治議題而產生爭辯，如民進黨強調「公投台獨黨綱」，在統獨議題的光譜上較偏向獨立；李登輝所領導的國民黨強調「新臺灣人」和族群融合；當選首任民選總統之後主張憲政改革，其統獨位置較偏向維持「中華民國在臺灣」的現狀。另外，新黨以保衛中華民國與終極統一的價值作為其意識形態立場，統獨光譜採取偏向統一的位置。由此可見，政黨的政治議題立場在 1990 年代末期已頗為鮮明，選民的意見與態度亦逐漸被政黨形塑和代表，成為日後政黨競爭的重要基礎。

肆、2000 年至 2008 年政黨輪替與朝野對峙形成

2000 年第十任總統選舉，國民黨由時任副總統連戰和行政院長蕭萬長代表參選，民進黨則提名 1998 年於台北市長選舉連任失敗的陳水扁和時任桃園縣長呂秀蓮參選。曾任第一屆臺灣省長的宋楚瑜也選擇在這次選舉脫黨參選，為當時的政治局勢帶來相當的衝擊（Wu, 2001:113, 116）。另外一方面，由於民進黨透過黨員推薦決定提名陳水扁競選 2000 年的總統選舉，使得原先有意願參選總統的前民進黨主席許信良也脫黨參選，形成國民黨、民進黨雙雙分裂的局面，加上新黨提名的候選人李敖、馮滬祥，在 2000 年的總統選舉當中，共有五組候選人參與競選。由於國民黨的分裂，連戰和宋楚瑜分割國民黨支持者票源，導致選舉結果由陳水扁和呂秀蓮以 39.30% 的得票率勝出，我國中央層級政權第一次進行政黨輪替，並產生「分立政府」（divided government）的體制型態。[3] 此次政黨輪替也成為日後我國政黨競爭和民主發展的重要轉捩點。

---

3. 以行政首長與立法部門絕對多數席次所屬之政黨來觀察府會結構型態，可區分為「一致政府」（unified government）與分立政府。一致政府意指在政府體制中，行政部門與立法部門皆由同一政黨所掌控。反之，分立政府意指行政部門與立法部門分屬不同政黨所掌握。當然，在「一院制」（unicameralism）體制之下，分立政府乃是議會由不同於行政部門所屬政黨占有多數議席。在「兩院制」（bicameralism）體制中，當兩個民選議

　　觀諸此次選舉，不難發現兩岸關係和統獨議題是影響選舉的重大議題（徐永明、施純純，2002）。在 2000 年的總統選舉過後，由於國民黨遭遇敗選，候選人連戰與蕭萬長只有得到 23.10% 的選票。選舉開票當晚，國民黨支持者拒絕接受選舉結果，從 19 日凌晨即群聚國民黨中央黨部及李登輝總統官邸，要求李登輝下台為選舉負責。抗爭連續數日，時任國民黨主席李登輝宣布辭去黨主席，以示負責，連戰出任代主席。但也引發多位國民黨本土派人士相繼離開國民黨，這些跟隨李登輝退出的國民黨本土派人士另外於 2001 年成立台灣團結聯盟（此後簡稱台聯），李登輝則是該黨的精神領袖。然而，於 2000 年總統選舉當中脫黨參選失利的宋楚瑜，亦在選後宣佈成立親民黨，一時形成多黨林立的局面。儘管如此，在政黨合作方面，台聯傾向和民進黨結盟，親民黨、新黨持續和李登輝離開後的國民黨合作。我國政黨合作的情況也符合民眾對政黨統獨立場的觀點，以「2001 年臺灣選舉與民主化調查研究」（TEDS2001）為例，依據 2,022 位受訪者對於政黨統獨立場的意見調查，認為國民黨偏統的人數有 1,143 位（56.5%），認為親民黨偏統的人數有 981 位（48.5%）以及認為新黨偏統的人數有 922 位（45.6%），這三個政黨都被民眾認為在政治立場偏於統一，而認為民進黨偏獨的人數有 1,314 位（65.0%）以及認為台聯偏獨的人數有 1,033 位（51.1%），這兩個政黨則是被民眾認為在政治立場偏向獨立。[4] 顯示我國政黨在統獨議題的操作上，逐漸走向藍綠兩大政治勢力的競逐局面。

　　2000 年總統選舉之後，我國進入「朝小野大」的分立政府時期（盛

　　會均擁有實質的立法權，只要其中的一院由不同於行政部門所屬政黨擁有多數議席，即可稱為分立政府（吳重禮，2013:378-379; Sundquist, 1988）。簡言之，分立政府乃是行政首長所屬政黨無法同時擁有立法部門多數議席。

4. 根據 TEDS2001 有關選民對政黨統獨立場的調查，原始語句為「如果主張臺灣應該儘快宣布獨立用 0 表示，儘快統一用 10 表示，您看（國民黨、親民黨、新黨、民進黨、台灣團結聯盟）比較靠哪裡？」。本文將選項 0-4 編為「偏獨」；選項 5 編為「中間」；選項 6-10 編為「偏統」；選項拒答與不知道編為「其他」。

表二　各政黨統獨光譜表

統獨光譜 政黨	偏獨	中間	偏統	其他
國民黨	83　（4.1%）	272　（13.5%）	1,143　（56.5%）	524　（25.9%）
親民黨	76　（3.8%）	316　（15.6%）	981　（48.5%）	649　（32.1%）
新黨	85　（4.2%）	222　（11.0%）	922　（45.6%）	793　（39.2%）
民進黨	1,314　（65.0%）	147　（7.3%）	100　（4.9%）	461　（22.8%）
台灣團結聯盟	1,033　（51.1%）	160　（7.9%）	102　（5.0%）	727　（36.0%）

資料來源：TEDS2001。

杏湲，2003；黃秀端、陳鴻鈞，2006）。在 2001 年的立法委員暨縣市長選舉，民進黨雖以 33.46% 的得票率贏得 87 席立委，台聯也以 7.78% 的得票率獲得 13 席立委，但相較於國民黨、親民黨和新黨所合組的「泛藍聯盟」獲得 115 席立委，「泛綠聯盟」的席次總和仍然未達絕對多數。在本次立委選舉中，國民黨、親民黨、新黨組成聯盟，強調團結的重要，並且首度將「泛藍軍」一詞用於選戰；相對於此，民進黨、台聯則被視為是「泛綠軍」。

　　值得注意的是，泛藍、泛綠聯盟在此次立委選舉逐漸成形，藍綠對峙不是只有徒具名號，而且實質的政治版圖亦逐漸浮現。部分研究指出，泛綠聯盟在南部的得票率較中部、北部、東部更具優勢，稱此現象為「南方政治」，反觀泛藍聯盟的優勢區域則集中在北部、中部和東部地區，形成「北藍南綠」的藍綠板塊（Lee and Hsu, 2002）。然而，歸究政治板塊的成因，吳重禮、譚寅寅、李世宏（2003）認為，北藍南綠的政治現象與民進黨在南部得票率增加和「政治賦權」（political empowerment）有所關連。在民進黨賦權效應較高的地區，選民會較趨向支持民進黨候選人；反之，在民進黨賦權效應較低的地

139

區，選民則會較趨向支持國民黨或親民黨候選人。另外，耿曙、陳陸輝（2003）提出，造成南北政治板塊的推手也與兩岸經貿互動所帶來的產業結構差異緊密相關。無疑地，在首次政黨輪替之後，我國的政黨政治產生相當幅度的變化，泛藍、泛綠聯盟的組成、北藍南綠政治板塊的形成，都可以窺知政黨競爭已逐漸由一黨獨大、多黨競爭，轉變為兩大政治聯盟競爭的現象，而這個現象對於我國的政治發展有非常重要的意涵。

依據作者的觀察，2004 年總統選舉應該是我國選舉競爭最為激烈的一次選舉，尋求連任的陳水扁、呂秀蓮和代表泛藍聯盟整合的連戰、宋楚瑜展開角逐。該次總統選舉，民進黨的競選策略以「族群牌」、「國家認同牌」為主軸，而非以「政績牌」為選戰訴求（蔡佳泓，2005；Cooper, 2004）。值得一提的是，民進黨在本次選舉當中也極力推動公民投票，試圖將民眾的統獨立場轉化為公投議題，達到拉抬選情的效果。但是，此一作法招致泛藍聯盟的批評，認為此一作法是「公投綁大選」，因此號召選民拒絕領公投票，形成「領或不領公投票」的兩極化現象（蔡佳泓、徐永明、黃琇庭，2007）。除此之外，民進黨在二二八和平紀念日舉辦「牽手護臺灣」的大型造勢活動，以「族群大融合」為號召，批評泛藍陣營「不認同臺灣」，且認為中共官方不支持公投的作法是在幫連宋助選，該活動吸引了近兩百萬民眾參與，將族群認同、統獨立場、國家認同等議題在競選過程當中充分發酵（張傳賢、黃紀，2011；鄭夙芬，2009）。選舉結果是由陳水扁、呂秀蓮以得票率 50.11% 當選，略高於連戰、宋楚瑜所獲得的 49.89%，以不到三萬票的差距勝出。然而，由於本次選舉競選過程非常激烈，加上投票日前一日，發生了頗具爭議的「319 槍擊案」，也埋下了日後「藍綠惡鬥」的導火線。

與族群認同密切相關的政治議題為台海兩岸統獨爭議。無疑地，統獨立場為現今我國政壇最受矚目、且持續不墜的政治議題，是研究臺灣選民政治態度的關鍵因素（陳陸輝，2000；盛杏湲，2002）。依

據「議題演化」觀點，政治菁英對於議題立場的具體表態，反映在提名候選人與黨綱政策的差異，進而引導選民對於政治議題的反應，影響選民投票行為。大致而言，朝野政黨之間的政策立場，倘若存在明確的差異，則一般民眾較易依憑政黨標籤進行選擇。由圖一臺灣民眾統獨立場趨勢分佈，可以更清楚瞭解民眾在歷年統獨立場的變化情形。其中，在 2000 年之後，傾向支持獨立的民眾呈現略微上升的趨勢，而偏向統一的支持度則有下降的現象，但認為應維持現狀的民眾則有明顯增加。民眾統獨立場的變化亦充分反映在 2004 年總統選舉的政黨競爭，連宋配主要的兩岸競選政見即為「維持現狀、臺灣優先、經濟第一」，強調維持現狀。反觀陳呂配的主要兩岸政策則強調「臺灣要大聲說出一邊一國」，在兩岸關係立場採取激進獨立路線。由此可知，藍綠雙方候選人皆以統獨議題的位置，訴諸目標選民，彼此相互競爭。

其次，諸多文獻證實，「國家認同」（或稱為「族群認同」）對於選民政治行為具有顯著影響，是探討臺灣民主化過程中不可缺少的因素（王甫昌，1998；吳乃德，1999；黃紀、吳重禮，2000）。在以往威權體制統治之下，「中國意識」儼然成為主流價值。然而近十餘年來，隨著民主化的開展，本土意識逐漸抬頭，部分民眾強調本身「臺灣人」的認知取向。猶有進者，國家認同輔以省籍因素、統獨議題的交互影響，遂成為決定民眾政治態度與投票行為的關鍵變數。2004 年總統選舉，民進黨為何強調「國家認同」訴求，由圖二臺灣民眾國族認同趨勢分佈即可一窺端倪。在 1994 年以前，民眾認為自己是臺灣人的比例低於中國人的比例，在 1995 年之後出現明顯增加的趨勢，在 2004 年時大約占四成左右，因此「臺灣認同」成為民進黨於政黨競爭當中相當仰賴的政治議題。中國人認同在 1992 年和 1994 年時維持在 25.5% 和 26.2%，之後就呈現明顯下降趨勢，在 2004 年僅有 6.2%，在 2014 年更只剩下 3.5%。反觀，認同自己「既是中國人也是臺灣人」的民眾則一直維持在四成以上，以 2004 年來說，該類別的比例為 47.7%，之後呈現緩步下降，至 2015 年僅剩 33.3%。

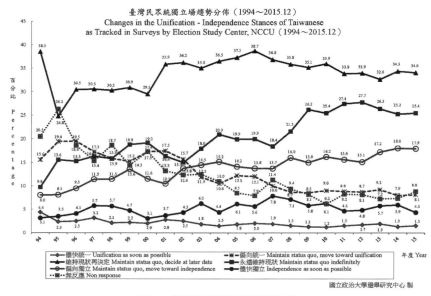

圖一　臺灣民眾統獨立場趨勢分佈
資料來源：國立政治大學選舉研究中心重要政治態度分佈趨勢圖。

　　由於 2004 年總統選舉競爭異常激烈，在投票日前一天發生極具爭議的槍擊案。泛藍陣營在選舉結果確定之後，質疑選舉的公正性，因而提起選舉無效之訴，並且引發泛藍選民發動抗議。此事件被視為嚴重影響民眾對於政府和政治人物的政治信任和民主態度，也使得 2004 年之後藍綠陣營的衝突不斷（游清鑫，2004；張佑宗，2009）。除了 2004 年的選舉激烈競爭和政治事件所引發的藍綠衝突和彼此猜忌之外，在 2006 年陳水扁的女婿趙建銘涉入台開內線交易案，以及時任總統府副秘書長的陳哲男涉及貪污洗錢等弊案，使得民進黨政府的形象大為受創，也令多數民眾對於政府的清廉抱存質疑，甚至產生反感。施明德於 2006 年 8 月 12 號宣布發起「一人一百元，百萬人倒扁活動」，宣稱只要在一個月內一百萬人繳交一百元「承諾金」，他就要發動群眾在總統府前靜坐，結果 10 天左右就招募了足夠的資金及人員，展開

長達四個月的「紅衫軍運動」。此一運動的發起亦造成了藍綠支持者之間的嚴重分歧與對抗（盛杏湲、鄭夙芬，2009；陳陸輝，2009）。

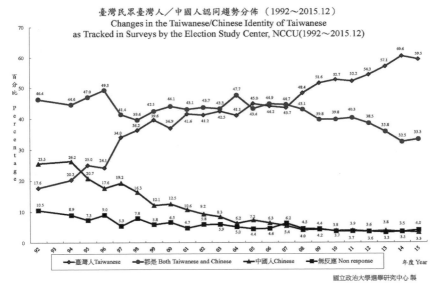

圖二　臺灣民眾臺灣人和中國人認同趨勢分佈
資料來源：國立政治大學選舉研究中心重要政治態度分佈趨勢圖。

　　總體而言，在 2000 年首次政黨輪替之後，我國政黨體系和政黨競爭模式呈現明顯變化。從解嚴以前，國民黨與黨外人士之間的選舉競爭，環繞著本省和外省、民主和威權、改革和安定議題，到 1990 年代，民進黨和新黨相繼成立之後，統獨立場的爭辯、國家認同的分歧。直到 2000 年以後更加激化，藍綠陣營之間的衝突升高，以致於藍綠陣營的領導者和支持群眾產生衝突和不信任，我國民主政治歷程面臨艱鉅的考驗。然而，在 2005 年第七次修憲開啟我國另一次民主發展的契機，其中最受矚目的部分是選舉制度的修改，由以往的「複數選區單記非讓渡投票制」（single non-transferable vote with multimember-

district system，簡稱 SNTV）改為「單一選區兩票並立制」（mixed-member majoritarian，簡稱 MMM），配合國會席次減半（吳重禮，2008a）。[5] 選制的變革影響政黨體系的發展，值得持續觀察其後續效應。

伍、2008 年至 2015 年二次政黨輪替與藍綠衝突

我國的立委選舉制度由 SNTV 改為 MMM 之後，在 2008 年 1 月第七屆立委選舉實施。立委選舉結果揭曉，國民黨於該次選舉中贏得絕大多數的席次，國民黨在區域立委贏得 61 席，不分區立委獲得 20 席。反觀，民進黨議席大幅減少，僅於區域立委得到 13 席，不分區立委拿下 14 席。規模較小的政黨如親民黨、新黨、台聯，在這次立委選舉中皆難有斬獲，僅親民黨於獲得區域立委一席，另有兩名立委是新黨背書的方式代表國民黨參選；在不分區政黨票方面，三個小黨皆無法跨越 5% 門檻，一席未得，使得該屆立法院形成國民黨一黨獨大的態勢。

2008 年 3 月總統選舉，國民黨以 58.45% 得票率，由馬英九、蕭萬長獲得勝選，完成二次政黨輪替，並由國民黨完全執政。在此次總統選舉中，過去被視為影響選民投票行為的族群省籍、統獨議題、國

---

5. 臺灣各級區域民意代表選舉採行的 SNTV 招致諸多的批評。抨擊 SNTV 之理由甚多，大體可歸納為：其一，小黨林立導致政黨競爭的弱化；其二，刺激極端意識型態的發展；其三，裨益派系政治的運作；其四，形成候選人為中心的選戰型態；其五，助長賄選風氣與黑金政治（吳重禮，2002）。鑑於 SNTV 造成諸多流弊，引發社會物議，2004 年立法院修憲提案通過立委選舉制度改為單一選區兩票並立制；在 2005 年 6 月 7 日，任務型國民大會以壓倒性多數，複決通過立法院所提的憲法修正案。修憲後立委選制規定自第七屆立委選舉起，立委席次減半為 113 席，任期延長為 4 年。其中區域立委 73 人，全國劃分為 73 個單一議席選區，每縣市至少一人。全國不分區及僑選立委計 34 席，由單一選區兩票制中政黨票的得票比例來分配席次，但婦女保障名額占不分區至少一半。選民同時在單一選區與比例代表制選區各投一票。加上 6 席原住民代表（山地與平地各占 3 席），共計 113 席。

家認同等政治議題，仍然是相當重要的變數（陳陸輝、耿曙，2009；鄭夙芬，2009）。此外，兩岸經貿和政治談判議題也在本次選舉中逐漸發酵，並在日後對於政黨競爭產生影響（陳陸輝、耿曙、王德育，2009）。

　　國民黨重新執政，馬英九政府嘗試開啟嶄新政局，特別是兩岸關係政策，展現和民進黨政府截然不同的作法。舉例來說，馬英九總統於競選時提出兩岸關係應以「不統、不獨、不武」來追求穩定發展，兩岸交流的依據也應以「九二共識」為基礎，兩岸的經貿合作和臺灣追求經濟發展可透過簽訂「海峽兩岸經濟合作架構協議」（Economic Cooperation Framework Agreement, 簡稱 ECFA）、「海峽兩岸服務貿易協議」（簡稱服貿）、「海峽兩岸貨品貿易協議」（簡稱貨貿）來達成。然而，國民黨執政後，兩岸的政經互動和經濟發展後續所產生的財富分配問題，民進黨方面則提出不同的質疑，例如 ECFA 簽訂前，民進黨與國民黨各派代表進行數場辯論，包括當時民進黨蔡英文與總統馬英九都曾參與。財富分配的議題在 2012 年的總統選舉中一再凸顯，「服貿」和「貨貿」的簽訂過程亦在國內產生不小爭議。

　　就臺灣現狀而言，兩岸經濟整合所帶來的政治爭議尚包括由學生發起的「太陽花學運」，2014 年 3 月 18 日由於「服貿」在立法院通過程序引發爭議，學生團體進而佔領立法院並發起長達數日的抗爭。由此可以看出當前臺灣社會對於兩岸經濟貿易整合的態度仍有高度不確定性，包括懷疑兩岸經濟整合是否能為臺灣經濟發展帶來的優勢，以及擔憂未來中國大陸所帶來的影響力擴及政治層面。這凸顯了經濟與政治兩者在台海關係中難以切割的關係，臺灣民眾的經濟觀感與雙方經貿整合程度，仍是觀察彼此在未來協商談判進程的重要指標。

　　由此可見，國民黨重新執政後的兩岸關係對政局發展的影響是相當明顯的，但有別於過去民進黨政府時期，兩岸議題較偏向政治層面的統獨意識、國家認同、族群認同的對抗，國民黨政府所採取的政策

是以經濟交流取代政治對抗。然而，在兩岸交流頻繁之際所產生的經濟發展議題、財富分配議題、公平正義問題亦在近幾年成為國民黨、民進黨彼此相互競爭的新政治議題，這些議題如何影響未來的政黨競爭和政黨與選民的互動，需要更多的觀察和研究。

除了兩岸交流所產生的新興政治議題，MMM 選制改革亦同時為政黨體系和政黨與選民關係，產生相當程度的作用。2008 年初第七屆立委選舉，國民黨拿下超過四分之三的席次，民進黨僅取的四分之一，而其餘小黨幾乎失去政治舞台。2012 年第八屆立委選舉，台聯和親民黨分別於全國不分區的比例代表制拿下 3 席的立委席次，使得小黨於立法院中終於取得發揮空間。儘管如此，社會各界對於修改全國不分區席次分配門檻的呼聲開始出現，甚至對於憲政體制也開始發出檢討聲浪。這些政治議題可能在未來成為繼族群議題、國家認同、統獨立場之後，政黨相互競爭和訴諸選民支持的新場域。

討論我國政黨政治的變化，除了觀察政黨體系和政治議題的變動之外，也可以由民眾政治態度的角度來觀察。在各類的政治態度面向中，猶如前文所述，政黨認同是一項重要的心理成分，它是個人整體的價值觀念與信仰系統中關鍵的一環，具有長期穩定的性質；這種對於特定政黨的歸屬感或者忠誠感，被視為是政治行為者其自我認同在政治世界的一種延展與擴張（吳重禮、許文賓，2003; Campbell et al., 1960; Gerber and Green, 1998; Sears and Valentino, 1997）。就其實質效應而言，諸多實證研究指出，政黨認同不僅對於選民投票決定具有重大的影響，而且亦為左右個人政治態度與其他選舉議題的關鍵因素，甚至是最重要的因素。

根據國立政治大學選舉研究中心所匯集 1992 年至 2014 年期間我國民眾政黨認同分佈趨勢，可以瞭解民眾對於國內主要政黨的認同如何產生變化，如圖三所示。就國民黨而言，從 1992 年的 34.4% 遞減到 2014 年的 22.9%，顯示國民黨認同者逐漸流失的情形；此現象在 2000

年和 2001 年首度政黨輪替的時候最為明顯，國民黨認同者僅占 21.1%
和 14.8%，直至 2004 年逐漸回升到 21.2%。儘管如此，國民黨認同者
似乎並非外流至與其對立的民進黨，而是流向從國民黨內部分裂出來
的新黨，以及之後成立的親民黨。相當程度而言，新黨的成立不僅挑
戰國民黨與民進黨的優勢，也有助於落實民主化政黨競爭與制衡。然
而，新黨過於強烈的意識形態，偏離了近年來「臺灣化」、「本土化」
社會主流價值，使得認同者逐漸流失；從 1995 年和 1996 年的 8.4%
和 9.8%，至 2000 年和 2001 年時降為 2.4% 和 0.9%，之後維持在 1.0%
上下，似乎說明了新黨的泡沫化發展。

圖三　臺灣民眾政黨認同趨勢分佈
資料來源：國立政治大學選舉研究中心重要政治態度分佈趨勢圖。

　　無獨有偶地，以宋楚瑜為首的親民黨與奉李登輝為精神領袖的台
聯，他們的演化歷程和新黨甚為相近。在親民黨方面，2000 年挾著精

神領袖宋楚瑜的氣勢，甫成立即吸引了若干既有國民黨支持者，造成國民黨認同者在此時降到僅 21.1%，而親民黨支持者則達到 9.1%，甚至於在 2001 年親民黨認同者為 15.8%，而國民黨認同者僅有 14.8%，兩者差距僅為 1.0%，這也是兩黨支持度最接近的時候。然而，在 2005 年時出現顯著變化，國民黨認同者回升到 31.2%，而親民黨認同者卻驟降至 4.0%，雙方差距擴大到 27.2%。之所以如此，可能原因在於 2004 年總統選舉，陳水扁以些微差距再度擊敗連戰、宋楚瑜的搭配，以及國民黨新共主馬英九出現，再加上 2004 年底立法委員選舉的提名分配爭議，造成國親合作破局。隨著諸多親民黨政治菁英陸續回到國民黨，若干民眾對於親民黨的信心不再，轉回支持馬英九領軍的國民黨，以致於在 2007 年親民黨認同者僅剩 1.1%。同樣地，在 2001 年立法委員選舉中，台聯初試啼聲，頗有斬獲，在 2005 年還維持著 3.4%；然而，至 2007 年其氣勢已大為減弱，認同者比例為 1.1%，在 2014 年甚至僅剩 0.8%。

相對地，認同民進黨的比例在 1992 年之後一路攀升，至 2000 年首度超過國民黨，達到 26.0%，到 2004 年略微下降至 24.7%。值得注意的是，在 2004 至 2006 年，民進黨認同呈現戲劇性變化，到 2006 年驟降到僅有 18.7%，與國民黨的 35.5%，彼此相距達 16.8%。之所以如此，應該和陳水扁政府一連串的弊案密切相關，包括趙建銘的台開案、國務機要費案及其他貪腐案件等，民眾對於過去強調清廉、改革的民進黨政府失望，導致認同民進黨的比例下滑。然而，一項值得關切的現象是，民進黨認同者的減少並沒有導致其他政黨認同者的增加，對於朝野政黨失去信心，促使獨立選民比例的躍升。這些缺乏特定政黨偏好的民眾，從 1992 年的 62.3%，至 1996 年下降到 44.9%，在 1998 至 2006 年之間，則維持在 40% 左右，直到 2014 年則維持在 45.0%。

整體而言，從臺灣民眾政黨認同的變遷態勢，至少可以歸納出四點觀察。首先，在過去十餘年間，臺灣民眾整體層級的政黨認同似乎

並非呈現持續穩定趨勢，而是展現出波動的現象。其次，儘管不同政黨之間曾經出現勢力消長的情形，然而仍是以國民黨為首的泛藍陣營與民進黨為主的泛綠陣營為主軸，似乎有逐漸朝向兩黨選舉競爭的方向發展。再者，泛綠陣營的政黨認同呈現穩定，但總體而言，民眾對於泛藍政黨的認同仍然高於泛綠陣營，雖然在 2000 年至 2004 年，以及 2014 年民進黨認同者比例略高於國民黨認同者。另外，獨立選民的比例變化甚大；1992 年至 2014 年期間，這些獨立選民逐漸被政治化而具有黨派性，這似乎意味著民眾已經逐漸具有政黨政治與政黨競爭的觀念；然而，近年來這種獨立選民比例維持相當程度的穩定，顯示約四成民眾拒絕表達對於特定政黨的偏好。

陸、結論

政黨對於民主政治的重要性不言而喻。依據民主國家運作的常軌，朝野政黨遵循公平的選舉規則與程序，訴諸黨綱政策立場，爭取多數選民的認同和支持，以獲得政權「正當性」（legitimacy），因此民主政治的實踐端賴於政黨政治能否實踐。整體而言，政黨政治健全的社會，才能夠發展出成熟的民主政治。就我國政治發展歷程而言，自 1987 年解除戒嚴以來，新興政黨如雨後春筍般成立，邁向民主轉型和民主鞏固的道路上，朝野政黨在選舉場域上相互競爭，爭取選民的支持，逐漸成為民主常態。然而，在這將近三十年時期，我國政黨體系的變化甚為劇烈，從解嚴以前國民黨一黨威權、開放公職全面民選後多黨競爭，到近年來民眾熟知的「藍綠對抗」，政黨政治儼然成為我國民主發展的重心。鑑此，觀察政黨之間的競爭模式、政黨與選民之間的互動關係，成為瞭解我國政黨政治和民主發展的重要途徑。

關於政黨競爭以及選民互動關係，西方從「議題演化」的觀點，運用槍枝控制、環境保護、墮胎爭議以及種族等議題為例，說明美國民主黨與共和黨的競爭活動。有鑑於意識形態並非我國政黨競爭的主

要訴求，本文嘗試將「議題演化」套用在臺灣政治脈絡，探討族群意識、國家認同及其相關爭議（譬如統獨立場、兩岸經貿互動、社會分配正義，以及各種新興議題等），對於政黨競爭和藍綠衝突的影響。以我國歷史背景與社會環境之下，省籍和族群意識及其衍生的國家認同，經常成為政黨或者候選人選舉動員的關鍵訴求。由此可見，政治議題的演化與政黨競爭的型態似乎存在關連。為了說明族群議題和國家認同對於政黨競爭的影響，本文論述區分為三個時期，包括 1987 年至 2000 年民主轉型階段，2000 年至 2008 年政黨輪替與朝野對峙形成，以及 2008 年至 2015 年二次政黨輪替與藍綠衝突。

首先，本文以 1980 年代後期民主化轉型作為背景，簡介民主萌芽時期的政黨體系、黨外反對力量的形成、民進黨的成立，並且瞭解國民黨與反對勢力的競爭關係。更確切地說，我國自 1987 年解除解嚴、開啟民主化之後，由一黨威權政黨體系逐漸轉型為一黨獨大的型態，而選舉競爭主軸依附著社會主要的政治分歧而產生區隔。在 1990 年代初期，新國民黨連線成員出走成立新黨，省籍和統獨議題是政黨用以訴諸選民支持的重要政治議題。1996 年和 2000 年兩次總統直接選舉，省籍議題和統獨立場在在牽涉政黨體系的變化，也是銜接政黨和選民的主要政治議題。

其次，2000 年首次政黨輪替後，藍綠壁壘競爭模式發生明顯變化，親民黨和台聯相繼脫離國民黨另組新政黨，加上 1993 年由國民黨分裂而出的新黨，使得政黨體系轉變為多黨競爭。2004 年的總統選舉，民進黨政府運用公民投票設定重要政治議題，諸如強化國防、對等談判、加入聯合國、討黨產等，與國家定位密切相關的議題；統獨議題、臺灣人和中國人認同等政治議題的爭辯，亦在此一時期達到高峰，選民政治立場有朝向兩極發展趨勢（蔡佳泓、徐永明、黃琇庭，2007）。同時，TEDS2001 實證資料顯示，選民在政黨統獨立場上形成兩派分立的觀點。另外，立委選舉制度在 2005 年配合憲法修正而產生變革，於 2008 年初立委選舉實施。在選制改革之後，由於選舉競爭的考量，

我國的藍綠政治壁壘更形鞏固，亦激化統獨議題。

　　再者，2008 年國民黨再度執政，兩岸開啟密切交流，政治局勢快速演變也促使國內主要政黨更加關注兩岸議題，政黨在大陸政策上的著墨亦逐漸成為選舉焦點。兩岸互動密切相關的政治、經濟議題亦逐漸產生重要性，ECFA、服貿、貨貿的簽訂，甚至兩岸和平協議的倡議，密切牽動政黨與選民的政治互動。因此，中國大陸的交流之後所產生的後續財富分配議題、決策透明性議題，都有可能成為未來藍綠競爭的焦點。此外，歷經七次修憲而確立的憲政體制和選舉制度，也為政黨政治和民主發展帶來衝擊。MMM 選舉制度實施之後，改革聲浪浮現；2014 年九合一選舉，國民黨面臨嚴重挫敗，我國憲政體制的檢討等再度受到重視。這些議題都可能成為未來藍綠政黨競爭的場域，深切地影響選民的政治選擇，值得我們持續觀察與探究。

參考書目

王甫昌（1998）。〈族群意識、民族主義與政黨支持：一九九０年代台灣的族群
　　政治〉，《台灣社會學研究》，第 2 期，頁 1-45。

吳乃德（1999）。〈家庭社會化和意識型態：台灣選民政黨認同的世代差異〉，《台
　　灣社會學研究》，第 3 期，頁 53-85。

吳重禮（1999）。〈我國政黨初選制度的效應評估〉，《國立中正大學學報》，
　　第 10 卷，第 1 期，頁 93-130。

＿＿＿（2002）。〈SNTV 的省思：弊端肇因或是代罪羔羊〉，《問題與研究》，
　　第 41 卷，第 3 期，頁 45-60。

＿＿＿（2008a）。〈立法委員選舉制度改革的省思：匡正弊端或是治絲益棼〉，
　　黃紀、游清鑫（主編），《如何評估選至變遷：方法論的探討》，頁 251-
　　277。台北：五南圖書。

＿＿＿（2008b）。《政黨與選舉：理論與實踐》。台北：三民書局。

＿＿＿（2013）。〈台灣分立政府研究〉，吳玉山、林繼文、冷則剛（主編），《政
　　治學的回顧與前瞻》，頁 377-394。台北：五南圖書。

吳重禮、許文賓（2003）。〈誰是政黨認同者與獨立選民？以二○○一年台灣地
　　區選民政黨認同的決定因素為例〉，《政治科學論叢》，第 18 期，101-
　　140。

吳重禮、譚寅寅、李世宏（2003）。〈賦權理論與選民投票行為：以 2001 年縣市
　　長與第五屆立法委員為例〉，《臺灣政治學刊》，第 7 卷，第 1 期，頁 91-
　　156。

徐火炎（1998）。〈臺灣的選舉與政治分歧結構：政黨競爭與民主化〉，陳明通、
　　鄭永年（主編），《兩岸基層選舉與政治社會變遷》，頁 127-168。台北：
　　月旦出版社。

＿＿＿（1999）。〈李登輝情結的政治心理與選民的投票行為〉，《選舉研究》，
　　第 5 卷，第 2 期，頁 35-71。

徐永明、施純純（2002）。〈報紙議題、事件與民意的流動〉，《臺灣政治學刊》，
　　第 6 期，頁 241-285。

耿曙、陳陸輝（2003）。〈兩岸經貿互動與台灣政治版圖：南北區塊差異的推手〉，
　　《問題與研究》，第 42 卷，第 6 期，頁 1-27。

張佑宗（2009）。〈選舉輸家與民主鞏固－台灣 2004 年總統選舉落選陣營對民主
　　的態度〉，《臺灣民主季刊》，第 6 卷，第 1 期，頁 41-72。

張傳賢、黃紀（2011）。〈政黨競爭與台灣族群認同與國家認同間的聯結〉，《臺灣政治學刊》，第 15 卷，第 1 期，頁 3-71。

盛杏湲（2002）。〈統獨議題與臺灣選民的投票行為：一九九○年代的分析〉，《選舉研究》，第 9 卷，第 1 期，頁 41-80。

＿＿＿＿（2003）。〈立法機關與行政機關在立法過程中的影響力：一致政府與分立政府的比較〉，《臺灣政治學刊》，第 7 卷，第 2 期，頁 51-105。

盛杏湲、陳義彥（2003）。〈政治分歧與政黨競爭：二○○一年立法委員選舉的分析〉，《選舉研究》，第 10 卷，第 1 期，頁 7-40。

盛杏湲、鄭夙芬（2009）。〈台灣民眾的藍綠認同與紅衫軍運動的參與：一個框架結盟的解釋〉，張福建（主編），《公民與政治行動：實證與規範之間的對話》，頁 131-182。台北：中央研究院人文社會科學研究中心。

陳文俊（1995）。〈統獨議題與選民的投票行為－民國八十三年省市長選舉之分析〉，《選舉研究》，第 2 卷，第 2 期，頁 99-136。

陳陸輝（2000）。〈台灣選民政黨認同的遲續與變遷〉，《選舉研究》，第 7 卷，第 2 期，頁 109-139。

＿＿＿＿（2009）。〈信任、效用與行動：解析民眾為何支持紅衫軍或挺扁運動？〉，張福建（主編），《公民與政治行動：實證與規範之間的對話》，頁 183-214。台北：中央研究院人文社會科學研究中心。

陳陸輝、耿曙（2009）。〈和平、繁榮與希望：總統滿意度的解析〉，陳陸輝、游清鑫、黃紀（主編），《2008 年總統選舉：論二次政黨輪替之關鍵選舉》，頁 347-368。台北：五南圖書。

陳陸輝、耿曙、王德育（2009）。〈兩岸關係與 2008 年台灣總統大選：認同、利益、威脅與選民投票取向〉，陳陸輝、游清鑫、黃紀（主編），《2008 年總統選舉：論二次政黨輪替之關鍵選舉》，頁 259-286。台北：五南圖書。

陳義彥（1986）。〈我國投票行為研究的回顧與展望〉，《思與言》，第 23 卷，第 6 期，頁 1-29。

游清鑫（2004）。〈2004 年台灣總統選舉－政治信任的缺乏與未鞏固的民主〉，《臺灣民主季刊》，第 1 卷，第 2 期，頁 193-200。

＿＿＿＿（2009）。〈選舉、選舉制度與投票行為〉，陳義彥（主編），《政治學》，頁 413-448。台北：五南圖書。

黃秀端（1996）。〈決定勝負的關鍵：候選人特質與能力在總統選舉中的重要性〉，《選舉研究》，第 3 卷，第 1 期，頁 47-85。

黃秀端、陳鴻鈞（2006）。〈國會中政黨席次大小對互動之影響—第三屆到第五

屆的立法院記名表決探析〉，《人文及社會科學集刊》，第 18 卷，第 3 期，頁 385-415。

黃紀、吳重禮（2000）。〈台灣地區縣市層級「分立政府」影響之初探〉，《臺灣政治學刊》，第 4 期，頁 105-147。

黃德福（1992）。《民主進步黨與臺灣地區政治民主化》。台北：時英出版社。

蔡佳泓（2005）。〈書評：台灣 2004 年總統選舉：民主的鞏固或退化〉，《臺灣民主季刊》，第 2 卷，第 4 期，頁 155-158。

蔡佳泓、徐永明、黃琇庭（2007）。〈兩極化政治：解釋台灣 2004 總統大選〉，《選舉研究》，第 14 卷，第 1 期，頁 1-31。

鄭夙芬（2009）。〈族群、認同與總統選舉投票抉擇〉，《選舉研究》，第 16 卷，第 2 期，頁 23-49。

蕭怡靖、鄭夙芬（2014）。〈台灣民眾對左右意識型態的認知：以統獨議題取代左右意識型態檢測台灣的政黨極化〉，《臺灣政治學刊》，第 18 卷，第 2 期，頁 79-138。

Adams, Greg D. (1997). "Abortion: Evidence of an Issue Evolution." *American Journal of Political Science*, Vol. 41, No. 3:718-737.

Beck, Paul Allen (1997). *Party Politics in America*, 8[th]ed. New York: Longman.

Campbell, Angus, Philip E. Converse, Warren E. Miller, and Donald E. Stokes (1960). *The American Voter*. New York: John Wiley and Sons.

Carmines, Edward G. and James A. Stimson (1989). *Issue Evolution: Race and the Transformation of American Politics*. Princeton, N.J.: Princeton University Press.

Cavanagh, Thomas E. and James L. Sundquist (1985). "The New Two-Party System." In John E. Chubb and Paul E. Peterson (eds.), *The New Direction in American Politics* (pp. 33-68). Washington, D.C.: The Brookings Institution.

Cooper, John F. (2004). *Taiwan's 2004 Presidential and Vice Presidential Election: Democracy's Consolidation or Devolution?* Baltimore: Maryland Series in Contemporary Asian Studies.

Crotty, William and John S. Jackson III (1985). *Presidential Primaries and Nominations*. Washington, D.C.: Congressional Quarterly Press.

Gerber, Alan and Donald P. Green (1998). "Rational Learning and Partisan Attitudes." *American Journal of Political Science*, Vol. 2, No. 3:794-818.

Key, V. O., Jr. (1955). "A Theory of Critical Elections." *Journal of Politics*, Vol. 17, No. 1:3-18.

_____ (1959). "Secular Realignment and the Party System." *Journal of Politics*, Vol. 21, No. 2:198-210.

_____ (1964). *Politics, Parties and Pressure Groups*, 5th ed. New York: Thomas Y. Crowell.

Kirby, John B. (1980). *Black Americans in the Roosevelt Era*. Knoxville: University of Tennessee Press.

Lee, Pei-shan and Yung-ming Hsu (2002). "Southern Politics? Regional Trajectories of Party Development in Taiwan." *Issues and Studies*, Vol. 38, No. 2:61-84.

Lindaman, Kara and Donald P. Haider-Markel (2002). "Issue Evolution, Political Parties, and the Culture Wars." *Political Research Quarterly*, Vol. 55, No. 1:91-110.

Niemi, G. Richard and Herbert F. Weisberg (eds.) (1993). *Classics in Voting Behavior*. Washington, D.C.: Congressional Quarterly Press.

Pomper, Gerald M. (1971). "Toward a More Responsible Two-Party System: What, Again?" *Journal of Politics*, Vol. 33, No. 4:916-940.

_____ (1972). "From Confusion to Clarity: Issues and American Voters, 1956-1968." *American Political Science Review*, Vol. 66, No. 1:28-45.

Rosenstone, Steven J. and John Mark Hansen (1993). *Mobilization, Participation, and Democracy in America*. New York: Macmillan.

Schattschneider, E. E. (1942). *Party Government*. New York: Holt, Rinehart and Winston.

Sears, David O. and Nicholas A. Valentino (1997). "Political Matters: Political Events as Catalysts for Preadult Socialization." *American Political Science Review*, Vol. 91, No. 1:45-65.

Sundquist, James L. (1968). *Politics and Policy*. Washington, D.C.: Brookings Institution.

_____ (1988). "Needed: A Political Theory for the New Era of Coalition Government in the United States." *Political Science Quarterly*, Vol. 103, No. 4:613-635.

Ware, Alan (1988). *Citizens, Parties and the State*. Princeton, N.J.: Princeton University Press.

Wu, Chung-li (2001). "The Transformation of the Kuomintang's Candidate Selection System." *Party Politics*, Vol. 7, No. 1:103-118.

Party Competition and Interparty Confrontations:
The Perspective of Issue Evolution

Chung-li Wu, Ho-Chin Yang, and Chun Han Huang [*]

Abstract

Party politics and party competition are critical elements of democracy, and Taiwan has experienced the democratic transformation from a one-party authoritarian system into a multiparty competitive regime. To examine Taiwan's electoral process during the past two decades, it can be found that critical issues have been closed related to the competition and alliance of political parties, and the linkages between voters and political parties as well. This study employs the theory of "issue evolution" of party realignment developed by American scholars to account for the shifting electoral fortunes of two major party camps, the pan-Blue (the Kuomingtang, the People First Party, and the New Party) and the pan-Green (the Democratic Progressive Party and the Taiwan Solidarity Union). In light of Taiwan's unique historical background and sociopolitical environment, ethnicity and its related issues (e.g., ethnic consciousness, national identity, and disputes over unification with or independence from the mainland) may all be regarded as social cleavages. In the late 1980s after lifting marital law, the issues of Taiwanese vs. mainlanders, democracy vs. authoritarianism, reform vs. stability had frequently become hotly contested. In the 1990s, the disputes over China reunification and Taiwan independence became the means by which political parties or candidates mobilize the electorate. After the 2000s, party identification, reunification/

* **Chung-li Wu,** Research Fellow, Institute of Political Science at Academia Sinica, Taipei. Fields of Specialization: American Politics (Political Institutions); Comparative Politics; Urban and Minority Politics; Electoral Studies.

* **Ho-Chin Yang,** Ph.D. Candidate of Department of Public Policy and Management, Shih Hsin University. Research Assistant, Institute of Political Science at Academia Sinica, Taipei. Fields of Specialization: Public Administration; Corruption and Governance.

* **Chun Han Huang.** M.A. in Department of Political Science, National Chengchi University. Research Assistant, Institute of Political Science at Academia Sinica Taipei. Fields of Specialization: Voting Behavior and Legislative Studies.

identification dispute, and national identity are critical issues, because ethnic consciousness has been in large part based on sentimentality and sensitivity. In the political process, it is easy for ethnic consciousness to appeal to the various political parties as a tool for political mobilization. Such a development on the one hand gives rise to a variety of detailed ethnic identities, while on the other hand it does away with the national identity of the past. This study concludes that the multi-faceted nature of Taiwan's issue politics, the conflicts that have arisen in the political process, and the restructuring of some nascent issues (including the cross-Strait interactions, social inequalities, consequences of electoral system, and constitutional reforms) are all potential for future research in the fields of Taiwan's party politics and democratization.

Keywords: party politics, party competition, interparty conflict, political issue

國際透明運動與臺灣廉政治理

余致力 *

世新大學

摘 要

我國自 1987 年解除長達近 40 年的戒嚴後，臺灣民主政治的發展進入歷史的新頁，而其後 1996 年第一屆總統民選，更是我國邁向民主化的重要轉型關鍵。2000 年總統大選，中央政府產生首次的政黨輪替，結束國民黨長達半世紀的執政，政權的和平移轉，更為臺灣的民主發展畫下重要里程碑。這樣一個既未造成政治動盪，亦未付出重大社會成本的政黨輪替，有學者將其譽為第三波民主化中的最佳案例。然而，回顧二十年來民主轉型的過程與結果，臺灣當得起這個最佳案例的讚譽嗎？特別是在貪腐問題上，民主帶來了更廉潔的政治嗎？本章旨在從全球視角來探討上述兩個問題，並針對未來臺灣廉政治理與民主發展提出一些建言。

關鍵詞：國際透明組織、貪腐、廉政、治理、民主

* 余致力　世新大學行政管理學系教授，研究領域為公共行政與管理、傳播與公共政策、廉政與治理。

** 作者感謝世新大學行政管理學系楊和縉博士候選人與政治大學公共行政學系碩士生陳思涵協助資料的蒐集與整理，更要感謝冷則剛教授與徐斯勤教授對本文修正補強所提出的寶貴意見，使本文得以順利完成並更加完善。惟本文如仍有疏漏偏誤之處，文責均由作者自負。

壹、前言

我國自 1987 年解除長達 40 年的戒嚴，1991 年第一屆國民大會第二次臨時會決議廢止動員勘亂臨時條款後，臺灣民主政治的發展進入歷史的新頁，而其後 1996 年第一屆總統民選，更是我國民主化的重要轉型關鍵。然而，民主轉型後的臺灣，由於過當的選舉主義、民粹主義與政治分贓等現象，造成令人憂心的治理困境，這些治理困境可從 1999 年 4 月一場學術研討會中的數篇論文裡一覽無遺（余致力，2000）。

蕭全政（1999:32）直陳：「就民主化之後的政治生態而言，威權的政府已大致上被馴服、民主化，但競爭性的政黨、候選人、壓力團體及輿論，仍未臻民主時代的要求；其中，最稱關鍵的是，屬於全社會性的目標、公共利益、價值規範，或運作程序等，至今仍缺乏共識性內容。加上黑金掛勾、不肖民代等，這仍是一個諸神競賽、各顯神通的年代；政府的經濟與社會角色和職能，因而深受干擾而不穩定。」

丘昌泰（1999:182-183）認為：「臺灣的民主政治尚未成熟，政黨政治的運作機制仍不健全，在許多攸關國家發展的重大公共政策的制訂上，仍然經常出現情緒重於理性、私益大於公益、民粹主義高於民主主義的病態現象，使得臺灣的民主化經驗往往變質為國家競爭力的『利空』因素」，例如，「選票政治糾葛，扭曲公共政策的理性與公益性，使得有助於提升國家競爭力的經濟發展計畫，無法得到民眾的支持與認同」，另外，「立法效率遲緩，無法配合行政部門的政策行動，使得許多競爭力提升計畫欠缺法制基礎」，這些都是民主化所產生的利空因素或副作用。

朱雲漢（1999:5）指出：「在維護經濟政策的效率與公平的目標上，民主改革所可能發揮的興利除弊功能，在臺灣並未充分展現，威權體制時期孳生的金權政治現象，在民主轉型後有變本加厲的趨勢，…去年島內出現內潰性的金融危機，更是臺灣已經開始為『金權政治』氾

濫支付鉅額社會成本的最鮮明寫照」，簡言之，「臺灣的轉型經驗是『未蒙民主化之利，反先受其害』」。

上述這些學者在二十世紀末所觀察到的民主轉型現象，隨著臺灣邁入二十一世紀後，是否有所改善？2000 年總統大選，中央政府產生首次的政黨輪替，結束國民黨長達半世紀的執政，政權的和平移轉，更為臺灣的民主發展畫下重要里程碑。這樣一個既未造成政治動盪，亦未付出重大社會成本的政黨輪替，有學者將其譽為第三波民主化中的最佳案例（Rigger, 2004:285）。[1]然而，從 2000 年迄今，臺灣多數民眾似乎並未感受到這個最佳案例所帶來的幸福、快樂、善良與公義的生活，反而是產生了期待與現實落差的民主赤字（democratic deficit）現象。[2]

回顧我國在民主轉型過程中，貪腐無疑是最讓民眾不滿的問題之一。因此，對於廉能政府的要求與期許，在過往選舉中，皆成為候選人重要的競選承諾。2000 年總統大選，陳水扁以清廉反貪之形象與政見，獲得選民的支持入主中央執政，初期獲得多數民眾之肯定，但在 2006 年，由於爆發多起重大貪腐弊案，再加上媒體的大幅披露報導，致使多數民眾對政府廉潔程度產生強烈質疑，對政治領導人失去尊敬與信任。2008 年馬英九亦以清廉反貪之形象與政見，贏得大選，為臺灣創下第二次政黨輪替的紀錄。從圖一可以看到，2008 年 7 月的一份民意調查，民眾被問到：「請問您認為未來幾年，政府的清廉程度會不會改善？」有高達近六成民眾，比起過往有顯著提高的信心與期待。然而，此一看似中興之氣象卻未能持久，特別是 2012 年所爆發的多起重大貪腐弊案，完全翻轉了民眾的信心，也讓人民體會到期待與現實

---

1. Rigger 的原文為：Taiwan's transformation from single-party authoritarianism to multiparty democracy came about with very little violence or bloodshed. Nor did it require wrenching economic or social upheavals. In fact, one might describe Taiwan's experience as a "best-case" democratization.

2. 有關民主赤字的概念以及相關研究，請參閱張佑宗、朱雲漢（2013）。

的落差,民主發展所可能產生的民主赤字,深刻領悟到廉政治理是臺灣民主反思與前瞻所不能忽視的重要課題。

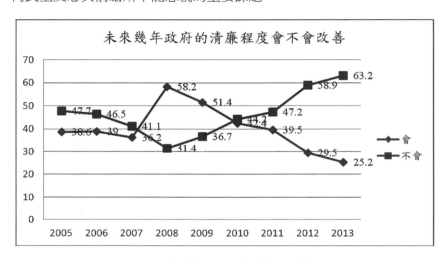

圖一　民眾對未來政府清廉程度的看法

資料來源:法務部 (2005, 2006, 2007, 2008, 2009, 2010, 2011;法務部廉政署,2012, 2013)。

　　緣此,本章旨在探討在民主轉型後,從 1996 至 2015 二十年間,臺灣廉政治理的狀況。第二節介紹國際透明運動,從全球視角定位臺灣的廉政狀況,探討民主與貪腐間的關係。第三節則從在地觀點,檢視臺灣廉政狀況,解析民眾對政府廉政評價低落的結構因素。第四節將對臺灣廉政建設與民主發展提出一些總結性的觀察與建言。

貳、國際透明運動

　　貪腐可謂是古今中外任何一個社會,皆須面對的病態現象與治理難題,但由於此一議題的敏感性,過去國際社會與學術社群多將其視為禁忌,造成有關貪腐的關注力度與研究成果並不顯著。近二十年來,由於國際透明組織（Transparency International, TI）的成立與倡議,致

使國際社會與學術社群開始重視貪腐議題，各項跨國國際會議逐漸將反貪倡廉排上議程，而相關的學術研究也與日俱增。

1993 年成立的國際透明組織，是全球唯一專門致力於打擊貪污腐敗的國際性非政府組織（Non-Governmental Organization, NGO），秘書處設於德國首府柏林，在世界各國已成立 97 個分會，透過結盟推動國際透明運動（TI Movement），在設定全球反貪腐議程上，扮演著重要的角色。[3] 該組織發起人 Peter Eigen 為德國籍人士，曾任世界銀行非洲主管，於任內目睹許多國家民眾深受貪腐之苦，遂興起投身第三部門倡議改革之念頭。他於退休後與友人在柏林成立國際透明組織，試圖結合公民社會、企業部門與政府機關組成的強大聯盟，從行賄、收賄兩大方向打擊貪腐，藉由國際社會的集體力量，激發帶動各國民間社會的反貪腐能量，為打造更廉潔的地球而努力。

國際透明組織成立之後，即普遍受邀於聯合國與多個國際組織（如：世界銀行、經濟合作與發展組織），成為反貪腐議程之諮詢對象或觀察員（陳偉華、胡龍騰、余致力，2011）。2003 年 10 月 31 日第 58 屆聯合國大會通過了《聯合國反貪腐公約》（United Nations Convention Against Corruption, UNCAC），同年 12 月 9 日於墨西哥南部梅裡達（Merida）舉行簽署，並於 2005 年 12 月 15 日正式生效。該公約之目的在建立全球反貪腐法律架構，規定締約國執行廣泛而詳細的國內法律規範貪污犯罪，促使世界各國共同致力於反貪腐議題。再者，有鑑於國際透明組織對公約起草的貢獻，聯合國授予該組織代表國際非政府組織的法定「諮詢地位」（consultative status），透過與國際組織的策略聯盟，協助擬訂歷屆會議議程與官方參考資料。為紀念

---

3. 國際透明組織的臺灣分會－台灣透明組織，於 2002 年 9 月 28 日正式成立，會址設於世新大學行政管理學系。台灣透明組織是一個非以營利為目的之社會團體，成立宗旨在於結合政府、企業與民間社會的力量，透過國際透明組織的網絡與視野，藉由宣導、研究、倡議與行動的方式，形塑臺灣的廉潔文化，進而提昇臺灣民主品質與國家競爭力。有關台灣透明組織之相關活動，請參閱 http://www.tict.org.tw/front/bin/home.phtml。

12 月 9 日為該公約簽署的起始日，以及希望喚起國際社會關心並重視貪腐問題，在國際透明組織的倡議下，自 2004 年起，聯合國將每年的 12 月 9 日訂為國際反貪日。總結而言，經過了十餘年的努力，國際透明組織已成功建立了反貪腐的品牌形象，為國際透明運動凝聚了強大的能量。

對一個以政策倡議為主軸的非政府組織而言，在草創初期如何取得發聲管道，建立話語權，獲得外界的資助與支持，是組織發展的關鍵課題。國際透明組織自 1993 年創立以來，主要是透過 CPI（Corruption Perception Index；中譯為貪腐印象指數或清廉印象指數）的建構與公布，吸引全球媒體的目光，逐步建立全球知名度與公信力，確立倡廉反貪的領導地位，達到能永續發展的目標。

國際透明組織自 1995 年開始每年定期公布 CPI，其目的有三：第一是測量跨國企業經理人與學者專家對各國公部門貪腐程度的評價；第二是提供決策者一個簡要的印象，讓決策者在貿易和投資上有更多資訊；第三則是激起民眾對於貪腐的關注和創造出一個重視廉潔的風氣（Olaya, 2006:3）。CPI 早年滿分是 10 分，2012 年起計分方式改為 100 分，分數愈高表示愈清廉。表一整理過去二十年臺灣 CPI 之得分排名以及歷年受評國家與地區數。由表一可看出在受評國家與地區數上，從一開始 41 逐漸成長至 180 左右，佔全球 200 餘個國家與地區的九成，已有相當不錯的覆蓋率。

CPI 是一個合成指數，用於測量跨國企業經理人與學者專家，對於各國公務人員與政治人物貪腐程度的印象（余致力、蘇毓昌，2011）。CPI 的資料來源，係根據國際上許多調查機構與研究單位的各國貪腐調查結果，彙整並建構以國家或地區為評比對象的指數，來呈現全球的貪腐現況。從建構方法而言，可以說是一種「調查的調查」（a survey of surveys）。以 2014 年 CPI 為例，該指數的建構，係彙整了具有國際公信力之機構，於 2013 年與 2014 年間所進行的 12 項有關貪

腐的調查資料。國際透明組織認為，透過整合多重資料，會提高 CPI 評分與排名的可信度，將可避免單一資料來源因偏見或調查方法的瑕疵，而對特定國家或地區貪腐程度做出錯估與誤判。

表一　1995-2014 臺灣 CPI 得分與排名

年	1995	1996	1997	1998	1999	2000	2001	2002	2003	2004
排名	25	29	31	29	28	28	27	29	30	35
得分	5.08	4.98	5.02	5.3	5.6	5.5	5.9	5.6	5.7	5.6
N	41	54	52	85	99	90	91	102	133	146
年	2005	2006	2007	2008	2009	2010	2011	2012	2013	2014
排名	32	34	34	39	37	33	32	37	36	35
得分	5.9	5.9	5.7	5.7	5.6	5.8	6.1	61	61	61
N	159	163	180	180	180	178	182	176	177	175

資料來源：本研究彙整自國際透明組織網站（Transparency International, 2016）。
說明：N 為納入評比的國家與地區。

　　由於 CPI 具有排名評比的新聞性，自然很容易吸引媒體的關注。總觀國際透明組織在過去 20 餘年的發展，主要是透過 CPI 來吸引媒體的報導，逐步建立其知名度與影響力。從嚴謹的學術研究角度而言，CPI 當然不是一個精準與完美的貪腐測量指數，[4] 但卻是一個極為有效的議程設定工具，能幫助國際透明組織攻佔媒體版面，宣揚廉政理念、倡議反貪作為、激起全球關注、影響政策議程，進而發揮其角色與功能。

　　國際透明組織自 1995 年首次公布 CPI 迄今，隨著受評國家與地

---

4. 過去也有許多學者專家，包含國際透明組織分會成員，對 CPI 的建構過程提出質疑，並對其品質提出批判。有關 CPI 之侷限性與貪腐測量的難題請參閱 Lin 與 Yu (2014)。

區的增長,該指數已經逐漸成為國際上最著名的廉政評價工具,不但引起各國政府對其得分與排名的重視,許多學者亦運用此一資料來進行跨國研究比較。舉例而言,近十年就有四篇屬於 TSSCI 的優質的中文學術期刊論文,是運用 CPI 結合其他相關資料來進行研究。彭立忠、張裕衢(2007)於《公共行政學報》發表〈華人四地貪腐程度之比較─以「貪腐成因」為分析途徑〉一文,從貪腐發生機會、代理人動機以及貪腐風險評估三項因素,進行相互關係論證,作為說明中國、香港、臺灣以及新加坡等四地貪腐發生的原因與結果。林宗弘、韓佳(2008)在《臺灣政治學刊》發表的〈政治貪腐的制度理論:以亞洲各國為例的分析〉,從新制度主義的觀點出發,嘗試回答「為何亞洲有些國家貪腐問題嚴重,而有的國家卻可以控制貪腐?」的研究問題。李建強、周宜巍(2009)於《中華傳播學刊》發表〈新聞自由對貪污的影響:全球資料的實證研究〉,探討新聞自由對於貪腐遏止的成效,是否會因為民主、經濟以及區域等因素,而產生不同的結果?沈中華、蔡淵禮(2011)在《管理學報》所發表的論文〈貪污對銀行海外投資的影響〉,嘗試回答貪腐帶來的政治風險,究竟是跨國間商業投資的助力或是阻礙?從上述文獻的簡要回顧中,除了可以看到貪腐研究所具有的跨學門性質,亦能看出 CPI 不但受到各國媒體與政府的重視,在促進學術研究上也具備著資料提供的功能。

有關跨國廉政比較研究的著作中,有一個常被討論的問題,那就是民主發展與廉政狀況間的關係。舉例而言,Colazingari 與 Rose-Ackerman(1998)研究義大利與拉丁美洲國家的政經結構與貪腐狀況發現,政治上從威權體制轉變到民主政治,未必一定保證會減少社會上的貪腐狀況。當然,這樣的論點並不能過度解讀成為民主政治會帶來貪腐,而有關於民主與貪腐間的因果關係,在現有的實證研究上尚無定論(如 Bohara, Mitchell, and Mittendorff, 2004)。為了能夠對民主與貪腐的關係做些初探性的思考與討論,本節接下來將依據 2014 年自由之家(Freedom House)的「世界自由度報告」(Freedom in the

World）資料，將全球 209 個政治實體（polities），區分為自由民主體制、半自由民主體制、非自由民主體制，分成三個表，與國際透明組織 2014 年的 CPI（共有 175 個國家與地區的資料），進行對照、比較與討論（Freedom House, 2014; Transparency International, 2014）。

首先，屬於自由民主體制類的政治實體中，有 72 個國家與地區有清廉印象指數資料（詳表二）。這 72 個政治實體的清廉評價，從全球排名第一的丹麥（92 分），到全球排名第 124 名的蓋亞那（30 分），平均 CPI 的得分為 58.68。從本表中可以看出，全球清廉程度前十名的國家中，有九個屬於自由民主體制，但也有 4 個自由民主的政治實體，其清廉程度掉到百名之外。臺灣的自由程度得分 1.5，屬於自由民主的政體，而 CPI 的得分則為 61，在全球排名第 35 名，屬於中度清廉的國家。

其次，表三中共有 57 個國家與地區是屬於半自由民主體制，其 CPI 之排名，從全球排名第 7 的新加坡（84 分），到第 166 的利比亞（18 分），平均 CPI 得分為 34.89 分。在本表中，新加坡、香港與不丹屬於較為特殊的案例，雖然在自由程度上得分分別為 4、3.5 與 3.5，但卻位居全球清廉評價的前段班。其中新加坡貪污調查局（Corrupt Practices Investigation Bureau, CPIB）與香港廉政公署（Independent Commission Against Corruption, ICAC）的績效，常常被列為世界各國廉政組織設計與工作推動的參考典範。

最後，非自由民主的政治實體共有 46 個，主要散佈非洲、中東與南亞，CPI 平均得分為 29.22（詳表四）。本表中也有兩個特例，阿拉伯聯合大公國與卡達在全球廉政排名並不差，都在前 30 名內，得分分別為 70 分與 69 分，屬於中度廉潔國家。至於敬陪末座的有北韓與索馬利亞，CPI 得分同為 8 分，在 2014 年納入評比的 175 個國家與地區中，並列最後一名。從這四個政治實體看來，雖同為非自由民主的國家，但前後廉潔程度差距頗大。

表二　2014 年自由民主政治實體之清廉狀況：平均 CPI 得分 58.68

政治實體	自由程度	CPI 得分（全球排名）	政治實體	自由程度	CPI 得分（全球排名）
丹麥	1	92(1)	維德角	1	57(42)
紐西蘭	1	91(2)	拉脫維亞	2	55(43)
芬蘭	1	89(3)	馬爾他	1	55(43)
瑞典	1	87(4)	南韓	2	55(43)
挪威	1	86(5)	哥斯大黎加	1	54(47)
瑞士	1	86(5)	匈牙利	1.5	54(47)
荷蘭	1	83(8)	模里西斯	1.5	54(47)
盧森堡	1	82(9)	薩摩亞	2	52(50)
加拿大	1	81(10)	捷克	1	51(53)
澳洲	1	80(11)	斯洛伐克	1	50(54)
德國	1	79(12)	賴索托	2.5	49(55)
冰島	1	79(12)	納米比亞	2	49(55)
英國	1	78(14)	克羅埃西亞	1.5	48(61)
比利時	1	76(15)	迦納	1.5	48(61)
日本	1	76(15)	南非	2	44(67)
巴貝多	1	74(17)	巴西	2	43(69)
愛爾蘭	1	74(17)	保加利亞	2	43(69)
美國	1	74(17)	希臘	2	43(69)

智利	1	73(21)	義大利	1	43(69)
烏拉圭	1	73(21)	羅馬尼亞	2	43(69)
奧地利	1	72(23)	塞內加爾	2	43(69)
巴哈馬	1	71(24)	蒙特內哥羅	2.5	42(76)
愛沙尼亞	1	69(26)	聖多美和普林西比	2	42(76)
法國	1	69(26)	塞爾維亞	2	41(78)
聖文森及格瑞那丁	1	67(29)	貝南	2	39(80)
波札那	2.5	63(31)	薩爾瓦多	2.5	39(80)
賽普勒斯	1	63(31)	蒙古	1.5	39(80)
葡萄牙	1	63(31)	印度	2.5	38(85)
波多黎各	1.5	63(31)	牙買加	2.5	38(85)
波蘭	1	61(35)	秘魯	2.5	38(85)
臺灣	1.5	61(35)	千里達及托巴哥	2	38(85)
以色列	1.5	60(37)	巴拿馬	2	37(94)
西班牙	1	60(37)	蘇利南	2	36(100)
多米尼克	1	58(39)	阿根廷	2	34(107)
立陶宛	1	58(39)	多明尼加	2.5	32(115)
斯洛維尼亞	1	58(39)	蓋亞那	2.5	30(124)

資料來源：Transparency International (2014); Freedom House (2014)。

表三　2014 年半自由民主政治實體之清廉狀況：平均 CPI 得分 34.89

政治實體	自由程度	CPI 得分（全球排名）	政治實體	自由程度	CPI 得分（全球排名）
新加坡	4	84(7)	厄瓜多	3	33(110)
香港	3.5	74(17)	象牙海岸	4.5	32(115)
不丹	3.5	65(30)	馬利	4.5	32(115)
塞席爾	3	55(43)	瓜地馬拉	3.5	32(115)
馬來西亞	4	52(50)	莫三比克	3.5	31(119)
喬治亞	3	52(50)	獅子山國	3	31(119)
土耳其	3.5	45(64)	坦尚尼亞	3	31(119)
馬其頓	3	45(65)	巴基斯坦	4.5	29(126)
科威特	5	44(67)	宏都拉斯	4	29(126)
突尼西亞	3	40(79)	尼泊爾	4	29(126)
摩洛哥	4.5	39(80)	多哥	4	29(126)
波士尼亞和赫塞哥維納	3	39(80)	馬達加斯加	4.5	28(133)
			東帝汶	3.5	28(133)
斯里蘭卡	4.5	38(85)	尼加拉瓜	3.5	28(133)
布吉納法索	4	38(85)	吉爾吉斯	5	27(136)
泰國	4	38(85)	黎巴嫩	4.5	27(136)
尚比亞	3.5	38(85)	奈及利亞	4	27(136)
菲律賓	3	38(85)	烏干達	5	26(142)

亞美尼亞	4.5	37(94)	葛摩	3.5	26(142)
哥倫比亞	3.5	37(94)	烏克蘭	3.5	26(142)
賴比瑞亞	3.5	37(94)	幾內亞	5	25(145)
尼日	3.5	35(103)	肯亞	4	25(145)
玻利維亞	3	35(103)	孟加拉	3.5	25(145)
墨西哥	3	35(103)	巴布亞紐幾內亞	3	25(145)
摩爾多瓦	3	35(103)	巴拉圭	3	24(150)
印尼	3	34(107)	蒲隆地	5	20(159)
阿爾巴尼亞	3	33(110)	委內瑞拉	5	19(161)
科索沃	4.5	33(110)	海地	4.5	19(161)
馬拉威	3.5	33(110)	利比亞	4.5	18(166)

資料來源：Transparency International (2014)；Freedom House (2014)。

表四　非自由民主政治實體之清廉狀況：平均 CPI 得分 29.22

政治實體	自由程度	CPI 得分（全球排名）	政治實體	自由程度	CPI 得分（全球排名）
阿拉伯聯合大公國	6	70(25)	俄羅斯	5.5	27(136)
卡達	5.5	69(26)	寮國	6.5	25(145)
巴林王國	6	49(55)	中非	7	24(150)
約旦王國	5.5	49(55)	剛果共和國	6	23(152)
盧安達	5.5	49(55)	塔吉克	6	23(152)

沙烏地阿拉伯	7	49(55)	查德	6.5	22(154)
古巴	6.5	46(63)	剛果民主共和國	5.5	22(154)
阿曼	5.5	45(64)	緬甸	5.5	21(156)
史瓦濟蘭	6	43(69)	柬埔寨	5.5	21(156)
埃及	5.5	37(94)	辛巴威	5.5	21(156)
加彭	5.5	37(94)	敘利亞	7	20(156)
阿爾及利亞	5.5	36(100)	安哥拉	5.5	19(161)
中國	6.5	36(100)	幾內亞比索	5.5	19(161)
吉布地	5.5	34(107)	葉門	6	19(161)
衣索比亞	6	33(110)	厄利垂亞	7	18(166)
白俄羅斯	6.5	31(119)	烏茲別克	7	18(166)
越南	6	31(119)	土庫曼	7	17(169)
茅利塔尼亞	5.5	30(124)	伊拉克	5.5	16(170)
亞塞拜然	6	29(126)	南蘇丹	6	15(171)
甘比亞	6	29(126)	阿富汗	6	12(172)
哈薩克	5.5	29(126)	蘇丹	7	11(173)
喀麥隆	6	27(136)	北韓	7	8(174)
伊朗	6	27(136)	索馬利亞	7	8(174)

資料來源：Transparency International (2014)；Freedom House (2014)。

從以上三個表中的資料呈現與討論，可以歸納出下列幾點結論。

首先，從個案觀之，享有高度自由民主的政治實體，例如義大利（自由程度得分 1；CPI 得分 43，全球排名 69），未必就能保證政府的廉潔。而屬於半自由民主甚至非自由民主的政治實體，未必就一定會產生廉政治理的困境，新加坡、香港、不丹、阿拉伯聯合大公國、卡達便是例證。

然而，如從整體趨勢觀之，非民主自由政治實體的平均 CPI 得分為 29.22，相較於半自由民主政治實體的平均 CPI 得分為 34.89，以及自由民主政治體制 CPI 平均得分為 58.68，似可看出民主發展與廉政評價的正面相關性。民主發展雖然無法保證弊絕風清，但卻可以防止發生長期壟斷性的貪腐惡例，這一點可從國際透明組織在 2004 年所選出的全球十大貪腐政客中獲得驗證：1. 1967–1998 的印尼總統蘇哈托（Mohamed Suharto）、2. 1972–1986 的菲律賓總統馬科斯（Ferdinand Marcos）、3. 1965–1997 的薩伊總統莫布杜（Mobutu Sese Seko）、4. 1993–1998 的奈及利亞總統阿巴查（Sani Abacha）、5. 1989–2002 的塞爾維亞 / 南斯拉夫總統米洛賽維齊（Slobodan Milosevic）、6. 1971–1986 的海地總統杜華利（Jean-Claude Duvalier）、7. 1990–2000 的祕魯總統藤森（Alberto Fujimori）、8. 1996–1997 的烏克蘭總理拉查連柯（Pavlo Lazarenko）、9. 1997–2002 的尼加那瓜總統阿雷曼（Arnoldo Aleman）、10. 1998–2001 的菲律賓總統埃斯特拉達（Joseph Estrada）。這十大惡人都來自欠缺自由民主的威權體制，其中以印尼總統蘇哈托貪腐金額概估高達 15 至 35 兆美金，對照該國平均國民所得只有 695 美元，這樣龐大的貪腐金額實在令人瞠目結舌。

最後，如將臺灣廉政狀況放在全球脈絡下，以 2014 年 CPI 來做評比，我國尚屬中度清廉的國家。這樣的結論，在今日臺灣似乎很難獲得多數民眾的共鳴，或者仍不符合臺灣民眾的要求與期待。從過去幾年有關民眾對於政府廉潔度的調查顯示，民眾對於政府的改革仍有許多的期待，臺灣近幾年來的民主發展似乎並未帶來更廉潔的政府（Yu, Chen, Juang, and Hu, 2008）。下一節我們將從本土觀點來檢視臺

灣廉政治理狀況在民主化過程中的變化。

參、臺灣廉政治理

　　CPI 自 1995 年開始公佈，每年的結果均會激起國際社會與各國政府對於貪腐議題的重視。特別是近十年來，由於納入評比的國家與地區總數已然超過 150，在覆蓋率上達到一定水準之後，世界各國政府對於 CPI 的得分與排名更是十分重視，我國政府亦不例外。為能更精準評價與解讀臺灣的廉政治理績效，表五摘錄兩岸四地 2005 至 2014 十年間，CPI 之得分與排名，以提供跨域長期的比較資料。

表五　2005-2014 兩岸四地 CPI 得分與排名

	年	2005	2006	2007	2008	2009	2010	2011	2012	2013	2014
香港	排名	15	15	14	12	12	13	12	14	15	17
	得分	8.3	8.3	8.3	8.1	8.2	8.4	8.4	77	75	74
臺灣	排名	32	34	34	39	37	33	32	37	36	35
	得分	5.9	5.9	5.7	5.7	5.6	5.8	6.1	61	61	61
澳門	排名	N/A	26	34	43	43	46	46	N/A	N/A	N/A
	得分	N/A	6.6	5.7	5.4	5.3	5.0	5.1	N/A	N/A	N/A
中國	排名	78	70	72	72	79	78	75	80	80	100
	得分	3.2	3.3	3.5	3.6	3.6	3.5	3.6	39	40	36
評比國家與地區總數		159	163	180	180	180	178	183	176	177	175

資料來源：本研究彙整自國際透明組織網站所提供之 CPI 資料。

　　針對兩岸四地的廉政狀況，雖有論者主張中華文化有貪的基因，所以海峽兩岸一樣都貪（南方朔，2013），但從表五彙整的 CPI 得分與排名可以看出，兩岸四地有廉政評價很高的香港，也有位於中段班的臺灣與澳門，以及後段班的中國，呈現出不一樣的治理結果。由於貪腐問題受到不同政治、經濟、社會等制度與環境系絡因素的影響，每個區域的貪腐問題有其獨特性，因此，深入的跨域比較研究，便成為瞭解貪腐的重要工作（Quah, 2001）。近年來，聚焦廉政議題針對兩岸四地進行的比較研究，由於受到下列三個因素之影響，有日益受到學術界與實務界重視的趨勢。

　　第一，從比較研究希望能有豐富、多元、獨特個案的角度觀之，兩岸四地正符合此一標準。在這個區域，有宣稱五十年不變卻日益動盪的香港，有歷經民主轉型與民主赤字的臺灣，有深受賭場資本主義（casino capitalism）影響而廉政評價每下愈況的澳門，更有改革開放後現在高舉打貪大旗的中國，都充滿著許多貪腐治理難題與制度改革契機，成為全球學術界關注與研究的焦點地區（蘇毓昌、余致力，2012）。

　　其次，過往相關跨國研究指出，貪腐對經濟發展有極大的傷害，但東亞在近二十年的發展，特別是在中國，卻呈現出高度經濟發展與高度貪腐同時並存的弔詭情況（Kaufmann, 1997; Rock and Bonnett, 2004）。這樣的結果或許與 90 年代金融危機有關，但對於「東亞弔詭」的學術性探討，卻仍沒有一個令人滿意的解答與說明（Rock and Bonnett, 2004）。

　　第三，近年立基於社會互動理論（social interaction），強調人的行為會互相影響，進而推論貪腐活動有可能透過社會互動過程擴散的貪腐傳染（corruption contagion）研究之興起，更是強化了透過實證資料進行跨域比較的重要性（Goel and Nelson, 2007; Manski, 2000；廖興中、呂佩安，2013；廖興中，2014）。兩岸四地在臺灣民主化過程中，

從逐步開放到密切交流，究竟是產生了貪腐傳染的現象，還是促進了廉政建設標竿學習的效果，特別值得深入研究。

除了跨域比較外，聚焦於臺灣 CPI 資料的長期趨勢，亦可看出一些值得討論的變化。自 2005 年至 2011 年，臺灣 CPI 的得分介於 5.9 與 6.1 之間，2012 年改採百分制後，臺灣連續三年的得分都是 61，綜觀過去十年的排名，在 32 名至 39 名之間，變化不大。從得分來看，2005 年至 2009 年間，廉政評價逐年下滑，從 5.9 降至 5.6。由於 CPI 是一個落後指數，主要是測量過去兩年的廉政狀況，因此，2008 年與 2009 年的得分與排名，大致反映出臺灣在 2006 年至 2008 年陳水扁執政末期所爆發的諸多重大弊案。

2009 年起，臺灣 CPI 的得分與排名有止跌回升的現象，特別是 2011 年臺灣評比分數首次超過 6 分，達 6.1 分，全球排名第 32 名。該年國際透明組織對全球媒體發布的新聞稿也公開表示，臺灣是全球在清廉表現上有實質進步的五強之一。這樣的結果對提升臺灣的國際形象有正面助益，當然值得高興。然而，站在設定高標的立場，臺灣仍有努力精進的空間。

或許有人會質疑，這樣的評比數據究竟有何意義？是否精確？值得我們耗費這麼多心思去分析與解讀嗎？在此，首先要確立一個重要觀念，那就是在許多反貪倡廉的作為與策略當中，如何測量貪腐的嚴重程度，以及瞭解不同時空環境下的變化情形，是建立廉能政府的基礎工程之一，也是各國政府必須認真面對的政策議題（余致力、蘇毓昌，2011）。如果我們無法或不去測量貪腐的狀況，我們將無從得知所有廉政制度設計、政策倡議、興革作為的成效。更廣泛而言，Bahk（2002:124）即指出，廉政評價的目的在於：（1）對行政部門提出警告的訊息，致使行政部門採取行動；（2）引起社會關注、討論和教育大眾，期望帶動民間的參與達到集體行動的目的；（3）建立一個比較的基礎，以衡量未來與現在的改變，或衡量不同單位的差異，俾界定

出改革的順序；（4）透過證據的展現，將貪腐議題的爭論去政治化；（5）測量貪腐可以提供社會一個發聲的機會和強化地方自主，使民眾能更積極的參與反貪腐的行列。因此，貪腐測量是有其意義及必要性。

然而，貪腐能被測量嗎？特別是像 CPI 這種透過主觀印象的認知調查，所測量出的貪腐狀況究竟可不可信，向來是學術界與實務界討論的焦點（余致力、葛傳宇、蘇毓昌，2014; Lin and Yu, 2014）。常有論者主張，應該要用客觀資料來測量貪腐，這確實有必要，但未必就一定比運用主觀指標來的精確。事實上，如果是要進行跨國比較，客觀指標未必客觀。例如世界上部份極度貪腐的國家，由於其行政、立法、司法三大部門皆已形成共犯結構，所以在所謂的「客觀數據」上（例如：因貪腐被起訴、判刑人數），完全無法顯示貪腐的實際狀況，必須仰賴主觀的測評，甚至是國際的評比才能凸顯其貪腐的嚴重狀況，這也是為何國際跨國廉政評價多半以主觀測評為主的原因。

即便是對單一國家進行廉政評價，貪汙犯罪的統計資料有其黑數存在，在計算上充其量只能進行概略性的評估，透過客觀指標來評斷貪腐狀況也會陷入各說各話、沒有交集的情況。舉例而言，表六提供臺灣過去 21 年來貪瀆案件起訴資料，或許有人會從 1994–2014 年間的貪瀆不法金額，呈現出逐年遞減的情況，來評斷我國在民主轉型的二十餘年中，貪瀆問題已獲得實質改善。也或許有人並不同意，而依此資料推論貪瀆犯罪之智慧與技巧日益純熟，或是廉政機關執法能量每下愈況，導致貪瀆案件之偵辦成效不彰。總之，由於貪腐的神秘性與執法的複雜性，使得精確的客觀貪腐測量未必存在，因此，透過由下而上民眾的主觀認知來測量貪腐，仍有其存在的價值與功能（Yu, Chen, and Lin, 2013）。

由於主觀認知的廉政評價有其必要性，我國法務部自 1997 年起，幾乎每年都會針對民眾進行廉政民意調查，以瞭解民眾對政府整體與各類公職人員廉潔程度的評價，以及對廉政相關議題的看法（法務部

廉政署，2014）。該調查在電訪民調問卷設計有四個面向，一是一般認為影響廉政的不當行為，二是民眾對與廉政關係密切人員的一般觀感，三是民眾對政府機關中具廉政風險之業務人員的評價，四是民眾對政府廉政措施的評價。這份調查內容的豐富程度，當然遠勝於 CPI 的整體籠統評價，能讓我們更深入瞭解臺灣廉政治理的狀況。而經過將近二十年的調查，其所累積的時間序列資料，對於觀察臺灣民意在廉政相關議題上的長期變化與趨勢有莫大助益。

表六　地方法院檢察署偵辦列管貪瀆案件起訴資料（1994 年~2014 年）

年度	起訴件數	貪瀆案件起訴人員類別合計						不法金額
		人數總計	民意代表	高層簡任人員	中層薦任人員	基層委任人員	普通民眾	
83	693	1,715	363	95	346	503	408	3,761,364
84	609	1,335	16	54	250	605	410	6,493,436
85	665	1,546	28	73	363	553	529	5,369,560
86	678	1,513	67	69	289	590	498	11,681,238
87	522	1,340	60	62	234	596	388	2,999,803
88	493	1,206	73	52	209	436	436	1,584,303
89	518	1,339	146	62	280	390	461	4,838,575
90	585	1,737	120	122	373	706	416	5,916,553
91	605	1,278	61	50	270	339	558	7,210,219
92	640	1,276	65	75	206	406	524	6,716,360
93	414	920	68	51	148	307	346	2,657,351

94	468	1,299	55	64	179	352	649	1,363,136
95	543	1,668	65	85	268	445	805	1,109,644
96	559	1,862	49	149	325	362	977	1,989,674
97	534	1,932	64	140	359	401	968	1,523,103
98	484	1,607	45	84	234	433	811	1,266,674
99	394	1,209	40	80	177	297	615	633,216
100	375	1,063	48	62	197	250	506	466,288
101	441	1,119	28	88	278	281	444	530,862
102	400	1,299	50	90	289	308	562	617,564
103	476	1,648	42	79	285	439	803	1,032,094

資料來源：法務部（2016）。

　　表七彙整了過去十年臺灣民眾對七類公職人員的清廉程度評價資料，調查評分從 0 到 10 分，0 表示非常不清廉，10 表示非常清廉。如以 6 分做為及格門檻，七類人員過去十年在民眾廉政評價上，均未能達到此一門檻。就行政部門從十年整體平均分數來看，中央政府首長及主管 4.47 分，縣市政府首長及主管平均數 4.63 分，鄉鎮市公所首長及主管 4.47 分，一般公務人員 5.84 分，中央與地方首長及主管之清廉評價相去不遠，但明顯低於一般公務人員之評價。就民意機關部分，在目前的政府體制中，中央與地方共有三個層級的民意代表，從過去十年整體平均來看，立法委員 3.96 分，縣市議員 4.07 分，鄉鎮市民代表 4.27 分，比起行政部門四類人員的評價都低，其中以立法委員的清廉評價最低。如果將這些資料運用委託代理理論的框架來進行一些比較分析，或許會對於臺灣民主發展提供一些反思與啟發。

表七　2005-2014 臺灣公職人員清廉程度評價

人員類別	2005	2006	2007	2008	2009	2010	2011	2012	2013	2014	歷年平均
中央政府首長及主管	4.73	3.83	4.33	N/A	4.77	4.92	4.84	4.68	3.91	4.26	4.47
縣市政府首長及主管	4.78	4.44	4.56	4.72	4.76	4.85	4.92	4.77	4.08	4.39	4.63
鄉鎮市首長及主管	4.46	4.35	4.43	4.63	4.66	4.64	4.67	4.63	3.98	4.22	4.47
一般公務人員	5.83	5.83	5.95	5.80	5.72	5.87	5.87	5.97	5.62	5.90	5.84
立法委員	3.95	3.65	3.81	4.04	4.07	4.37	4.19	4.09	3.50	3.95	3.96
縣市議員	4.07	3.91	3.99	4.15	4.13	4.48	4.21	4.14	3.64	4.01	4.07
鄉鎮市民代表	4.32	4.27	4.25	4.36	4.40	4.50	4.29	4.35	3.87	4.08	4.27

資料來源：法務部廉政署（2014:93）。
說明：歷年進行電訪時間均為 6-7 月間，惟 2014 年為 10 月進行調查。2008 年因政黨輪替，故未針對中央政府首長及主管進行評價。

　　國際透明組織將貪腐界定為：「濫用受委託的權力謀取私利」（the misuse of entrusted power for private benefit; Pope, 2000:2）。究其本質，乃是學界長期所思考探討的委託人與代理人問題（余致力，2006）。根據委託人與代理人理論，民主政治與國家治理的委託代理關係可以區分為三個層次（詳圖二）。第一個層次是人民投票選出民選首長與民意代表，人民為委託人，民選公職人員為代理人；第二個層次是民選首長遴選、任命政務官員，並委託其執行公務及加以課責；第三個層次是政務官員向常任文官課責，前者是後者的委託人，後者則為前者的代理人。

人民　→　民選公職　→　政務人員　→　常任文官

圖二　民主治理的委託代理關係
資料來源：余致力 (2006:167)。

　　透過委託人與代理人理論，可幫助我們瞭解人民、民選公職人員、政務官員和常任文官之間的關係，而委託人與代理人之間最大的問題在於：如果制度設計不當，則代理人未必忠於委託人之意旨與利益，極有可能濫用受委託的權力以謀取私利。Klitgaard（1988）即指出，如果制度設計是讓代理人擁有獨佔的權力（monopoly power）與過多的裁量（discretion），再加上缺乏課責（accountability）時，貪腐自然產生。

　　如以我國中央政府為例套用委託代理人理論，立法委員就是由人民直接選出，屬於第一層代理人，中央政府首長及主管可以算是第二層代理人，一般公務人員則是第三層代理人。從表七中將這三類人員過去十年的清廉程度評價繪圖呈現後，可以明顯看出民眾對於他們自己選出來第一層代理人的清廉程度最為不滿，第二層代理人中央政府首長及主管居中，但其清廉評價與立法委員相近，第三層代理人常任文官的清廉評價則相對較佳（詳圖三）。

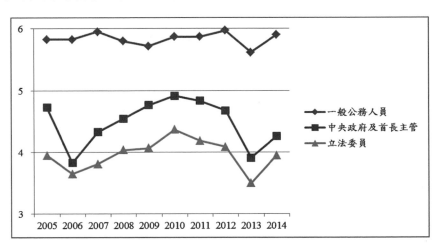

圖三　中央政府三級代理人清廉程度評價

資料來源：依據表七資料繪製。

　　為何民眾對立法委員、中央政府首長及主管的清廉程度,給予相對不良的評價?誠然,由於立法委員與政務領導位高權重,動見觀瞻,一旦涉入貪腐案件,必定引起媒體的大幅報導,自然影響民眾對其廉潔程度的認知與評價。當前網際網路與社群媒體的興起,更是加速與擴大這類負面資訊的傳播與擴散,古人所云「壞事傳千里」已不足以形容二十一世紀臺灣的現況了。圖三中2006年與2013年對於中央政府首長及主管的清廉程度評價,呈現出的暴跌狀況,就是最好的例證。然而,除了從媒體效應來解釋這樣的現象外,我們也應該深切檢討我國民主政治運作的制度設計,是否如Klitgaard(1988)所言,給了這些代理人擁有獨佔的權力,過多的裁量,又未能建立完善的課責機制,進而容易孳生貪腐。

　　在法部務廉政民意調查中,另外有針對影響廉政之四種不當行為的嚴重程度予以評價,分別為紅包文化、關說行為、選舉賄選與金權掛勾,評分從0到10分,分數越高表示越嚴重,其原始問卷題目如下(法務部廉政署,2014):

1. 請問您認為一般民眾到公家機關辦事情,送紅包給公務人員的情形嚴不嚴重。

2. 請問您認為一般民眾到公家機關辦事情不順利時,找人去關說的情形嚴不嚴重?

3. 請問您認為我們臺灣的選舉,賄選的情形嚴不嚴重?

4. 在您看來,企業用送錢或提供好處的方式,來影響政府政策的情形嚴不嚴重?

　　調查結果顯示,金權掛勾,也就是企業用送錢或提供好處的方式,來影響政府政策的情形最為嚴重,得分7.44。臺灣賄選的現象得分6.55,嚴重程度為第二位。關說行為得分5.37,紅包文化得分3.94,分別名列第三、第四。此一調查結果與過去調查結果比較,排序沒有

變化。選舉買票需要龐大的資金，這些資金經常從企業財團手中透過政治獻金名義取得，這種「前金」為日後透過執政埋下了「後謝」的種子，給了企業財團左右民選公職與政務領導的機會。即便不是賄選買票，臺灣的選舉所需要投入的龐大資源，也使多數參選者必須仰賴企業財團的挹注，致使部分政治人物在當選就任後，在問政與執政過程中，偏向企業財團的利益，甚至成為企業尋租（rent seeking）的幫兇，以期鞏固與擴建人脈，在未來選舉中獲取資助。這樣的民主亂象，應是臺灣民眾對民選公職與政務領導廉政評價不高的主要原因，顯示我國在民主化過程中，選舉賄選與金權掛勾的情形亟待改善，這將是決定我國民主鞏固與廉政躍昇的關鍵要素。

肆、結語

廉潔是對一個政府的最基本要求。如果政府的施政缺乏廉潔的基準，則吏治不清、官箴不正、弊病叢生，人民對政府的信任感必然為之下降，國家的整體治理亦將產生危機。有鑑於此，當代許多國家莫不專心致力於廉政工作的推動與維持，期盼能打造一個廉能政府，達到為民服務的使命。然而，貪腐是一項歷史久遠、全球普及的社會病態行為，從來沒有一個國家或社會能夠徹底解決此一治理難題。因此，貪腐遂成為產官學界、大眾傳媒與公民社會長期以來所關切的議題。1993 年成立的國際透明組織便是在這樣的背景下所創設，透過結盟與倡議，在全球各地推動反貪倡廉的工作，運用 CPI 進行全球廉政評價。

我國二十餘年的民主化過程，讓臺灣在創造經濟奇蹟之後再創政治奇蹟，2000 年的和平政黨輪替，更被譽為第三波民主化的最佳案例。然而，我國在民主轉型後所產生的惡質選舉與金權掛勾現象，造成政治貪腐有日益猖獗的趨勢，顯示出臺灣的民主發展必須重新思考內涵與校正方向，才能避免陷入治理困境、產生民主赤字。在諸多應興應革的議程中，如何強化廉政治理應屬重要且迫切之課題。在此針對臺

灣民主發展與廉政治理提出三點總結性的觀察與建言。

第一，從全球化的觀點可以發現，民主體制與清廉狀況間的正向關係，特別是有助於防止產生長期壟斷的嚴重貪腐狀況。然而，民主政體卻也未必保證清廉，尤其是新興民主國家，如果沒有完善健全的反貪倡廉策略與相關配套作為，在民主轉型過程中的動盪，反而成了貪腐孳生的溫床。在此，國際透明運動所強調的透明價值，特別值得我們重視。透明是廉政最佳的防腐劑，因為黑箱作業，暗室密謀向來容易孳生腐敗，如果所有政治運作與政策抉擇都是攤在陽光下進行，或是預知未來有一天會被揭發公開檢驗，那所有政治參與者必定會更加審慎嚴謹來檢視自己的決策與作為，更不敢有濫用權力牟取私利的念頭。因此，在民主轉型發展中的臺灣，應如何提升政治運作與政府施政的透明程度，將是未來的重要工作。

其次，臺灣的廉政狀況從國外菁英透過望遠鏡觀察的 CPI 評價看來，表現並不差，在全球脈絡下，屬於中度廉潔國家。然而，我國民眾用顯微鏡檢視臺灣廉政狀況，則產生並不相同的看法，對於臺灣過去二十年來民主轉型過程中，政府的廉潔狀況並不滿意，這樣的落差當然值得探討與釐清。在過往有關主觀評價的研究中，最常看到世界各國部份政治領導人與政府官員，在面對廉政主觀評價不佳時的反應是：「我們已經非常努力推動廉政工作，而從許多客觀數據上也呈現進步的趨勢，民眾可能不瞭解，民眾的主觀認知不盡可信。」此一說法有時雖不無道理，民眾主觀認知與實際狀況可能真的存在落差，但這樣的主觀感受，政府若不能有效予以回應，則絕對會造成人民對政府的不信任，甚至產生治理困境與危機。是以，我國政府對民眾的主觀廉政評價結果絕不能掉以輕心，對於貪腐所引爆的民怨，更是要嚴肅面對。而學術社群對於廉政評價的研究，也應該投注更多的心力與資源，以期提升測量的信度與效度。

最後，有關廉政概念有一個普遍性的誤解與誤用，那就是將廉政

等同於肅貪，而以為廉政建設的重點就在查察貪腐，摘奸發伏。事實上，肅貪只是廉政建設的一部份，而且在越民主先進的國家，它所占的比例也越低。完整的廉政建設必須包含防貪、反貪與肅貪三個部份。防貪強調制度設計與流程再造，反貪重視教育宣導與文化形塑，是屬於廉政建設的中上游工作，而肅貪則是在這些中上游工作失利或不足時的下游工作。能打老虎、抓貪官，固然是大快人心並產生警惕與嚇阻的作用，但如果預防工作能奏效，進而減少貪官產生的頻率以及貪腐造成的衝擊，那才是廉政建設的終極目標。臺灣在民主轉型的二十年間，有多起政治人物與政府高官涉貪重大案件之破獲，從正面的角度觀之，顯示我國在民主化後廉政權責機關辦案的獨立性與自主性，值得肯定與嘉許，但卻也顯示我國廉政建設，在防貪與反貪上游工作上的缺憾。誠然，在預防貪瀆尚無法竟其功的情況下，廉政權責機關仍應著重貪瀆案件之破獲，並提升案件的定罪率，使貪瀆者無法逍遙法外（no impunity）。但更重要的是，廉政權責機關應於重大案件破獲後，從個別事件中，找出系統與結構層面之啟發，即時配合推動相關的防貪與反貪作為，做好更重要的上游預防工作。

　　總結而言，回顧臺灣民主轉型近二十年的發展軌跡，可見看到貪污腐敗左右民心的向背與影響政權的得失。今日之臺灣，在歷經解除戒嚴、開放選舉、政黨輪替等政治變革，由威權體制轉型為民主政治的過程後，必須更進一步思考如何邁入民主鞏固的階段，達到良善治理的境界。在此關鍵時刻，期盼我國未來的廉政發展，能夠強化全民的反貪教育，改變「潛規則」、終結「歷史共業」，重塑廉潔文化，使臺灣能成為全球第三波民主化中名符其實的典範案例。

參考書目

丘昌泰（1999）。〈民主化對國家競爭力之衝擊與因應之道〉，「民主化對經濟發展之衝擊與因應之道研討會」論文。台北：台大法學院，4 月 24 日。

朱雲漢（1999）。〈民主化對經濟政策制訂的衝擊與因應之道〉，「民主化對經濟發展之衝擊與因應之道研討會」論文。台北：台大法學院，4 月 24 日。

余致力（2000），〈論公共行政在民主治理過程中的正當角色：黑堡宣言的內涵、定位與啟示〉，《公共行政學報》，第 4 期，頁 1-29。

＿＿＿（2006）。〈倡廉反貪與民主治理〉，《臺灣民主季刊》，第 3 卷，第 3 期，頁 165-176。

余致力、蘇毓昌（2011）。〈國家廉政體系與測量〉，余致力（主編），《廉政與治理》，頁 4-27。台北：智勝。

余致力、葛傳宇、蘇毓昌（2014）。《廉政權責機關整體運作成效與精進策略之研究》。台北：國家發展委員會。

李建強、周宜巍（2009）。〈新聞自由對貪污的影響：全球資料的實證研究〉，《中華傳播學刊》，第 16 期，頁 131-174。

沈中華、蔡淵禮（2011）。〈貪污對銀行海外投資的影響〉，《管理學報》，第 28 卷，第 2 期，頁 127-143。

林宗弘、韓佳（2008）。〈政治貪腐的制度理論：以亞洲各國為例的分析〉，《臺灣政治學刊》，第 12 卷，第 1 期，頁 53-99。

法務部（2005）。《法務部九十四年度台灣地區廉政指標民意調查報告書》。台北：法務部。

＿＿＿（2006）。《法務部九十五年度台灣地區廉政指標民意調查第一次調查報告書》。台北：法務部。

＿＿＿（2007）。《96 年台灣地區廉政指標民意調查第一次調查報告書》。台北：法務部。

＿＿＿（2008）。《97 年台灣地區廉政指標民意調查第一次調查報告書》。台北：法務部。

＿＿＿（2009）。《98 年台灣地區廉政指標民意調查第一次調查報告書》。台北：法務部。

＿＿＿（2010）。《99 年台灣地區廉政指標民意調查第一次調查報告書》。台北：法務部。

＿＿＿（2011）。《台灣地區廉政指標民意第一次調查報告書》。台北：法務部。

＿＿＿（2016）。〈地方法院檢察署偵辦列管貪瀆案件起訴情形〉，《法務統計》。http://www.rjsd.moj.gov.tw/rjsdweb/common/WebList3_Report.aspx?list_id=850。2016/3/10。

法務部廉政署（2012）。《101年廉政民意調查及指標研究》。台北：法務部廉政署。

＿＿＿（2013）。《102廉政民調調查及機關廉政評鑑》。台北：法務部廉政署。

＿＿＿（2014）。《103廉政民意報告書》。台北：法務部廉政署。

南方朔（2013）。〈中國文化有貪的基因〉，《天下雜誌》，第521期，頁22。

張佑宗、朱雲漢（2013）。〈威權韌性與民主赤字：21世紀初葉民主化研究的趨勢與前瞻〉。吳玉山、林繼文、冷則剛主編，《政治學的回顧與前瞻》，頁121-150。台北：五南。

陳偉華、胡龍騰、余致力（2011）。〈聯合國反貪腐公約與我國廉政法制〉，余致力（主編），《廉政與治理》，頁290-304。台北：智勝。

彭立忠、張裕衢（2007）。〈華人四地貪腐程度之比較－以「貪腐成因」為分析途徑〉，《公共行政學報》，第24期，頁103-135。

廖興中（2014）。〈全球貪腐傳染之空間分析：以世界銀行貪腐控制指數為例〉，《公共行政學報》，第46期，頁1-28。

廖興中、呂佩安（2013）。〈臺灣縣市政府貪腐現象之空間自相關分析〉，《臺灣民主季刊》，第10卷，第2期，頁39-72。

蕭全政（1999）。〈台灣民主化對政府經濟和社會職能挑戰與因應〉，「民主化對經濟發展之衝擊與因應之道研討會」論文。台北：台大法學院，4月24日。

蘇毓昌、余致力（2012）。〈廉政與治理：公共管理的迫切議題與新興範式〉，《復旦公共行政評論》，第九輯，頁150-168。

Bahk, Jaewan (2002). "The Anti-Corruption Index: A Cornerstone of Controlling Corruption.". In Marc Holzer and Byong-Joon. Kim (eds.), *Building Good Governance: Reforms in Seoul* (pp. 117-138). Newark, N.J.: Rutgers University.

Bohara, Alok, Neil Mitchell, and Carl Mittendorff (2004). "Compound Democracy and the Control of Corruption: A Cross-Country Investigation." *Policy Studies Journal*, Vol. 32, No. 4:481-499.

Colazingari, Silvia and Susan Rose-Ackerman (1998). "Corruption in a Paternalistic Democracy: Lessons form Italy for Latin America." *Political Science Quarterly*, Vol. 113, No. 3:447-470.

Freedom House (2014). "*Freedom in the World 2014.*" https://freedomhouse.org/sites/default/files/FIW2014%20Booklet.pdf. (accessed March 5, 2015)

Goel, Rajeev K. and Michael Arnold Nelson (2007). "Are Corrupt Acts Contagious? Evidence from the United States." *Journal of Policy Modeling*, Vol. 29, No. 6:839-50.

Kaufmann, Daniel (1997). "Corruption: The Facts." *Foreign Policy*, No. 107:114-131.

Klitgaard, Robert (1988). *Controlling Corruption*. Berkeley, CA: University of California Press.

Lin, Min-wei and Chilik Yu (2014). "Can Corruption Be Measured? Global versus Local Perceptions of Corruption in East and Southeast Asia." *Journal of Comparative Policy Analysis: Research and Practice*, Vol. 16, No. 2:140-157.

Manski, Charles F. (2000). "Economic Analysis of Social Interactions." *Journal of Economic Perspectives*, Vol. 14, No. 3:115-36.

Olaya, Juanita (2006). *TI Global Corruption Measurement Tools*. Berlin: Transparency International.

Pope, Jeremy (2000). *Confronting Corruption: The Elements of a National Integrity System*. Berlin: Transparency International.

Quah, Jon S. T. (2001). "Combating Corruption in the Asia Pacific Region." In Gerald Caiden, O. P. Dwivedi, and Joseph Jabbra (eds.), *Where Corruption Lives* (pp. 131-144). Bloomfield, CT: Kumarian Press.

Rigger, Shelley (2004). "Taiwan's Best-case Democratization." *Orbis*, Vol. 48, No. 2:285-292.

Rock, Michael and Heidi Bonnett (2004). "The Comparative Politics of Corruption: Accounting for the East Asian Paradox in Empirical Studies of Corruption, Growth and Investment." *World Development*, Vol. 32, No. 6:999-1017.

Transparency International (2014). *Corruption Perceptions Index 2014*. http://www.transparency.org/cpi2014. (accessed March 5, 2015).

————— (2016). "Overview." Corruption perceptions index. http://www.transparency.org/research/cpi/overview%20. (accessed April 10, 2015).

Yu, Chilik, Chun-ming Chen and Min-wei Lin. (2013). "Corruption Perception in Taiwan: Reflections upon a Bottom-up Citizen Perspective." *Journal of Contemporary China*, Vol. 22, No. 79:56-76.

Yu, Chilik, Chun-ming Chen, Wen-jong Juang, and Lung-teng Hu (2008). "Does Democracy Breed Integrity? Corruption in Taiwan during the Democratic Transformation Period." *Crime, Law and Social Change*, Vol. 49, No. 3:167-184.

Transparency International Movement and Taiwan's Integrity Governance

Chilik Yu [*]

Abstract

The process of democratic transformation has been officially started in Taiwan since 1987, when the 40 year-old Martial Law was lifted. In 1996, the ROC President was directly elected for the first time, producing another important milestone in Taiwan's democratization process. In May 2000, when the KMT peacefully handed over the presidency to the DPP after controlling the central government for 50 years, Taiwan's progress in democratization was described as one of the best cases among the third-wave democracies. Does Taiwan's democratic transformation really deserve to be described as one of the best third-wave democratization cases? Particularly on the problem of corruption, does democracy necessarily breed integrity in government? The purpose of this chapter is to explore these two questions from a global perspective and to provide some suggestions for Taiwan's integrity governance and democratic development in the future.

Keywords: Transparency International, corruption, integrity, governance, democracy.

* **Chilik Yu** is Professor of Department of Public Policy and Management, Shih Hsin University. His major research interests include public administration and management, communication and public policy, integrity and governance.

臺灣民主之
反思與前瞻

臺灣民主化後的媒介與政治（1996-2015）

彭懷恩 [*]

世新大學

摘 要

　　臺灣 1996 年總統直選後迄今，媒體與政治的關係，是本論文探討的主題。根據研究，歸納有三個重點：

1. 臺灣民主化後，國家機關對新聞媒體的干預，雖然已大幅減少，但仍帶有威權主義的遺緒。此外，媒體的自由化並不全然有利於民主政治健全發展。

2. 臺灣民主化導致媒介解禁，但政治勢力退出後，財團壟斷的趨勢惡化，導致民間媒體改造的呼聲日益高漲。

3. 由於新傳播科技的進步，無論是電腦網路、行動媒體、社群媒體都影響到臺灣政治參與，甚至取代傳統的政黨及社會運動的動員。

關鍵詞：政治傳播、民主赤字、媒介政治經濟學、媒體改造、新媒介政治

＊彭懷恩　世新大學新聞傳播學院院長，新聞系教授、著作包括臺灣發展的政治經濟分析、中華民國政府與政治、政治傳播與溝通、競選傳播、媒介政治等，研究領域為比較政治及政治傳播。

壹、導論

「臺灣民主化後的媒體」究竟在政治上扮演怎樣的角色？發揮怎樣的功能？這問題是本論文要探討的主題。在臺灣，政治與媒體的關係是政治人物及公民皆關注的主題，每天電視新聞台都有一連串的談話性節目，幾乎都是圍繞著政治人物或事件來討論，顯見有相當多的人關心政治。可是，臺灣學界對於台灣政治與媒體的相關研究無論是論文或書籍相對不多（朱雲漢，2012；蔡明燁 [譯]，Rawnsley, Gary and Ming-yeh Tsai Rawnsley [原著]，2003；彭懷恩，2011）。

根據張佑宗、朱雲漢（2013）的研究，從 1990 年到 2012 年有關臺灣民主化研究之重要學術論文（TSSCI）共有 151 篇，其中有近一半是民主轉型 74 篇，其他民主鞏固 30 篇，民主品質 27 篇，威權韌性 20 篇，主題與媒體相關的只有 4 篇。可能是因為這主題涉及到政治學及傳播學，因此，成為雙方都忽視的對象。

根據學者李金銓（2004）的分析：「臺灣從 1949 到 1986 年戒嚴時期受制於寡頭結構的政治生態。……臺灣當局當年以戒嚴之名，鎮壓大眾參與；聲稱政治穩定是經濟發展的前提。反共必須有統一的領導。媒介是國家意識型態的機器。當局壟斷黨政軍的，『三結合』，控制龐大的言論喉舌，並吸納私營媒體為意理的輔助機構。如同拉丁美洲的官僚威權模式」。

但隨著民主第三波潮流，臺灣逐步的完成了國會全面改選，1996 年總統的直選，甚至在 2000 年 3 月總統大選，在野民主進步黨取代了掌握 50 年統治歷史的中國國民黨，完成了第一次的政黨輪替。

然而，就如 Rawnsley 指出：「中華民國的政治轉型，並未解決所有過去即已浮現的弊端，媒體在社會上的地位不僅未達到理想境界，更因民主化而揭露了其他問題，例如節目品質因市場競爭而下滑，同時新聞記者繼續受到政府機關的威迫。媒體永難享有絕對的自由，

即使當他們能在結構上置身於國家之外，他們也將受限市場壓力」
（蔡明燁 [譯]，Rawnsley, Gary and Ming-yeh Tsai Rawnsley [原著]，
2003）。

　　本文是探討 1996 年迄今，臺灣在民主鞏固階段的 20 年媒體與政
治的複雜關係，作者希望能夠探討以下三個問題：

一、臺灣民主化之後，媒體在政治體系中角色發生怎樣的改變？對於
　　民主鞏固是利是弊？

二、隨著黨政軍退出媒體之後，私營企業如何插手，進而產生怎樣的
　　影響？

三、本世紀資訊科技新媒介又如何衝擊政治體系，改變了政治？

貳、政治與媒介的相關理論

　　早在西元前 350 年，亞里斯多德在《修辭學》中即對政治信息如
何影響公眾對於不同事件的態度進行討論。1513 年馬基維里在《君王
論》中，主張用政治信息來推進政治目標的統治方式，以維護政權。
但將政治傳播成為社會科學研究領域，是遲至 20 世紀之事，拉斯威
爾（Harold Lasswell, 1927）在《世界大戰的宣傳技巧》（Propaganda
Technique in the World War）博士論文，開啟了媒體與政治的經驗性
研究。戰後杜意許（Karl Deutsch, 1963）進一步在《政府的神經：政
治傳播與控制的模式》（The Nerves of Government: Models of Political
Communication and Control），提出了分析政治傳播的架構。1960 年
代以後，政治傳播進入實證研究階段，主要是研究大眾媒介如何影響
選民的投票行為。這研究方向一直是政治傳播的主流典範。

　　直到 1980 年代以後，政治傳播才是走向多元發展，開始採用制
度主義及文化研究等理論，使政治傳播進入了後實證主義時期，有關
本論文的三個問題的政治傳播理論，以下將分三個小節，加以簡要的

回顧，分別是（1）媒介與民主；（2）媒介政治經濟學；（3）新媒介
政治。

一、媒介與民主

Sarah Oates（2008）指出：「在研究媒介與政治這主題時，其中
一個最重要的面向，就是我們必須非常清楚是在對哪一個關係中的因
素進行分析，尤其我們必須釐清我們檢視的，究竟是媒介對政治所產
生的影響，抑或是政治體制對大眾媒介所產生的影響」。假如我們把
這段文字中的政治改為民主，也依然適用。

在探討媒介與民主的關係，20世紀重要的學者如R. Dahl（1989）、
J. Habermas（1989）與J. Keane（1991）等皆同意在推動公民社會中，
媒介扮演非常重要角色。Dahl（1989）在民主的定義中視意見表達自
由、媒體自由為公民社會的重要組成因素。Habermas（1989）認為大
眾媒介提供公共領域，公民可以就改革進行討論辯論，以形塑公民社
會。Keane（1991）回顧民主革命的歷史，發現民主化爭取到新聞自由，
而新聞自由進一步捍衛了民主。

在1970年開始的第三波民主化迄今，許多國家已揚棄了極權主
義或威權主義政體，改採民主政體，這世界已經有一半以上國家實行
程度不一的民主（Sorensen, 1998）。也因此，研究民主何以出現，
民主化的動態等，成為政治學研究的重要課題，從《臺灣民主季刊》
（Taiwan Democracy Quarterly）的內容就可以了解。在民主化的過程
中，媒體也是扮演重要的角色，但是這方面的研究就相對的少（Norris,
2004; Randall, 1998）。

21世紀開始，全球民主化的發展已逐漸緩慢，直到2010年12月
17日突尼西亞爆發出的「阿拉伯之春」，引發北非與中東國家的民主
化浪潮，再次引發世人注目，可是其後的政治轉型並未朝向民主鞏固
方向發展（Puddington, 2012）。因此，對於「民主蕭條」（democratic
recession）或民主品質（the quality of democracy）的探討，提供我們

更多的思考（Schudson, 2008；羅世宏，2015）。

　　例如 Norris（2011）的研究，對媒體角色提出批判性的觀點。這位哈佛大學教授近年來關注民主國家的媒體與選舉主題，在所編的《批判公民》（Critical Citizens），探討民主品質的負面發展，即「民主赤字」（democratic deficit）問題，認為媒體要負相當責任。他分析民主赤字的三個階段成因：需求面（demand side）、媒介（intermediary）、供給面（supply side）。在第二階段媒介原本應扮演的公民學習民主的角色，惟因新聞媒介與網路媒介揭露政府的負面資訊，造成公民對現狀之不滿，激化了批判公民的出現。印度裔學者 Daya Kishan Thussu（2005）討論第三世界民主化國家新聞與民主的關係，發出了「媒介多元或民主赤字」（Media plurality or democratic deficit?）的疑問。

　　以上簡述學者對媒介與民主的理論觀點，將在本文分析民主化臺灣的媒介與政治關係，進一步思考。

二、媒介政治經濟學

　　誠如學者所述：「綜觀人類史，對於知識與文化的控制都與財富及政治權力的掌控脫不了關係。要了解歷史上任何傳播系統，都必須從當時的政經脈絡去理解」（Mosco, 1996; Bettig and Hall, 2012）。

　　如傳播學者 Robert W. McChesney（2008）所述：「傳播的政治經濟學始終是居於少數不被重視的地位。」但民主國家研究媒體，是不能不考慮其背後的錢與權的因素（Herman and Chomsky, 1988；馮建三，1992）。馬奎爾（Denis McQuail, 2005）將影響媒介機構的社會力量（social forces），分為經濟壓力（economic pressures）與社會／政治壓力（social and political pressures），強調研究大眾傳播是不能忽視政治經濟的作用力。

　　傳播政治經濟學始終有自由市場的經驗論與馬克思主義的批判學派，前者強調市場是有效率的，就如弋梅里（Douglas Gomery）所說：

「高效率的運作代表了任何企業的最佳狀態，也常常是企業的唯一目標，甚至是那些對民主以及對反映人們生活質量的大眾傳播和大眾娛樂至關重要的企業也是如此」（Compaine and Gomery, 2000）。從自由市場的角度，通過市場的自主機制，如果民眾欲求特定的內容，則競爭會促使媒體企業提供。只要政府不試圖干預媒體經營，這系統可以正常運作，提供多元而豐富的內容（McChesney, 2004）。

從政治經濟學的批判學說觀點，民主國家的媒體在市場競爭的壓力下呈現下列的缺失：

（一）企業威脅言論自由

雖然美國基於憲法第一修正案並未直接管控言論及出版自由，但學者問道：「一個將文化及資訊視為商品的系統，是否能滿足民主自治國家的需求？」（Bettig and Hall, 2012）。

政治傳播下的訊息，在威權時代是受到專制獨裁當局的限制，到民主時代卻要面臨到企業集團的威脅。學者指出：「商業新聞體系幾乎與公共服務或社會責任格格不入，如果我們揭開言論自由的面紗，會發現企業用第一修正案做保護傘，很多不是為了保護他們發表有政治風險的自由，而是為了保護他們放棄服務公眾利益而追求利潤的行為」（McChesney, 2004）。

（二）唯利是圖，收視率掛帥

班尼特（W. Lance Bennett）在《新聞：政治的幻象》（News: The Politics of Illusion）書中進一步說：「現在的口頭禪是『市場自由』，對絕大多數的管理企業的人來說，這意味著利潤至高無上。某些內容不能吸引觀眾，因此媒體開始削減新聞從業人員和駐國外的機構，一切以收視率進行調整」（Bennett, 2005）。

（三）追求利潤的新聞

資本主義下的媒體，報紙、雜誌、廣告、電視與網路媒體，都仰

賴廣告主的垂青，因此新聞與廣告之間演變出錯綜複雜的關係，廣告也直接或間接的對新聞的內容產生影響，這情況並不因新媒介的出現而改變（Bettig and Hall, 2012）。這現象，我們可以稱之為新聞商品化（Bennett, 2005）。

　　學者指出：新聞商品化就是將資訊集結整合成為販賣給讀者的商品，而這些讀者的注意力，再被販賣給廣告主，然後獲得利潤（Bettig and Hall, 2012）。

　　根據研究，新聞媒體從廣告獲得的收益是，報紙占八成，雜誌約五、六成，廣播與電視百分之百，有線電視頻道左右逢源，一方面向新戶收取訂閱費，也販賣廣告時段。但更重要的是，我們用以獲取新聞，了解世界的主要管道，是來自媒體壟斷的企業（Bettig and Hall, 2012）。

　　雖然美國新聞界強調的價值觀包括了：公正平衡報導、以調查新聞揭發真相及扮演看門狗的角色。但在學者的眼中，兩面俱陳實則包藏支持權貴的意識型態，四處搜索的調查性報導只是做做樣子，而看門狗的角色老早被栓住了（Bettig and Hall, 2012）。主要原因還是商業考慮，即收視率。假如閱聽大眾沒興趣，廣告商當然就不刊登，媒體新聞守門人也就對新聞責任虛應故事了（彭懷恩，2015）。

　　因為新聞報導的工作要考慮成本、效率及閱聽人的反應。特別是市場下滑的報紙，越來愈少人去關心報紙是否還能為讀者提供豐富的信息，所以，懂得市場的報紙都必須按照讀者喜歡看的原則，進行規畫採訪、報導。新聞編輯室已經分不清新聞理想與市場法則了。在1990年代，《洛杉磯時報》進行一項革命性的嘗試，把行銷專家和編輯人員放在報紙的同一部門，在新的體系下，報社按照市場需要而進行新聞設計，新聞和市場之間原本該存在的壁壘就被移除（Bennett, 2005）。

三、新媒介與政治

（一）新媒介與政治傳播

所謂新媒介最根本的面向是數位化（digitalization），透過數位化，所有的「文本」（text）可以採用同樣生產、分配、與儲存的資訊過程，這即使大眾媒介趨於「匯合」（convergence），而成為電腦網路上傳播過程。

網路傳播新科技所帶來的政治影響，最為學者重視的是新媒體與民主的關係（彭芸，2002），網路民主（cyber democracy）應運而生，網路民主又稱數位民主（digital democracy），其定義是：

「利用各種型式的媒介（網際網路、互動廣播電視及數位化電話）中資訊傳播科技（ICT）及電腦中介傳播（CMC）來促進政治的民主或民主傳播中公民的參與」（Hacker and van Dijk, 2000）。

Hacker 與 van Dijk（2000）界定數位民主的方式是，希望與傳統「類比」的政治實踐做個區隔，利用資訊傳播科技及電腦中介傳播，可突破時、空及其他物理條件的障礙，明確地在網路等電子數位化傳輸的特性上。

關於網路出現，對政治傳播的功能，湯比寧（Tambini, 1999）提出四點：（1）資訊的供給／接近；（2）民意偏好的測量；（3）審議民主的論壇；（4）促進政治結社。

政治本質上就涉及到團體的過程，民主政治更強調多元政治，即多元團體的政治參與。在網路社會，此種結社的方式更為容易。湯比寧認為電腦中介傳播對動員的影響有三方面：（1）為動員的費用（即宣傳）；（2）網路的後勤（尋找志同道合的人）；（3）污名或非法性（如秘密動員的需要）（Fox and Ramos, 2012）。

惟就網路社群的分析，諸多在政府以外組成的網路社群，是完全超過政府掌控的範圍，最明顯的例子即鼓吹納粹等種族主義（racism）

的網上組織，或一些利用網路的恐怖主義組織（林俊宏譯，2016）。

此外海伍德（Andrew Heywood）批評：「電子式的參與衍生選舉舞弊與不法的可能性增加……，電子民主將民主的程序轉換成公民坐在客廳裡進行的一連串按鈕表決，削弱了政治參與的公眾面向，民主的公民權也被簡化為一系列的消費者選擇」（Heywood, 2002）。更令人憂心的是，網路上的匿名攻擊，言辭非常惡毒，完全無法實踐哈伯瑪斯（J. Habermas）的將大眾媒體視為公共領域，提供審議民主論壇的網路共和國（Sunstein, 2001）。

（二）網路與政治抗議

2011 年春發生在北非突尼西亞的一場悲劇事件，即為透過手機、網路的消息擴散，居然引發了「茉莉花革命」。

事情發生於 2010 年 12 月 17 日，一名 26 歲青年布瓦吉吉（Mohamed Bouazizi）因失業擺攤，卻被警察取締，憤而自焚，此事件透過手機照片傳送，觸發境內大規模街頭示威及爭取民主運動，導致總統班阿里政權的倒台。同時對鄰近的國家如阿爾及利亞、埃及、利比亞形成骨牌效應的影響，締造了所謂的「阿拉伯之春」，此名詞被定義為「熟悉網際網路、期望和世界其它大部分地區一樣，享有基本民主權利的年輕一代」之爭取民主化運動（Carvin, 2013）。

為什麼網路的新科技會產生如此巨大的政治變革力量呢？學者 Sarah Oates 分析：

網路不只提供一個新聞發佈系統而已，其更提供了：

1. 一個低成本（通常幾乎是零成本）的資訊發佈功能，其潛在觀眾群人數沒有上限且遍佈全球；

2. 潛在地免於編輯上過濾及控制自由；

3. 免於國家媒介控制的相對自由、及建立全球觀眾群的能力；

4. 一個使人們能夠輕鬆地從新聞消費者，轉換成新聞產製者的互動式環境（Oates, 2008）。

　　網路非中心化、廉價且非層級的特徵，使其於一國傳統大眾媒介選擇公開其主張時，能夠有效散佈訊息。此外，網路可散佈此訊息給（潛在的）無數的全球觀眾。

　　在阿拉伯之春的具體實例中，已提供政治傳播學者明確的證據說明，因網路的出現，政治動員的力量已經發生「質變」，雖然傳統官方「從上而下」的傳播依然為重要管道，但新媒介賦權（empowerment）人民，已經大大改變了政治傳播的生態（Fox and Ramos, 2012）。

參、民主化後的臺灣媒介與政治

　　筆者在〈新聞自由與臺灣民主化〉一文中，從新制度主義看臺灣從威權統治時代的威權主義與發展主義的混合模式，到民主化後的政媒關係－自由模式與極端多元的混合模式（彭懷恩，2011:202-215）。其中也分析在民主化之後出現的政治平行主義（political parallelism），即媒體在功能上及權力行使上，與國家或政治機關的分殊程度，在內容上是否反映國內政治意識型態的光譜分佈。簡單的說，當報導與政黨間，以及讀者之間有高度連繫（Hallin and Mancini, 2004）。換言之，不同報紙或廣告媒體，在新聞報導與評論上，都與不同政黨有密切不可分的關係，形成各擁其主，彼此不相交的平行關係（Blumler and Gurevitch, 1995）。

　　本論文不從宏觀的制度面看民主化臺灣的政媒關係，而從民主鞏固角度，探討臺灣媒介與民主的問題。

一、威權主義韌性

　　臺灣經歷國會改選、總統直選後，可以說是完成民主化工程，但對從未民主的政體而言，長期威權的遺緒，是無處不在。英國政治學

者 John Keane（1991）指出：

「現今所有民主政權的核心都包含威權的種子。……我們正進入一個新的政治審查時代這是一種民主猛獸時代，在這個時代裏，生活是由不負責任的政治機構所組成，這些政治機構，由不同型號，不同尺碼的新式或舊式的筆裝備起來的」。他進一步分析有五種方式，國家對新聞自由進行干預：（1）緊急狀態權力；（2）軍事秘密；（3）說謊；（4）國家做廣告；（5）透過公民組織干預媒體（Keane, 1991）。這些手段，對進入民主化的臺灣是一一浮現，我們可以視為威權主義韌性。

（一）國家安全之名？

對於用國家安全為理由來干預新聞媒體，在臺灣從不需要證據。因為從 1949 年以來，共產中國對臺灣的軍事威脅是具體事實，這也給予蔣氏父子威權統的藉口（蔡明燁 [譯]，Rawnsley, Gary and Ming-yeh Tsai Rawnsley [原著]，2003:21），但事實顯示就算是在「民主先生」李登輝總統，以及「臺灣之子」陳水扁總統任內，以國家安全之名，干預媒體的事件，仍是層出不窮。

在 1996 年 3 月 8 日，北京在臺灣附近海域試射飛彈，美國則派出兩艘航空母艦前往臺灣海峽附近巡弋，但這背後實則涉及到臺灣對美的遊說，就是日後被稱的「國安秘帳」事作。當時任職《亞洲周刊》記者謝忠良一直追蹤國家安全會議透過金錢來影響美國決策的新聞（謝忠良，2002）。

林照真在探討這事件的文章說：「民主概念已在臺灣民間生根，但在李登輝、陳水扁政權交接間，許多從未公開的秘密活動，仍然暗中進行著。其中一筆不曾出現在任何公開收支項目中，但金額又極其龐大的帳目，都在記者的調查下，從冰山的一角，逐步被發掘」。她就是指謝忠良追蹤這筆秘密經費流向進行抽絲 繭與真相的拼湊，於 1996 年 10 月 28 日以〈國民黨捐給白宮一千五百萬美元，臺灣捲入美

政治獻金醜聞？〉為封面故事，內容描述前美國統統柯林頓特別助理馬克 密道頓於 1995 年 8 月訪台，會見國民黨黨管會主委劉泰英，劉泰英主動提出自柯林頓捐獻一千五百萬美元的政治獻金。報導一出，劉泰英就提出告訴，官司前後纏訟三年，最後《亞洲周刊》勝訴（林照真，2006:49）。

此事不久，臺灣爆發「劉冠軍案」，一名國安局退職官員先潛赴大陸，隨後國安局若公文曝光，謝忠良發現來自國安局的幾筆秘密經費高達三十餘億台幣，都未合法接受國會監督，成為李登輝私人運用的「專案」。2002 年 3 月 21 日謝忠良在《壹周刊》以〈李登輝非法挪用 35 億〉為封面故事，結果是《壹周刊》與謝忠良個人住所都遭檢調單位以洩露國家機密的外患罪進行搜索，並扣押 16 萬冊，並對謝忠良起訴。

由於民主化初期尚未通過「政府資訊公開法」，新聞記者要取得政府與公眾有關的資訊非常困難。（黃順星，2013）就如 Rawnsley 指出的：「有時候，新聞記者和他們的消息來源更有被控叛國的危險。這些引發調查風波的訊息，往往並非關於私密的核子武器，或對抗中國的地下組織，甚至對顛覆臺灣的內部生活毫無威脅，而多是關於政府的財務處置，或是執政當局與地下犯罪集團的政治勾結」（蔡明燁 [譯]，Rawnsley, Gary and Ming-yeh Tsai Rawnsley [原著]，2003）。

在 1999 年 7 月 27 日，中國時報兩位記者辦公室被檢調單位大舉搜查，主要是針對前民航局新聞官員駱志豪將有關臺灣和柬埔寨、泰國和香港的民航協商機密給新聞記者調查。此案在當年 8 月駱志豪正式被起訴，但起訴書顯示證據不只是來自搜查記辦公室，也發現他們的電話被竊聽達兩年之久，這被稱為「七二七事件」，實則產生了「寒蟬效應」，使媒體因為擔心自己成為被檢調單位監聽對象而自我約束，嚴重打擊了記者監督政府活動的勇氣，摧殘了第四權建立的生機（蔡明燁 [譯]，Rawnsley, Gary and Ming-yeh Tsai Rawnsley [原著]，2003）。

（二）洩密的誘惑

在威權時代，新聞是執政壟斷的訊息，透過官方媒體，進行新聞發佈（publicity），從上而下的消息來源（李金銓，2004）。但媒體為了爭獨家新聞，常不知不覺就落入權力人士的「工具」了。在「水門案」後的 33 年，造成尼克森下台的「深喉嚨」，即 FBI 副局長費爾特透過《華盛頓郵報》記者伍華德與伯恩斯坦洩露關鍵資料，使整個事件曝光。

林照真（2006:142）說：「有權力接觸媒體的人，會刻意洩露重要訊息給特定媒體，這說明洩漏本身就是一種新聞操控」。

自從臺灣民主化之後，政府或政治人物開始注意要改變過去從上而下的新聞發佈，開始從公共關係策略的手段變相操控記者。李登輝時代，他的機要秘書蘇志誠，就經常以「總統府高層」等名義登上媒體。中國時報記者張慧英（2000）在李登輝時代主跑總統府新聞，她提到當初各大媒體就是以「高層人士」、「接近李登輝人士」等匿名方式，來報導總統府秘書室主任蘇志誠的意見。在政黨輪替後，陳水扁執政時代，《自由時報》仍是以「了解陳總統的人士」、「接近陳總統的人說」來透露陳總統的看法（林照真，2006）。這使媒體失去其公正客觀第三者的角色，淪為被放話的工具，但記者為了爭取獨家新聞，往往是自甘被利用（林照真，2006）。

洩露操控最明顯的案例是高層人士異動。資深記者蕭衡倩承認：「多數重大的人事案，都是洩漏」（林照真，2006）。但這種洩露有時根本是政治鬥爭的工具，有時是政治決策者的風向球，試探外界反應，有時是政敵放出消息，打擊可能的「口袋人選」，讓其見光死（林照真，2006:151）。因此，此類洩露人事消息的確錯誤率極高，根據政大教授林元輝的研究，他比較 2004 年 4 月內閣改組的人事新聞，各報經常出現完全不同的人選名單（林元輝，2004）。

至於以匿名方式從事所謂「政治爆料」，更是層出不窮，透過各

種洩露媒體，以獨家報導方式打擊政治對手早已是臺灣政治競爭的慣用手法。在 2004 年總統大選，無論是連戰、陳水扁、宋楚瑜都被報紙指控申報不實。林照真（2006）指出：「爆料新聞由於題材辛辣，已經成為媒體的最愛，這種新聞無法求證，媒體也不敢不報導」。

無論是上層洩露或是政治敵手爆料，都與民主政治公共領域的新聞媒體應有的規範倫理，相去甚遠（McQuail, 2005）。

（三）政府做廣告

就如學者所說：「政府做廣告已成為西方民主政府的常規特徵，是一項重要的商業活動，在英國，國家成為第二大廣告商」（Keane, 1991）。由於大多數媒體都依賴廣告收入，使民主政府透過廣告對媒體產生獎勵與懲罰的工具。

臺灣解嚴後，政府採「置入性行銷」或廣告購買方式，來達到政令宣導的目的。所謂置入性行銷即行銷學的產品置入（product placement），此概念是指媒體將廣告公司的商標、產品置入傳播訊息文本（text），以獲得金錢報償等利益。置入性行銷中，廣告主包括了大企業與政府，其中政府又為大宗，包裝的內容包括了「政令宣導」、「政策影響」、「政績宣揚」等。

在威權時代，黨政軍介入的媒體，早有置入性行銷的手法。隨著民主化，當局開始以金錢方式，大量進行置入性行銷，直到 2010 年底因各界批判政府不當進行新聞置入，在輿論的壓力下，立法院才通過《預算法》第 62 條之 1 增訂條文，禁止政府置入，並要求政府宣導必須揭露。自此，政府採政策宣導的廣告方式，當時行政院長吳敦義指示：「未來政策宣導，絕對不要以購買新聞方式辦理，政策廣告行銷也應光明正大清楚標示機關名稱」。同時行文頒「政府機關政策文宣規畫執行注意事項」，規定政府機關進行文宣規畫及執行時，必須嚴格區分廣告與新聞之界限，不得以置入性行銷方式進行，且應明確揭示辦理或贊助機關名稱。

　　惟就現實觀察，因媒體生態惡化，競爭激烈，各大媒體皆視政府廣告預算為重要經濟收必來源，以各種方式來規避《預算法》等法令規範，主要途徑是透過公關公司先標得政府政策宣導廣告案，再以所謂整合性行銷傳播（integrated marketing communication）方式，包裝政策進行有助政府形象或政策的宣傳，而獲得廣告預算的媒體，表面上都說不會受影響，新聞與廣告部門是絕對分開的，但實際上是否如此，就很難判斷了。

（四）媒體自由化與民主赤字

　　臺灣自 1987 年解嚴之後，媒體開始全面自由化，1988 年 1 月解除報禁，十年間報紙由 35 家增加為 393 家（Government Information Office, 1999）。電子媒體的自由化是從 1993 年通過立法（有線電視法），使長期地下「第四台」合法化。在廣播部份，1993 年以前，臺灣只有 33 家合法登記的廣播電台，到 1999 年已經增加到 118 家。這廣電媒體自由化，使潛藏於民間長期不滿的聲音，有了合法釋放的出口（蔡明燁 [譯]，Rawnsley, Gary and Ming-yeh Tsai Rawnsley [原著]，2003）。

　　媒體的自由化與在野政治勢力爭取民主參與是密切不可分的，誠如 Rawnsley 所說：「對抗主流媒體（主要是三台：台視、中視、華視）經常成為反對勢力動員群眾的重要手段，而民進黨在這方面可以說格外活躍，該黨的多位民意代表不僅對臺灣媒體的未來表現高度關切，並積極介入相關的學術辯論及研討活動，使媒體議題自然蒙上了強烈的政治性色彩，再加上在野勢力高呼『開放電波』及『黨政退出三台』的口號，且以實際行動挑戰執政當局對頻道資源日益壟斷，於是反廣電媒體與追求民主運動的訴求乃變得難分難解」（蔡明燁 [譯]，Rawnsley, Gary and Ming-yeh Tsai Rawnsley [原著]，2003:108）。

　　在民主化階段，有線電視和地下電台對於強化臺灣民間社會的成長，提供公共領域的論述自由，發揮重要作用，鼓勵媒體環境的多元

發展，給予民眾更多的媒體近用權（access to media），此即學者 Peter Dahlgren（1995）所述：「這主張領域（advocacy domain）是所有市民的場域，可以在此提倡特殊利益，促進社會上以團體為基礎之文化與政治的互動……其部分功能為不同團體扮演替代性與反對性的公共空間」。

媒體自由化固然推動了民主，但如胡元輝（2007:15）所述：「從正面的角度，百家爭鳴既打破壟斷的言論空間，又釋放了禁錮的民間活動，臺灣社會將很難再走向封閉的思維與體制。但是，從負面的角度觀察，百家爭鳴已淪為百家亂鳴，掙脫束縛的言論空間並未成為提昇民主品質的公共領域，打破禁錮的民間活力亦未成為推動國家進步的公民社會，憂心忡忡者乃直言：臺灣的媒體生態怎是一個亂字了得」。

臺灣媒體自由化的負面作用，很明顯就是激化了政治平行主義（political parallelism），即無論是不同的報紙或電視，在新聞報導與評論上，都與不同的政黨有密切不可分的關係，形成各擁其主，彼此平行不相交的平行關係（Hallin and Mancini, 2004）。這現象在第三波民主化的南歐國家如義大利、西班牙等普遍存在，很遺憾的，臺灣民主化後，也步上這種極化多元模式（Polarized Pluralism Model）（陳曉開，2011）。

根據學者研究民主化後的新興媒體走向政治平行主義的原因，是因為主流媒體偏愛國民黨，因此這些新成立的電台公開支持反對黨的政策及人物，才能平衡主流媒體（蔡明燁 [譯]，Rawnsley, Gary and Ming-yeh Tsai Rawnsley [原著]，2003:118）。

根據 Rawnsley 的看法：「事實證明，民進黨人士主導的民視開播以後，固然打破臺灣無線電視的單一意識型態，並致力於呈現民主社會的多元觀點，但該台確然也表現出偏袒民進黨的立場，並以權力平衡的思考對此偏袒加以合理化」（蔡明燁 [譯]，Rawnsley, Gary and

Ming-yeh Tsai Rawnsley [原著]，2003:112）。

　　就如當時民視的董事長蔡同榮所說：「確保臺灣不被中國併吞是民視最高指導原則，如何確保臺灣？我們有責任培養臺灣人民守土的決心，培養臺灣愛鄉的威脅，培養臺灣人的愛國主義（Taiwanese nationalism），我們不允許任何民視同仁，利用民視去鼓吹 Chinese nationalism。所 有 民 視 的 節 目 與 新 聞 內 容，都 要 在 Taiwanese nationalism 之大原則下製作」（蔡同榮，1997）。

　　這段話就可以說明為什麼臺灣媒體自由化以後，就出現所謂統媒VS. 獨媒，泛藍 VS. 泛綠的媒體。這種政治平行主義因著新聞報導的偏見與談話性節目更形對立。

　　借用 Mark Magnier 的話：臺灣媒體從「哈巴狗變成了瘋狗」。這位《洛杉磯時報》前北京分社社長在 2005 年的報導中指出：「臺灣媒體是（亞洲）地區最具侵略性（aggressive）的一群，臺灣媒體那種無所忌憚的新聞作風，既是一種制衡，也是一種混亂。」（轉引胡元輝，2007:55）。這種亂象包括了煽色腥（sensationalism），黨派化（partisanship）與腐敗（corruption）。其中黨派化就是指媒體與其意識形態相近的政黨形同結盟，做為黨同伐異的政治鬥爭工具。

　　總之，就如 Rawnsley 所述：「臺灣民主化的成就固然驚人，但要進行成熟的民主鞏固階段，仍有相當漫長的一段路要走」（蔡明燁 [譯]，Rawnsley, Gary and Ming-yeh Tsai Rawnsley [原著]，2003）。

二、媒介解禁還是財團化？

（一）解禁無助於新聞自由化

　　在西方民主化過程中，新聞自由與市場競爭是不可分的，就如 Rupert Murdoch 所說：「自由與選擇，而非控制與缺乏，是資訊時代黎明的標誌」。他認為，市場競爭是保證新聞與廣電自由的最基本條件。所以，解除管制（de-regulation）是新自由主義（neo-liberalism）

全力追求的目標（Keane, 1991）。

　　臺灣民主化之前，媒體是控制在威權當局手中，但在解除戒嚴後，更殘酷的市場競爭對原本在野的政治刊物反而面臨更大壓力。例如長期從事反對運動的前立委康寧祥，在威權時代擁有《八十年代》、《亞洲人》、《暖流》等雜誌，雖然屢遭查禁，但在地下流通的經濟收益不少。可是解嚴之後，他所創辦的《首都早報》卻敵不過市場壓力而停刊。再就《自立晚報》的例子，更為明顯，這創辦於 1947 年的報紙，在著名無黨籍人士吳三連的苦心經營下，始終是臺灣反對人士可以接受的政治資訊來源，卻在自由競爭的時代中，黯然停刊。

　　林思平（2008）研究報禁解除後的臺灣新增報紙說：「具有較高能見度的新報紙從解嚴前期的《首都早報》、《自立早報》、《環球日報》，以至於後期比較知名的《勁報》，網路原生的《明報》，都在創刊後少則一年，多則十年後結束，其他支撐數月旋即關門的小報更不在少數。1996 年時統計登記報紙為 361 家，實際正常出版 110 家，許多報紙出出停停。2002 年時統計，未能恆長發行但仍維持運作的報紙雖有 130 家，但正常運作的報紙僅約 30 家了」。

　　荊溪人（1991）指出：「報禁解除後的自由競爭時期，進入報業彼此競爭激烈的階段，各報無不想盡辦法促銷報紙，爭取廣告、求得生存，造成專業意理與市場競爭原則間發生明顯的衝突」。

　　《自由時報》是這場戰爭的贏家，其背後是聯邦集團為後盾。在 1992 年起，在財團強烈支持下，以「第二種聲音」、「臺灣人的報紙」為訴求，連續兩年以強勢的媒體宣傳，從「贈送黃金千兩」、到「每日對股現金抽獎」，送黃金、轎車、行銷運作前所未見（林思平，2008:117）。使《自由時報》一躍與《聯合報》、《中國時報》鼎足而立。

　　2003 年臺灣版《蘋果日報》進入臺灣市場，臺灣媒體將其視為引發煙硝大戰的角色，它以報導八卦新聞有別於政治居主，意識型態鮮明的三大報，一舉佔下了臺灣市場，其頭版幾乎不含廣告，以災難、

色情、暴力、全彩照片，全力搶攻零售市場，引發了臺灣媒體大戰，最終打破三大報鼎足而立的市場，甚至成為第一大報的市佔率（林思平，2008）。

（二）電子媒體財團化

　　除了報紙、雜誌市場的激烈競爭外，電子媒體也未因解禁而有自由發展的機會。馮建三（1992）指出：「有線電視和主流媒體一樣出現了產權集中，而一旦政黨和財團強力介入，壟斷原屬小眾的公共空間，『主張領域』的多元化理念終將蕩然無存。其次，……市場機制的法則使異議媒體，小型電台的生存面臨了巨大的壓力，因為有線電視業者不僅要和同業競爭，也必須和全國性商業電視及衛星電視競爭，於是激烈的競爭壓力，加上業者的經濟考量，造成自製節目的品質日趨低俗，節目的種類也逐漸走向了同質化的道路」。在 1990 年代初，臺灣有線電視公司高達 600 多家，十年之間，只剩 70 多家，且持續面臨財團併購的壓力。

1. 旺旺中時集團：

　　時間進入 21 世紀，因為放鬆管制的趨勢，對跨媒體所有權集中的結構管制，一直沒有相關法令的規範，使 2005 年中時集團購入國民黨營事業的「三中集團」（中視、中影和中廣），由於是透過投資公司接手股權，迴避《廣播電視法施行細則》禁止跨媒體經營的規定（洪貞玲，2012）。

　　2008 年秋全球性的金融風暴，重創中時集團，董事長余建新被迫出售中時集團，次年 1 月 4 日旺旺集團董事蔡衍明以個人名義，用 204 億買下，擊敗原本計劃以百億收購的壹傳媒老闆黎智英。根據《天下雜誌》的報導，此項收購引發外界擔心旺中立場傾中，影響到新聞自由。

　　由於此項收購引發各方反媒體壟斷的聲浪，但中時於 2009 年 6

月開始在自家媒體對於被旺中認定曾發表「污衊」言論的學者專家，進行批評，且發出存證信函，警告追究誹謗與求償。此舉更引起了更大的輿論批評，超過 150 名的大學教授連署譴責。在各方面的關注下，主管機關 NCC 於 6 月通過所謂的「旺中條款」，在法令上對旺中集團的媒體擴張進行了約束。

旺旺集團併購中時集團後，並未停止其傳播帝國的擴張，在 2011 年進一步計畫購買「中嘉網路股份有限公司」和「全球數位媒體股份有限公司」所擁有十數家有線電視系統業者，金額高達 800 憶台幣，由於此事太過敏感，立即引發學界及社運人士發動反對旺中購併案的媒改運動，使主管的 NCC 在各界壓力下，阻止此購併（張錦華，2012）。

2. 壹電視

《蘋果日報》的成功進軍臺灣，黎智英進一步進軍電視產業，2009 年壹傳媒投入重金創立壹電視，2010 年 12 月底，正式開播，旗下頻道有新聞台、綜合台、電影台、財經台、美洲台及購物台，並計劃開體育台、美味台。但因為有線電視系統遲遲無法上架，只能透過機上盒傳輸，收視效果不佳，因此損失慘重，於是在 2012 年 9 月 4 日壹傳媒「自願公告」：「壹傳媒有限公司，連同其附屬公司，獲獨立第三方接洽，彼等有意購買本集團於臺灣之印刷媒體業務及若干資產，包括臺灣《蘋果日報》、臺灣《爽報》及臺灣《壹周刊》合併本」。消息傳出，媒體即傳出臺灣各大集團如富邦、潤泰、宏達電、宏仁、中國信託等都表示興趣。

此併購案引發「反媒體巨獸青年聯盟」於 11 月 26 日舉辦「拒黑手，反壟斷、要新聞自由！」的活動。在各方反財團壟斷的輿論壓力下，各財團皆退出，到 10 月 1 日，壹傳媒宣佈旗下的電視業務「壹電視」易主，交易對象為年代集團董事長練台生，並宣佈大規模裁員 504 人，此為臺灣媒體史上最大的裁員案。

（三）反媒體壟斷

在面對資本主義媒體商品化的挑戰，倡議參與民主的新左派，從 1970 年代開始展開一連串的批判與反制，這種新社會運動（new social movement），可稱之為媒體改造（Media Reform）運動。

英美的媒體改造是假設媒介必須服務，提倡並參與民主，其實媒介可以增進民主，也可以破壞民主（李金銓，2004）。在 1980 年代新自由主義的解禁主張中，政府放手讓許多公共部門「私有化」，但這些都落到財團手中，就如臺灣，解嚴後商業資本主義勢力不斷抬頭，逐漸形成另一種壟斷與支配，徹底改變了臺灣媒體生態。在大財團對臺灣媒體進行鯨吞蠶食的購併時，就有如「媒體改造學社」（The Campaign for Media Reform），簡稱「媒改社」的出現（管中祥，2013）。主要成員是由傳播學者、學生、社運人士、新聞工作者所組成，以改造臺灣媒體結構，提升全民媒體素養、保障傳播從業人員工作權、健全本土傳播生態為宗旨。

透過一連串的社會運動，先是催生媒體公共化，並徹底要求黨政軍退出媒體，其後又對如中華電信民營化，展開抗爭，《中時晚報》、《台灣日報》停刊造成的員工資遣事件，要求資方正面回應員工之訴求。

2012 年的反媒體壟斷運動是臺灣各大學院校學生組成的反媒體壟斷聯盟，反對從 2008 年以來，旺旺集團併購中國時報集團中的《中國時報》、中天電視台、中國電視，形成旺旺中時集團。社運團體與傳播學者因擔心臺灣媒體財團化，財團跨媒體經營，造成臺灣媒體遭壟斷。自 2010 年起，先後發起反對「三中」併購案，旺中併購中嘉（有線電視系統業者）案等的示威遊行活動。反旺中案在民間學者與社運人士的共同努力下，主管機關國家通訊及傳播委員會（NCC）在 2013 年 2 月以否決了併購中嘉的申請，為臺灣反媒體壟斷運動，贏得勝利。

三、新媒介旳衝擊

（一）網路選戰

　　網路媒介對政治的影響是 1990 年代以後的事，以英國為例，在 1992 年以前尚未有任何政黨架設網站，但在 1997 年，每一個政黨都有官方網站。在臺灣，以電腦網路為主的資訊技術於 1994 年第一屆台北市長直選中被導入，黃大洲、陳水扁及趙少康等三位候選人相繼成立純文字介面的電話撥接式 BBS 站，進行網路文宣。雖然初期的應用與技術都很簡單，但在當時是一種創新的競選方式（莊伯仲，2007）。其後，臺灣的選舉，網路已成為競選傳播不可或缺的工具。

　　根據莊伯仲對於臺灣網路選舉的發展有下列一段話的描述：臺灣的網路選戰係跟隨資訊基礎建設的進步而發展，並不落於歐美日先進國家之後。從起初設立專線撥接的 BBS，到之後影音動畫具備的 WWW，網路選戰因為科技的發展而產生多元的面貌，也讓候選人有更大更多的空 展身手，一路走來，呈現了「從文字模式到多媒體介面」、「從 BBS 到 WWW、Blog」的種種變貌（莊伯仲，2007）。

　　從 1994 年省市長選舉到 2014 年的九合一選舉，網路傳播在競舉過程中的影響，隨年輕世代的成長持續的熱絡，也有下列的現象：

1. 選區愈大的候選人，愈有從事網路文宣的傾向；

2. 候選人在網路應用上有城鄉差距；

3. 大黨候選人比小黨候選人偏好使用競選網站；

4. 勝選者比較落選者有更高比率成立競選網站（莊伯仲，2007）；

　　網路選戰在臺灣競選的發展，主要表現在下面的活動上：

1. 刊登網路廣告：對於候選人而言，刊登網路廣告甚至比競選網站重要，因為競選網站只能接觸到那些熱衷政治或對候選人有好感而主動上站的網民。但使用網路廣告，則可涵蓋到一般網友，除了打知

名度之外，也可以傳達候選人的主要理念政見；

2. 網路動員：競選網站可以透過粉絲選民，透過郵電（email）來傳達競選造勢活動的進程，並以影音方式來傳播活動實況。現今的 Facebook、Line 等工具，特別適合用來做網路後援會的小組連繫；

3. 線上募款：隨著電子商務的發達，透過競選網站來籌募經費，也日益重要。2014 年九合一選舉，以無黨籍身份出馬的台北市長候選人柯文哲就以網路募集到 3000 萬競選經費。

（二）新媒介與社會運動

臺灣民主化後，社會運動此起彼仆，2000 年以來，從樂生療養院保存爭議、國光石化事件、苗栗大埔農地事件，中科四期環評事件、台東美麗灣渡假村爭議、台北華光社區拆遷事件、文林苑爭議，到近 2013 年洪仲丘事件、2014 年的 318 學運，不僅展現出相當驚人的公民參與力量，也可以發現新媒介在這些社會運動動員時，扮演關鍵角色（管中祥，2013）。

在討論新媒介與臺灣社會運動關係，學者看法不一。中研院林宗宏分析臺灣的調查資料，發現每天上網的時數並不會影響個人投票傾向，以及是否參與社會運動，因此不能假定，愈常接受網路資訊的個人，愈會出現自由派的政治信念（林宗弘，2012）。但台大何明修認為，網路是有利於社會運動的動員，因為，相對於主流媒體，網路有明顯去中心化的性格，因此比較不容易被統治者控制與篩選內容，同時也利於弱勢者傳遞被認為缺乏「新聞價值」的訊息。其次，網路的溝通平台進到 Web 2.0 的社交媒體，有助於串聯起關心若干社運議題的小眾群體。他指出：「成功社運的關鍵往往在於動員出有意識的或抱持同情立場的關鍵少數，而不是說服原先的保守派。就這一點而言，分眾化的社交媒體使原先就存在的社運共同體（異議學生、NGO、自由派專業人士與學者）彼此之間的團結更為緊密，而且也讓他們的訴求更能夠產生外溢作用，擴散至他們的圈外朋友」（何明修，2013）。

　　由管中祥（2013）所主編的《公民不冷血：新世紀臺灣公民行動事件簿》，就是透過影音記錄社會運動風起雲湧。他說：「1980 年代出生的年輕人和臺灣的經濟自由化同步成長，他們雖未經歷政治高壓統治，但飽嚐資本主義社會帶來的惡果，而這也成了 80 及 90 後青年投入社會運動的重要背景」。「但即使如此，現今的社會運動，仍同樣陷入 80 年代窘境，主流媒體一樣很難看到行動者的身影，因為媒體已從黨國轉移到資本家之手。如果有，大多也是被污名的暴民形象」（管中祥，2013）。

　　相對的，網際網路興起後的南方電子報、苦勞網、上下游 News & Market 等另類／獨立媒體，不只是在彌補主流媒體的不足，在許多議題上，更率先引發社會關注，成為監督政府及財團的重要力量（管中祥，2013）。

　　1990 年代出生的年輕一代被稱為「網路原住民」，因為他們自幼即活在電腦新科技的時代，到了青少年階段社群媒體（social media）成為他們彼此溝通連結的工具。因此在 2010 年以後，臺灣的社會運動產生不同於昔的動員力量，明顯的能量大大超過過去的小眾媒體時期。具體事例就是 2013 年的洪仲丘事件與 2014 年的 318 學運，前者導致 20 萬以上群眾走上街頭，迫使國防部長下台，後者始無前例的佔領立法院，並號召了成千上萬學生持續在立法院前靜坐示威，徹底改變年輕一代政治冷漠的印象。以下簡述新媒介在這兩次社會運動中的角色。

1. 洪仲丘案

　　陸軍六軍團裝甲下士洪仲丘原預定 2013 年 7 月 6 日退伍，因帶具有照相功能的手機與 MP3 隨身碟，違反軍隊資訊安全保密規定，7 月 3 日被懲處營區禁閉處分，並施以超負荷之操練，致令死亡。新聞媒體於 7 月 4 日批露此事件。軍方先是否認死亡與體能訓練有關，之後，因同袍 8 日向媒體爆料內情，迫使國防部於次日公佈行政調查結果，承認缺失。由於洪案被社會認為軍方偵結草率，使「公民 1985 行

動聯盟」透過網路動員在 8 月 3 日發起「凱道萬人送仲丘」遊行，要求政府重視軍中人權，追查真相並懲處肇事者，成功號召數十萬人參與，打破臺灣過去社會運動的組織動員模式，充分表現公民力量，甚至被國際媒體譽為台版的「茉莉花革命」（何明修，2013），最後更導致兩任國防部長接連辭職下台。

回顧此事件的前因後果，無論是洪仲丘所持的手機、MP3 到對媒體爆料的軍方掩飾真相的監視器畫面，家屬拿出飲料店的錄影畫面，到公民團體網路動員的社群媒體，行動媒體等，都與數位新時代的「中介」（mediation）有關，顯示臺灣未來政治生態的最重要因素是新媒介。

2. 太陽花學運

這又被稱為 318 學運的社會運動，是指 2014 年 3 月 18 日到 4 月 10 日之間，臺灣的大學生與公民團體共同發起佔領立法院所引發的政治事件。原因是 3 月 17 日在立法院內政委員會，立委張慶忠以 30 秒時間宣佈完成《海峽兩岸服務貿易協議》的委員會審查，引發一群大學生的反彈，於 18 日晚立法院外舉行「守護民主之夜」抗議。之後有 400 多名學生趁著警員不備進入立法院內靜坐抗議，進而佔領立法院議場之後，連續 23 天的場內外活動皆透過網路直播，讓全民都可以透過網路參與整個過程。

所謂網路直播，就是利用網路傳送現場的影音資料給沒有在場的網友在網路上觀看。在 318 學運中，「沃草 Watch out」線上立法院直播了立法院內外全程的現場狀況；「gov.tw」則是利用 Drop box 的 bankpad，以文字形式即時整理出立法院的行動；具有跨國語言能力的年輕人，則負責發布消息到 CNN 的公民平台；Flying V 則針對「反服貿廣告集資」進行群眾募資活動，在十五分鐘內就募得 150 萬元（刊登蘋果日報頭版廣告），接著以三小時募得 336 萬買下《紐約時報》廣告費用，後續的割蘭尾計畫也募得 1200 萬元，皆顯示新媒介的資源

動員能量遠較昔日政治傳播工具強大。

　　此事件經過長達三星期的抗爭，4 月 6 日立法院長王金平赴議場探視學生，承諾兩岸協議監督條例草案完成立法前，不審議服貿協議。學生領袖在 10 日晚退出議場。此事件是中華民國歷史上，國會首次遭社會運動者佔領，也是第一次由網路媒體主導全程過程的政治傳播，對未來的政治影響極大。

肆、結論

　　由 Seib（2008）主編《政治傳播百科》一書時表示：政治傳播一詞是多餘的，因為政治即傳播，無論是治理、競選、外交、民意、動員民眾，皆須溝通與傳播，沒有傳播政治體系是無法運作。

　　臺灣民主化過程中，媒體政治始終扮演催化劑的角色（Berman,1992；彭懷恩，2011）。見表一。

　　本文主要是延續作者的〈新聞 自由與臺灣民主化〉，進一步探討在 1996 年總統直選後的 20 年，媒體與政治之間的關係。雖然有不少博碩士論文有觸及此問題的部份層面，但沒有系統化的整理，因此本論文就臺灣政治傳播關注的三個問題，進行探討。筆者的研究結論為：

1. 臺灣民主化後，國家對新聞自由的干預，仍帶有威權主義的遺緒。此外，媒體雖然自由化，但民主赤字現象是持續惡化的；

2. 民主化導致媒介解禁，黨政軍退出媒體的議題也不再重要，但財團化的傾向卻非常明顯，導致媒體改造的呼聲持續升高；

3. 以電腦、手機為主的新媒介不僅影響了選舉，甚至取代政黨組織的動員。更大的衝擊是社會運動的動員方式改變，迫使政府不得不回應來自網路的強大壓力。

表一　不同媒介與民主的關係－以臺灣為例

	媒介特性	對民主的影響	臺灣民主發展事例
硬性威權 （1950-1970）	平面媒體	爭取新聞自由	《自由中國》雜誌 （1949-1956） 《文星》雜誌 （1961-1967）
軟性威權 （1979-1990）	平面媒體	鼓吹民主化挑戰意識型態	《台灣政論》（1975） 《美麗島》雜誌 （1978-1979）
民主化初期 （1990-2000）	電子媒體	傳播反對團體的理念，呈現多元意見	地下電台合法化（1993） 有線電視合法化（1993） 民視成立（1996）
民主鞏固 （2000-）	電子媒體 新媒體	提供民眾參與的近用權 強化政治動員	TVBS 2100 首開政論節目之先河（1994.8） 洪仲丘案（2013） 太陽花學運（2014）

資料來源：作者自製，參考彭懷恩（2011）。

臺灣民主之
反思與**前瞻**

參考書目

朱雲漢（2012）。《台灣民主轉型的經驗與啟示》。北京：社會科學文獻出版社。

何明修（2013）。〈當新社運遇到新媒體〉，管中祥〈編〉，《公民不冷血》，頁 10-13。台北：紅桌文化。

李金銓（2004）。《超越西方霸權：傳媒與文化中國的現代性》。香港：牛津大學出版社。

林元輝（2004）。《報紙新聞觀察報告（六）：總統大選驗票與華視總經理人事案的報導缺失》。台北：財團法人新聞公害防治基金會。

林宗弘（2012）。〈非關上網：台灣的數位落差與網路使用的社會後果〉。《台灣社會學》，第 24 期，頁 55-97。

林思平（2008）。《通俗新聞：文化研究的觀點》。台北：五南。

林俊宏（譯），Marc Goodman（原著）（2016），《未來的犯罪》Future Crimes。台北：木馬文化。

林照真（2006）。《記者，你為什麼不反叛？：調查報導的構想與實現》。台北：《天下雜誌》。

洪貞玲（2012）。〈媒體集中化與公民的反抗：台灣經驗〉，「開放、融合、責任：數字媒體與傳播」國際研討會。上海：復旦大學，6 月 8 日。

胡元輝（2007）。《媒體與改造：重建台灣的關鍵工程》。台北：商周。

荊溪人（1991）。〈第三篇報導〉，中國新聞學會（編），《中華民國新聞年鑑八十年版》，頁 53-60。台北：中國新聞學會。

張宗佑、朱雲漢（2013）。〈威權韌性與民主赤字：21 世紀初葉民主化研究的趨勢與前瞻〉，吳玉山、林繼文、冷則剛〈主編〉，《政治學的回顧與前瞻》，頁 121-150。台北：五南。

張慧英（2000）。《李登輝：1988－2000 執政十二年》。台北：天下文化。

張錦華（2012）。《比較美國 2003 年媒體改革運動和台灣反對旺中購併案運動的異同》。台北：臺灣大學新聞研究所。

莊伯仲（2007）。《網路選戰－台灣研究案例》。台北：米羅。

陳曉開（2011）。《政治轉型下的媒體與政治：台灣與義大利的媒介制度比較分析》。台北：世新大學傳播研究所博士論文。

彭芸（2002）。《新媒介與政治》。台北：五南。

彭懷恩（2011）。〈新聞自由與民灣民主化〉，周育仁、謝文煌（主編），《台灣民主化的經驗與意涵》，頁 197-219。台北：五南。

＿＿＿（2015）。《媒介政治》。台北：風雲論壇。

馮建三（1992）。《資訊、錢、權：媒體文化的政經研究》。台北：時報文化。

黃順星（2013）。《記者的重量：台灣政治新聞記者的想像與實作 1980-2005》。
　　台北：巨流。

管中祥（主編）（2013）。《公民不冷血》。台北：紅桌文化。

蔡同榮（1997）。〈民視面臨新挑戰〉，《民視通訊》。第 6 期。台北：民視。

蔡明燁（譯），Rawnsley, Gary（任格雷）and Ming-yeh Tsai Rawnsley（原著）
　　（2003）。《危機與安全：安全批判、民主化與台灣電視》。台北：幼獅。

謝忠良（2002）。〈國安局絕密文件曝光：李登輝非法挪用三十五億〉，《壹周刊》，
　　封面故事。

羅世宏（2015）。〈新聞業是討人厭，但民主需要它〉，《傳播研究與實踐》。
　　第 5 卷，第 1 期，頁 199-205。

Bennett, W. Lance (2005). *News, the Politics of Illusion*. New York: Pearson.

Berman, Daniel K. (1992). *Words Like Colored Glass: The Role of the Press in Taiwan's Democratization Process. Boulder*, CO: Westview Press.

Bettig, Ronald V. and Jeanne Lynn Hall (2012). *Big Media, Big Money: Cultural Texts and Political Economics*. Latham, MD: Rowman & Littlefield Publishers, Inc.

Blumler, Jay and Michael Gurevitch (1995). "Rethinking the Study of Political Communication." In James Curran and Michael Gurevitch (eds.), *Mass Media & Society*, 3rd edition (pp.155-172). London: Oxford University Press.

Carvin, Andy (2013). *Distant Witness*: Social Media, the Arab Spring and a Journalism Revolution. New York: OR books.

Compaine, Benjamin M. and Douglas Gomery (2000). *Who Owns the Media? Competition and Concentration in the Media Industry*, 3rd Edition. Mahwah, N.J.: Lawrence Erlbaum Associates, Inc.

Dahl, Robert A. (1989). *Democracy and Its Critics*. New Haven, CT: Yale University Press.

Dahlgren, Peter (1995). *Television and the Public Sphere*. London: Sage.

Deutsch, Karl (1963). *The Nerves of Government: Models of Political Communication and Control*. New York: Free Press.

Fox, Richard L. and Jennifer M. Ramos (2012). *Politics: Citizens, Elections, and Governing in the New Media Era*. Cambridge, UK: Cambridge University Press.

Habermas, Jurgen (1989). *The Structural Transformation of the Public Sphere*. Cambridge, UK: Polity Press.

Hacker, Kenneth L. and Jan Van Dijk (2000). *Digital Democracy: Issues of Theory and*

Practice. London: Sage Publication, Ltd.

Hallin, Daniel C. and Paolo Mancini (2004). *Comparing Media Systems: Three Models of Media and Politics*. Cambridge, UK: Cambridge University Press.

Herman, Edward and Noam Chomsky (1988). *Manufacturing Consent: the Political Economy of Mass Media*. New York: Pantheon.

Heywood, Andrew (2002), *Politics*, 3rd Edition. Basingstoke, UK: Palgrave MacMillan.

Keane, John (1991). *Media and Democracy*. London: Polity Press.

Lasswell, Harold (1927). *Propaganda Technique in the World War*. New York: Knopf.

McChesney, Robert W. (2004). *The Problem of the Media*. New York: Monthly Review Press.

_____ (2008). *The Political Economy of Media*. New York: Monthly Review Press.

McNair, Brian (2011). *An Introduction to Political Communication*. London: Sage Publication.

McQuail, Denis (2005). *McQuail's Mass Communication Theory*. Los Angeles: Sage.

Mosco, Vincent (1996). *The Political Economy of Communication Rethinking and Renewal*. Los Angeles: Sage Publication Ltd.

Norris, Pippa (2004). *A Virtuous Circle*. New York: Cambridge University Press.

_____ (2011). *Democratic Deficit: Critical Citizens Revisited*. Cambridge, UK: Cambridge University Press.

Oates, Sarah (2008). *Introduction to Media and Politics*. Los Angeles: Sage.

Puddington, Arch (2012). "The Year of the Arab Uprisings." *Journal of Democracy*, Vol. 23, No. 2:74-88.

Randall, Vicky (ed.) (1998). *Democratization and the Media*. London: Frank Cass.

Schudson, Michael (2008). *Journalism is Unlovable, but Democracy Needs It*. Cambridge, UK: Polity.

Seib, Philip (ed.) (2008). *Political Communication*. Vol. 1-4. Los Angeles: Sage.

Sorensen, Georg (1998). *Democracy and Democratization*. Boulder, CO: Westview Press.

Sunstein, Cass (2001). *Republic.com*. Princeton, N.J.: Princeton University Press.

Tambini, Damian (1998). "New media and democracy: the civic networking movement." *New Media and Society*, Vol. 1, No. 3:305-29.

Thussu, Daya Kisham (2005). "Media plurality or democratic deficit?" Angela Romano and Michael Bromley (eds.), *Journalism and Democracy in Asia*, (pp. 54-65). London: Routledge.

Media and Democracy in Taiwan (1996-2015)

Huei-En Peng [*]

Abstract

The purpose of this research is to discuss the relationship between media and politics since Taiwan's 1996 Presidential Election. Three key findings are highlighted in this study.

1. Although state interference on news media has decreased drastically since Taiwan's democratization, authoritarianism's influences on media practices still linger. In addition, liberalization of the press might have created some drawbacks to the development of Taiwan's democratic systems.

2. Bans on media have been lifted since Taiwan's democratization; however, the monopolization of media by conglomerates has worsened in recent years. For this reason, the call for media reform has increased.

3. Due to new media technology advancements, mobile media, social media, and the internet have affected the citizens' participation in politics. On some occasions, these technologies have replaced traditional mobilization methods as initiated by political parties and interest groups.

Keywords: Democratization, liberalization of press, new medium and politics, media reform.

* **Huei-En Peng** is Professor of Journalism and Dean of the College of Journalism and Communications, Shih Shin University. He received his Ph.D. in Political Science from the National Taiwan University. Professor Peng's research interests are comparative politics and political communication. His publications include *An Analysis of Taiwan's Political and Economic Developments," "Republic of China's Government and Politics," "Political Communication ,""Election Communication," and "Media Politics."*

臺灣服務型非營利組織的混合轉型：
公民社會的危機或轉機？

孫煒 *

國立中央大學

摘 要

1996 年第一次直接民選總統標示著臺灣的政治發展已邁入了民主鞏固階段。民主政治的鞏固取決於公民社會的強大，公民社會的強大則有賴於第三部門能否發揮自主性、聯結性以及倡議性，而服務型非營利組織乃是第三部門的基礎，近二十年來，臺灣服務型非營利組織在外在與內在的動力下，進行了簽約化、企業化以及地方化的轉型，混合了國家、市場、社區的制度性邏輯，而逐漸模糊了部門之間的界限。本文將臺灣服務型非營利組織的混合轉型對於公民社會的影響，條分縷析，並以實例佐證。整體而言，簽約化對於形成強大的公民社會較具有負面的效應。雖然簽約化為服務型非營利組織提供了公共資源，但對於其自主性、連結性與倡議性帶來一定程度的損傷。相較而言，地方化的效應則傾向正面。服務型非營利組織與地方基層民眾相濡以沫，吸收在地資源與知識，也可與地方政府與在地廠商之間協力分工，發揮公私協力治理的綜效。企業化對於公民社會的影響則較複雜多面。企業化雖使服務型非營利組織獲得較多的經費，並培養專業能力與提升效率，但也提高了損害社會聲譽、忽視受益民眾、甚至偏離使命的風險，縱然有助於財務上的自主性，但企業化附帶的市場競爭與保守傾向，也不利於服務型非營利組織的連結性與倡議性角色。在結語之中，本文提出了在臺灣服務型非營利組織的混合轉型的趨勢之中，形成強大公民社會的法制設計以及政策建言。

關鍵詞：服務型非營利組織、混合轉型、公民社會

---

* **孫煒** 國立中央大學法律與政府研究所特聘教授，研究領域為公共行政與政策研究、非營利組織研究、客家研究。

壹、前言

　　1996 年臺灣第一次直接民選總統，象徵臺灣完成民主轉型，標示著政治發展關鍵性的里程碑。近二十年來，臺灣的民主化歷程迭宕起伏，雖然在民主制度的建立上取得了傲人的成績，成為全球華人政權的典範，但無可諱言地也沾染了民主政治之中的若干糟粕，有待臺灣人民的自覺與省思。決定臺灣民主政治的表現因素固然很多，然而優質的民主政體係奠基於強大的公民社會（civil society）之上，此乃當前民主政治相關理論與實踐的共識，而自主性高且使命感強的非營利組織（nonprofit organization，簡稱 NPO）正是公民社會的制度性基礎（Edwards, 2004）。

　　有關於非營利組織及其相關概念及類型的說法可謂莫衷一是，迄今學術界並無定論，然而本文依據大多數研究者的共識，界定非營利組織乃指一個組織需具備以下五項結構以及運作的特徵：正式的（具有一定程度的制度化）、私人的（與政府有所區隔）、不分配盈餘的（不分配利潤給決策者）、獨立的（可依其自由意志控制組織行動）、自願的（社會大眾依其意願主動參與）（Salamon et al., 1999:9-10）。1970 年代之後，依據美國稅法，非營利組織所集合而成的部門稱為「第三部門」（third sector）或「非營利部門」（nonprofit sector）（Muukkonen, 2009:690）。大致上，非營利組織可分為兩類：一為以社會改革為目標以及以抗爭性社會運動為策略的價值倡議型非營利組織（advocacy NPO）；二為以追求少數、弱勢、非主流團體的利益為目標，以及傳遞及提供社會服務為策略的服務型非營利組織（social service NPO）（Almog-Bar and Schmid, 2014:13）。

　　在臺灣，由非營利組織構成之第三部門的規模也難以明確度量。如果以法定組織型態作區別，第三部門可分為社團法人與財團法人兩類，前者因有《人民團體法》規範並有內政部及各直轄市、縣（市）政府為主管機關，較易收集到具體相關數據。然而，目前臺灣欠缺財

團法人法，財團法人乃向中央與地方主管機關各自登記，不易掌握相關資訊。根據推估臺灣現有社團法人約 3 萬 5 千個，財團法人約 5 千個，這總數約 4 萬個非營利組織可稱為臺灣的第三部門，其中服務型非營利組織占約九成以上，構成了臺灣第三部門的主體。[1]

　　自 1980 年代以來，由於跨部門的互動頻繁，促進非營利組織與其他部門的組織性質逐漸趨同，使得第三部門的界限漸形模糊而與其他部門混合，已成為全球性的現象，特別是服務型非營利組織也朝此一趨勢逐漸轉型，引發實務界與學術界對於其使命飄移（mission drift）的批評與疑慮（USGAO, 2012; Weisbrod, 2012; Cornforth, Hayes, and Vangen, 2015）。臺灣服務型非營利組織的角色與職能日益重要，然其混合轉型的發展卻也開始啟動，其因素可由第三部門的外部與內部分別討論。在外部因素方面，臺灣政府在 1990 年代中期開始推動的社會福利民營化相關政策以及實施精簡公部門人事員額的政策方向，提供了公私協力的契機；營利企業也開始強調企業社會責任（corporate social responsibility），體認並非以營利作為企業的唯一目的，而應追求多元化的目標，並重視社會責任對於企業的長期利益，甚至主張公司應擔當建設性與前瞻性的角色，對於股東以及公共政策議題發揮影響力；在地方實踐的潮流下，傳統社區的角色與功能也發生巨變，社區工作者開始向下紮根、深入基層、反映草根民眾的需求，並作為審議與決定社區事務的平台。在內部動力方面，近年臺灣服務型非營利組織的數目雖然維續上升，但第三部門的主要資源如私人捐款、政府補助、志工人數等皆逐漸緊縮，反映在人民團體的規模上，有小型化的趨勢（內政部，2003, 2011, 2013）。[2] 上述第三部門外在部門轉變以及內部資源緊縮的環境之中，驅使服務型非營利組織進行混合轉型。

---

1. 此數據來源係根據中央研究院社會學研究所特聘研究員蕭新煌教授於 2014 年 11 月 25 日在國立中央大學客家學院的演講資料。

2. 臺灣內政部社會司曾於 2003 年、2011 年與 2013 年三次各級人民團體活動概述進行大規模的普查。本文運用此三次人民團體的普查資料為佐證依據。

　　第三部門的混合轉型固然可以滿足個別服務型非營利組織的短期需求，卻可能產生長期的負面結果。然而，本文的研究目的乃是由宏觀的角度檢視臺灣服務型非營利組織的混合轉型對於公民社會的影響。根據此一研究目的，本文分為以下四節依序探討：在第貳節之中，提出當代民主政體下社會部門的分析架構，以及分析公民社會的概念；在第參節之中，分析服務型非營利組織混合轉型的面向，並舉出臺灣三個指標性個案：財團法人伊甸社會福利基金會（簡稱伊甸基金會）、財團法人陽光社會福利基金會（簡稱陽光基金會）、社團法人嘉義市嘉邑行善團（簡稱嘉邑行善團）作為例證；在第參節之中，探討臺灣服務型非營利組織的特點，並解析混合轉型對於公民社會的意涵；在結語之中，本文提出了在臺灣服務型非營利組織的混合轉型的趨勢之中，形成強大公民社會的法制設計以及政策建言。

貳、分析架構與概念探析

　　由於現代民主體制開放與包容的特性，無論是來自全球化的趨勢與國內政治經濟的壓力，均促使民主體制快速變遷，區劃社會部門的各項指標也在不斷地接受外在環境因素的挑戰，而作出調整與因應，第三部門也在國家、市場與社區之間巧妙地取得適當定位，以追求少數、弱勢、非主流團體的利益並實現其價值。本文提出一個現代社會的部門分析架構，作為分析服務型非營利組織混合轉型的基礎。民主體制的主要特徵是國家包容各種社會制度與秩序，以體現多元價值與利益的追求與落實。Pestoff（1992）與 Evers 和 Laville（2004）使用三個指標：公領域／私領域、營利／非營利、正式／非正式將現代民主體制的社會部門劃分為國家、市場、第三部門與社區等四個部門，每一部門的代表性組織、追求的目標以及相應之制度性邏輯（institutional logics）皆有特色。

　　第一部門國家的代表性組織是政府，政府追求的主要目標是在符

合社會多數人的價值與利益，以贏得多數選民的支持，爭取執政的機會。政府內部特別是行政部門，是以「服從政府的權威」作為層級體系的規範；第二部門市場的代表性組織是企業，企業追求的主要目標是在利潤與市場佔有率的極大化，而由眾多企業組成的市場，是以「提升競爭能力」作為企業彼此角力的動力；第三部門的代表性組織是非營利組織，非營利組織追求的主要目標是不特定多數人的公共利益，特別是追求少數、弱勢、非主流團體的利益並實現其價值；而由各種非營利組織形成的第三部門，是以「信任非營利組織的使命」作為相互協力合作的基礎；第四部門社區的代表性組織是特定地域的基層組織，社區追求的主要目標是追求特定地域的價值與利益，是以「認同特定地域的情感」作為連結與提升特定地域認同的要素。圖一顯示現代民主體制的社會部門劃分及其特色。根據民主體制社會部門的分析架構，第三部門混合轉型的特徵就是其制度性邏輯：「信任非營利組織的使命」逐漸被其他部門的制度性邏輯：「服從政府權威」、「提升競爭能力」、「認同特定地域的情感」所衝擊甚至改變。

根據 John Hopkins University 的「比較非營利部門計畫」（Comparative Nonprofit Sector Project），第三部門約略等同於民主國家的公民社會（Salamon et al., 1999:4），但是對於新興民主國家而言，在政治轉型之中的公民社會應有更為深層的意涵。1974 年至 1990 年代的第三波民主化浪潮，導致東歐與蘇聯社會主義體制的崩解，使公民社會此一源遠流長的古典概念重新為世人重視（Huntington, 1991:16; Muukkonen, 2009）。當代公民社會具備相當複雜的意涵，但具有非營利性質的公民組織則是公民社會的主要承載者（carrier）（顧忠華，2005:203）。Charles Taylor 認為公民社會是由獨立於國家的自主性社團所組織的網絡，它將具有共同理念的公民集結在一起，並且發揮影響公共政策的行動（1995:204）。公民社會早已存在於當代西方民主政治，可分為不同發展層面來探討其意涵（Taylor, 1990:98）：就低度發展而言，公民社會之中應具有不受國家權力監督與指導的非營利組

織；就中度發展而言，公民社會之中的非營利組織能夠自我協調與配合彼此的行動；就高度發展而言，公民社會之中的非營利組織能夠有效地影響或改變政府決策。

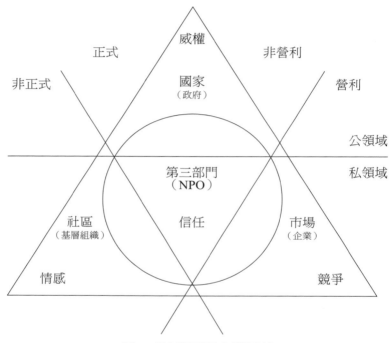

圖一　民主體制的社會部門分析
資料來源：調整自 Pestoff（1992）與 Evers 和 Laville（2004）。

　　依據上述公民社會的發展層次，民主體制中的非營利組織應該具備三種面向：一、自主性：非營利組織擁有足以獨立決策與領導的治理機制，特別是不能受政府的政治力以及企業的經濟力所支配而淪為其工具或附庸；二、連結性：非營利組織的利害關係人如捐款人、志工、職工、受益民眾等應形成緊密的網絡關係，並鼓勵公民參與，反映利害關係人的價值與利害；非營利組織與其他民間組織也應建立團結合作而非競爭的網絡關係，以強化社會資本（Cohen and

Arato, 1992:230）。三、倡議性：非營利組織應以達成公共利益的使命為主要功能，以利他與分享的活動實現其公益使命，持續型塑公共議題的對話與辯論，並有所作為以影響政府的政策目標與社會目的（Alexander, Nank, and Stivers, 1999:454）。也就是說，非營利組織的自主性是形成公民社會的基本條件；連結性是發展公民社會的核心動力；倡議性是成就公民社會的影響效果。這三種面向也為標示民主體制中公民社會之強大程度的準據。

參、混合轉型面向與指標性個案

自 1990 年代中期之後，臺灣的國家、企業與社區的轉變促成了第三部門與其他部門的界線逐漸模糊，而形成服務型非營利組織混合轉型的現象。雖然當前學術界普遍認知此一現象已然發生，但對於混合轉型的意涵並不十分清晰，近二十年來臺灣服務型非營利組織也產生了轉型趨勢，雖然現今欠缺完整資料與具體數據來展現全貌，但仍可由以下現象一窺端倪，例如政府社會服務契約委外的法制建設、社會企業活動力的崛起以及社區發展協會數目的增加等等。本文舉出臺灣服務型非營利組織最為顯著之三種混合轉型的面向：簽約化、企業化、地方化，逐一說明之。由於臺灣第三部門的範疇難以明確界定，迄今全面性調查資料付之闕如，本文所提出三種混合轉型面向亦正在發展形成中，難以例舉出個案與之比較或對照。為克服研究上述研究方法的困境，本文各自舉證出簽約化、企業化、地方化的三個指標性個案，試圖探析混合轉型的模式與影響：

一、簽約化

政府主要運用補助款與契約委外提供非營利組織資金，乃基於以下三點理由：政府需要非營利組織的政治支持、政府需要降低在特定政策領域的運作成本以及政府需要非營利組織在特定政策領域的志工人力（Luksetich, 2008:435），特別是 1980 年代在縮減人事員額與降

低行政成本為主軸的政府改造趨勢之中，政府與服務型非營利組織簽約，由其提供社會服務成為普遍現象（Salamon, 1987:110）。因此，政府經由簽約將公共權威加諸於服務型非營利組織之上，使其成為生產傳送社會服務的政策工具。1980 年代之前，臺灣政府向服務型非營利組織購買社會服務，彼此的權利義務關係完全不存在雙方主辦人員的認知之中，因而多年來一直稱之為「補助」，並未定出一套正式的規範或契約。由 1980 年代起，推動社會服務民營化逐漸成為臺灣社會服務輸送體系主要的施政方向，政府與服務型非營利組織簽約由其提供社會服務逐漸成為常態。臺灣政府亦開推動一系列法制建設，使政府與服務型非營利組織之間以正式契約的形式將雙方的期望、角色及財產的歸屬等，做了更清楚的規範（林萬億，2006:131-135）。在社會服務的法制建設上，政府所頒訂的「加強民間力量，推展社會福利實施計畫」（1983）、「加強社會福利獎助作業要點」（1989）、「委託民間辦理殘障福利服務實施要點」（1994）、行政院院會的「社會福利政策綱領實施方案」（1994）、「政府鼓勵民間辦理社會福利服務實施要點」（1996）、「推動社會福利民營化實施要點」（1997）等行政命令規範下，推動了福利民營化的相關措施（孫煒，2014:295）。政府更將過去適用於工商建設的促進民間參與公共建設法制引進社會服務領域，試圖藉以擴大引進民間資源的範圍、對象與手段（劉淑瓊，2011:462）。當前政府與服務型非營利組織簽約的主要法制基礎，係根據 1998 年制定《政府採購法》以及 2001 年制定《促進民間參與公共建設法》或由各地方政府自行訂定自治條例（劉淑瓊，2011:466；王卓聖、鄭讚源，2012:118-119）。

◆指標性個案：伊甸基金會 [3]

　　近年來臺灣服務型非營利組織大量承接政府的社會服務契約，多以方案或是個案委託的方式進行，其中伊甸基金會每年從各縣市地方

---

3. 本個案的部分論述係根據 2012 年 12 月 2 日以及 2013 年 5 月 2 日對於伊甸基金會高層領導人員的深入訪談。

政府承接約七百個專案委託，專案類型從勞政、社政、衛政、教育、外交等等，形式上以委託辦理、補助、公辦民營為主，總金額約每年度約五億元，至今已有超過兩千名職工，乃是當前臺灣承接政府社會服務契約最具規模的服務型非營利組織。伊甸基金會於 1982 年創置，以提供身心障礙者福利服務為初衷。1994 年伊甸從臺北市殘障福利基金會改制為全國性社會福利基金會之後，調整使命為「服務弱勢，見證基督，推動雙福，領人歸主」，並因應轉型而同步調整其組織架構及任務分派。現今社會服務重心包括早期療育服務、成人身心障礙服務、照顧服務、視障服務、新移民服務、公益事業發展服務、無障礙服務、災後重建服務、弱勢社區服務以及國際慈善等等（伊甸社會福利基金會，2015）。幾乎只要有政府的專案委託，伊甸基金會就將社會服務的觸角伸向該領域。

　　「三三三原則」原本是伊甸基金會早期訂定之財務槓桿的運作邏輯，預定透過資金的三分之一來自政府補助（契約委辦）、三分之一來自捐款、三分之一來自自營事業（銷售或義賣等），得有穩定之來源，不受外界影響而能提供永續的社會服務，並維持創新服務的自主性（陳俊良，2009:80）。然而，在 1994 年調整使命之後，伊甸基金會向簽約化轉型，三大收入結構（自營收入、委補收入、募款收入）開始出現變化。迄今委補收入已超過 40％，自營收入約 20％，募款收入約 35％。伊甸基金會因應此財務結構變化，而調整組織結構也愈趨向專業分工與職能分化。前者如在董事長之下設置策略規劃委員會，下轄任務小組、衛生福利委員會、雙福與國際事務委員會、職業重建事業委員會、財務委員會等專業委員會等，負責重要決策的規劃；後者如在執行長之下設置志工發展處、視障服務處、交通服務事業處、庇護事業處、國際發展處、資源發展處、雙福學院等，負責重要決策的執行。值得注意的是伊甸基金會還依據與地方政府的委辦契約，分為臺北區、新北區、基隆區、桃竹苗區、臺中區、彰投區、雲嘉區、臺南區、高雄區、屏島區、宜花東區等分部，各有負責人員以因應在

地方自治之下，各地方政府推動社會服務契約委外的不同實務要求。

　　伊甸基金會承接大量社會服務契約自然要受相關法制的規範，其中《政府採購法》的影響最大。然而，該法的採購精神與實務多與《公司法》相關，但是公司是以營利為目的，政府的社會服務契約幾乎無利可圖。然而，伊甸基金會是以使命作為與政府簽約的主要考量，在投標之前雖會進行效益分析，有時候專案的確不符合成本，但是不會因此就不去投標。董事會往往決定特定社會服務與其使命高度相關，即使虧錢也會去投標，因為伊甸基金會還有民間募款為之挹注。此外，伊甸基金會承接社會服務契約，不只是考量與使命相關的服務對象，還涉及其職工的福利，經常與政府進行深度的討論，以保障較佳的勞動條件。

二、企業化

　　企業化的意涵相當廣泛，本文將此現象界定為「非營利組織變得類似企業性質」（NPOs becoming business-like），大致上可分為三種方向：一、非營利組織改變其核心與支援過程，轉型為類似公司管理的企業性質，可泛稱為管理化（managerialization）；二、非營利組織朝向企業性質改變其目標，以增進對於販賣勞務與商品所得的依賴，可泛稱為商業化（commercialization）；三、非營利組織改變與外界溝通的辭令（rhetoric），使社會大眾知悉其朝向企業性質發展（Maier, Meyer, and Steinbereithner, 2016）。臺灣服務型非營利組織大約在 1990 年代即開始回應此一企業化的全球潮流，政府也反映此一趨勢，而觸動一系列政策發展方向例如「多元就業服務方案」、「照顧服務產業」等，基本上就是類似歐陸國家推動社會企業的作法（官有垣，2012:274）。其中多元就業服務方案是從 1999 年至 2000 年間為協助九二一受災區居民的「就業重建計畫」為起點（郭振昌、施淑惠，2012:207-212）；照顧服務產業則奠基於 1994 年的《社會福利政策綱領》（紀金山、劉承憲，2009）。此外，勞委會於 2010 年設置「社會

經濟推動辦公室」，構思多元就業開發方案經濟型單位如何轉型為企業模式，職訓局也啟動「推廣社會企業永續發展行動方案」，嘗試建立社會企業模式，作為未來社區產業發展指標。近年社會企業在臺灣大量成立社會企業，欲以企業化途徑來解決社會問題，不少服務型非營利組織也試圖向社會企業轉型，行政院經濟部並宣示西元 2014 年是「社會企業元年」（黃詩凱，2014）。經濟部並在同年核定「社會企業行動方案」，試圖調和非營利組織的理想性與營利企業的經營模式，具體訂定此行動方案的願景、策略、期程、預期效益（目標）、經費等工作項目，因而社會企業遂成為現今我國核心公共政策之一。

◆指標性個案：陽光基金會 [4]

1980 年《怕見陽光的人》一書，報導顏面損傷者所遭受的不平等對待，引起臺灣社會極大的迴響。1981 年陽光基金會成立，其使命為全方位服務為顏損及燒傷者重建環境、身體心理與社會功能，以維護其尊嚴與人權（陽光福利進金會，2015a）。在成立之初，即鎖定為顏損及燒傷者提供專業服務，是以「服務對象」而非「內部成員」為導向，因而選擇了財團法人的法定組織形式。1992 年正值臺灣快速發展之際，陽光基金會開辦洗車中心向企業化轉型，成立全國第一家為身心障礙者提供工作機會、促進就業而設立的庇護工場，也訂出了「服務優先、損益兩平」的經營宗旨。2005 年陽光洗車中心辦理全臺首創由社福團體提出訓練需求，委託主管機關辦理「身心障礙汽車美容職業訓練計畫」，讓陽光洗車中心由勞力導向成功地轉型為高技術導向的陽光汽車美容中心。2002 年臺北市政府勞工局為促進身心障礙者就業，釋出兩座加油站進行公開招標，陽光基金會取得三年經營權，並於 2003 年 3 月成立陽光加油站。陽光基金會進行企業化轉型至今，除了洗車中心、加油站、汽車美容中心之外，也曾開辦捷運販賣店等企業，因而使組織形象亦隨著改變，社會大眾往往以為陽光基金會的社會企業形象大過服務型非營利組織形象，所帶來的影響是始料未及的

---

4. 本個案的部分論述係根據 2014 年 12 月 29 日對於陽光基金會高層領導人員的深入訪談。

（官有垣，2012:277）。

　　1990 年代陽光基金會進行企業化的環境因素包括：臺灣第三部門面臨日增的競爭以及資源的缺乏；福利服務民營化與購買式服務的發展，促使非營利組織發展使用者付費的直接服務方案，進而形成福利產業的模式；因應高失業率環境下弱勢人口群的就業困境，提供這類服務型非營利組織，開始發展庇護工廠的職場安置計畫等等（陳淑蘭，2006:24-25）。然而，長期以來陽光基金會的總收入之中捐贈仍占絕大部分，以 2009 年之後迄今的財務結構為例，捐贈收入皆超越 70% 以上，反觀事業單位的收入卻大多呈現赤字（陽光福利基金會，2015b），也就是說陽光基金會是以自給自足為事業單位的經營原則，甚至是以虧損的財政狀況來運作「無利可圖」的事業單位，因為陽光基金會以事業單位作為庇護職場就業的實踐途徑，例如陽光洗車中心的中、重度身心障礙者占約 70%（官有垣，2012:278）。此外，陽光加油站與汽車美容中心提供多種障別的身心障礙員工，且薪資起薪高於工資的規定，並提供學校實習（職場見習方案）訓練，每年推介員工至一般職場就業；同時也提供多元化員工支持計畫，包含健康維護、社團活動、職能提升和家庭支持等等，以協助身心障礙員工達成自立、自主、自力更生，進而能自我實現。

　　值得注意的是：陽光基金會的企業化轉型與政府部門及其公共政策密切相關，特別是陽光洗車中心與加油站的地點是公有土地，因而臺北市政府勞工局經由委辦案，掌握了陽光基金會庇護工場的經營權，每五年就要重新招標。因此，陽光基金會與政府原則上保持著「相敬如賓」的關係，雖然它也是臺灣最大身心障礙組織：殘障聯盟的成員，但陽光基金會往往在相關公共政策的倡議過程之中擔任「參與者」，而非「發起者」的角色。

三、地方化

　　地方化是指非營利組織與特定地域的居民彼此高度地互動與親

近，能夠因地制宜地提供社會服務，顧及地方居民的在地知識與能力特性，並與地方上的草根基層特色相互結合，以便利於實現其使命以及擴展社會網絡與資源。近年來，臺灣社會服務的生產傳送也朝向地方化發展，幾乎全部地方政府的各項社會服務都委由服務型非營利組織提供（劉淑瓊，2001:36）。透過服務型非營利組織在社區動員過程中，展現出草根民主的理性過程，目標是建立現代公民對於公民社會的認同（Chen, 2014:300）。1990 年代之後，臺灣興起社區熱潮，1994 年以行政院文建會為主導的社區總體營造成為國家重要的施政計畫，其目標在喚起社區共同體意識，並經由社區的自主能力共同經營產業、團體、公共建設等文化相關活動（蘇景輝，2011:88-89）。內政部亦在 1998 年開始推動「福利社區化」實驗方案，試圖在社區中建立福利網絡，將政府與民間資源在社區結合，成為社區夥伴關係共同推展社會福利（賴兩陽等，2008:256-257）。根據歷年來內政部出版之《內政統計年報》，地方政府所轄人民團體之中，「社會服務及慈善團體」在 1996 年時是 3073 個，至 2014 年時已成長為 10935 個（內政部統計處，2014）；另一方面，「社區」已成為當前政府最重要的業務推動單元與傳播管理，在 2001 年我國有 5584 個社區發展協會，2011 年則增加為 6650 個（簡慧娟、王燕琴，2012：5）。

◆指標性個案：嘉邑行善團[5]

　　臺灣社會通稱之「嘉邑行善團」的非營利組織是由 1965 年非正式民間團體「行善堂」為發展起點，經由長時期的分合改制，1998 年成立「社團法人嘉義市嘉邑行善團」與不立案登記的「何明德行善團」，以及 2000 年成立的「社團法人中華民國嘉邑行善團」，乃是臺灣服務型非營利組織進行地方化的典型（楊弘任，2014:452）。嘉邑行善團以社會服務（造橋）及慈善活動（施棺）為使命，最廣為人知的活動便是以在地性為主體的慈善造橋。成立迄今，已經在臺灣各地

---

5. 本個案的部分論述係根據參見 http://chiayidogood.org/xoops/；http://www.fjsh.cy.edu.tw/~dogood/chinese/07/7-2.html。瀏覽時間：2015 年 1 月 12 日。

建造三百多座的橋樑,參與慈善造橋的志工超過二十萬人。1995 年嘉邑行善團領導人在菲律賓領取麥格塞塞社區領導人獎項,並於同年內政部頒發的「內政一等勳章」之後,成為全國性知名的服務性非營利組織(楊弘任,2014:467)。

　　嘉邑行善團推動慈善造橋的在地性,主要表現在以下三方面:一、與地方上重要的民間信仰結合:自嘉邑行善團成立之初,即有「焚表」儀典,即在完成慈善活動之後,由其重要人士親自撰文述明慈善事由與樂捐者之姓名、地址以及金額等,留存一份底稿,並將原文以毛筆書法撰寫於廟宇呈奏神明時專用之「黃紙」上,焚燒上達天聽。二、地方性的募款方式:捐款者由嘉義在地人的親族朋友網絡為核心,衍伸到全臺灣,每人以每三個月繳交一百元為原則。三、地方知識結合專業知識:嘉邑行善團在以嘉義市為核心之嘉南平原的認同感引導下,促使村落社區或街道巷弄形成的地方知識與橋樑工程場域之中的各種專業知識之間積極對話,例如在造橋實作中,形成「橋順路勢、墩順水勢」的在地技術,以及將水文與土質的地方知識直接操作於橋樑基樁與河川黏土層的最適當接合處,衍生出一套對於造橋所在地地形、水文、土質等要素的特殊地方知識,造出安全抗災的橋樑。另一方面,嘉邑行善團也訴諸造福各鄉里的交通便利,方能使農產、山產運銷機械化、節省人力、促進經濟繁榮、增加百姓財富等公共性論述,將公共參與、公民性與公民社會等外來範疇的觀念,成功地轉譯成為在地範疇的實踐(楊弘任,2011)。在南臺灣許多縣市,地方政府早已信任嘉邑行善團的造橋實作,當政府資源只能回應災害後的重大橋樑重建時,其他在地方生活中必要的橋樑工程,商請嘉邑行善團以充裕的善款與熟練的技術來實現乃成為當然選項(楊弘任,2010)。

　　上述簽約化、企業化與地方化的轉型皆逐漸模糊了第三部門與國家、企業與社區的制度性邏輯,而影響了臺灣公民社會的形成與發展。本文以下詳述這些轉型趨勢對於臺灣公民社會的影響意涵。

肆、公民社會的影響意涵

　　由於臺灣特殊的歷史背景與政治經濟社會文化結構，使其第三部門與西方先進民主國以及其他轉型國家的發展脈絡大異其趣，對於公民社會的形成與影響也不相同。就宏觀角度而言，臺灣第三部門之中的服務型非營利組織具有以下特點：

一、臺灣在 1987 年解嚴之後，方始回復憲法賦予人民之集會結社的基本人權。在解嚴之前的漫長年代裏，服務型非營利組織的設置與運作受到威權體制嚴密的監督控管。雖然在解嚴之後，服務型非營利組織大量創立，但在心態上普遍仍存有配合政府法令，甚至企盼政府「關照」的餘緒。除了少數擁有大量社會資源與高度社會聲譽者刻意與政府保持疏離關係之外，大部分的服務型非營利組織傾向與政府保持良性、正向的互動，而較少積極推動政策倡議。

二、臺灣多數服務型非營利組織的設置是基於社會大眾慈善動機的長期醞釀，經由某些具備領袖魅力（charisma）的代表人物登高一呼、大力奔走下促成，使得服務型非營利組織的內部管理往往具有擁有濃厚的個人色彩，此一特點為服務型非營利組織帶來了迅速發展的能量，但也可能存在負面的隱憂。

三、儘管臺灣服務型非營利組織具有良好的社會聲譽，但其發揮的公共資源重新分配的效應相當有限，還是以提供政府或市場所無法提供的社會服務；追求少數、弱勢、非主流團體的利益並實現其價值作為主要使命，而非提升社會大眾的整體福祉。因此，服務型非營利組織強烈需要來自政府、企業以及社區的資金、設備、人力各方面資源的補助與捐助，有能力推動社會企業或公益創投而自給自足者仍屬少數。

四、由於臺灣受限的國際地位，不似一般開發中國家的國際非政府組

織（international nongovernmental organization）長期活躍，並且可以透過國外援助大力扶持第三部門。因此，多數服務型非營利組織是在社會大眾的小額捐款與志工投入的累積之下形成與發展，這使服務型非營利組織具備由下而上的草根特質，而且服務型非營利組織與宗教、地方信仰、民俗緊密結合，使得服務型非營利組織也是志工們心靈依歸的精神場域，這使得臺灣服務型非營利組織具有多元的角色功能。

五、臺灣服務型非營利組織得以發揮龐大能量的主要因素之一，乃是不去逾越政府與市場的固有領域。一方面，他們像是在彌補現代政府治理的運作缺陷，愈是在地處偏遠、資源匱乏或公權力無法觸及的地方，服務型非營利組織反而愈是快速成長、運作有成。另一方面，他們也像是在彌補現代市場運作的失靈現象，在無利可圖、勞力密集、需要高度服務專業，而且具有正面外部效果的場域，反而服務型非營利組織愈是積極活動，營利企業並不會覺得他們破壞市場規則（楊弘任，2010）。因此，臺灣服務型非營利組織此種游走在政府與市場領域之間，發揮「彌縫增補」的角色與功能，而不致威脅政府與市場的正當性與獲利性，乃是其生存發展的要件。

　　具備上述特點的臺灣服務型非營利組織在進行混合轉型之際，將為公民社會的發展帶來何種影響？當前西方學術經驗研究結果顯示服務型非營利組織的混合轉型是一把雙面刃（double-edged sword），利害並存，同時具備正面以及負面的影響。本文依循此一研究論述邏輯，並根據上述經驗調查、官方統計以及研究成果，以下分別就混合轉型的簽約化、企業化與地方化三個面向，探討對於公民社會的自主性、連結性與倡議性的影響。本文將根據學術探討的推論與臺灣經驗的實例，提供一組有待驗證的假設作為未來研究的基礎，而實際的驗證則留待後續的經驗研究。

一、混合轉型對於自主性的影響

服務型非營利組織與政府簽約，可獲得公共資源如資金、設備、房舍等來提供社會服務，不但提高組織活動的能量，又可經由公權力強化組織使命。此外，簽約化也可促使組織結構的專業分化，並僱用較多的專職的專業人員或有公職經驗者，此皆有利於提升組織的自主性（Smith, 2010:152）。然而，簽約化也可能產生以下負面的影響，例如過度依賴政府提供的資源，一旦未來無法續約，組織使命的推動將無以為繼；政府的履約監督與評估相當嚴格，需投入可觀的人力與資源來配合繁瑣的監督程序以及績效指標的要求；更值得注意的是簽約化使政府視服務型非營利組織為達成社會服務任務的政策工具，而政府設定的社會服務目標與服務型非營利組織的使命未必全然一致，但一旦簽訂契約之後，組織的行動方針必須配合政策目標，降低了回應社會需求的彈性，甚至弱化或轉移了組織使命與核心價值，反而降低其自主性。

服務型非營利組織推動企業化可能提升自主性，例如事業收入可投入使命相關活動；分散收入來源、降低財政風險；提升專業能力，提供較符合受益民眾需求的社會服務；促使服務型非營利組織重視本身的效率（Guo, 2006）。然而，企業化也可能對於自主性帶來負面影響，例如企業化趨使組織注重有利可圖的活動或是顧客（消費者）的需求，而非原先與使命相關的活動以及受益民眾的需求（Eikenberry and Kluver, 2004:136）；過度企業化的服務型非營利組織也可能與特定營利企業或廠商過從甚密，而偏離了組織的核心價值，甚至為了擴張企業關係、收集商業資訊、獲得資金等因素而依賴營利企業。

服務型非營利組織進行地方化與鄉里社區結合，獲得基層民眾的支持與資源，本質上就是拒抗全資本主義市場與國家的支配，可提升其自主性（Chen, 2014:300）。此外，地方化也可吸收村落、街道、巷弄等基層組織所形成代代相傳的地方知識，並將現代社會服務的規劃

方式、執行技巧以及共識達成模式導入社區的在地範疇，此種培力將可提升了社區與服務型非營利組織雙方的自主性。但是，地方化也可能促使服務型非營利組織與地方仕紳、意見領袖、信仰傳統相互結合，易為魅力領袖型人物所主導，使組織使命轉化為個人理念，反而降低其自主性（楊弘任，2014:467）。

二、混合轉型對於聯結性的影響

服務型非營利組織與政府簽約，可憑藉公共資源與公權力擴展更大的社會網絡，而且政府也可與多個服務型非營利組織共同簽約提供特定社會服務，也會增強組織之間的互動。然而，簽約化也可能產生以下負面的影響，例如服務型非營利組織彼此競爭政府的社會服務標案，可能降低第三部門內部的合作與信任精神（Alexander, Nank, and Stivers, 1999:462）；政府主導的社會服務契約較強調平等原則，也可能降低服務型非營利組織對於特定弱勢團體的回應能力（Smith, 2010:148）。

服務型非營利組織推動企業化將可提升與營利企業的夥伴關係，但也可能降低對於傳統捐款人及其社會網絡的重視。此外，企業化也可能產生以下負面的影響，例如降低志工的價值以及公民參與的相關活動；追求財務指標與底線（bottom line），徵引企業管理人員進入組織，而降低了與社區民眾的聯結（Eikenberry and Kluver, 2004:137）。

服務型非營利組織推動地方化可促使與地方政府形成治理關係，雙方協力合作提供社會服務；也有利於與地方草根的基層組織結合，利用在地知識與社會網絡，使社會服務充分反映地方受益民眾的需求與偏好；地方化也可促進服務型非營利組織與在地廠商之間形成互補分工的關係，由在地廠商提供有利潤、資本密集的公共建設與服務，而由服務型非營利組織提供較少營利性質、勞力密集的社會服務，兩者之間可就推動地方事務的經驗產生聯結互動。然而，地方化也侷限了服務型非營利組織汲取社會資源如志工、捐款、設備等的範圍，因

為在地方資源畢竟有限，可能在社會資源枯竭之際，產生組織分裂現象，反而降低了連結性。

三、混合轉型對於倡議性的影響

政策倡議是民主國家第三部門的主要活動，但是服務型非營利組織的倡議活動與倡議型非營利組織、利益（壓力）團體及社會運動所推動的倡議不同，後者較少接受政府經費，而且其組織結構與文化也與服務型非營利組織有所差異。一般而言，服務型非營利組織並未將政策倡議視為其主要功能，傳統的服務型非營利組織的倡議活動是協助或代表受益「個人」，向政府爭取較多的公共資源。但是，近年來服務型非營利組織也逐漸以代表與保障少數、弱勢、非主流「團體」的利益與價值為倡議標的，在政策規劃的政治場域之中試圖影響公共資源的分配，甚至是公共政策的制定（Almog-Bar and Schmid, 2014:15）。

服務型非營利組織進行簽約化可能促使其更積極推動倡議活動，因為爭取更多及較穩定的公共資源提供了倡議的誘因。此外，與政府簽約的服務型非營利組織的制度化程度較高，也有利向政府進行倡議。另一方面，簽約化也將政府的規範與價值，例如強調民主參與、遵守法令、重視公民與社會意識等注入服務型非營利組織的運作，有利於提升倡議活動（Salamon, 1995）。但是，簽約化也可能阻礙服務型非營利組織的倡議活動，特別是當經由簽約得到公共資源愈多，其倡議活動的頻率與強度也就愈低，以降低與政府的施政方向牴觸的可能（Child and Gronbjerg, 2007）。此外，倡議活動的主要成功條件是眾多非營利組織組成倡議聯盟，形成政治壓力，但其為了爭取更多的社會服務契約，服務型非營利組織可能對於參與倡議聯盟的意願轉趨消極。

服務型非營利組織推動企業化可促使其積極對於相關法令與政策進行倡議行動，因為盈餘可否分配、組織的勸募定位、組織可否取得

減免稅待遇等議題是企業化的重心。但是，企業化也可能使服務型非營利組織的態度轉向保守，避免支持改變社會現狀的倡議行動。此外，企業化也可能不利於組織的社會聲譽，社會大眾將對於組織推動倡議行動的正當性產生質疑。

地方化可促使服務型非營利組織與地方政府之間產生默契，因為地方政府需要其配合提供特定的社會服務，而接受組織對於特定社會服務與建議的倡議訴求。然而，地方化也可能引發現代性治理的爭議，即組織提供地方化的社會服務與建議是否符合現代專業知識與分工的標準，這可能有損於組織的社會聲譽（楊弘任，2011）。此外，地方化也可能使社會服務僅反映基層特色與草根需求，而在倡議行動與訴求上產生本位主義或偏狹取向，而缺乏宏觀性政策倡議的視野與格局。

本文將近二十年來臺灣服務型非營利組織進行混合轉型的三種面向：簽約化、企業化與地方化，影響臺灣公民社會三種面向：自主性、連結性以及倡議性的相關論述，彙整於表一。

伍、結語：省思與建議

本文將臺灣服務型非營利組織的混合轉型現象對於公民社會的影響，條分縷析，並以實例佐證，探討它在簽約化、企業化與地方化的三種趨力之下，影響臺灣公民社會三種面向：自主性、連結性以及倡議性的意涵。值得注意的是：啟動臺灣服務型非營利組織混合轉型的動力，大致上源自於 1990 年代中期的制度環境，例如 1998 年公布的《政府採購法》提供服務型非營利組織與政府簽約的主要法制基礎；1994 年制定的「社會福利政策綱領」以及 1999 年制定的「就業重建方案」，為服務型非營利組織的企業化奠定了發展方針；1994 年啟動的「社區總體營造」與 1998 年推動的「福利社區化」也為服務型非營利組織的地方化營造了有利的條件。由此可見，1990 年代中期正值解嚴後的十年之際，臺灣的政治經濟社會文化系絡已經發展到民主鞏固

表一 混合轉型對公民社會的影響

公民社會面向 / 混合轉型面向	自主性	連結性	倡議性
簽約化	√ 挹注資源強化使命 √ 提升職工專業 √ 促進組織專業分化 × 過度依賴政府資源 × 配合政府的監督程序與績效指標 × 降低回應社會需求的彈性 × 弱化使命與核心價值	√ 憑藉公共資源與公權力擴展社會網絡 √ 多個非營利組織合力共同提供社會服務 × 契約競爭降低組織之間的合作精神 × 降低對於特定團體的回應能力	√ 爭取更多與較穩定的公共資源 √ 提升制度化 √ 注入政府規範與價值 × 避免與施政方向牴觸 × 降低參與倡議聯盟的意願
企業化	√ 強化使命 √ 分散收入來源 √ 提升專業能力 √ 重視組織效率 × 聚焦在滿足顧客的需求 × 偏離核心價值 × 依賴營利企業	√ 提升與營利企業的夥伴關係 × 降低志工的價值 × 降低對於傳統捐助者的重視 × 降低公民參與以及社區連結	√ 關心企業化相關法律與政策的制定 × 不支持社會現狀的改變 × 降低社會聲譽
地方化	√ 獲得基層民眾的支持 √ 吸收地方知識 √ 培力在地範疇 × 易為魅力領袖的個人理念主導	√ 與地方政府之間形成治理關係 √ 與基層組織結合 √ 與廠商之間形成互補分工關係 × 侷限特定地域的資源而產生組織分裂	√ 取得地方政府的默契 × 現代性治理的爭議 × 缺乏宏觀性政策倡議的視野與格局

資料來源：作者自製。

說明：√：正面影響；×：負面影響。

的起始點，民主化進程之中各種勢力觸發了 1996 年第一次民選總統，同時激起了服務型非營利組織的混合轉型，其後也影響了臺灣公民社會的發展。

由於民主政治中公民社會的非營利組織有不同的發展層次，由低度發展的自主性提高至中度發展的連結性，再升華至高度發展的倡議性。服務型非營利組織的混合轉型對之也有不同的影響，綜整研判上述臺灣公民社會的影響意涵，簽約化對於形成強大的公民社會較具有負面的效應。雖然簽約化提供了可觀的公共資源，但政府經由簽約將服務型非營利組織視為達成社會服務目標的工具，對於其自主性、連結性與倡議性帶來一定程度的損傷。相較而言，地方化的效應則傾向正面。服務型非營利組織與地方基層民眾相濡以沫，吸收在地資源與知識，也提供社會服務回饋地方，更可與地方政府與在地廠商之間協力分工，發揮公私協力治理的綜效。雖然地方化也可能伴隨著組織分裂與爭議，但就長期而言，服務型非營利組織深耕地方基層應是利大於弊。企業化對於公民社會的影響則較複雜多面。企業化雖使服務型非營利組織獲得較多的社經費，並培養專業能力與提升效率，但也提高了損害社會聲譽、忽視受益民眾、甚至偏離使命的風險，縱然有助於財務上的自主性，但企業化附帶的市場競爭與保守傾向，也不利於服務型非營利組織的連結性與倡議性角色。就致力於臺灣民主鞏固、確保民主成果的公共行政研究者與實務者而言，臺灣的民主體制能否更為深化，實繫於公民社會的理念是否落實，而設計與調整服務型非營利組織的制度環境，提升其自主性、連結性與倡議性乃是關鍵因素。本文提供以下各項政策建言：

一、以協同治理（collaborative governance）為典範，重塑政府與服務型非營利組織的契約關係

依據臺灣的政府改造原則，政府與服務型非營利組織簽約之主要目的在於利用民間資源與專業達成政策目標，而服務型非營利組織

在權利義務不對等的契約下，往往淪為「不情願的夥伴」（曾冠球，2011）。在此種契約關係之下，服務型非營利組織不但依賴公共資源，並接受政府嚴密的監督考核而降低了自主性，也因為與其他民間組織競爭社會服務契約，而不利於其間的聯結合作，還可能成為政策執行的工具而減少政策倡議的意願，轉而支持現存的政策制定結構。協同治理是當前公共行政學界最具影響力的公私協力典範，強調政府與非營利組織分享權力與裁量，而建立平等的夥伴關係是其核心特徵（Donahue and Zeckhauser, 2011）。在協同治理的典範之下，《政府採購法》相關規定如限制性招標、評選方式、罰則，甚至其採購精神均應重新檢視，特別是服務型非營利組織所提供的社會服務尤為特殊，如心理輔導、老人照顧等具有合產（coproduction）性質，不但生產與消費是同時發生，而且績效也由提供方與受益方共同決定（Osborne, Radnor, and Nasi, 2013:138-140），但此種特性現行的《政府採購法》較少慮及，也非制式契約所能規範。因此，未來政府應該考慮制定專法，重新設計符合社會服務性質的契約架構，更應調整政府篩選、監督、評量服務型非營利組織績效的思維與方式。

二、以建全法制為導向，規範服務型非營利組織在固守使命的前題之下推動企業化的良性發展

當前服務型非營利組織利用商業手段達成社會目標的企業化轉型已成為全球趨勢，先進民主國家如英國、美國均致力法制建設，鼓勵發展社會企業。臺灣無論在法律或政策制定方面均有待加強。服務型非營利組織推動企業化，不但可能過於重視營利對象或消費者的需求，而降低追求使命的自主性，也可能因市場競爭精神的引入，與其他民間組織產生緊張關係，還可能改變組織形象，有損社會聲譽，而傷害了政策倡議的公益立場。政府應該運用法制建設，引導服務型非營利組織進行良性的企業化轉型。首先，延宕已久的「財團法人法」應儘速完成立法，並在其中對於服務型非營利組織企業化訂定自我管制規範，以確定其在固守使命推動營利行為。此外，政府可依「先行政、

後立法」的原則，率先體認社會企業的存在，並以行政措施與相關政策扶植新興優質的社會企業，而不宜初期即以法律框架侷限社會企業多元發展的可能性。待臺灣社會企業發展逐漸具規模之後，再採取較高規範密度的立法模式，給予社會企業在政府採購、資金借貸等方面之優惠，並推動《公司法》修正案，增設社會企業型公司，原則上採取公司章程自治原則，以解決「社會目標」與「股東利益最大化」的衝突。另一方面，政府亦可建立專業的認證機制，也應鼓勵民間成立獨立公正之社會企業的認證機構，逐步健全臺灣社會企業的法制環境。

三、以公民參與為機制，促使服務型非營利組織的地方化兼顧社區利益與整體社會關懷

　　長久以來，臺灣孤立的國際關係減少了國際非政府組織在臺的活動空間，反而成就了服務型非營利組織具備高度的在地性，不似多數開發中國家的第三部門受制於已開發國家的經濟援助與政治制約。服務型非營利組織的地方化使其與地方草根特質緊密結合，地方社區的豐沛在地資源提升了自主性，綿密的人脈網絡也強化了連結性。然而，臺灣地方文化之中「默默行善」的特質卻也侷限了組織的倡議功能。因此，適度地引進公民參與的各種機制如公民會議、參與式預算、審議式參與等等，使深耕於基層的服務型非營利組織能以高度的公共性與視野，兼顧社區利益與整體社會關懷。政府對此責無旁貸，可在現行《地方制度法》的各級地方政府自治事項的社會服務事項之中，加入上述公民參與機制的精神或程序，使之獲得法源依據；地方公務員與服務型非營利組織互動時，也應以培力的立場與心態，促使在地知識與專業知識相互結合，使地方基層的民意充分反映在服務型非營利組織的生產傳送社會服務之中。

　　整體而言，服務型非營利組織雖然肯認臺灣民主化中，政府恪遵對於憲法所賦予人民集會結社的基本權利，但仍希冀運用各種公權力約制甚至形塑服務型非營利組織的運作，特別是近年來臺灣經濟發展

的力道下滑，來自民間的私人捐款日益緊縮，但使命相近的非營利組織卻持續增加，也分散了有限的志工資源。大多數服務型非營利組織承受財務以及人力資源競爭上的諸多壓力。因此，引進其他部門的制度性邏輯的混合轉型成為其圖存之道。然而，服務型非營利組織在自主性上，受到政府簽約化的掣肘；在聯結性上受到第三部門企業化的競爭壓力；在倡議性上，服務型非營利組織仍無法與挾龐大金援人脈的財團經營的政商關係所可比擬。對於正處於發展中的臺灣公民社會而言，雖然過去曾成服務型非營利組織萌芽發展的土壤，但未來對其欣然茁壯仍充滿挑戰。

　　民主政治的鞏固取決於公民社會的強大，而公民社會的強大則有賴於第三部門能否發揮自主性、聯結性以及倡議性。服務型非營利組織乃是第三部門的基礎，服務型非營利組織的混合轉型攸關公民社會的發展，甚至影響民主政治的品質。因此，本文探討臺灣服務型非營利組織在 1990 年代中期以來，進行簽約化、企業化與地方化轉型，逐漸混合了國家、市場、社區的制度性邏輯，對於公民社會產生的正面以及負面的影響。在臺灣特殊的歷史脈絡與結構之下，服務型非營利組織乃是在上層政治力的監管，側翼經濟力的競合以及基層社會力的支援之下逐漸形成與發展，其中政府的法制設計與公共政策對之具有關鍵的影響力。本文主張臺灣政府應以更前瞻、包容、審議的心態，面對服務型非營利組織的混合轉型，在法制與政策層面提供其較為彈性寬闊的發展空間。畢竟臺灣服務型非營利組織的重大成就是全球華人社會的共同資產，也標示著臺灣民主發展的優越價值。

參考書目

內政部（2003）。《中華民國各級人民團體活動概況調查報告》。臺北：內政部。

＿＿＿＿（2011）。《中華民國各級人民團體活動概況調查報告》。臺北：內政部。

＿＿＿＿（2013）。《中華民國各級人民團體活動概況調查報告》。臺北：內政部。

內政部統計處（2014）。〈103 年內政統計年報電子書〉，《內政統計年報》。http://sowf.moi.gov.tw/stat/year/103%E5%B9%B4%E5%85%A7%E6%94%BF%E7%B5%B1%E8%A8%88%E5%B9%B4%E5%A0%B1%E9%9B%BB%E5%AD%90%E6%9B%B8.pdf。2016/2/29。

王卓聖、鄭讚源（2012）。〈臺灣長期照顧制度之發展脈絡及借鑒：歷史制度論〉，《社會科學學報》，第 19 期，頁 90-125。

伊甸社會福利基金會 (2015)。〈服務總覽〉，《伊甸服務》。http://www.eden.org.tw/serivce.php?level2_id=25&level3_id=39。2015/1/19。

官有垣（2012）。〈社會企業的經營管理特色：以陽光社會福利基金會為案例〉，官有垣、陳錦棠、陸宛蘋、王仕圖（主編），《社會企業：臺灣與香港的比較》，頁 273-284。臺北：巨流。

林萬億（2006）。《臺灣的社會福利：歷史經驗與制度分析》。臺北：五南。

紀金山、劉承憲（2009）。〈臺灣長期照顧服務政策與治理：以居家服務為例〉，「第一屆發展研究年會」論文。臺北市：國立政治大學國家發展研究所，11 月 28 日至 11 月 29 日。

孫煒（2014）。〈台灣地方政府社會福利服務的契約治理〉，蘇彩足（主編），《地方治理之趨勢與挑戰：臺灣經驗》，頁 271-319。臺北：臺灣民主基金會。

郭振昌、施淑惠（2012）。〈當代社區工作與多元就業開發方案〉，《社區發展季刊》，第 138 期，頁 205-215。

陳俊良（2009）。〈伊甸基金會雙福使命與資源策略的回顧與前瞻〉，《社區發展季刊》，第 126 期，頁 75-94。

陳淑蘭（2006）。〈社會企業：公益創投與組織扶植〉，「社會公義創新論壇」論文。臺北：政大社會與文化事業育成中心，1 月 12 日。

曾冠球（2011）。〈為什麼淪為不情願夥伴：公私夥伴關係失靈個案的制度解釋〉，《臺灣民主季刊》，第 8 卷，第 4 期，頁 83-133。

黃詩凱（2014）。〈社企元年 政府將出手挺社會企業〉，《社企流》。http://www.seinsights.asia/news/131/2513。2016/2/25。

陽光福利基金會（2015a）。〈陽光的故事〉，《認識陽光》。http://www.

sunshine.org.tw/about/story.asp。2015/1/12。

_____（2015b）。〈歷年徵信財務報表〉，《捐款支持》。http://www.sunshine.
org.tw/donation/financial_report.asp。2015/1/12。

楊弘任（2010）。〈專家系統下的地方知識：嘉邑行善團的造橋實作〉，《科技、
醫療與社會》，第 10 期，頁 129-189。

_____（2011）。〈何謂在地性？從地方知識與在地範疇出發〉，《思與言》，
第 49 卷，第 4 期，頁 5-29。

_____（2014）。〈嘉邑行善團：傳統慈善造橋的現代性轉化〉，蕭新煌（主編），
《書寫臺灣第三部門史》，頁 451-481。臺北：巨流。

劉淑瓊（2001）。〈社會服務「民營化」再探：迷思與現實〉，《社會政策與社
會工作學刊》，第 5 卷，第 2 期，頁 7-55。

_____（2011）。〈理想與現實：論臺灣社會服務契約委託的變遷與課題〉，《社
區發展季刊》，第 133 期，頁 462-478。

賴兩陽、吳來信、彭淑華、曾中明、劉麗雯（2008）。《社會福利服務》。臺北：
國立空中大學。

簡慧娟、王燕琴（2012）。〈我國社發展工作現況與未來展望〉，《社區發展季刊》，
第 138 期，頁 4-11。

蘇景輝（2011）。《社區工作：理論與實務》。臺北：巨流。

顧忠華（2005）。《解讀社會力：臺灣的學習社會與公民社會》。臺北：左岸。

Alexander, Jennifer, Renee Nank, and Camilla Stivers (1999). "Implications of Welfare
Reform: Do Nonprofit Survival Strategies Threaten Civil Society?" *Nonprofit
and Voluntary Sector Quarterly*, Vol. 28, No. 4:452-475.

Almog-Bar, Michal and Hillel Schmid (2014). "Advocacy Activities of Nonprofit
Human Service Organizations: A Critical Review." *Nonprofit and Voluntary
Sector Quarterly*, Vol. 43, No. 1:11-35.

Chen, Jui-hua (2014). "Building A New Society on the Base of Locality:
Transformation of Social Forces in Taiwan during the 1990s." *Inter-Asia
Cultural Studies*, Vol. 15, No. 2:291–305.

Child, Curtis D. and Kirsten A. Gronbjerg (2007). "Nonprofit Advocacy Organizations:
Their Characteristics and Activities" *Social Science Quarterly*, Vol. 88, No.
1:259-281.

Cohen, Jean and Andrew Arato (1992). *Civil Society and Political Theory*. Cambridge,
MA: MIT Press.

Cornforth, Chris, John Paul Hayes, and Siv Vangen (2015). "Nonprofit-Public Collaborations: Understanding Governance Dynamics?" *Nonprofit and Voluntary Sector Quarterly*, Vol. 44, No. 4:775-795.

Donahue, John D. and Richard J. Zeckhauser (2011). *Collaborative Governance: Private Roles for Public Goals in Turbulent Times*. Princeton, N.J.: Princeton University Press.

Edwards, Michael (2004). *Civil Society*. Malden, MA: Polity Press.

Eikenberry, Angela M. and Jodie Drapal Kluver (2004). "The Marketization of the Nonprofit Sector: Civil Society at Risk?" *Public Administration Review*, Vol. 64, No. 2:132-140.

Evers, Adalbert and Jean-Louis Laville (2004). "Defining the third sector in Europe." In Adalbert Evers and Jean-Louis Laville (eds.), *The Third Sector in Europe* (pp. 11-42). Cheltenham, UK: Edward Elgar Publishing.

Guo, Baorong (2006). "Charity for Profit? Exploring Factors Associated with the Commercialization of Human Service Nonprofits." *Nonprofit and Voluntary Sector Quarterly*, Vol. 35, No. 1:123-138.

Huntington, Samuel P. (1991). *The Third Wave: Democratization in the Late Twentieth Century*. Norman, OK: University of Oklahoma Press.

Luksetich, William (2008). "Government Funding and Nonprofit Organizations." *Nonprofit and Voluntary Sector Quarterly*, Vol. 37, No. 3: 434-442.

Maier, Florentine, Michael Meyer, and Martin Steinbereithner (2016). "Nonprofit Organizations Becoming Business-Like: A Systematic Review." *Nonprofit and Voluntary Sector Quarterly*, Vol. 45, No. 1: 64-86.

Muukkonen, Martti (2009). "Framing the Field: Civil Society and Related Concepts." *Nonprofit and Voluntary Sector Quarterly*, Vol. 38, No. 4:684-700.

Osborne, Stephen P., Zoe Radnor, and Greta Nasi (2013). "A New Theory for Public Service Management? Toward a (Public) Service-Dominant Approach." *The American Review of Public Administration*, Vol. 43, No. 2:135-158.

Pestoff, Victor A. (1992). "Third Sector and Co-Operative Service: An Alternative to Privatization." *Journal of Consumer Policy*, No. 15:21-45.

Salamon, Lester M. (1987). "Partners in Public Service." In Walter W. Powell (ed.), *The Nonprofit Sector: A Research Handbook* (pp. 99-117). New Haven, CT: Yale University Press.

_____ (1995). *Partners in Public Service: Government-nonprofit Relations in the Modern Welfare*. Baltimore, MD: Johns Hopkins University Press.

Salamon, Lester M., S. Wojciech Sokolowski, and Associates (1999). *Global Civil Society: Dimensions of the Nonprofit Sector*. Baltimore, MD: Johns Hopkins Center for Civil Society Studies.

Smith, Steven Rathgeb (2010). "The Political Economy of Contracting and Competition." In Yeheskel Hasenfeld (ed.), *Human Services as Complex Organizations* (pp. 139-160). Thousand Oaks, CA: Sage Publications, Inc.

Taylor, Charles (1990). "Modes of Civil Society." *Public Culture*, Vol. 3, No. 1:95-118.

_____ (1995). *Philosophical Arguments*. Cambridge, MA: Harvard University Press.

United States Government Accountability Office (2012). "Nonprofit Sector: Increasing Numbers and Key Role in Delivering Federal Services." In J. Steven Ott and Lisa A. Dicke (eds.), *The Nature of the Nonprofit Sector* (pp. 340-347). Philadelphia, PA: Westview Press.

Weisbrod, Burton (2012). "The Future of the Nonprofit Sector: Its Entwining with Private Enterprise and Government." In J. Steven Ott and Lisa A. Dicke (eds.), *The Nature of the Nonprofit Sector* (pp. 348-357). Philadelphia, PA: Westview Press.

The Blending Transition of Social Service Nonprofit Organizations in Taiwan: The Civil Society at Risk?

Way Sun [*]

Abstract

Taiwan's first public presidential election held in 1996 showed that political development has already reached the stage of democratic consolidation. This consolidation has been brought about by the strengthening of the civil society, which is, in turn, dependent on whether the third sector can exert autonomy, connectivity, and advocacy. The social service nonprofit organization is the foundation of the third sector. In the last twenty years, external and internal forces have pushed Taiwan's social service nonprofit organizations to become more corporate, contract-oriented, and localized. Combining the institutional logic of state, market, and community, boundary lines between different sectors have gradually blurred. This study examines evidence of the impact of the blending transition of Taiwan's social service nonprofit organizations on civil society and gives concrete examples to support its findings. Overall, contract-orientation has a significantly negative effect on the formation of a strong civil society. Although contract orientation provides substantial public resources, by doing so, the government sees social service nonprofit organizations as a policy tool for achieving social service, inflicting a certain level of damage on the autonomy, connectivity, and advocacy aspects of these entities. In comparison, the effects of localization are more positive. Social service nonprofit organizations are closely bound to the local people; by absorbing knowledge and resources, it provides social services as a means of giving back to society, and is able to work with local governments and businesses to promote a strong governance partnership between the public and private sectors. Although localization can also come with organizational break-up and controversy, in the long run, social service

* **Way Sun** is Distinguished Professor at the Graduate Institute of Law and Government, National Central University. His research area includes Public Administration and Policy, Nonprofit Organization, Hakka Study.

nonprofit organizations working in the grassroots level should do more good than harm. On the other hand, the impact of going corporate on civil society is much more complex and multi-faceted. Although going corporate allows these nonprofit organizations to gain access to more funding, nurture more professional skills, and improve efficiency, it also increases the risks of damaging social reputation, neglecting to benefit people, and even deviating from their original mission. Even though it brings more financial autonomy, the market competition and conservatism going corporate brings with it are not beneficial to the organization's roles of connectivity and advocacy. To summarize, the study presents legal system design for strengthening civil society following the trend of blending transition within Taiwan's social service nonprofit organizations as well as several policy recommendations.

Keywords: Social Service Nonprofit Organization, Blending Transition, Civil Society.

民主深化的挑戰：
社會運動與權力重新配置的國家

黃長玲 *

國立臺灣大學

摘 要

民主化初期出現的社會抗爭，在 1990 年末期至 2000 年以後逐漸消散或沉寂。學界對於當時激烈抗爭事件減少的現象，不約而同的從體制化或是體制惰性的角度來理解。然而，這樣的觀點無法解釋 2010 年以後不斷出現的社會抗爭。本文從國家權力重新配置的角度來說明國家權力與職能的向下、向外、向上以及平行轉移對社會運動的影響。2010 年以來新一波的社會抗爭是對權力充新配置的國家的挑戰，也是民主深化所面臨的挑戰。

關鍵詞：民主深化、社會運動、國家權力、課責

---

* **黃長玲** 國立臺灣大學政治學系副教授，研究領域為性別政治、比較政治。

壹、再度出現的抗爭風潮

2014 年春天，由兩岸服貿協議所引發的抗議，演變成持續三週人民佔領立法院的行動，佔領行動期間還發生了抗議群眾攻佔行政院然後被驅離的事件。在這個全國甚至國際矚目的佔領行動發生之前，臺灣的社會抗爭已經連續幾年不斷發生。僅僅 2012 到 2013 年間，主要的抗爭事件及議題就包括反媒體壟斷、文林苑都更、南鐵東移、華光與紹興社區居民被訴、華隆自救會、大埔反迫遷、關廠工人連線、以及洪仲丘在軍中遭虐致死。接續不斷的抗爭，不禁讓人想起解嚴初期，長期禁錮的社會力釋放時各種抗爭風起雲湧的現象。

民主化初期出現的社會抗爭，在 1990 年末期至 2000 年以後逐漸消散或沉寂。學界對於當時激烈抗爭事件減少的現象，不約而同的從體制化或是體制惰性的角度來理解。李丁讚與林文源 (2003) 以環境運動為例，說明民主化後隨著社會組織的發展，以及學者專家的參與，環境運動在組織理性的邏輯下，抗爭暴力被馴化，因此，雖然與環境議題有關的衝突沒有減少，但是衝突形式逐漸以語言文字取代了身體對抗。何明修 (2006) 則從政治環境的變化，包括環境法制與決策參與機制的建立、抗爭處理的地方化與例行化、以及民進黨對環境議題的立場改變，來說明環境運動的制度化，並且指出在制度化之後，2000 年以後的環境運動組織逐漸變成體制內的壓力團體。邱毓斌 (2010) 認為工會組織侷限於廠場工會的情形，造成臺灣勞工運動的制度惰性，在工會發展很難突破廠場範圍的情況下，抗爭議題及抗爭範圍都相對限縮，而孫友聯 (2012) 也指出 2000 年到 2008 年民進黨執政期間，工運團體所規劃的政策藍圖促成多部勞工法律的制定或是修正，2008 年國民黨執政後，仍然延續相關政策，繼續完成修法，使得 2000 年後成為勞動法制環境重建的黃金期，在此期間工運團體的主要運動模式是與立法部門互動，對行政部門施壓。黃長玲（2008）指出婦女運動在歷經街頭抗爭與立法遊說之後，自 1990 年中後期開始，逐漸在政府體

制內取得參與空間。范雲（2010）則將婦女運動在體制內的參與形容為「靜默中耕耘細節的婦運革命」。

如果社會運動紛紛出現身體被馴化、抗爭範圍限縮、主要運動模式是國會遊說、以及體制內安靜革命的情形，那麼 2010 年以後，新一波社會抗爭出現的原因是什麼？其所具備的意義又是什麼？任何人看到關廠工人連線抗爭者臥軌的畫面、學生佔領立法院議事廳時，強力阻擋警方進入的景象、抗爭者攻佔行政院時破窗而入的情形、乃至於反核民眾在車水馬龍的忠孝東路上，當街阻擋車輛行進的奮不顧身，恐怕都很難認為這些抗議的身體是被馴化的，或是臺灣的社會運動組織已經轉化為體制內的壓力團體，打算在體制內進行靜默的革命。換言之，民主化以來因應社會抗爭所出現的體制改革或是發展，到了 2010 年以後，不足以吸納社會的抗爭能量，已在近年的許多抗爭行動中得到證實。如果社會運動經歷了民主化初期的抗爭，導致國家與社會關係的體制化，而使得運動的形式更為溫和理性、運動的資源更為有效運用，那麼現存的體制，為什麼無法處理這些社會抗爭所涉及的爭議？

如果回到描述社會運動被馴化或體制化的文獻，不難發現這些討論出現的時間或是描述的現象與 2000 年以後民進黨執政的時間多少重合，然而，即使在民進黨執政期間，臺灣社會也曾發生過大規模的群眾抗爭如紅衫軍，而社會抗爭也並未在民進黨執政期間完全消失，如樂生自救會的抗爭。換言之，抗爭週期 (protest cycles) 雖然在臺灣有可能是和不同政黨的執政時間重合，但是社會運動與政黨的親近性，只是抗爭行為是否出現的原因之一，尤其當抗爭行為同時挑戰中央與地方政府，而兩者並非同一個執政黨時，社會運動與政黨的親近性就不見得能說明抗爭行為是否出現。本文將從一個不同的面向 -- 國家權力的變化對社會運動造成的挑戰 -- 來說明 2010 年初中期以來所出現的抗爭風潮，並且指出這波抗爭在相當大的程度上是持續民主化的一部份，也是民主深化的挑戰。

貳、權力重新配置的國家

由長期研究抗爭政治的 Tarrow（1994:4-5），曾經將社會運動定義為「有共同目標又團結的人們持續與精英、反對者及當權者互動所形成的集體挑戰」。至於要挑戰什麼呢？要挑戰的是「精英、權威、其他團體或是文化規約」（Tarrow, 1994:5）。民主化以來，在臺灣社會針對各種議題的動員、抗爭、論辯或是倡議行動中，我們經常看到這些行動挑戰的對象是國家（the state），即使當挑戰的目標是文化規約或是其他團體時，仍會見到相關團體要求政府負起責任。[1] 然而，現代民主國家的政府職能廣泛而多元，機關部會彼此間也分工細密，各有權責，如果細究這些抗爭或社會運動的訴求，我們可能會發現所謂的國家，有可能是中央政府，也有可能是地方政府，被挑戰的決策有可能出自政府本身，也有可能出自政府委託的機關或是有民間人士參與的政府委員會。另一方面，社會運動的抗議，有可能是抗議政府的作為，也有可能是抗議政府的不作為；有可能抗議行政部門，也有可能尋求其他政府部門來約束或要求行政部門；甚至有些運動在抗議政府之時，還要面對支持政府或是既有體制的其他社會力量。這些紛雜的圖像說明了民主化以來國家與社會運動在互動上非常多元，而這個多元性與國家權力形態的改變密切相關。

Banaszak、Beckwith 和 Rucht（2003）討論西歐及北美婦女運動與國家的關係時，以權力重新配置的國家（reconfigured state）的概念，來說明 1970 年代以後國家權力形態改變與婦女運動的關係。她們指出 1970 年代以後，在西歐及北美的國家權力形式出現四種主要的變化，分別是國家權力的向下轉移（downloading），向上轉移（uploading），向外轉移（offloading），以及平行轉移（lateral loading）。向下轉移

---

1. 舉例而言，2014 年 10 月 25 日，台灣守護家庭聯盟（以下簡稱護家盟）舉行記者會，針對同志遊行，「呼籲政府要嚴加把關，審查這些性解放運動的遊行活動，保護孩子。」（台灣守護家庭聯盟，2014）。

所指的是國家權力從中央轉移到地方，許多政策決定及資源分配，逐漸是在地方政府的層級處理，而不再由中央政府掌控。向上轉移所指的是許多國家的政策，在方向上或甚至內容上，受到超國家層級的國際組織的影響或支配，從聯合國、歐盟到國際貨幣基金會或世界貿易組織，相關的決議與規範，都可能取代國家權力，形成對個人生活的影響。向外轉移則是指國家與市民社會分享權力，使得參與決策者有可能來自國家的外部，不具國家身份（non-state actors），但是代表或是協助國家制定政策或行使權力。至於所謂的平行轉移，則是有些重要的政策，不再是由經過民選的立法部門或行政部門做出，而是由不經過民選的國家機關做出，譬如透過法院的判決。

　　Banaszak、Beckwith 和 Rucht 也指出，國家權力轉移的現象既受社會運動的影響，也影響社會運動的發展。也就是說，社會運動與國家之間其實是在許多不同的權力空間中相遇，社會運動也會持續面臨不同形態的國家權力。她們所描述的國家權力重新配置的現象，以及與社會運動之間的關係，其實也發生在民主化後的臺灣。換言之，國家權力之所以會產生重新配置的現象，本身就是民主化的成果之一。首先出現的是權力的向下轉移，1996 年總統大選過後不久，行政層級的精簡，就成為主要的政治改革議題之一。事實上，權力從中央下放地方是民主化過程中的常見現象（Oxhorn, 2004）。1998 年所制訂的地方制度法，使中央與地方的權力關係進入新的階段。地方政府不但在人事與財政方面享有更大的自主權，與中央也有更清楚的權責劃分。國家權力向下轉移的同時，也出現向外轉移的現象。早在威權時代，政府對於相關政策就有設立咨詢性委員會的做法，邀請學者專家參與，民主化後，不但咨詢性質的委員會開始有參與決策的色彩，許多依法設立的委員會不但明確規範要有社會團體代表，也具備行政裁決的權力。這些委員會因為有公民社會的代表（民間委員），因此當他們參與決策或具備行政裁決的權力時，等於是國家與公民社會分享權力，是國家權力的向外轉移。國家權力向下及向外轉移之外，也有平行的

轉移。雖然行政權仍然是國家運作的核心，但是與行政權平行的其他憲法機關，在民主化後的功能也逐漸確立。除了本來就應該代表民意的立法機關之外，監察及司法機關逐漸成為人民抗議行政部門時，尋求奧援的管道。相較於民主化初期時社會抗爭的對象幾乎集中在掌握所有權力的中央政府，近年的社會運動往往採取多元的管道，在抗議行政部門的同時，也向監察院提出陳情以及向法院提起訴訟。

國家權力轉移的形態中，最晚近的現象是向上轉移，對於長期孤立於國際社區之外的臺灣而言，這個趨勢其實具備多重意義。臺灣的經濟本來就鑲嵌在全球資本主義的經濟體系中，隨著中國經濟的崛起，以及各種區域貿易協定的增加，新自由主義帶來的壓力，對臺灣而言也日益迫切。然而，全球化不是只有經濟的面向，人權作為普世價值也隨全球化的趨勢擴散，越來越多的國家在相關作為及政策上受到國際人權體系的影響與約束（Howard-Hassmann, 2010）。 2005 年以降，在民間團體的推動下，立法院陸續批准了四個國際人權公約，也通過相關國際人權公約的施行法。雖然我國並非聯合國會員國，無法像其他國家一樣到聯合國的相關委員會提出報告，但是政府與民間仍分別撰寫這些公約的國家報告與影子報告，並邀請有聯合國審查經驗的國際學者專家審查。在國家報告審查過後，民間團體也關注政府部門對於審查意見的回應，因此近年的人權公約運動也導致了國家權力向上轉移的現象。

權力重新配置後的國家，既是民主化初期社會運動的成果，也為社會運動帶來持續的挑戰。其中最關鍵的挑戰是當權力分散或轉移後，在民主政治中伴隨權力而生的課責問題，也隨之浮現。

參、社會運動與民主課責

課責（accountability）是民主政治的基本原則之一，它的核心概念是權力的持有者必須受到監督，對行使權力的方式及後果承擔責

任。選舉通常被視為重要的課責機制，然而，選舉並不是民主體制中唯一的課責機制。人民所擁有的集會結社及出版自由，也是課責機制的一部份，政治人物也往往必須回應人民透過集會結社及出版自由所表達的意見。這些人民要求政治人物負責的方式，一般稱為縱向課責（vertical accountability）。除了縱向課責之外，民主體制中也普遍存在橫向課責（horizontal accountability），也就是政府機關透過分權制衡（check and balance）所形成的橫向監督機制，避免任何一個機關因濫權而侵犯人民權益。O'Donnell（1998）曾經指出，新興民主國家常有的問題是只有縱向課責而缺乏橫向課責。

　　許多人對於社會運動的理解是將其等同為社會抗爭，然而抗爭其實只是社會運動所採取的諸多形式之一。2010 年初中期的抗爭風潮，從課責的角度而言，是縱向課責的持續實踐。然而，若是細究這些社會抗爭發生的過程，或是社會運動組織所進行的其他倡議行動，我們將會發現國家權力重新配置後，社會運動的倡議、動員、與課責的方式也變得多元。然而，課責的方式多元，並不表示課責變得較為容易。社會運動不僅面臨國家機關橫向課責的不足，也在看似單純的縱向課責上遭遇了難題。

一、權力向下轉移：「外人」無法課責地方政府

　　在國家權力向下轉移的諸多情形中，土地徵收是近年最常導致中央與地方互相卸責的爭議。文林苑都更、大埔農地徵收、以及南鐵東移是近年眾多徵地迫遷的案例中，引發社會抗爭也廣泛引起媒體注意的例子。這三個案例橫跨不同縣市、由不同政黨執政、但有許多共通性：地方政府依據中央通過的法規來核定或是規劃相關建設；面臨土地房舍被徵收拆遷的居民不願被徵收拆遷，而且認為不被徵收拆遷，並不影響公共利益；社運團體介入聲援，譴責政府為了土地開發的利益侵害人民權益；居民或社運團體除了抗議行政部門的作為外，也向監察院陳情，或是向法院提起訴訟。雖然在這幾個案例中，負責處理

徵收拆遷的地方政府是社會抗議的主要對象，但是這些爭議也都涉及
中央法規及審議機制，因此中央政府也同遭抗議。

如果說 2014 年 3 月學生佔領立法院的舉動震驚國人，那麼不到
一年之前，2013 年 8 月，因為大埔徵地的問題，抗爭者短暫的佔領了
內政部 20 小時，也許可以視為佔領立法院行動的預演。當時抗爭者在
內政部徹夜靜坐，並且在旗杆上升起了「拆政府」的旗幟，抗議「土
地徵收條例」的主管機關內政部忽視土地正義，對於各地浮濫徵地未
盡把關之責（蘋果日報，2013）。大埔農地徵收案首次吸引全國媒體
的注意是在 2010 年 6 月，當時怪手開進尚未收成但是被縣府認為應強
制徵收的農田，引發媒體的報導與批評（公民新聞，2010）。由於同
一時間處於類似情形的還有苗栗灣寶、彰化二林、以及竹東二重埔等
地區的土地徵收案，因此「台灣農村陣線」結合許多社運團體，發動
了「臺灣人民挺農村，717 凱道守夜行動」夜宿凱達格蘭大道，訴求
土地正義 （公民行動影音記錄資料庫，2010）。凱道夜宿因為參與人
數眾多，在夜宿行動後行政院長吳敦義會見大埔農戶代表，並且在隨
後的行政院會議中表示大埔案應朝向「建物及基地採原位置保留；集
中劃設農用土地，按其原有農地面積以專案讓售方式辦理」，苗栗縣
政府隨後也發佈新聞稿表示按照院長提示辦理。[2]

2010 年以後，大埔徵地的爭議逐漸成為「大埔四戶」的爭議，除
了堅持不願被徵收的四戶以外，其餘二十多戶已經與政府達成協議。
然而，2012 年 8 月，內政部都市計劃委員會針對大埔四戶所做出的決
議仍然只是緩拆，而非不拆，台灣農村陣線召開記者會表示都委會的
決定只是卸責，而且推翻了 2010 年行政院長「原屋保留」的承諾（台

---

2. 相關說明可見苗栗縣府於 2010 年 11 月 1 日所發佈的新聞：http://www.miaoli.gov.tw/cht/
newsview.php?menuID=3381&forewordID=117513&secureChk=0232f0279128b3a50ff658e6
02f5860c。事實上，由行政院長介入協調地方土地徵收的爭議，當然不會是合理的程序
或是可以永續的體制。正因為院長的承諾或是院長與自救會代表會面的協調結果並無清
楚的程序效力，三年後苗栗縣長才可能完全不理會那個承諾而強硬拆除。

灣農村陣線，2012）。同年年底，大埔四戶針對內政部所提的訴願也被行政法院駁回。2013 年夏天，苗栗縣政府再度要求四戶自行拆除，否則在 7 月 5 日以後將強制拆除，縣長劉政鴻並且表示大埔區段徵收開發，屬縣政府職權，與副總統吳敦義及內政部無關，「自己該扛的責任會來扛」（中央社，2013）。由於四戶面臨被強制拆除的可能，因此多個社運團體在四戶所在之地持續抗爭聲援，總統府人權咨詢委員會的委員也援引國際人權公約，召開記者會反對強拆（蕭韻喬，2013）。7 月 18 日大埔自救會北上總統府抗議，苗栗縣政府當日出動600 多警力，抬離留守抗議的聲援人士，並且將四戶拆除（自由時報，2013）。兩個月之後，中秋節前夕，四戶之一的張藥房主人張森文自殺身亡（東森新聞雲，2013a）。2014 年 1 月，台中高等行政法院判決大埔四戶勝訴，內政部審議過程不合法，苗栗縣政府強制拆除違法（臺中高等行政法院，2014）。行政法院公佈判決結果後，劉政鴻表示拆除是遵照內政部都市計劃委員會的決議，而內政部長蕭家淇則表示該案經過中央與地方四個委員會，20 多次審查，「不能說單一責任歸誰」（王家俊，2014）。

　　在大埔案的爭議中，抗爭者幾乎不斷的在中央與地方之間穿梭抗議：既抗議中央縱容地方浮濫徵收，也抗議地方政府任意圈地；既發動凱道夜宿向總統陳情，也持續留守大埔抵抗徵收；既抗議內政部都委會遭會議主席操弄，也指責苗栗縣都委會擅自推翻中央都委會決議。[3] 然而，即使歷經數年，有那麼多次的抗議，即使有行政院長與自救會代表的會面甚至承諾，都沒有辦法避免大埔四戶最終被苗栗縣政府拆除。

　　和大埔案類似，文林苑都更的爭議中，也出現不同意戶王家的房

---

3. 除此之外，苗栗縣政府強拆四戶之舉，除了在行政法院敗訴外，也遭到監察院糾正，更被認為有違反國際人權公約之嫌。監察院針對大埔案曾兩度糾正苗栗縣政府：http://www.cy.gov.tw/sp.asp?xdUrl=./di/RSS/detail.asp&no=2662。關於監察院的職能與社會運動的關係，筆者將在下文討論。

子被拆除後，台北市長表示依法必須執行公權力，而內政部長表示都
更案是地方權限的情形（苦勞網，2014）。事實上，台北市政府在拆
除王家後，在發佈的新聞稿中「呼籲主管機關內政部營建署盡快舉行
公聽會⋯透過修法的方式徹底解決問題」（臺北市政府，2012），市
府都市更新顧問小組也建議內政部提起釋憲。[4] 和大埔案不同的是，王
家最終與建商和解，但代表王家的律師表示此案「沒有贏家，大家都
輸」（林雨佑，2014）。至於仍在抗爭中的南鐵東移案，和大埔徵地
及文林苑都更類似，一樣是同時涉及中央與地方權限的土地徵收爭議。
台南市針對都市計劃中鐵路地下化的工程，徵收沿線土地，在遭遇住
戶抗議後，表示相關路線「完全是依照行政院核定路線」，土地徵收
也是為了安全及專業所考慮的不得已措施（洪欣慈，2013），然而抗
議者卻指出台南市政府「絕非配合機關」，而是都市計劃的主管機關
（東森新聞雲，2013b）。由於台南市是民進黨主政，賴清德市長又在
南鐵東移的爭議出現後還高票連任，因此抗爭者在抗爭過程中，不斷
將南鐵案與大埔案類比（東森新聞雲，2013c），不但自救會曾經到民
進黨部抗議（苦勞網，2013），著名的環境運動律師詹順貴還公開投
書指控賴清德市長作風威權，面對土地徵收的態度與常被批評的國民
黨並無二致（蘋果日報，2015）。

　　在這三個與都市更新或都市計劃相關的案例中，雖然都涉及中央
的法規或核定，但是真正掌握都市規劃及徵收土地權力的是地方政府。
然而，社會運動者對地方政府的抗議很少達到具體的課責效果，因為
許多參與抗爭的社會運動者是「外人」。徵地迫遷案往往涉及居民權
益與「公共利益」之間的爭議，參與抗議的社運團體，認為居住權涉
及的是民主價值，個人權利不能輕易的在模糊不清的公共利益下被犧
牲，更何況所謂的公共利益，在抗爭者眼中非但不是真正的公共利益，

---

4. http://www.nownews.com/n/2012/04/05/6614；王家在向行政機關訴願失敗後，向大法官
　提起釋憲，大法官最後認定都更條例中多項關於程序的規定違憲：http://www.appledaily.
　com.tw/realtimenews/article/new/20130426/176989/

還常與土地開發的私人利益有關。然而，地方執政者真正在意的課責來源只是在地居民或選民。這也是為什麼在大埔案和南鐵案中，都出現地方政府或民意代表認為外人無權介入當地事務的看法。譬如大埔案在抗爭者佔領立法院後，劉政鴻就率領苗栗鄉親舉行記者會，當時參與記者會的苗栗立委以及大埔里長，都表示抗議者皆為外地人（楊毅，2013）。南鐵案中則是台南市政府舉行說明會時，曾經堅決拒絕「外人」進場（公民行動影音紀錄資料庫，2013）。即使文林苑的爭議中，台北市政府很難用「外人」來指涉本來就住台北的各種抗爭者，但是市府拆遷過程中，並無市議員公然反對市府拆遷，也使得社運抗爭形成的課責效果僅限於輿論壓力。[5] 沒有在地民意代表支持社運主張的現象，在大埔案和南鐵案也有同樣情形。因此，國家權力向下轉移後，如果在地力量並不要求課責，社會運動很難實踐訴求。

二、權力向外轉移：「委員會」的效用與誤用

　　國家權力向下轉移後，「外人」固然很難對地方政府形成有效的課責，但是「外人」並不全是政府排拒的對象，因為國家權力的向外轉移，其實就是將公務體系以外的人，納入決策過程。當代關於公共政策的討論中，以治理取代政府（from government to governance）是重要的趨勢，而在關於治理模式的討論中，公民如何參與或是利益相關者（stakeholders）如何協商，都是治理的核心議題。[6] 民主化後的臺灣，在政策過程中也增加了公民參與的管道及機制，最明顯的例子就是各種各樣政府委員會的設立。這些委員會有的是依法設立，有法定職權，有的是行政部門為達政策咨詢或參與功能所設立的任務編組委員會。前者的例子如環境影響評估審查委員會、都市計劃委員會、性別工作平等委員會…等，後者則是沒有明確法律授權，由行政部門主

---

5. 當時綠黨的公開聲明就表示若有任何市議員站在怪手前，相信市府就不敢拆王家（苦勞網，2012a）。

6. 關於民主治理的相關作品汗牛充棟，晚近將相關研究的目前進展完整呈現的是 Levi-Faur (2014) 編輯的作品。

動成立的委員會。作為治理機制，這些委員會通常同時有官方委員及民間委員。對於民間委員，有些委員會強調專業背景，[7]有些則重視利益代表性。[8]無論是邀請相關領域的學者專家，或是涵納不同的利益代表，這些委員會都呈現了國家權力外移的現象。

由於政府委員會的民間委員，都是由行政部門邀請，因此無論是執行法定職權或是提供政策咨詢，都代表行政部門的權力與決策。在這樣的情形下，社運組織的成員是否應將參與政府委員會當做社會運動倡議的可能性之一，就成為許多運動團體爭辯或思考的議題。1995年陳水扁當選台北市長之前，由於民主化過程中社會運動與民進黨的互動與互信都超過與國民黨的關係，因此當陳水扁市長在台北市設立許多邀請民間代表參與的委員會時，許多社會運動者不但選擇參與，而且也以這些委員會作為倡議管道之一。[9]然而 2000 年民進黨在中央執政以後，以參與政府委員會作為社會運動策略的做法，終究面臨了挑戰。2005 年到 2007 年間，行政院人權保障小組、行政院婦女權益促進委員會、以及環保署環境影響評估審議委員會，分別都有社運出身的委員以請辭或拒絕出席會議的方式公開抗議行政部門的作為（大紀元，2005；蘇芊玲、黃長玲，2006；胡慕晴，2007）。當時涉及的議題，分別是身份證按指紋、生育保健法修正案中關於人工流產增加思考期、以及重大開發案的環境影響評估。這些來自政府委員會委員的抗議行動，多少使得相關政策或是改弦易轍，或是暫時停止推動。[10]換言之，即使是參與委員會，社會運動者有時仍需要透過公開抗議，

---

7. 譬如環境影響評估審查委員會組織規程第四條，說明民間委員是「由主任委員就具有環境影響評估相關學術專長及實務經驗之專家學者中聘兼」。

8. 譬如根據性別工作平等法，性別工作平等委員會的民間委員是「由具備勞工事務、性別問題之相關學識經驗或法律專業人士擔任之，其中經勞工團體、女性團體推薦之委員各二人，女性委員人數應占全體委員人數二分之一以上」。

9. 當時在婦女運動的部份，就出現了關於國家女性主義的辯論。婦女運動者援引國家的力量來追求性別平等，批評者卻認為這樣的運動策略終究會不敵主流社會的父權價值，參見黃長玲 (2007)。

10. 身份證按指紋的政策後來在行政部門提起緊急釋憲的情形下喊停，人工流產思考期的部

才能達到運動的目的。

　　雖然社會運動者參與政府委員會時仍不免與政府直接發生衝突，但是委員會治理，也在相當的程度上允許社會運動者在政府體制內進行政策倡議。這是為什麼環境運動在 2000 年以後會變成「體制內的改革者」，這也是為什麼婦女運動會開展「靜默與細節中的革命」。然而，委員會成為價值倡議的管道，並且可能影響國家政策的功能，並不是只有想改變社會的倡議者可以運用，不希望社會改變的倡議者也可能運用這個管道來影響政策方向 -- 尤其是當國家對特定委員會的功能缺乏政治承諾（political commitment）的時候。

　　2014 年 1 月，教育部公佈了第六屆性別平等教育委員會的委員名單，由於名單中包括曾經公開反對同志婚姻，或是反對同志教育的學者，立刻引起婦女團體及同志團體的抗議，批評教育部是「請鬼拿藥單」，使性別平等教育大開倒車，而教育部的回應則是遴選原則是「尊重多元聲音」（賴于榛，2014）。自教育部性別平等教育委員會於 1997 年成立以來，由於民間團體與學者專家的參與及努力，這個委員會是國內性別平等教育政策的最大推手。2004 年性別平等教育法的制訂，不但是這個委員會的主要成果，也在全國的教育體制中，打開性別平等教育的空間。性別平等教育法的精神，是要建立性別平等及性別友善的教育環境，也因此條文中明確規定學生的性傾向必須受到尊重。[11] 自 2008 年開始，天主教學校就公開表示性別平等教育法違反教義，因為性別平等教育法要求學校尊重學生的性傾向（人間福報，2008）。2011 年春天開始，以宗教團體集結為主的「真愛聯盟」公開反對教育部委託學者專家所編寫的性別平等教育教師手冊。真愛聯盟認為教師手冊的內容鼓勵青少年發生性行為以及多元情慾，性別

份則是在生育保健法修正案送進立法院後，並未進入委員會討論，而幾個重大開發案的環境影響評估也在當時未順利通過。關於這三個案例的討論，可以參見 Huang（2016）。

11. 性別平等教育法施行細則第 13 條，也清楚規範性別平等教育的相關課程，應涵蓋情感教育、性教育、以及同志教育。

團體則認為真愛聯盟斷章取義，教材的重點是性別平等（苦勞網，2011）。從 2011 年到 2013 年春天，雙方針對教師手冊內容及性別平等教育的實施，展開對抗性的社會動員。雙方採取的行動除了媒體投書、國會遊說、司法訴訟、連署聲明以外還包括在各場公聽會中的激烈辯論。[12] 2013 年秋天，當臺灣伴侶權益推動聯盟將民間團體草擬的婚姻平權法案送進立法院後，性別團體與宗教團體針對同志婚姻是否可以合法，再度出現激烈的攻防。當時，宗教團體在立法委員賴世葆的陪同下，拜會行政院長江宜樺，提出各層級的性別平等教育委員會，應有「家長代表」及「宗教代表」，而且比例各不低於四分之一。這個會面被媒體認為是教育部邀請反對同志婚姻的學者成為性別平等教育委員的原因之一（王立柔，2014）。

　　第六屆性別平等教育委員會的組成，呈現了國家權力向外轉移時，國家順勢卸責的現象。性別團體在抗議第六屆委員名單時明確指出，教育部不可能不知道這些學者的背景，因為其中之一曾經在教育部的公聽會上，代表真愛聯盟發言（林雨佑，2014）。事實上，教育部以增加多元性回應批評，是誤用或挪用「多元」的概念。當代在群體權的討論中，關於多元的重要性，強調的是增加少數或是弱勢群體的代表性，而非鞏固多數或是強勢群體的參與機會。即使基督教在臺灣的信仰人口中是少數，但是就資源與權力而言，教會或基督教團體卻並非弱勢。增加多元性的意義是要讓體制更能涵括不同的人（inclusiveness），而非鞏固現存體制中對某些群體的排除（exclusiveness）。就臺灣的性別體制而言，雖然性別平等教育法已經實施十年，但是同志人權在許多領域仍未受合法保障，因此，在異性戀霸權體制仍然明確，不同性傾向者間的權力及地位並不平等的情形下，性別平等教育委員會的設立及功能，就整體社會而言，是增加多元性的，但是邀請反對同志教育的學者進入該委員會，就又稀釋了那

---

12. 相關過程可以參考臺灣性別平等教育協會針對真愛聯盟採取相關行動的大事紀 http://www.tgeea.org.tw/download/voice_130131-2.pdf。

個多元性。

　　性別團體的抗議並未改變教育部的決定，反對同志教育的兩位學者成為第六屆性別平等教育委員後，所造成的具體結果就是限縮委員會的功能。[13] 然而，從宗教團體的角度而言，這可能正是他們對於那兩位學者進入委員會的期望。因此，國家權力的向外轉移，對於社運成員而言，並不一定表示增加參與機會，有可能是降低參與效能。如同 Kriesi（1995）和 Meyer 與 Staggenborg（1996）的研究顯示，權力的分散或是參與管道的開放，不只是為社會運動創造了政治機會，也為反制運動（countermovements）創造了機會。

三、權力平行轉移：有限的橫向課責

　　國家權力的平行轉移，如前所述，和國家機關的橫向課責有關。過去威權體制下，憲法上的其他權力機關制衡行政權的能力有限，但是民主化後，司法及監察機關的課責能力增加。然而，政府機關橫向課責的發展對社會運動而言，其意義並不只是倡議或抗爭管道增加，橫向課責的結果有可能反而對社運訴求形成挑戰，或是直接影響抗爭結果。表一呈現的是 2010 年以來較為受到媒體注意的社運抗爭事件或議題，從表一可以看出，抗議者所採取的行動不只是向行政部門抗議，也對司法機關提起訴訟，或是向監察院陳情。表一所列舉的案例也顯示，行政機關或相關部門也可能同樣運用這些憲法機關主動興訟或是以受到監督為由，對抗爭者施壓。

　　社會運動以訴訟進行倡議的歷史久遠，國內外皆然，其中以憲法訴訟最為明顯。美國民權運動的發展與最高法院判決種族隔離違憲有關，加拿大同性婚姻合法化的過程，則和許多省份的省級憲法法院判決有關（Hogg, 2006）。臺灣戰後婦女運動的發展，也經歷憲法動員的過程（陳昭如，2012）。事實上，政治司法化

---

13. 根據一位民間委員的說法，雖然多數委員仍然具備性別平等教育或性別研究的相關專業，但是委員會開會時往往要耗費非常多的時間處理反對同志教育的委員的意見。

（judicialization of politics）的趨勢在許多民主國家中都出現，美國學者很早就注意到美國各級法庭的司法判決對公共政策及政治價值的影響（Shapiro, 2002），並且指出公共政策司法化的主要場域就是行政審查（administrative review），由法院針對行政程序是否合理進行判決（Hirschl, 2008:121-122）。Koopmans（2003:274-275）以歐洲國家的經驗為基礎，說明法院判決不但對行政法的程序標準有影響，有時還有創制行政法的效果。臺灣社運以司法訴訟挑戰國家最成功的案例，正是環境運動針對中科三期以及台東美麗灣環評的行政訴訟。這兩個開發案通過環評時都遭到抗議，環保團體提起行政訴訟後，兩者的環評結果都因政府未適當遵循環評程序而遭到行政法院撤銷，後者同時也遭行政法院判決停工。然而，王金壽的研究卻顯示，司法機關的判決結果並不必然影響行政機關的作為，從中央到地方，無論是哪一個政黨執政，都出現行政機關面對司法判決的結果以消極不作為來抵制，或是出現公開批評司法判決的現象。這樣的情形顯示司法機關對於行政部門的權力，雖然進行了橫向課責，但是這樣的課責是否有效，終究還是取決於行政機關的態度（王金壽，2014）。

司法判決對社會運動有利時，判決的結果不見得能直接轉換成社運的成果，但是司法判決對行政機關有利時，往往行政機關就會積極執行判決結果。華光社區的拆除就面臨這樣的情形，不僅如此，華光社區和有類似爭議的紹興社區都出現政府或公立大學以司法訴訟回應社會爭議的情形。華光社區和紹興社區都是位於台北市精華地段的老舊社區，前者本是法務部矯正署的宿舍而後者則是臺灣大學的校地，兩處經過幾十年的都市發展和城鄉移民，都形成了所謂的「違建聚落」。近年在都市更新的風潮下，前者成為台北市都更的旗艦計劃所在地，而後者則成為台大校園規劃中的一部份，兩個社區的居民分別遭到法務部及台大提起拆屋還地的訴訟。華光社區的居民在法務部提起訴訟後，也向國有財產署提出行政訴訟，敗訴後很快遭到拆除，而且法務部執行時還強調若不執行拆除，會被監察院糾正（楊興宗，

2013）。紹興社區的爭議在處理上雖然和華光社區不同，[14] 但是在台大學生與居民抗爭的過程中，台大校方不止一次表示若是不對居民提告，台大會被監察院糾正（苦勞網，2012b）。

表一　2000 年中期以後重大社會抗爭涉及司法權及監察權情形

抗爭事件 / 議題	司法權	監察權
關廠工人連線	＊勞委會對工人提出債權訴訟	監察院糾正勞委會
華隆自救會	工人提起債權分配異議訴訟	監察院提出調查報告。華隆公司違法部份由監察院移送法務部調查。
樂生療養院	公民團體聲請假處分，要求捷運停工； 社運組織提起公民訴訟，要求重啟環評	監察院糾正衛生署，新北市政府，台北市捷運局
紹興社區	＊台大對居民提出違法佔用的訴訟	台大表示不控告居民違法侵佔會遭監察院糾正
大埔徵地	控告內政部違法區段徵收	監察院糾正苗栗縣政府
華光社區	＊法務部對居民提出拆屋還地訴訟	法務部宣稱若不執行拆屋會遭監察院糾正
文林苑	王家提起行政訴訟 王家聲請釋憲	同意戶向監察院陳情
洪仲丘案	軍檢起訴涉案軍官	監察院彈劾涉案軍官
南鐵東移	居民對鐵工局提起訴訟	監察院調查報告認為沒有東移

資料來源：作者參考媒體報導整理。

---

14. 兩案在處理上的差別，主要原因是台大學生的介入。學生們不但連續兩年在校慶活動中抗議學校對紹興居民提告，也在校務會議中正式提案，要求學校撤回告訴。最終學校擴大重組了處理紹興社區的委員會，納入更多師生代表。紹興社區的相關新聞及抗爭（苦勞網，2015）。

　　從國家權力行使的角度而言，無論是司法判決或是監察院的糾正，都是橫向課責的展現，然而兩者都是針對個案的處理。除非行政機關能有正面實質的回應，否則監察權的課責效果也終究有限。表一列舉的案例中，無論是涉及徵地迫遷或是拆屋還地，爭議的焦點都與居住權密切相關。雖然監察院不止一次糾正行政機關的作為，然而對個別案例的不斷糾正，並未讓行政部門通盤檢討涉及居住正義的相關法令、措施、和作為，反而使得監察權在某些個別案例中成為行政機關強化自己作為的基礎。除此之外，在個案糾舉上，監察院的課責能力有時也遭到質疑。苗栗大埔案中，監察院的調查報告用嚴厲的措辭指出苗栗縣政府徵地強拆，不符合土地徵收的必要性，但是並未彈劾任何苗栗縣政府官員，因此引來社會運動者及大埔居民的不滿（李欣芳等，2014）。相反的，南鐵東移的案例中，居民向監察院陳情後，監察院的調查報告認為並不存在「東移」的問題，也沒有圖利或是違反環評的情形，因此賴清德市長表示監察院的報告「給了台南市政府很大的幫助」，但是自救會成員卻表示不能接受調查報告的結果（李恩慈，2013）。因此，自救會的抗爭並未在監察院調查報告公佈後停止，而台南市都市計劃委員會，也在賴清德市長擔任主席，但抗爭者持續抗議的過程中，將台南市鐵路地下化工程的案子決議通過。[15] 由這些案例可以看出，司法權及監察權對於行政權的課責效果有限，而抗議群眾也不見得接受橫向課責的結果。

四、權力向上轉移：全球化與國際公約

　　國家權力向上轉移的現象，受到兩個重要趨勢的影響：新自由主義的擴張以及國際人權體系的成長。新自由主義的擴張是全球化趨勢下資本支配力量的擴張，它所引發的反全球化浪潮在國際上方興未艾。自 1999 年 WTO 在西雅圖召開部長級會議，遭到抗爭群眾癱瘓之後，

---

15. 南鐵案爭議的焦點不在於是否地下化，而在於鐵道設計是否「東移」，是否不必要的多徵收土地。長期投身環保運動的詹順貴律師，就在台南市都委會通過該案後，公開指責台南市政府將原本只需徵收不到 1 公頃的計劃，改成需要徵收 5.14 公頃的東移案。參見詹順貴（2015）。

以新自由主義為主的全球化趨勢，面對持續出現的反全球化抗議，益發強韌。2008 年全球金融海嘯爆發，對許多人而言證明了資本主義的問題，也證明了 1980 年代以來，許多工業民主國家持續去管制化的做法大有問題，因為市場的自律能力其實很低，但是一旦出現問題，權益受損的是一般人民。然而，金融海嘯並沒有開啟全球重新審視新自由主義的契機。緊跟在金融海嘯之後歐債危機爆發，對於身陷困境的國家如希臘或西班牙，國際金融組織將新自由主義的措施當做紓困條件，無異雪上加霜。這些國家在接受紓困的壓力下，被迫採取緊縮政策，是國家權力向上轉移的明顯例證， 這一點可以從希臘人民街頭抗爭的對象是國際貨幣基金及歐盟得到印證（Smith, 2013）。

　　臺灣雖然沒有因為金融海嘯或是其他財政困境而成為國際金融機構紓困的對象，但是仍然無法迴避新自由主義擴張所帶來的壓力。諾貝爾經濟學獎得主 Joseph Stiglitz 曾經指出當代的自由貿易協定，其實是在摧毀民主的成果，因為二戰以後工業民主國家之間的關稅都已降到非常低，所以早已是自由貿易的環境。目前協商中的許多自由貿易協定，其實與關稅壁壘無關，而是將許多國家對於市場的管制當做貿易障礙。這些所謂的貿易障礙，有許多是民主國家基於人民福祉的考量而對工商業所進行的規範，譬如關於食品、藥物在製造和運送上的規範，或是其他與人民健康或生活品質有關的規範。這些管制得以建立，是民主的成果，但是在貿易協定的協商過程中，他們都被視為貿易障礙（Stiglitz, 2014）。2011 年起在希臘與西班牙這些國家的社會抗議與 2014 年臺灣的國會佔領運動，雖然在原因上不盡相同，但是在新自由主義擴張的全球政經脈絡下，都是對這個國際趨勢的回應。兩岸服務貿易協議，將市場開放視為經濟成長的關鍵，但是引發人民抗議是因為忽略或低估開放後對於人們的生活可能造成的衝擊，以及在新的貿易關係中，贏家與輸家之間的潛在不平等分配。[16] 兩岸複雜的

---

16. 南研究也顯示經濟自由化在拉丁美洲各國也帶來更多的社會抗爭（Arce and Bellinger, 2007）。

政治關係,使得新自由主義對臺灣社會的可能衝擊,更被放大檢視。換言之,2014年的國會佔領運動,在一定程度上是對國家權力向上轉移的反制,人們擔憂影響臺灣未來經濟生活與社會安全的不再是自己政府的政策,而是與其他國家的協議。

雖然新自由主義所造成的國家權力向上轉移遭遇社會運動者的抗議,但是許多社會運動者卻支持另一種形態的國家權力向上轉移,那就是督促政府簽訂並落實國際人權公約。冷戰以後國際人權體系快速成長,位於海牙的國際法庭自2002年起開始受理與種族滅絕(genocide)、違反人道罪行(crimes against humanity)以及戰爭犯罪(war crimes)有關的案件,這也表示國際法不再只是處理國家與國家之間的紛爭,也開始對導致國家侵害人權的個人進行審判。除了國際法庭角色的變化以外,各國有越來越多的司法人員在審理案件時,援引自己國家簽署的國際公約作為審判依據(Alam, 2006)。這些變化都使得國際法或是國際人權體系能夠直接對一個國家的人民產生影響,而這也是國家權力向上轉移的現象之一。

臺灣雖然長期處於國際社區之外,但是國際人權體系的發展仍然對臺灣造成影響。在國內相關社會團體的推動下,2005到2009年間政府簽訂了四個聯合國人權公約,分別是菸草控制框架公約、消除對婦女一切形式歧視公約(CEDAW)、以及兩公約(公民與政治權利公約、經濟社會文化權利公約)。隨後立法院除了陸續制訂這些公約的施行法外,也在2014年間通過了兒童權利公約以及身心障礙者權利公約的國內施行法。CEDAW及兩公約,依據公約的規定,締約國必須定期向聯合國的相關委員會提交國家報告,同時聯合國也允許民間團體針對政府部門所提出的國家報告,提出影子報告。臺灣因為並非聯合國會員國,因此無法到聯合國去提交報告,因此在社會團體的督促與建議之下,就邀請在聯合國相關委員會曾經擔任過委員的學者專家,到臺灣來審查國家報告,並且聽取民間團體所提出的影子報告。兩公約的審查在2013年初進行,而CEDAW的審查則是在分別在2009年

初及 2014 年 6 月份進行。兩次審查除了政府部門的報告外，民間團體的出席也非常踴躍。[17]

　　朝野之間雖然都對於國際公約的審查熱烈參與，但是委員會的審查意見，卻不見得被政府採納。上文曾經提及近年性別團體與宗教團體之間在同志教育以及同性婚姻議題上所出現的激烈爭辯與對抗性動員。事實上，就國際趨勢而言，同志人權的保障已逐漸進入聯合國的人權體系中，聯合國人權理事會（Human Rights Council）在 2011 年及 2014 年分別通過關於同志人權的重要決議。也因此，2014 年 6 月 CEDAW 國家報告的審查意見中，清楚表示「審查委員會關切政府缺乏對多元家庭的法律承認，僅承認異性婚姻，但不承認同性結合或同居關係。」，而且也明確建議「政府修訂民法，賦予法律承認多元家庭」[18]，然而 2014 年 12 月當立法院在審議婚姻平權的法案時，卻出現行政院性平處與法務部官員各說各話，意見不一的情形。[19]

　　政府不願正面回應審查委員意見的情形，也發生在死刑議題上，是否應該廢除死刑的問題，近年曾經引起社會各界的關注。不但有社會團體倡議廢除死刑，在媒體上也出現公開辯論，還有模擬憲法法庭以廢除死刑作為議題。[20] 2013 年兩公約國家報告的專家審查意見中，指出兩公約雖然沒有明確的規定不得執行死刑，但是對於死刑執行的

---

17. 2014 年 CEDAW 的國家報告共有 30 個民間組織提出影子報告。政府部門出席者約 200 人，而民間團體出席者約 100 人，審查委員在報告中特別提及對民間出席的情形印象深刻。參見「消除對婦女一切形式歧視公約（CEDAW）中華民國（臺灣）第 2 次國家報告審查委員會總結意見與建議」（行政院性別平等會，2014:1）。

18. 參見「消除對婦女一切形式歧視公約（CEDAW）中華民國（臺灣）第 2 次國家報告審查委員會總結意見與建議」第 12 頁（行政院性別平等會，2014）。

19. 行政院性平處副處長吳秀貞表示性別平等及同志權益保障已成國際潮流與人權標準，法務部應針對民法及相關法律修訂提出配套措施，但是法務部政務次長陳明堂卻表示同性婚姻納入民法規範，社會仍有歧見與爭議，不宜貿然修法（楊毅，2014）。

20. 主要倡議組織是「臺灣廢除死刑推動聯盟」，公開辯論可以參見法官之間在報紙言論版面的交鋒：錢建榮（2014）以及張升星（2014）。

條件非常嚴格。臺灣是全世界少數在 2011 年執行死刑的國家之一,「因此專家強烈建議中華民國(臺灣)政府應該加緊努力朝向廢除死刑,首要的決定性的步驟就是立刻遵守聯合國大會的相關決議案,暫停執行死刑」。[21] 雖然審查委員的建議非常明確,但是 2013 年初國家報告審查後不久,當年 4 月法務部部長曾勇夫就簽下了六位死刑犯的死刑令,2014 年 4 月法務部長羅瑩雪也簽下五位死刑犯的死刑令,2015 年 6 月又再度簽下六位死刑犯的死刑令。換言之,在死刑議題上,政府對兩公約國家報告的審查意見不但不遵循,反而積極的背道而馳。

國際公約的簽署或是針對公約制訂國內施行法,雖然都是國家權力向上轉移的情形,但是在同性婚姻或是暫停死刑的議題中,可以看出向上轉移的國家權力,並沒有辦法真的成為社會運動的助力。法務部曾經引用民調數據顯示多數國人不支持廢除死刑(自由時報,2012),但是當民意調查顯示多數民眾支持同性婚姻合法的時候,[22] 法務部卻又堅持社會仍無共識。可見民意支持的多寡並非法務部立場的基礎,這也表示對社會運動而言,倡議少數者的權利固然困難,但是即使倡議的是社會多數已經支持的政策,仍然有可能因為政府本身的價值選擇,或是在意有影響力的少數意見,譬如宗教團體,而持續遭遇困難。

肆、結論:社會運動與民主體制

在國家權力重新配置,而社會運動遭遇瓶頸的情形下,許多運動者所選擇的參與形式就不再只是集結社會力量,而是希望社會力量能轉化為政治力量。2014 年 9 月底,距離 11 月九合一地方選舉約兩個月左右,號稱第三勢力的「公民組合」成立,並且宣佈將在九合一選

---

21. 參見「對中華民國(臺灣)政府落實國際人權公約初次報告之審查:國際獨立專家通過的結論性意見與建議」(總統府,2013:9-10)。

22. 國內不同單位在不同時間點做的調查都顯示支持同性婚姻合法化的比例超過百分之五十(Uniigay,2013)。

後正式組黨（蘋果日報，2014；自由時報，2014）。四個月後，公民組合分裂，主要參與者分別成立了「時代力量」以及「社會民主黨」（林瑋豐，2015）。這兩個新政黨的發起人或是推出的候選人，都與社會運動關係密切。[23] 就主要參與者的背景而言，這兩個新政黨的成立標示著臺灣社會運動新一波的政治集結，在一定的程度上，社會運動試圖轉化為政治力的舉動，也使得民進黨針對 2016 年國會選舉的不分區名單，大量網羅具備社會運動背景的人。[24]

　　2016 年國會選舉後，時代力量一舉成為國會第三大黨，在相當程度上是社會運動者進入政界的重要突破。如表二所示，在 2016 年以前，國會全面改選後的歷次選舉中，以社會運動力量為基礎的政治集結，就選舉而言極少成功，而且候選人的平均得票數與當選門檻都頗有距離。[25] 由於時代力量在選戰上採取與民進黨合作的策略，因此時代力量的成功是否能被視為社會運動挑戰既有政治力量的成功，仍然有待觀察。然而，以 2016 年國會選舉中，試圖爭取政黨票的新舊政黨數目高達 18 個而言，臺灣的各種社會力量與價值，無論是保守或進步，試圖進入政治場域的態勢，已然出現。

---

23. 時代力量的發起人及候選人包括曾經擔任司法改革基金會秘書長的林峰正、曾經擔任陳文成基金會董事的林世煜、以音樂結合社運的閃靈樂團主唱 Freddy（林昶佐）、關廠工人案及洪仲丘案義務律師邱顯智與胡博硯、以及洪案中代表家人面對媒體的洪慈庸。社會民主黨的發起人及候選人則包括擔任過婦女新知基金會董事長的范雲、發起成立高教工會的陳尚志，同志咨詢熱線文宣部主任呂欣潔、廢死聯盟文宣部主任苗博雅、以及為受暴婦女及同志權益擔任義務辯護律師的李晏榕。

24. 2016 年國會選舉中，民進黨不分區名單中，在安全名單的 16 人中，有社運背景者包括吳玉琴（老人權益）、陳曼麗（環運）、顧立雄（人權）、蔡培慧（農運）、王榮璋（殘障權益）、余宛如（公平貿易運動）、以及有社運背景但已進入政界的尤美女、鍾孔炤、以及林靜儀。

25. 2014 年底的九合一地方選舉，雖然出現略為不同的局面：勞動黨，綠黨，以及樹黨分別有候選人當選縣市議員或鄉鎮市民代表。然而，這三個政黨加上人民民主陣線在該次選舉中，一共推出了 35 個候選人，總共只有 5 人當選，當選率僅為 14%。

表二　社會運動屬性政黨或參政聯盟歷年參選得票情形

政黨名稱	選舉層級	選舉年	該黨侯選人數	該黨侯選人得票與當選票數的平均差距
勞動黨	縣市議員	2009	1	1377（當選）
		2014	1	2094 （當選）
	鄉鎮市民代表	2014	1	0
人民火大行動聯盟	立法委員	2004	2	-15140
		2008	2	-99648
	縣市議員	2002	1	-11710
		2010	5	-12556
人民民主陣線	縣市議員	2014	13	-8190
綠黨	縣市議員	1998	4	-4824
		1998（直轄市）	4	-10261
		2006（直轄市）	2	-11558
		2009	1	-813
		2010	5	-12400
		2014	10	-2813（有2人當選）
	立法委員	1998	1	-22414
		2001	1	-33870
		2008	10	-82459
		2012	10	-88000
	縣市長	2002	1	-58292
樹黨	縣市議員	2014	10	-6300（有1人當選）

資料來源：作者計算整理自中選會資料庫。

研究社會運動的學者過去常將社會運動視為民主體制外的挑戰者，而一旦運動者參與政治體制，譬如組黨參選，就將這樣的行為視為進入體制。然而，Goldstone (2003) 指出，無論是從歷史經驗或是當代趨勢而言，社會運動從來就和民主體制的發展齊頭並進。它不是體制之外的挑戰者，它是民主化的一部分，也是民主體制的一部分。長期研究社會運動或抗爭政治的學者（McAdam, Tarrow, and Tilly, 2001:160-192）也認為從社會運動的角度而言，「體制化的政治」與「非體制化的政治」界限其實並不清楚，更非理所當然。也因此，若是我們回到本文開頭的提問，「若是社會運動已經體制化了，那麼近年興起的社會抗爭代表的意思是什麼？」也許答案就會是體制化從來不應該與抗爭是否消失或減少劃上等號。

如果理解社會運動其實就是民主體制的一部份，那麼當社會運動者組織政黨參與選舉，它所代表的意義就不只是社會運動者進入體制，也會包括社會運動者重新塑造體制的企圖。社會運動者的政治集結是否會有成果，尚無法得知，但可以確定的是，無論國家權力以什麼樣的形貌出現，也無論社會運動與國家權力在什麼樣的場域相遇、以什麼樣的方式互動，臺灣民主的深化會持續與社會運動的發展息息相關。

參考書目

Uniigay（2013）。〈台灣民調：超半數民眾贊成同性婚姻合法化〉。http://www. uniigay.com/news/detail/1235/。2015/04/08。

人間福報（2008）。〈天主教學校 不推動性平法〉，《宗教》，11 月 28 日。http://www.merit-times.com.tw/NewsPage.aspx?unid=105047。2015/04/07。

大紀元（2005）。〈人權保障小組反對按指紋 行政院將溝通〉，《台灣新聞》，5月 16 日。http://www.epochtimes.com/b5/5/5/16/n923708.htm。2015/04/10。

中央社（2013）。〈大埔徵收 劉政鴻：我扛責〉，《中時電子報》，6月 29日。http://www.chinatimes.com/realtimenews/20130629002459-260407。2015/03/12。

公民行動影音紀錄資料庫（2013）。〈南鐵地下化東移說明會 (1)：市府堅拒「外人」入場〉。《都更》，9月 28 日。http://www.civilmedia.tw/archives/9659。2015/03/13。

公民行動影音記錄資料庫（2010）。〈台灣人民挺農村 717 凱道守夜行動 一方有難八方來救〉。《科學園區，農業》，7 月 16 號 。2016/05/20

公民新聞（2010）。〈當怪手開進稻田中〉，《農業》，6 月 13 日。http://www.peopo.org/news/53635。2015/03/14。

王立柔（2014），〈請鬼開藥單 賴士葆牽線反同志團體見江揆〉，《風傳媒》，1 月 29 日。http://www.storm.mg/article/26904。2015/04/15。

王金壽 (2014)。〈台灣環境運動的法律動員：從三件環境相關判決談起〉，《台灣政治學刊》，第 18 卷，第 1 期，頁 1-72。

王家俊（2014）。〈劉政鴻指奉命拆大埔 蕭家淇：地方也有責任〉。《蘋果日報》，1 月 7 日。http://www.appledaily.com.tw/realtimenews/article/new/20140107/321734/。2015/03/15。

台灣守護家庭聯盟（2014）。〈10/25「保護孩子，拒絕同運霸凌，拒絕性解放運動」記者會〉，10 月 27 日。http://taiwanfamily.com/95876。2015/04/12。

台灣農村陣線 (2012)。〈大埔事件，從未解決〉。《苦勞網》，8月 7 日。http://www.coolloud.org.tw/node/69989。2016/05/20

自由時報（2012）。〈法務部民調 -7 成 6 民眾反對廢死〉，《社會》，11 月 14 日。http://news.ltn.com.tw/news/society/paper/630437。2015/04/20。

_____（2013）。〈突拆大埔 4 戶 劉政鴻：天賜良機〉，《焦點》，7 月 19 日。http://news.ltn.com.tw/news/focus/paper/697938。2015/03/17。

_____（2014）。〈公民組合成立 年底選後組黨〉，《政治》，9 月 29 日。http://news.ltn.com.tw/news/politics/paper/817281。2015/04/25。

行政院性別平等會（2014）。《消除對婦女一切形式歧視公約（CEDAW） 中華民國（臺灣）第 2 次國家報告審查委員會總結意見與建議》。http://www.gec.ey.gov.tw/Upload/RelFile/2206/714977/85791e16-c564-4f84-b037-77eabbd372e2.pdf。2015/04/22。

何明修（2006）。《綠色民主 -- 台灣環境運動的研究》。台北：群學出版社。

李丁讚、林文源（2003）。〈社會力的轉化：台灣環保抗爭的組織技術〉，《台灣社會研究》，第 52 期，頁 52-119。

李欣芳、林欣漢、傅潮標、邱燕玲、洪素卿（2014）。〈大埔案違失重大沒糾彈 監委被批無牙病貓〉，《自由時報》，6 月 10 日。http://news.ltn.com.tw/news/focus/paper/786218。2015/03/20。

李恩慈（2013）。〈賴清德藉監察院調查報告 證明南鐵案無違法〉，《蘋果日報》，11 月 15 日。http://www.appledaily.com.tw/realtimenews/article/new/20131115/293177/。2015/02/20。

東森新聞雲（2013a）。〈大埔「張藥房」老闆張森文遺體尋獲〉，《地方焦點》，9 月 18 日。http://www.ettoday.net/news/20130918/271983.htm。2015/03/17。

_____（2013b）。〈台南鐵路東移案賴清德立場反覆？ 自救會：大埔翻版〉，《政治焦點》，8 月 15 日。http://www.ettoday.net/news/20130815/257080.htm。2015/02/25。

_____（2013c）。〈拆民宅迎商機 「大埔案」到「南鐵東移」只是藍綠差別〉，《政治焦點》，8 月 20 日。http://www.ettoday.net/news/20130820/259221.htm。2015/04/07。

林雨佑（2014），〈把性別歧視當多元？教部聘曾品傑遭批〉，《新頭殼》，1 月 21 日。http://newtalk.tw/news/view/2014-01-21/43821。2015/04/20。

_____（2015）。〈文林苑爭議劃休止符 王家與樂揚和解〉，《新頭殼》，5 月 27 日。http://newtalk.tw/news/view/2014-05-27/47694。2015/03/07。

林瑋豐（2015）。〈公民組合分進合擊 林峯正、范雲各自組黨〉，《風傳媒》，1 月 21 日。http://www.storm.mg/article/40154。2015/04/28。

邱毓斌（2010）。〈當工運的制度惰性遭遇全球化〉，吳介民、范雲、顧爾德（主編），《秩序繽紛的年代─走向下一輪民主盛世》，頁 99-116。台北：左岸文化出版。

洪欣慈（2013）。〈南鐵地下化再遭抗議 賴清德：鐵路沒東移〉，《東森新

　　聞雲》，11 月 20 日。http://www.ettoday.net/news/20131120/298506.htm。
　　2015/04/05。

胡慕晴（2007）。〈環評委員靜坐抗議環署擺爛〉，《台灣立報》，7 月 20 日。
　　http://www.lihpao.com/?action-viewnews-itemid-83030。2015/03/25。

苦勞網（2011），〈性平教育手冊被誤讀 性別團體告真愛聯盟〉，《苦勞網》，
　　5 月 12 日。http://www.coolloud.org.tw/node/61717。2015/04/11。

＿＿＿＿＿＿（2012a）。〈【文林苑聲明】如果有綠黨，我們可以阻擋文林苑的
　　不當利益輸送〉，《苦勞網》，4 月 2 日。http://www.coolloud.org.tw/
　　node/67621。2015/03/24。

＿＿＿＿＿＿（2012b）〈紹興社區台大校門口行動即時報導〉，《苦勞網》，11 月 16 日。
　　http://www.coolloud.org.tw/node/71549。2015/03/24。

＿＿＿＿＿＿（2013）。〈南方大埔？南鐵地下化東移徵地 自救會赴民進黨部抗
　　議〉，《苦勞報導》，8 月 14 日。http://www.coolloud.org.tw/node/75283。
　　2015/04/11。

＿＿＿＿＿＿（2014）。〈文林苑都更怨中央北市交鋒 檢討對方〉，《苦勞網》，3
　　月 30 日。http://www.coolloud.org.tw/node/67566。2015/03/24。

＿＿＿＿＿＿（2015）。〈紹興社區〉，《苦勞網》。http://www.coolloud.org.tw/tag/
　　紹興社區。2015/03/24。

范雲（2010）。〈靜默中耕耘細節的婦運革命〉，吳介民、范雲、顧爾德（主編），
　　《秩序繽紛的年代—走向下一輪民主盛世》，頁 117-136。台北：左岸文化
　　出版。

孫友聯（2012）。〈台灣勞工運動的突圍與創新〉，《台灣人權學刊》，第 1 卷，
　　第 2 期，頁 135-142。

張升星（2014）。〈廢除死刑的法律扭曲〉，《蘋果日報》，9 月 22 日。http://
　　www.appledaily.com.tw/appledaily/article/headline/20140922/36099731/。
　　2015/04/09。

陳昭如 (2012)。〈改寫男人的憲法：從平等條款、婦女憲章到釋憲運動的婦運憲
　　法動員〉，《政治科學論叢》，第 52 期，頁 43-88。

黃長玲（2007）。〈彼此鑲嵌，互相形構：轉變中的國家與社會關係〉，顧忠華（編），
　　《自由主義與新世紀台灣》，頁 289-323。台北：允晨文化。

＿＿＿＿＿＿（2008）。〈民主深化與婦運歷程〉，王宏仁、李廣均、龔宜君（主編），
　　《跨戒：流動與堅持的台灣社會》，頁 263-279。台北：群學出版社。

楊毅（2013）。〈大埔案掀政治風暴　藍委陳超明：外地人操弄政治〉，

《中時電子報》，8 月 23 日。http://www.chinatimes.com/realtimene
ws/20130823004040-260407。2015/04/13。

＿＿＿＿＿（2014）。〈同志婚姻修法 政府內部不同調〉，《中時電子報》，12 月
23 日。http://www.chinatimes.com/newspapers/20141223000458-260106。
2015/04/20。

楊興宗（2013），〈急拆華光社區 官員：不拆恐遭監院糾正〉，《新頭殼》，4
月 25 日。http://newtalk.tw/news/view/2013-04-25/35850。2015/03/09。

詹順貴（2015）。〈賴神威權民主大倒退〉，《蘋果日報》，5 月 18 日。http://
www.appledaily.com.tw/appledaily/article/headline/20150518/36556876/。
2015/05/20。

臺中高等行政法院（2014）。〈苗栗大埔陳○彬等 28 人與內政部間區段徵
收案裁判結果新聞稿〉，《公告詳細頁面》。http://tcb.judicial.gov.
tw/?newsType=1&SEQNO=145973。2015/04/15。

臺北市政府（2012）。〈文林苑都更案爭議 郝龍斌：市府承受巨大壓力依法行
政是不得不且痛苦的選擇，呼籲中央儘速通盤檢討現行法律〉，《市府
新聞稿》。http://www.gov.taipei/ct.asp?xItem=21476870&ctNode=5158&
mp=100001。2015/03/24。

蕭韻喬（2013）。〈大埔農地徵收爭議　總統府人權委員籲政院緩拆〉，《東森
新聞雲》，7 月 4 日。http://www.ettoday.net/news/20130704/236417.htm。
2015/03/28。

賴于榛（2014）。〈性平法滿 10 年　教部欲聘「恐同教授」擔任性平委員〉，
《東森新聞雲》，1 月 21 日。http://www.ettoday.net/news/20140121/318208.
htm。2015/04/15。

錢建榮（2014）。〈沒有靈魂與生命的最高法院〉，《蘋果日報》，9 月 6 日。
http://www.appledaily.com.tw/appledaily/article/headline/20140906/36069173/。
2015/04/16。

總統府（2013）。《對中華民國(臺灣)政府落實國際人權公約初次報告之審
查：國際獨立專家通過的結論性意見與建議》。http://www.president.gov.
tw/portals/0/images/PresidentOffice/AboutVicePresident/20130419/05.pdf。
2015/04/29。

蘇芊玲、黃長玲（2006）。〈我們想要什麼樣的「生育保健法」？〉，《網氏/罔市》。
http://forum.yam.org.tw/bongchhi/old/tv/tv225-2.htm。2015/03/07。

蘋果日報（2013）。〈佔領內政部 20 小時 只是開端〉，《頭條要聞》，8 月 20 日。

http://www.appledaily.com.tw/appledaily/article/headline/20130820/35233767/。
2015/02/20。

_____（2014）。〈公民組合成立　年底組黨力拼立委選舉〉，《最新》，9月28日。http://www.appledaily.com.tw/realtimenews/article/new/20140928/477797/。2015/04/28。

Alam, Shah. (2006). "Enforcement of International Human Rights by Domestic Courts: A Theoretical and Practical Study." *Netherlands International Law Review*, Vol. 53, No. 3:399-438.

Arce, Moisés and Paul T. Bellinger Jr. (2007) "Low-Intensity Democracy Revisited:The Effects of Economic Liberalization on Political Activity in Latin America." *World Politics*, Vol. 60, No. 1:97–121.

Banaszak, Lee Ann, Karen Beckwith, and Dieter Rucht (2003). "When Power Relocates: Interactive Changes in Women's Movements and States." In Lee Ann Banaszak, Karen Beckwith, and Dieter Rucht (eds.), *Women's Movements Facing the Reconfigured State* (pp. 1-29). Cambridge: Cambridge University Press.

Goldstone, Jack A. (2003). "Bridging Institutionalized and Noninstitutionalized Politics." In Jack Goldstone (ed.), *States, Parties, and Social Movements* (pp. 1-24). Cambridge: Cambridge University Press.

Hirschl, Ran (2008). "The Judicialization of Politics." In Keith E. Whittington, R. Daniel Kelemen, and Gregory A. Caldeira (eds.), *The Oxford Handbook of Law and Politics* (pp. 119-141). Oxford: Oxford Univeristy Press

Hogg, Peter W. (2006). "Canada: The Constitution and Same Sex Marriage." *International Journal of Constitutional Law*, Vol. 4, No. 4:712-721.

Howard-Hassmann, Rhoda (2010). *Can Globalization Promote Human Rights?* University Park, PA: Pennsylvania State University Press.

Huang, Chang-Ling (2016). "Civil Society and the Politics of Engagement." In Yun-Han Chu, Larry Diamond, and Kharis Templeman (eds.), *Taiwan's Democracy Challenged: The Chen Shui-bian Years* (pp. 195-218). Boulder, CO: Lynne Rienner Publishing

Koopmans, Tim. (2003). *Courts and Political Institutions: A Comparative View.* Cambridge: Cambridge University Press.

Kriesi, Hanspeter. (1995). "The Political Opportunity Structure of New Social Movements: Its Impact on Their Mobilization." In J. Craig Jenkins and Bert Klandermans (eds.), *The Politics of Social Protest* (pp. 167-98). Minneapolis: University of Minnesota Press

Levi-Faur, David (2014). *The Oxford Handbook of Governance.* Oxford: Oxford University Press.

McAdam, Douglas, Sidney Tarrow, and Charles Tilly (2001). *Dynamics of Contention.* Cambridge: Cambridge University Press.

Meyer, David and Suzanne Staggenborg (1996). "Movements, Countermovements, and the Structure of Political Opportunity." *The American Journal of Sociology*, Vol. 106, No. 6:1628-1660.

O'Donnell, Guillermo A. (1998). "Horizontal Accountability in New Democracies." *Journal of Democracy*, Vol. 9, No. 3:112-126.

Oxhorn, Philip (2004). "Unraveling the Puzzle of Decentralization." In Philip Oxhorn, Joseph S. Tulchin, and Andrew D. Selee (eds.), *Decentralization, Democratic Governance, and Civil Society in Comparative Perspective* (pp. 3-31). Washington D.C.: Woodrow Wilson Center Press.

Shapiro, Martin (2002). "Political Jurisprudence." In Martin Shapiro and Alec Stone Sweet (eds.), *On Law, Politics, & Judicialization* (pp. 19-54). Oxford: Oxford University Press.

Smith, Helena（2013）"Greek protesters rally against IMF and EU inspection." *The Guardian*. http://www.theguardian.com/world/2013/nov/05/greek-protesters-rally-against-imf-eu-inspection (accessed May 2, 2015).

Stiglitz, Joseph E.（2014）. "On the Wrong Side of Globalization" *The New York Times*. http://opinionator.blogs.nytimes.com/2014/03/15/on-the-wrong-side-of-globalization/?_r=0 (accessed May 2, 2015).

Tarrow, Sidney (1994). *Power in Movement: Social Movement, Collective Action and Politics.* Cambridge: Cambridge University Press.

臺灣民主之
反思與前瞻

The Challenge of Democratic Deepening

Chang-Ling Huang [*]

Abstract

Social protests which had emerged in the early stages of democratization gradually dissipated in the late 1990s and early 2000s. Previous studies argued that this dissipation was related to the institutionalization of democracy or the institutional inertia within social movements. Such arguments can hardly explain the waves of social protests that emerged since 2010, however. This paper argues that the state's downloading, offloading, uploading, and lateral loading its power has affected social movemetns. Social protests emerged since 2010 therefore pose a challenge not only to the reconfigured state but also to the deepening of democracy.

Keywords: Democratic Deepening, Social Movement, State Power, Accountability.

* **Chang-Ling Huang** is Associate Professor of the Department of Political Science, National Taiwan University. Her research areas include Gender Politics, Comparative Politics.

基層民主治理的現狀與挑戰[*]

張力亞、江大樹[*]

國立暨南國際大學

摘 要

　　回顧臺灣自 1987 年解除戒嚴以來的憲政民主化發展歷程，在地方自治的政經社文等各面向，都曾陸續推陳出新諸多不同的政策改革方案。然而，邁向健全的基層民主政治與提升永續社區治理能力的創新與實踐過程中，目前依然存在著：舊官僚體制、傳統社群結構、公民參與審議的素養尚未成熟等運作困境。本文係以永續社區治理能力之建構為焦點，論述當前基層民主治理的現狀與挑戰。首先，筆者歸納舊官僚思維的政策缺失，包括：「政策後設價值」延續性不足、府際關係連結的斷裂、行政社造化缺乏整合、基層組織治理成效不彰等。其次，檢視傳統社群結構的互動特質，例如：為公而行的個人化善舉、國族教育導致地方歸屬感薄弱、地方頭人文化與派系政治、形式化的民主參與。再者，強調現行社造輔導與培力機制之疏失，主要問題有：隨政府計畫而變動、專家導向的賦權思維、培力組織自主性不穩定。綜上所述，本文乃從建構民主行政與官僚創新、強化永續社區的治理動能、健全輔導團隊的培力機制等三個層面，提出具體可行的興革策略。

關鍵詞：基層組織、社群結構、民主行政、永續發展、治理能力

---

* 張力亞　國立暨南國際大學公共行政與政策學系博士，水沙連人文創新與社會實踐研究中心博士後研究員，研究領域為：府際關係與地方治理、永續社區治理、都市行政、社會企業與創新設計。

* 江大樹　國立暨南國際大學公共行政與政策學系特聘教授兼教務長，水沙連人文創新與社會實踐研究中心主任，研究領域為：府際關係、人事行政、組織理論、地方治理、社區營造。

* 本文主要論述觀點係改寫自張力亞（2015）「永續社區的治理困境與建構策略」之博士論文的第四章與第六章相關章節內容。

臺灣民主之
反思與前瞻

壹、前言

　　基層民主治理，是公民社會得以穩定建構，永續發展可在地實踐的核心基石（江大樹，2006；李永展，2012; UNISDR, 2012）。應如何健全基層民主治理？學界一般都從中央與地方權限的重新建構、行政區劃的合理務實調整、完備區域治理機制與地方治理體制改革，及培育成熟的地方公民社會等四個面向來推動（趙永茂，2007；廖俊松、張力亞，2010）。筆者檢視當代臺灣在政治、社會與文化等各層面所陸續推動的政策作為，首先在政治面向，自光復以來即逐步推動基層鄉鎮民代表及村里長選舉（1946 年）、縣市長及縣市議員直接民選（1950 年）、省議員選舉（1954 年），乃至於地方自治法治化（1994 年）、通過《地方制度法》（1999 年），及 2014 年「6 都 16 縣市」的行政區劃調整等措施（廖俊松、張力亞，2012）。其次在社會面向，自 1965 年頒佈「民生主義現階段社會政策」施政綱領，即確立「社區發展」為我國社會福利措施要項之一，嗣後分兩個階段完備各項制度變革（徐震，2002；黃煌雄、郭石吉、林時機，2001）。另外，也以《民法》作為規範依據，完備社團法人、財團法人等組織設置的法理基礎。至於在文化面向，從 1994 年起由行政院文建會主導，持續以社區總體營造作為文化建設運作思維，採取公民參與方式，積極進行各項社會文化的改造與轉型工程（行政院文建會，1999）。

　　回顧晚近二、三十年來地方自治的政治、社會與文化變革，就國家與社會治理層次，大致彰顯四項價值：累積政府與民間夥伴關係的協力經驗、培養公民意識與公民文化、促進民主行政、作為改善城鄉發展失衡的因應對策；同時，獲致五項實務運作的寶貴成果：公、私部門的政策倡議與資源支持、在地專業非營利組織的培力與陪伴、社區居民的教育及學習、互助與分享機制的建立、不斷創新社區議題並持續鞏固社區總體營造理念。要之，伴隨解嚴而來的政治參與開放、公民社會力崛起，臺灣當前基層民主治理樣貌，已從強調管制、命令

作為基礎的「政府統治模式」，移轉為重視分權、開放與協力的「地方治理模式」（江大樹，2006:4-8）。

然而，涉入地方公共事務治理活動的相關行為者，依不同部門屬性可分為：政府機關、民間企業、非營利組織，另外包含若干具高度自主性的公民團體或個人（詳如圖一）。其中，政府機關涵蓋：中央政府、縣（市）政府、鄉（鎮、市）公所、村（里）辦公處，及各級民意機關代表等單位；企業部門是以當地行政區域內為服務範疇的地方產業、商號；非營利組織則包括關注在地公共議題發展的各類社團法人、財團法人、大專院校、[1]各級學校及社區發展協會等。以上不同屬性的利害關係人，在現實的地方治理環境中，會依據個別關心的地方公共事務，以及彼此間互動的緊密度，形成一個從鬆散到堅實的議題討論、集體行動之地方治理網絡，直接或間接回應地方所面臨的各項公共政策課題。

無可諱言，在創新基層民主治理的實踐過程中，目前依然存在：舊官僚體制下的政策執行偏差、傳統社群結構的組織互動衝突，及社造輔導團隊的培力機制疏失等諸多運作困境，也連帶影響草根組織治理能力的提升。本文為具體且深刻地論述基層民主治理的現況與挑戰，筆者乃聚焦於永續社區治理能力的建構課題，將分別從舊官僚體制、傳統社群結構、公民參與審議文化尚未成熟等三個面向加以探討。第

---

1. 政相較於強調社區化的國中小、高中學校，大專院校為何會是地方治理環境系絡中的一份子？檢視臺灣高等教育政策發展歷程。2007年教育部提出「大專校院服務學習方案」，隔年1月頒佈「教育部補助大專校院開設具服務學習內涵課程作業要點」，鼓勵國內大專校院推動「課程」結合「社區服務」之服務學習，協助學生應用課堂所學、增進自我反思能力、欣賞多元差異、瞭解社會議題及培養公民能力。另一方面，科技部人文司於2012年、2015年分別規劃「人文創新與社會實踐研究計畫」、「大學與地方政府合作推動地方人文發展與跨域治理」兩項計畫，鼓勵大專校從研究創新與社會責任的角度，針對地方單一或多個研究議題組成全校型跨學科團隊，與在地公民團體進行實際操作，協助解決問題，建議人文創新與社會實踐模組。申言之，透過「服務學習」課程規劃與新型態的行動研究模式，大學與地方治理系統中不同行為者彼此之間已經產生新的有機連結關係。

貳節先扼要介紹基層民主治理的體制運作概況。第參節歸納舊官僚體制的政策執行偏差，包括：「政策後設價值」延續性不足、府際關係連結的斷裂、行政社造化缺乏整合、基層組織治理成效不彰。第肆節則檢視傳統社群結構的互動特質，例如：為公而行的個人化善舉、國族教育導致地方歸屬感薄弱、地方頭人文化與派系政治、形式化的民主參與。第伍節強調現行社造輔導團隊的組織與培力機制之疏失，主要問題有：隨政府計畫而變動、專家導向的賦權思維、組織自主性不穩定。第陸節筆者嘗試從建構民主行政與官僚創新、強化永續社區的治理動能、健全輔導團隊的培力機制等三個層面，提出具體可行的興革策略。

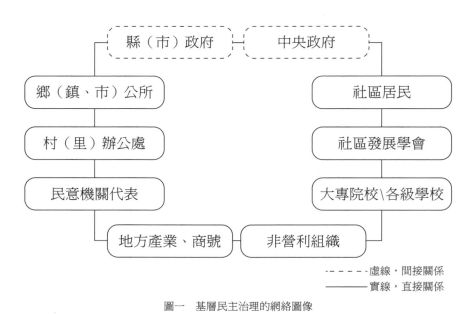

圖一　基層民主治理的網絡圖像
資料來源：本研究整理。

貳、舊官僚體制下的基層民主治理缺失

　　治理時代的來臨，並非意味著國家機關職能的空洞化；反之，政府官僚體系應摒除以往層級節制、依法行政的管制性思維，轉而秉持政策領航、網絡連結的心態與願景，才能形塑公共治理的「善治」動能（Osborne, 2010）。臺灣的國家機關，自國民黨政權遷台迄今，一直扮演政社經文環境變遷與發展的主導者角色（陳東升，1995）；而這種傳統的官僚管制思維，直接或間接地影響公民社會及基層民主治理的建構與深化等課題。本節擬以永續社區治理能力作為分析焦點，扼要列舉說明臺灣當前基層民主治理的重大缺失所在。

一、「政策後設價值」延續性不足

　　當代英國推動地方治理變革的經驗顯示，從 1979 年底開啟的市場改革主義到晚近的大社會理念，無論是政黨輪替或首相更迭，均會對前一階段的改革作為進行反省，提出革新政策，從中央到地方一貫推行（廖俊松、張力亞，2010）。是以，一致性與延續性的後設政策價值，是制度變革重要基石。

　　檢視臺灣地方治理制度改革過程，受限於不同政黨執政，或是同一政黨不同行政首長的治理意識，經常出現「政策後設價值」不足的問題。以提升地方治理能力的制度變革為例。首先，為免除政治葉爾欽效應，同時減少政府治理的行政管理層級，遂於 1998 年完成「精省」工作，1999 年三讀通過《地方制度法》。2000 年民進黨首度取得執政機會，推動「彈性創新夥伴關係」的政府運作模式，可惜受限於朝小野大的政治現實，導致諸多憲政改革工程難以順利開展（江大樹，2003）。

　　2008 年國民黨重新執政，曾於 2009 年及 2010 年陸續修正《地方制度法》，賦予縣市升格改制直轄市的機會，嗣後更研提《行政區劃法》草案及《財政收支劃分法》修正案，輔以「生活圈」概念，鼓勵

地方政府發展特色、進行跨縣市的區域治理，實踐「區域均衡發展」的國土均衡發展策略，惟整體成效並不顯著。其中，2014 年「6 都 16 縣市」行政區劃調整方案，依舊遺留：縣市自治監督、鄉鎮長改官派、村里與社區體質調整等各項亟待解決的課題（趙永茂，2002:231；江大樹，2006:73；李台京，2008:60）。

　　綜觀這十多年來的地方制度改革，仍然存在地方自治權、錢、責不相符合的制度問題，甚至經常出現朝野政黨與府際之間的爭議、衝突。面對這些攸關深化臺灣基層地方治理與民主發展的制度課題，臺灣各不同政黨在執政時期，如何用更宏觀的「政策後設價值」視野接續推動，無疑是健全地方政府自治體制與提升地方治理能量的重要關鍵所在。

二、府際關係連結的斷裂

　　清楚劃分垂直性政府職能，整合橫向跨部會（局、處）的政策資源，是培力基層社區建構永續治理能力的核心工作課題之一。可惜，檢視我國社區政策推動，經常面臨垂直與水平兩個面向的雙重府際治理斷裂課題。

　　首先，垂直面政府職能劃分。長期以來中央政府（縣市政府）在推動社區營造政策時，通常跳過基層鄉（鎮、市）公所，採取直接補助社區的方式加以執行。此種跳躍式資源傳輸，雖增加行政效率，卻隱含政策培力的危機。具體而言，就治理親近性，基層鄉（鎮、市）公所與社區組織較具地緣緊密性，且設有村（里）幹事制度，協助村（里）辦公處、社區發展協會推動各項社區工作事務。是以，每當中央政府相關政策傳送直接跳過基層鄉（鎮、市）公所時，不僅容易弱化基層鄉（鎮、市）公所行政職能，同時易增加基層公務員與社區夥伴之間的政策溝通成本，甚至因誤解而削弱基層鄉（鎮、市）公所與社區彼此之間的信任關係。

　　其次，水平面政策資源整合。行政院文建會雖曾分別於 2003 年、

2006 年，從重點國家政策層次，提出「新故鄉社區營造政策」與「臺灣健康社區六星計畫」，前者委託專業團隊成立「專案推動辦公室」，定期召開聯繫工作會報；後者則是成立推動委員會，由三位政務委員共同負責督導（行政院文建會，2005；江大樹、張力亞，2012），企盼透過跨部會政策協調機制的設置，能夠整合相關社造資訊、研發政策操作機制、規劃聯合審查機制，排除經費重複補助等問題（藍美雅，2010:109）。2003 年行政院文建會輔導各縣（市）政府成立社區營造推動委員會、社區營造中心，統整縣（市）政府內部各項社區營造政策資源。然而，實際運作仍因執政者的主觀態度、組織本位主義，以及缺乏常設性的專責組織等因素，致使政策資源整合力道不足。同時直接或間接導致鄉（鎮、市）公所無法將深具整合性資源思維的社區營造政策邏輯，轉化為基層民主治理的施政工具，繼而扮演承上轉下的政策中介角色（李永展，2014:79）。

三、行政社造化缺乏整合

賦予社區具備「由下而上的自主能力」承載公共服務，也是永續社區治理的核心項目之一（Taylor, 2003:12-13）。為落實此項目標，1994 年行政院文建會開始倡議社區總體營造政策理念，鼓勵社區居民自己動手做、自主營造（曾旭正，2013:22）。此項政策理念，隨即獲得其他政府部門政策學習，成為臺灣社區發展主流模式。然而，完全以社區自主作為單一化的政策執行模式，而未充分考量各種不同的政策本質、公權力牽涉的範疇、社區公共參與能力的強弱、地方權力自主性高低等因素，往往會引發許多反效果（de Vries, 2000；江大樹、張力亞，2012:28），甚至出現「第三類型政策謬誤」（亦即手段正確但目標錯置）的執行缺失。

其次，社區政策的執行工具選擇上，目前多半採「契約化委託」與社區合作。契約委託模式，經常囿於政府部門追求「行政的合理性與正當性」與「經濟的成本效益」，而忽略「因追求經濟效益而影響

到外部性社會效益問題」（陳重安，2011:121-125）。在這種官僚思維下，政府所投入的政策資源，是否能符合或回應社區真實需求，長久以來一直飽受質疑（林將財等，2005:17）。此外，政府部門也經常以「立竿見影的政策績效」作為經費補助的前提要件，而這種「錦上添花」的短線模式，往往將資源集中於少數明星社區，反而排擠其他弱勢社區的可用資源，引發社區組織的目標錯置，扭曲在地傳統文化與生活價值等問題。綜上，以「單向『由下而上』的邏輯、契約化的委託模式，以及立竿見影心態」作為基礎認知的政策執行模式，往往揠苗助長而不利於社區自主能力的長期培養。

四、基層組織治理成效不彰

村（里）辦公處與社區發展協會，是臺灣基層社區公共治理的兩種管道，也是培育公民參與能力的主要機制設計。可惜實務運作上，普遍呈現基層民眾參與公共審議之治理成效不彰的現象。為培養地方自治的公民參與精神，1994 年《直轄市自治法及省縣自治法》，曾分別在第 36 條、第 41 條明文規定：「里得召集里民大會或基層建設座談會，其實施辦法由市政府定之。」、「村、里『應』召集村、里民大會，其實施辦法由省政府定之。」期盼透過召開村里民大會，培育基層民主對話與審議能力。不過 1999 年《地方制度法》公布後，第 60 條規定：「里『得』召集里民大會」，這項制度變革存在兩項問題：

1. 村（里）內部是否召開村（里）民大會，村（里）長擁有行政裁量權限；

2. 限縮公民參與管道，弱化公民參與村（里）公共事務的基本權利。

雖然村（里）民仍可經由一定戶數戶長連署，要求村（里）長召開村（里）民大會，或自主轉向參加社區發展協會，惟此項法令的修改，勢必更加限縮培力基層民眾參與公共事務審議的空間（洪德仁、潘蓬彬、楊志彬，2005）。

另一方面，為導正早期偏重基層建設的作法，內政部於 1983 年修訂《社區發展工作綱領》，透過鄉（鎮、市）公所輔導成立「社區理事會」，卻因欠缺明確法制規範與充分財政支持，此階段的社區組織常淪為地方派系的選舉動員工具（江大樹，2006）。隨著憲政民主化的逐步推展，1991 年再次修訂《社區發展工作綱要》，將「社區理事會」組織改制為依據「人民團體法」運作的「社區發展協會」。1994 年「社區總體營造」、2008 年「農村再生計畫」兩項政策推動後，社區組織獲得更寬裕的發展空間。社區發展協會數量從 1999 年 5,245 個，增加至 2012 年的 6,692 個，期間大幅成長 1,447 個，這呈現出臺灣蓬勃基層社會力的正向發展現象。可是，若從社區參與率來看，居住於社區內且實際參與社區發展協會的人口比例，卻從 2000 年 5% 降至 2010 年 4.5%，此趨勢遍及全台各區。申言之，從「組織成長數量」與「實際參與人數」兩個變項作交叉分析，筆者發現以往 10 餘年的基層民主治理政策推動，出現社區發展協會「量」的表面成長，實際並未真正有效擴散至社區居民參與公共事務的「量」與「質」，這不僅不符社區營造初衷，恐將陷入追求數字的迷失困境（賴偉傑，2005）。

綜上，不論從村里組織或社區發展協會實質的公民參與能力培育趨勢，當前顯然依舊存在制度規範疏失及落實程度嚴重不足等運作困境，這些都是影響基層民主治理能否建構、深化與鞏固的重要課題，應積極面對並有效解決。

參、傳統社群結構的互動特質

托克維爾《論美國的民主》一書曾經提及：「在民主國家，結社組織的科學乃是一切科學之母」（de Tocqueville, Kramnick, and Bevan, 2003）。因為，公民結社是對抗溫和專制的唯一堡壘，且能夠使人們養成自我管理的嗜好和習慣（Taylor, 2003:115）。不過，以當前臺灣

基層公民參與能力與德行來看，要達到健全化之目標仍待努力（李丁讚，2007:217）。究竟是什麼樣的傳統社群結構運作困境？嚴重導致上述二十年來標榜「造人」的社區總體營造政策，無法深化與擴散至基層民主所需的社區治理能力與公共德行。筆者參酌相關學者論點，歸納下列四項現行基層社群結構與組織互動的主要行為特質。

一、為公而行的個人化善舉

在傳統華人社會，部分富有人家因個人因素而做布施，另也有些熱心居民平常時日會主動協助鄰里清潔環境。雖然這類「為公而行」的善行，在傳統村落中會受到社會大眾讚揚，但多數人往往抱持「冷眼旁觀、冷嘲熱諷」的態度看待這類「為公而行」的個人行動（楊弘任，2007:229-234）。另一方面，「為公而行、個人生命實踐」的純粹性善舉行動，囿於個人化色彩過度強烈，通常不易引起旁觀者的共鳴，呈現出一種「純粹的村落行動」的現象（楊弘任，2007:242）。

再者，隨著現代化社會的蓬勃發展、生活網路科技的活絡、休閒型態的改變，以及公共服務多半僅是關注於滿足人的物質需求等因素，致使人們的生活腳步較以往傳統鄉村社會更顯忙碌，且易沉溺於網路科技的虛擬世界，因而經常性的忽略日常生活周遭的公共事務，造成人與人之間關係疏離，致使社區生活陷入冷漠，呈現生活需求的匱乏現象，而不利於社區意識及社區凝聚力的建構（黃源協、莊俐昕、劉素珍，2011:100；李永展，2014:80-81）。這類生活現象，尤其顯露於公寓大廈的都會生活空間。

要之，社區營造關注的焦點是「人」的經營、「人」的發展，及「人與人」之間關係建構的多元課題。然而，不論是「個人化色彩與旁觀者」的傳統社會結構，或「都會生活型態興起」的現代化社會結構，都普遍造成「為公而行」的「個人化善舉」行為，這類行為模式往往無法在社區內部形成一股社會集體的公共行動風潮，也因此導致基層民主治理呈現一種不可持續性的循環運作狀態。

二、國族教育導致地方歸屬感薄弱

自 1949 年國民政府遷臺至 1965 年間，作為一個外來政權，為獲取政治支持，旋即採取各項嚴厲的統治手段，並以文化霸權將「大中國的意識型態與收復大陸失土、反對及打倒共產主義竊國集團、實行三民主義」等三項認知觀念，全面灌輸給臺灣民間社會，強化其統治正當性（陳明通，1995:93-94, 114；周思萍，1996:40-41）。嗣後，肇因外部國際局勢變化，且因應國民黨政權立足臺灣之需，1960 年代中期，分別在政經面推動「吹台青」與「十大建設」兩項計畫，拉攏臺灣地方菁英與以家族為主的中小企業。另因應 1966 年中國大陸的文化大革命，國民黨政府在教育文化上積極宣揚反共，並推動以「正統與道統、倫理與道德」為意識型態的中華文化復興運動（周思萍，1996:42-45），打造中華民族文化的正統地位。

雖然 1987 年到 2000 年期間，伴隨解嚴開放，以及民間社會運動的崛起契機，李登輝總統就任後，積極推動各項本土化政策。在政治上結合民進黨，召開國是會議，推動「國民大會全面改選」，通過憲法增修條文以實施「省市長、總統」直選工作。嗣後，又再推動「精省」政治工程，提出「兩國論」兩岸定位，凸顯臺灣實體政治圖像；文化政策上，大力支持行政院文建會 1994 年的社區總體營造政策，強化臺灣國族意識與生命共同體的認同感，以區別大中國思維意識；在教育政策上，結合民間本土化及語言復興運動，增加國中小教材的臺灣歷史、地理等本土化課程內容（周思萍，1996:46-48；黃素娟等，2010:22-30）。2000 年政黨輪替，民進黨政府更積極推動各種「去中國化」的政策措施，例如：2001 年將母語教育列為國小必修課目，2003 年起推動一系列的「正名運動」，2007 年政府修改歷史教科書內容，將中國史和臺灣史分開，並把「我國、本國、大陸」改稱「中國」。然而，2008 年國民黨重新執政之後，又重新推動國族教育的政策，這對基層民主治理強調地方歸屬感，再度造成新一波的衝擊與影響。

要之,臺灣的國族教育,1990 年代以前,是以大中國思維意識為主,而此教育內涵是不利於學習者地方情感與認同意識的建構(黃世輝,2001)。這部分也許可解釋為何臺灣 1950-1970 年出生與成長的世代群體,對基層社區公共事務參與意識和行動不易開展的現象。其主因可能來自國族教育的馴化與限制,使其對臺灣在地歷史文化缺乏深度的情感認知,也因而對鄰里社區產生疏離感。這些相當特殊的政治文化現象,是推動基層民主治理過程中,必須積極正視且深刻反省的課題。

三、地方頭人文化與派系政治

從歷史脈絡觀察,臺灣是個墾殖與移民的社會,因而存在根深蒂固的宗親、家族與地緣情感,並發展出特殊的人際關係,且易因經濟地位,形成一種菁英式的社會階級,壟斷社區權力結構(徐震,2002:101)。這些社區菁英通常會積極參與基層的各項社團組織及公共事務活動,也會影響官職派任或公共資源的配置,繼而長期抑制基層自發性社會組織的發展基礎與能量(趙永茂,1997:359-360)。以官員派任為例,早在清朝時代,臺灣地方村落或鄉里領導雖由民眾推舉,再由官府派任,但整個遴選決策過程,深受地方仕紳、耆老等地方菁英(俗稱「頭人」)控制,且這些職位都採繼承方式運行(戴炎輝,1979)。日治時期延續清代保甲制度與地方領導人拔擢方式,嚴密監控地方社會居民的活動力。國民政府遷臺以後,更將其轉化為地方選舉的動員工具,作為執政者控制地方政治權力與職位、壟斷地方政經利益的力量來源(趙永茂,1997:363)。

尤其,國民政府為建立在臺統治的正當性,遂以政治與經濟雙軌模式,與地方仕紳、耆老相互結盟,形成特有的派系政治、宗族與家族政治、侍從政治與黑金政治文化,全面操控地方各項公共事務。以地方頭人作為基層治理的機制,對基層民主發展有兩個影響意涵:

1. 地方公共行動會因權力人物與權力結構的不同類型而產生不同的結

果，而且權力人物的衝突或整合，足以導致基層公共利益問題的停滯，或是尋得解決辦法（文崇一，1989:248）。

2. 抑制地方公民參與基層公共事務的權力慾望，同時降低新興公民社會的動能性（林瑞穗等，1996:24）。這種傳統地方頭人文化與派系政治，深刻影響基層民主治理與公民社會建構的能動性。

四、形式化的民主參與

雖然臺灣公共行政已從威權統治轉型為民主治理的模式（孫同文，2003），同時逐漸醞釀出多元政治、利益團體、世俗化與理性化社會的形成。不過，從日常生活經驗卻可明顯發現：一般民選政治人物、民眾與政黨，乃至於公共社團，多數仍然普遍缺乏對公共權力正當程序、權力責任及市民社會參與重要性的認知，而且尚未致力於建構一個「權力開放政治」、「透明化政治」與「課責、能力政治」的法制體系與機能，因而長期沉陷在寡頭與寡佔政治、特權政治與非正式政治的發展階段（趙永茂，2007:8-9）。一言以蔽之，臺灣當前存在「政治層面已形式民主化，民間社會關係網絡卻未能同步民主化」的弔詭現象（李丁讚，2007:221）。

以基層鄰里社區的公共治理為例。1992 年內政部期望將原本由村里系統所組成的「社區理事會」，改制為由 30 人以上社區居民即可自由發起，並依據《人民團體法》成立社區發展協會（詹秀員，2002:94），藉以扭轉地方頭人統治或壟斷社區組織的權力結構。但實務上，多數社區發展協會的成立源頭，仍肇因於地方派系政治的選舉競爭結果；亦即，在里長選舉競爭時，落選方往往成立社區發展協會或競選社區發展協會理事長一職，作為下一波政治動員的工具，而未能充分發揮《人民團體法》賦予社區發展協會的「孵育公民社會、培力公民參與」之組織意涵與公共價值。

另一方面，社區發展協會的組織運作，常因「議事規則、行政程序、討論氛圍」等會議技巧的不嫻熟，形成「仕紳型菁英主義式」討

論氛圍，限縮社區居民參與自主性對話的空間，影響社區公共資源的合理配置。要之，以鄰里社區作為公民社會發展的基礎運作單元，不能被誤導將其視為是靜態的被動客體（黃肇新，2003:26）；反而應更加積極創發各種社區事務的公共參與及討論機制，如此才有助於基層民主治理的健全化發展。

肆、社造輔導與培力機制之疏失

美國實務研究顯示：外部機構對社區組織推動社區發展工作，具有啟動、指導方針與提升方案管理等三項功能（Gittell and Vidal, 1998:9）。關於啟動方面，外部機構因具備社區需求或資源調查的專業知能，能夠協助社區發掘與確認問題，並且評估內部優劣勢資產，同時可提供專業化課程與動員參與的規劃設計，協助社區申請適當政策資源，促發社區內組織公民行動力（Gittell and Vidal, 1998:14）。反觀臺灣現況，社區營造的專業輔導團隊除應具備上述三項功能，也需具備詮釋社區營造意涵，與扮演政府與社區間之溝通橋樑的功能（張力亞、江大樹，2006；陳玲芳等，2010:15）。不過，國內許多的實證研究卻仍一再指出：社區營造輔導團隊在實務運作上，依然存在許多的問題缺失，致使社區培力效能的擴散與深化經常未如預期。究其原因，可從下列三個面向加以說明。

一、隨政府計畫而變動

社區培力主要目的，對個人而言，是使沒有能力的人變成有能力，使能力低的人能力變高，使能力高的人願意盡其所能；對組織則是具有建構並催化夥伴關係的功能，藉以串連地方治理所需的社會資本，讓政策方案相對有效執行（O' Toole and Burdess, 2004:434-435; Pavey et al., 2007）。至於，社區培力要如何有效發揮功能？筆者認為「輔導團隊應扮演長期陪伴與在地培力的角色」，乃是最核心的運作理念（張力亞、江大樹，2006）。

　　目前多數社造輔導團隊通常是以「接政府委託案」的型態進入社區，這種具時效性的定期委託方式，受限於委託的期間，致使輔導團隊與社區之間不易建構深層的信任關係。因為每當案子結束，輔導團隊大多受限沒有持續性的委託關係，因而陸續撤離所輔導的社區，無法再維繫密切合作關係。在這樣高度變動情境中，假如社區組織自主治理能力仍未成熟，社區往往會回歸到原初運作型態（楊凱程，2002:41）。申言之，隨政府計畫而動的輔導模式，對社區組織與人才的培力工作極為不利。

　　為彌補專業團隊因計畫結束而撤離社區的陪伴缺位問題，行政院文建會自 2003 年起，開始補助各縣（市）政府甄選在地專業輔導團隊成立社區營造中心（藍美雅，2010:104），期盼孵化社區營造在地培力的能量。但實際運作過程中，乃因各縣（市）政府主管部門的推動理念與輔導團隊的專業素質，在執行成效上差異頗大（陳其南，1996）。此外，各縣（市）專業輔導團隊是否具備充分的培力能量（組織健全、人力充裕、財務穩定性）？如何與各社區持續進行情感交流與信任連結？社造輔導的績效一直以來也未被切實、有效地評估。申言之，「以計畫為主的輔導模式」與「在地輔導團隊的能力孵化」兩項變數，不僅深刻影響社區營造工作的擴散與深化，亦是落實基層民主治理亟待克服的障礙之一。

二、專家導向的賦權思維

　　專業輔導團隊培力社區首要面對的課題是，專家與公民之間，彼此對問題意識的界定及詮釋之主導權與對話機制。學理上，專業團隊在輔導社區的過程中，理應抱持專業知識、服務取向及獨立自主的精神，對社區居民負有教育及啟蒙的責任，對政府則有檢討、建言的期許作用（黃肇新，2003:14）。但可惜的是，大多數專家總是認為透過理性思維（rational mind）就能夠掌控所有自然世界與人類社會所發生的各項事務，也因而經常忽略當地文化的特殊影響，導致專家與公民

之間互動的扞格與衝突（Fischer, 2005）。

　　以社區基礎工程建設為例，在規劃案執行過程中，專業輔導團隊通常「只重行政參與程序、強調由專業者主導、技術性迴避民眾反對意見」，據以回應社區民眾需求（羅秀華，2007）。再加上社區組織對方案設計、執行施工，與驗收等不同階段，大多缺乏應有的資訊揭露及參與機會（曾梓峰，1998:131；林振豐，2002:307-313），因而形成被動式的社區參與規劃模式（僅具備提案權）。此種理性專業導向的輔導模式嚴重隱含：專業壟斷、本位主義、不理解在地文化元素等問題（曾梓峰，1998:131；林振豐，2002）。

　　弔詭的是，雖然輔導團隊經常因專業優越與過度主導的態度，與社區組織發生潛在衝突，可是社區組織礙於提案計畫撰寫的需求與政策資源的爭取，因而與專業輔導團隊發展出「又愛又恨」的曖昧情誼。久而久之，專業輔導團隊的相對優越意識及主導權限是否已凌駕社區自主的問題，越來越不受到重視。這種社區組織過度依賴專業團隊爭取計畫而忽略實質培力的社區營造扭曲現象，對社區組織能否持續運作與成長，以及社區營造人才的培育，都是嚴峻的挑戰。

三、組織自主性不穩定

　　社區營造專業輔導團隊依組織經營型態，又可分為：非營利組織、景觀建築專業工程顧問公司，以及在大學任教的教師團隊等三種組織類型，但彼此都普遍面臨組織永續經營的難題。以非營利組織為例，其組織運作財源，通常來自於「捐贈、政府委託案、孳息」等收入，惟當今民眾捐款大都流向宗教性組織及具全國知名度的社福型非營利組織（廖嘉展，2012:106-107）。對一般小型非營利組織而言，甚少能有穩定的捐贈收入。

　　其次，在「非營利商業化」與「社會企業」的創新模式興起前，非營利組織大多是以爭取「政府委託案」作為主要的財務來源。可是，此類模式隱含嚴重的「社造行政化」問題。具體言之，政府委託計畫

執行過程中，往往涉及《政府採購法》相關規定。該法實施目的在於：精簡招標程序、透明化招標、決標流程，藉以減少原先採購三法（審計法、稽查條例、行政機關營繕工程招標注意事項）所造成的政府效能低落、公務員趨於保守等問題（李宗勳，2007:257）。然而，主管機關過度的追求「行政的合理性與正當性」與「經濟的成本效益」（陳重安，2011:121-125），反而忽略因低價競爭，導致工作內容改變與犧牲品質；以及如何讓肯做事的人負責，而非課責難究等外部性社會成本與效益課題。這些因契約結構所衍生的繁文縟節問題，易讓受託單位產生「重效率、輕效益，華而不實」的便宜行事心態。

再者，受限招標流程，而影響實際輔導時間。例如：從政府招標文件出爐、投標、審議，乃至簽約，通常需耗費大約半年時間。且委託單位與受託單位彼此間，乃以書面契約作為信任建構的基礎。為鞏固此契約關係，委託方通常會設計許多的管控措施，管考受託方的執行狀況。這種委託流程與執行考核的制度設計，不僅影響受託單位專職人員的薪資與組織運作經費穩定度，同時壓縮工作時程、增加計畫執行成本（廖嘉展，2012:109-110）。久而久之，不僅弱化受託單位自主性，也易讓受託方產生組織「熵化」效應，更難以期待藉此營造社會創新價值，或發展社區治理的相關組織運作技能，帶動公民社會變遷之可能性。

綜上所述，組織自有經費不足、契約結構形式化，及招標流程的限制，在在都不利於社造輔導團隊組織自主性之建構，也直接或間接影響到社區營造工作的基層扎根與成效擴散，這些都是後續政策推動應積極構思突破之道的重要課題。

伍、基層民主治理的興革策略

基層民主治理的建構就如同社區營造一樣，不只是營造一個制度規範，也是營造一個新社會，營造一個新文化，營造一個新的「人」（陳

其南，2014:1）。若以永續社區治理能力的建構為例，目前依然存在舊官僚思維、傳統社群結構、公民參與審議的政治文化尚未成熟等三項結構性缺失。值得欣慰的是，當前基層仍有若干社區組織及公民團體，透過各種創新治理策略，嘗試突破既有結構困境，創發多元社造議題，維繫社區內部組織動能，朝向更整體性的永續社區目標邁進（曾旭正，2013）。就此現象，本節摘要援引若干社區實作經驗，並分別從「靜態制度規範」與「動態興革策略」兩個面向作為切入點，依序針對「建構民主行政與官僚創新、強化永續社區治理動能、完善輔導團隊培力機制」等三項課題，提出基層民主治理的改進建議。

一、基層民主治理的靜態制度規範

（一）建構民主行政與官僚創新

筆者建議可優先從形塑民主行政特質的官僚文化，以及官僚創新與政策執行這兩項政府官僚組織制度及運作面向進行革新，具體規範內涵扼要說明如下。

1. 形塑民主行政特質的官僚文化：又包括「官僚心態調整」與「制度設計保障」兩個課題，可分別採取「個案教學情境模擬」的公務員訓練課程設計，並且建置「走動式管理」的基層組織服務模式等兩項。另外，應籌組常設性的「永續社區治理推動辦公室」與「社區營造資源平台」，作為整合運作機制，藉以修補前揭「橫向組織資源連結不足、府際關係治理連結斷裂」兩項缺失。

2. 官僚創新與政策執行：可採取下列興革策略回應「單向由下而上的政策執行邏輯、社造行政化、社區組織培力厚度不足、基層村里公民參與機制扞格衝突」等諸項既有運作困境：

（1）應將社區營造價值信念融入並內化為政策執行邏輯：社區營造的核心價值強調賦權、由下而上及自我治理（self-governing）。換言之，社區營造不應只是單一政策，而是一種政策執行邏輯，其

目的在於冀望透過教育與學習，轉化社區居民的知識與行為觀念，促使社區居民自主關心社區公共事務並組織行動，營造社區生活共同體（江大樹、張力亞，2012）。因此，如何將這些深具基層民主、賦權的社區營造價值信念，融入且內化到官僚政策執行體制中，翻轉目前以政府依法行政作為被動式的社區發展與組織管理邏輯，形塑勇於任事的文官政策認知，將是一個重要的起步關鍵。

（2）研發多元化的社區營造模式：參酌不同類型的社區營造政策本質與各社區組織的自主能力，應彈性運用「由下而上」、「由上而下」各種適當的執行方案，建構多元化社區營造的網絡治理模式，將有助於基層民主的理念深化與社群跨域治理的能力提升（江大樹、張力亞，2012:28-32）。

（3）鬆綁政府補助計畫提案的申請對象：筆者從桃米社區運作經驗發現：基於社區營造議題的多元性，社區內應存在各種不同利益追求導向的組織，俾讓社區居民擁有多元參與的機會，如此將可避免陷入單一組織運作常衍生的結構性困境。政府部門也應跳脫以村里辦公處、社區發展協會作為法定推動主體的治理框架，鼓勵社區居民，可依問題意識籌組正式或非正式的組織，向政府機關申請計畫，形塑社區民主治理的多元化發展樣貌，此將有助於基層公民社會網絡治理能力的培育與提升。

（4）「彈性化」計畫執行考核制度：鑑於社區組織工作多半是由志工擔任，是故在經費核銷的會計制度設計，除規劃培訓課程、提供操作範本協助社區幹部學習相關知識；另可採取匡列總額的彈性化核銷項目，此將有助於降低社區組織幹部方案執行的沈重壓力。

（5）修改地方制度法相關條文規定：將村（里）民大會的召開，重新修正為「應」召開而非「得」召開。就此，或可參酌金華社區經驗，研發各式各樣的社區討論模式，如以戶為單位的戶長會議、里民運動大會、各組織年度工作討論等（張力亞，2009），鼓勵基

層公務人員（或基層社區服務人員），主動走入基層傾聽各類意見表述，這將有助於創發貼近居民日常生活需求的社區營造方案，同時可促進社區內部良善對話的氛圍。

（二）強化永續社區的治理動能

　　社區組織為基層民主的治理單元，如何讓社區內各社群保有持續運作動能，乃是永續社區理念得以落實的關鍵要素。就此，本文認為可從下列三個制度面向強化永續社區的治理動能。

1. 釐清村（里）、社區兩者組織與職能的差異：村里長與社區發展協會理事長之間的和諧程度，攸關社區治理成效（黃煌雄、郭石吉、林時機，2001:35；詹秀員，2002）。臺南金華社區實務運作經驗顯示：社區頭人之間是否能清楚掌握里辦公處與社區發展協會的功能差異性，並依據個別組織職能定位，分別尋求相關政策資源，嗣後交相運用，對社區的可持續性動能具備關鍵作用。申言之，基於鼓勵社群協力夥伴關係理念的實踐，各縣市政府與鄉鎮公所可主動協助村（里）長、社區發展協會理事長理解其所屬組織不同角色、定位與功能的差異；亦可規劃競爭型計畫提案，鼓勵鄰里社區組織間之協力合作，塑造正向的基層民主協力合作氛圍。

2. 建置永續社區治理能力指標體系，協助社區開展學習型組織文化：一套好的評估指標，不僅可協助組織釐清問題，同時也能指引下一階段發展方向。以金華社區為例，藉由參加「安全社區」與「宜居社區」的國際認證，以評鑑指標項目為基礎，對內檢視社區現況，繼而提出社區營造年度目標，逐步改善以符合國際認證需求。筆者殷切期盼，主管機關應儘速研擬一套涵蓋「生態環境保護、社區生活網絡、社區產業經濟、社區文化保存、良善治理機制」等多面向的永續社區綜合性指標架構，協助社區組織領導者自我評量，並可凸顯各社區之間的差異性，作為政策資源投入的指引基礎。

3. 培育社區工作的專業性人力資源：社區營造工作其實是一項專業學

科，除需具備高度認同感，也應具備社區營造學理、組織溝通與衝突管理的專業知識，以及社區資產調查、基礎性社區規劃、組織行政運作等實務管理能力（Kretzmann and McKnight, 1993；林欣蓓，2010）。政府主管機關也應將「社區營造專業人力」視為是一項就業職能與工作項目，並參照「農村再生計畫」匡列「社區營造人才培育基金」，讓願意投入社區營造工作的有志之士，在能夠保障其基本生活需求的基礎上，蹲點進駐社區，深入學習相關社區營造專業知識技能，並且串連在地公共社群，扮演跨社群網絡治理的節點角色。唯有透過這項人才培育計畫，才能突破以往「按計畫聘用專案工作人員」的問題缺失，為社區營造累積充裕而勝任的專業人力資源。

（三）健全輔導團隊的培力機制

在現實政治與社群結構的治理困境中，具備專業知能與相對客觀立場的社區營造輔導團隊，是基層公民社會的民主參與及審議文化得以建構的推動關鍵所在。就此，筆者從下列兩個制度面向提出興革建議，期盼健全社區營造專業輔導團隊的組織自主運作能力。

1. 落實社群組構的長期陪伴與培力觀點：社造專業輔導團隊最為人所詬病的是，其在心態通常抱持「專家思維導向」，策略又常以計畫作為陪伴依據，因而無法與社區組織建構長期信任關係。花蓮牛犁社區資源交流協會的案例顯示：社造型輔導團隊除需以社區的認識作為基礎，轉介適當資源協助社區發展，也需適時扮演「緩和社區內部政治衝突」的角色，適度減緩社區內部組織壓力與扞格衝突。尤其，輔導團隊應採取「長期陪伴」心態與「社群組構」培力模式，與社區建立良好的互動關係。唯有透過長期陪伴，才能深刻理解社區內部各項人事物的運作脈絡，嗣後也才能經由社群組構的方式，整合具備相同信念的社區夥伴，共同推動基層公共事務，並激盪出不同形式的可持續性社區營造方案，得以避免陷入單一社區組織內

部治理結構的運作困境。

2. 邁向社會企業的組織轉型：鑑於永續社區治理能力的培養，需要一個長期且穩定的培力機制才足以落實。參酌各種類型的組織經營型態，筆者認為：不論是非營利組織、工程顧問公司或專家學者團隊，都可朝向兼具社會公益使命與經濟運作邏輯的「社會企業」組織模式進行發展與變革，據以尋找組織可持續性運作的途徑。當然，我國目前有關社會企業的法規、稅制及輔導等規範，也都需要更進一步地明確界定且適當增修。面對這類社會企業的創設需求，政府相關部門也應加速進行社會企業建置的審議與立法工作，提供社造輔導團隊一個更合理可行的政策方向與更有利的組織發展環境。

二、基層民主治理的動態興革策略

考量鄉鎮市區公所、社區與非營利組織這三重基層民主治理失靈的潛在風險，本文除提出上述各項靜態制度面的改革策略，也嘗試從動態治理策略途徑，勾勒一套創新運作機制。尤其，筆者特別主張：應可由在地大學扮演主要發動者角色，運用社群組構方法，整合地方各界具有共同價值信念的行動者，一起討論並形塑地方治理的願景，作為後續對話與行動的基礎框架。例如，可由大學與地方社群相互整合，建構社區見學網絡運作機制的平台，具體內涵可參見（圖二）所示，藉以形塑地方治理願景架構，具體實踐社會公益。

此一社區見學網絡運作模式，重點在於：可整合各方資源，創發一套可持續的商業運轉機制，為在地公共願景的實踐注入治理行動所需資源，如此將可避免因代議制度僵化、政策不延續或組織衝突，所引爆的治理失靈。茲扼要略述之。

（一）地方治理發動者，可優先選擇大學而暫時捨棄地方政府

從學理上，地方政府的定位不論是作為地方民眾的代表或是政府體系在地方上的合法代理者，都應承擔地方治理的積極性職責（呂育

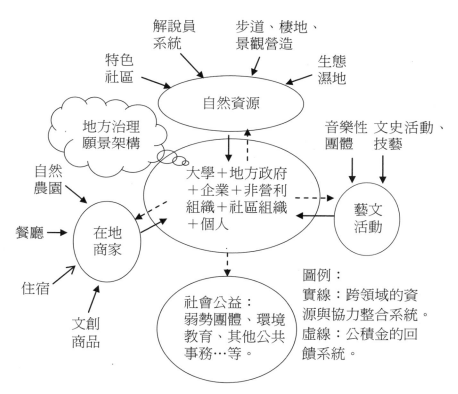

圖二　大學與地方社群協力治理的社造見學網絡平台
資料來源：增修自張力亞、廖嘉展（2013:135）。

誠，2007:131）。然而，受限於地方首長個人因素、組織與財政規模，及公務人員素質等，地方政府往往存在不穩定的基層民主治理風險。為跳脫這類傳統的結構限制，兼具學術研究、培育人才、服務社會、促進國家發展為功能的「大學」，在近年來高等教育也被賦予社區服務及社會創新與實踐等功能的風潮中（林月琴，2000:15），已逐漸展開「大學引導型的地方協力治理」之角色扮演，積極落實「大學的社會責任」，並協助地方政府解決公共問題（江大樹、陳文學、張力亞，2014）。相關的理念，透過科技部「人文創新與社會實踐」、「大學

與地方政府合作推動地方人文發展與跨域治理」兩項計畫推動,及教育部「公民素養陶塑」、「特色大學」、「再造人文社會科學教育」及「大學學習生態系統創新」等多項計畫推動,已初步展現若干具體成果。要之,從地方治理的能量積累觀之,大學與地方社群之間夥伴關係的積極建構,將是基層民主治理得以持續創新與有效實踐的重要課題。

(二)地方治理願景的形塑,具有價值領導的功用

透過多元行動社群彼此間之分享、對話,與共識凝聚所得到的地方願景架構,不僅可讓各社團的領導人,清楚表達願景期待,同時也可將價值觀點融入組織與方案推動之中,有效激勵員工士氣,創造更大的社會效益(陳儀蓉,2006:14)。

(三)社區見學網絡的營運,可累積組織自主性運作所需資源

集體願景架構可持續性發展,共同利益的創造與分享,都是極為重要的運作課題。綜觀各類地方產業營運模式,以社區資產為基礎的「社區見學」模式建構。是一項值得嘗試的創新作法。而且,「社區見學」的營運乃建立於在地長期陪伴與社群培力的信任關係基礎之上。唯有如此,才能深刻體認社區人文地產景特色,並串連具共同價值信念的不同個人、團體、組織、社區,形成一群共同跨界協力的夥伴團隊。再者,見學遊程的設計與推動過程,可為社區居民提供在地就業與創業的永續發展,進而創造穩定財源,有助提升各在地社群的組織自主性。

陸、結論

回顧臺灣自 1987 年解除戒嚴以來的憲政民主化發展歷程,不論地方自治的政治、社會與文化等各個面向,陸續都有不少推陳出新的政策改革方案。然而,在邁向健全的基層民主治理實踐過程中,目前

依然存在諸多運作困境亟待克服。本文聚焦於永續社區治理能力的建構課題，並分別從舊官僚思維、傳統社群結構、社造輔導與培力模式等三大主軸，檢視當前政策執行缺失。首先，在舊官僚思維的基層治理缺失，主要是「政策後設價值」延續性不足、府際治理連結的斷裂、行政社造化缺乏整合、基層村里組織運作成效不彰。其次，傳統社群結構的組織互動特質，包括：為公而行的個人化善舉、國族教育導致地方歸屬感薄弱、地方頭人文化與派系政治、形式化的民主參與，諸多困境不易突破；再者，公民參與及審議的政治文化尚未成熟，社造輔導團隊與培力機制仍多疏失，例如：隨政府計畫而變動、專家導向的賦權思維、組織自主性不穩定等。

面對這些複雜而多元的基層民主治理問題，應如何因應挑戰並適當加以揉轉？筆者認為：靜態制度規範的增修與動態治理策略的變革，乃是開創嶄新翻轉契機的重要基石。在制度面：第一，是要積極建構民主行政與官僚創新，建議應該從塑造民主行政的官僚文化與政策執行的創新思維這兩個面向推動改革。第二，要強化永續社區的治理動能，應釐清村里與社區的組織職能差異、建置永續社區治理能力的指標體系，形塑組織學習文化並培育社區工作的專業性人力資源。第三，健全輔導團隊培力機制之具體作法則有：落實長期陪伴與社群組構的社區培力觀點、協助邁向社會企業的組織轉型兩項。至於在策略面，可由在地大學扮演主要的發動者，透過願景架構的提出，輔以社區見學網絡營運，整合具共同價值信念的互動群體，跳脫傳統組織結構框架限制，營造可持續運轉的地方公共治理動能。

總之，從永續社區政策的推動困境可知，基層民主治理的建構、深化與鞏固，乃是一個複雜且漫長的人文社會改革工程，在實務運作上絕非一蹴可幾。因此，精確剖析主要問題缺失，對症下藥提出興革策略，經由成功經驗累積與績效推廣，讓基層民主治理能力得以持續逐步提升，進而蛻變成一個成熟的公民社會。這些社造理念的創新與實踐，值得學術界與實務界大家共同努力。

參考書目

王文崇一（1989）。《臺灣社會的變遷與秩序》。臺北：三民。

江大樹（2003）。〈臺灣政黨輪替後的政府再造工程：續階方案或第二波寧靜革命？〉，《東吳政治學報》，第 16 期，頁 25-46。

＿＿＿（2006）。《邁向地方治理 - 議題、理論與實務》。臺北：元照。

江大樹、張力亞（2012）。〈社區營造、政策類型與治理網絡之建構〉，《政策與人力管理》，第 3 卷，第 2 期，頁 1-42。

江大樹、陳文學、張力亞（2014）。〈大學引導型的地方協力治理：埔里宜居城鎮轉型案例分析〉，《研習論壇月刊》，第 162 期，頁 14-29。

行政院文建會（1999）。《臺灣社區總體營造的軌跡》。臺北：行政院文建會。

＿＿＿（2005）。《臺灣健康社區六星計畫說明書》。臺北：行政院文建會。

呂育誠（2007）。《地方政府治理概念與落實途徑之研究》。臺北：元照。

李丁讚（2007）。〈臺灣民主困境的社會根源〉，《臺灣社會研究季刊》，第 65 期，頁 215-225。

李台京（2008）。《臺灣地方政府》。臺北：三民書局。

李永展（2012）。《永續國土 區域治理 社區營造：理論與實踐》。臺北：詹氏。

＿＿＿（2014）。〈社區組織運作〉，王本壯、李丁讚、李永展、洪德仁〈編〉，《落地生根：臺灣社區營造的理論與實踐》，頁 57-94。臺北：唐山。

李宗勳（2007）。《政府業務委外經營：理論・策略與經驗》。臺北：智勝。

周思萍（1996）。《臺灣社區發展政策演變之研究 -- 論國家對社區發展的介入》。臺北：國立臺灣大學社會學研究所碩士論文。

林月琴（2000）。〈大學教師參與社區之探討〉，玄奘人文社會學院成人及社區教育學系〈主編〉，《大學發展與社區參與》，頁 1-24。

林欣蓓（2010）。《臺灣社區組織與社區能力探測之研究：以內政部旗艦競爭型計畫為例》。嘉義：國立中正大學社會福利所碩士論文。

林振豐（2002）。〈苗栗社區總體營造在社區主義形成過程中的瓶頸與對策〉，《空大行政學報》，第 12 期，頁 293-336。

林將財、呂溪木、詹益彰、趙昌平、趙榮耀、林秋山、林時機、謝慶輝（2005）。《推動社區總體營造工作之成效與檢討專案調查研究》。臺北：行政院研究發展考核委員會。

林瑞穗、林萬億、陳東升、黃錦堂（1996）。《社區發展與村里組織功能問題之探討》。臺北：行政院研究發展考核委員會。

洪德仁、潘蓬彬、楊志彬（2005）。〈公民會議與社區營造 -- 以北投社區社造協定公民會議為例〉，《社區發展季刊》，第 108 期，頁 216-226。

孫同文（2003）。《從威權政府到民主治理》。臺北：元照。

徐震（2002）。《社區與社區發展》。臺北：正中書局。

張力亞（2009）。〈市民環境主義的社區實踐：以臺南市金華社區為例〉，《第三部門學刊》，第 11 期，頁 63-95。

＿＿＿＿（2015）。《永續社區治理的困境與建構策略》。埔里：國立暨南國際大學公共行政與政策學系博士論文。

張力亞、江大樹（2006）。〈社區營造輔導團隊『社區培力策略』之辯證分析：以新故鄉文教基金會參與桃米生態村為例〉，《第三部門學刊》，第 6 期，頁 67-105。

張力亞、廖嘉展（2013）。〈非營利組織邁向社會企業的經驗與課題分析：以新故鄉文教基金會為例〉，《國家與社會》，第 13 期，頁 113-156。

陳其南（1996）。〈地方行政與社區總體營造〉，《台灣手工業》，第 59 期，頁 60-68。

＿＿＿＿（2014）。〈社造思想的一些理論性的回顧〉，中華民國社區營造學會〈策劃〉，《落地生根：臺灣社區營造的理論與實踐》，頁 211-219。臺北：唐山出版社。

陳明通（1995）。《派系政治與臺灣政治變遷》。臺北：新自然主義。

陳東昇（1995）。《金權城市：地方派系‧財團與臺北都會發展的社會學分析》。臺北：巨流。

黃素娟、蔣玉蟬、張惠珠、洪芷如策劃（2010）。《最小的無限大：文建會社區營造紀實 1994-2010》。臺北：商顧。

陳重安（2011）。〈政府契約委外的再檢視：目標、理論應用、績效衡量、與知識論基礎〉，《公共行政學報》，第 40 期，頁 111 -143。

陳儀蓉（2006）。〈新領導典範 -- 價值導式領導理論之概述〉，T&D 飛訊，第 42 期，頁 1-14。

曾旭正（2013）。《臺灣的社區營造新社會、新文化、新人》。臺北：遠足文化。

曾梓峰（1998）。〈專業組織在『社區總體營造』中角色之探討－『大溪經驗』為例〉，中華民國社區教育學會〈編〉，《社區營造與社區學習》，頁 131-146。臺北：師大學苑。

黃世輝（2001）。《社區自主營造的理念與機制》。臺北：建築情報。

黃源協、莊俐昕、劉素珍（2011）。〈社區社會資本的促成、阻礙因素及其發展策略：社區領導者觀點之分析〉，《行政暨政策學報》，第 52 期，頁 87-130。

黃煌雄、郭石吉、林時機（2001）。《社區總體營造總體檢調查報告書》。臺北：監察院。

黃肇新（2003）。《營造公民社會之困境－ 921 災後重建兩種民間團體的理想與實踐》。臺北：國立臺灣大學建築與城鄉研究所博士論文。

楊弘任（2007）。《社區如何動起來？：黑珍珠之鄉的派系、在地師傅與社區總體營造》。臺北：左岸文化。

楊凱程（2002）。《黃金時代先知對話錄：針砭社區營造的組織運作與社區實踐－以「都市改革組織」與「社區資源交流協會」為例》。臺北：國立臺灣大學建築與城鄉研究所碩士論文。

詹秀員（2002）。《社區權力結構與社區發展功能》。臺北：紅葉文化。

廖俊松、張力亞（2010）。〈臺灣地方治理的理想與實踐：英國經驗的借鏡〉，《公共事務評論》，第 11 卷，第 2 期，頁 13-46。

廖嘉展（2012）。《揉轉效應：新故鄉文教基金會邁向社會企業的經驗研究》。埔里：國立暨南國際大學公共行政與政策學系碩士論文。

趙永茂（1997）。《臺灣地方政治的變遷與特質》。臺北：翰蘆出版社。

＿＿＿（2002）。《中央與地方權限劃分的理論與實際 - 兼論臺灣地方政府的變革方向》。臺北：翰蘆。

＿＿＿（2007）。〈從地方治理論臺灣地方政治發展的基本問題〉，《政治科學論叢》，第 31 期，頁 1-38。

賴偉傑（2005）。〈社區其實不只六星〉，《環境資訊電子報》，http://e-info.org.tw/reviewer/yjlee/2005/yj05031601.htm。2005/11/7。

戴炎輝（1979）。《清代臺灣之鄉治》。臺北：聯經。

藍美雅（2010）。《中央社造政策對地方治理之影響：以臺南縣經驗為例》。高雄：春暉。

羅秀華（2007）。《社區結盟的本土實踐：臺北經驗的再現》。臺北：松慧。

Blowers, Andrew (1992). "Planning a Sustainable Future: Problems, Principles and Prospects." *Town and Country Planning*, Vol. 61, No. 5:132-135.

de Tocqueville, Alexis, Isaac Kramnick, and Gerald Bevan (2003). *Democracy in America*. London: Oxford University Press.

de Vries, Michiel S. (2000). "The rise and fall of decentralization: A comparative Analysis of Argument and Practices in European Countries." *European Journal of Political Research*, Vol. 38, No. 2:193-224.

Fischer, Frank (2005). *Citizens, Experts, and the Environment: The Politics of Local Knowledge*. Durham and London: Duke University Press.

Gittell, Ross and Avis Vidal (1998). *Community Organizing: Building Social Capital as a Development Strategy*. London: SAGE Publication.

Kretzmann, John P. and John L. McKnight (1993). *Building Communities from the Inside Out: A Path Toward Finding and Mobilizing a Community's Assets*. Evanston, Illinois: ABCD Institute.

O' Toole, Kevin and Neil Burdess (2004). "New Community Governance in Small Rural Towns: The Australian Experience." *Journal of Rural Studies*, Vol. 20, No. 4:433-443.

Osborne, Stephen P. (2010). *The New Public Governance? Emerging Perspectives on the Theory and Practice of Public Governance*. London and New York: Routledge.

Pavey, James L., Allyson B. Muth, David Ostermeier, and Miriam L. E. Steiner Davis (2007). "Building Capacity for Local Governance: An Application of Interactional Theory to Developing a Community of Interest." *Rural Sociology*, Vol. 72, No. 1:90-110.

Ross, Andrea (2009). "Modern Interpretations of Sustainable Development." *Journal of Law and Society*, Vol. 36, No. 1:32-54.

Taylor, Marilyn (2003). *Public Policy in the Community*. New York: Palgrave Macmillan.

UNISDR (2012). *Making Cities Resilient Report 2012*. New York: UNISDR.

臺灣民主之
反思與前瞻

The Current Situation and Challenge of Local Democracy Governance

Li-Ya Chang and Ta-Shu Chiang *

Abstract

Since the democratic transition of 1980's, local self-government in Taiwan has undergone many critical reforms. According to the grass-roots practice of democracy and sustainable community, this empirical study find predicaments along three different aspects: four old-fashioned bureaucrat ideas regarding policy implementation, four structural characters of traditional community living, and three problematic empowerment strategies of professional organizations.

On the basis of community empowerment experiences in Taiwan, the authors suggest two innovative mechanisms to reform the democratic administration, three institutions to empower the community organizations, and two transformation strategies for professional community empowerment organizations. We also suggest three important strategies to advance the capacity of local public governance.

Keywords: Grass-roots Organizations, Community Structure, Democratic Administration, Sustainable Development, Capacity of Governance.

* **Li-Ya Chang** is a Postdoctoral Fellow in the College of Humanities, Research Center for ShuiShaLian Human Innovation and Social Practice at National Chi Nan University. His areas of research include Inter-Governmental Relations, Local Governance, Sustainable Community Governance, Social Enterprises and Innovation Design.

* **Ta-Shu Chiang** is a Distinguished Professor in the Department of Public Policy and Administration at National Chi Nan University. His areas of major research include Inter-Governmental Relations, Public Personnel Administration, Organization Theory, Local Governance, and Community Empowerment.

財政收支與地方自治

徐仁輝 *

世新大學

摘 要

　　臺灣實施總統直選迄今二十年，經過精省到今日六都的成立，地方
自治出現那些變化？民主化是否提高地方自治績效？財政為庶政之母，
本文以這二十餘年來各級政府間財政收支的結構性變化以及地方財政狀
況，試圖一窺地方自治成效。精省後政府財源劃分造成中央與地方政府
間財政垂直的不均，導致地方政府財政自主性低落影響自治業務的擴
展。中央統籌分配稅款獨厚直轄市，亦造成地方政府間水平的不均，以
及爭相爭取成為直轄市的誘因。六都成立後，中央增撥一般性與專案補
助款給地方，同時修正公共債務法擴增直轄市的舉債空間。六都的成立
可謂是地方自治的新契機，不僅財源劃分將重新檢討，同時中央政府各
部會也進行了功能調整與業務移撥，地方自治功能應可提升。最後本文
參考國際大都會治理模式，建議加強府際合作以及提高財政透明度。

關鍵詞：財政收支劃分、地方財政、地方自治

---

* **徐仁輝** 世新大學行政管理學系教授，研究領域為財務行政、公共經濟、公共政策。

壹、前言

臺灣在 1999 年精省，不僅對於地方自治體系與行政組織作了大幅變革，也就各級政府財政收支劃分予以配合調整；1999 年 1 月 25 日總統令修正公布「財政收支劃分法」，針對中央與地方的財源劃分與支出責任予以重新釐清。該法除了在 2001 年配合菸酒稅的實施修正第八條外，所有條文皆沿用迄今；亦即 1999 年所制定的該法規範了近十餘年來我國各級政府的財政收支架構。雖然這期間地方政府屢有以財政困窘影響地方自治為由提議修法，但皆未獲行政院支持；2010 年配合三個新直轄市（新北市、台中市與台南市）的成立，行政院終於提出修正版本，然至今仍未獲立法院審議通過。

財政聯邦主義討論由來已久，關切各級政府財政收入與支出劃分方式，強調如何在各級政府之間劃分稅收和支出以提高社會福利（Oates, 1972），同時讓地方政府自主決定其預算支出規模，然而，傳統的財政聯邦制理論強調過多的分權，可能引致資源配置扭曲、區域分配不均以及財政不穩定等問題，與 Musgrave 和 Musgrave (1980) 提出的資源配置職能、公平分配、與穩定發展三大財政職能息息相關。

就中央對地方政府關係而言，如何促使各地方政府平均發展，往往透過補助原則，地方政府處理公共事務，上級政府發揮補助性的作用，然而，中央政府補助可能扭曲各地租稅公平，若要同時允許地方政府之間存在稅收競爭相對困難。再者，有外溢效益的公共財也不一定首先考慮由上級政府提供，可由享受外溢效益的轄區與受益（或受害）轄區達成協議，共同提供公共財。因此，修正傳統財政聯邦制原則，以「自利性政府」取代「仁慈型政府」，並補充補助性原則和維護個人基本自由與權利的原則，同時對各級政府分權制衡，兼顧效率與公平，也稱為第二代聯邦財政理論。

第二代聯邦財政理論朝著經濟與財政聯邦制的方向，強調政府權

力來源於公民，重視各級政府的財政，隨著理論的發展，許多文獻探討財政分權、垂直財政不公平與稅收權力分配、政府間外溢效益和移轉支付、財政流動等（Oates, 1999），因此 Oates 認為財政聯邦主義主要是各級政府的職能和他們之間移轉性支付等工具所形成的相互關係，包含：不同層級政府間的職能分配、稅收與支出分配以及移轉性支付。就職能分配而言，Oates（1999）回顧歷史時發現，二十世紀後 50 年日益呈現了財政分權（fiscal decentralization）的趨勢，一些本來應該由中央政府所承擔的財政職能改由地方政府承擔，1996 年在美國，長期以來聯邦政府資助窮人的收入分配計畫由州政府決定其資助規模與形式，在歐洲，《馬斯垂克條約》扮演財政分權的補助原則。財政分權福利效用的規模取決於各級政府間公共財需求和提供成本之間的差異，考量地方性公共財的需求不具價格彈性，財政分權潛在的福利效用可能較高。

其次，就稅收與支出分配來看，考量國內各地方政府流動性高，地方政府著重於轄區內流動性較低的經濟與要素課稅，而把對流動性較高的經濟與要素的課稅權交給上級政府，意即地方政府徵收財產稅，州政府主要徵收消費稅，中央政府主要徵收所得稅。然而，Oates 認為這項原則不夠準確，地方政府還應該徵收流動經濟的收益稅，即這些經濟單位應該對當地政府給予公共財和服務為其所帶來的收益進行支付。與此同時，從效率概念出發，地方政府也要避免徵收流動經濟單位的非收益稅，非收益稅最好由上一級政府徵收，此即使用者付費的收益稅概念。

最後，就移轉性支付的討論，Oates（1999）指出，不同層級政府間移轉支付可：內部化財政外溢效果的收益、各地方政府財政均等化和改善整體稅收體系。不同層級政府之間移轉性支付主要採取兩種形式：計畫型補助（有條件的移轉支付）和一般型補助（無條件的轉移支付）。一般而言，用於內部化外溢效果收益的移轉性支付多採用計畫型補助，而用於各地方政府財政均等化的移轉性支付多採用一般型

補助。

　　財政為庶政之母，任何施政理念與目標皆須靠財政資金的挹注，始能付諸實現。欲觀察臺灣民主化以來地方自治的成效，從財政收支的數據資料可以窺知一二。本文檢討精省後，迄今六都成立，有關財源劃分問題、中央政府統籌分配稅款與補助款對地方財政的影響、公共債務法對地方借款的規範、以及各級政府的支出結構比等，整理出中央與地方財政關係的演變，以探索臺灣地方自治的過去與未來。最後參考國外地方自治經驗與趨勢，提出改善地方財政與提升地方自治的建議。

貳、我國地方自治的現況與問題

　　我國憲法第十章規範中央、省與縣各級政府權限事項，列舉各種有中央立法執行或交由省縣執行事項、有省立法執行或交由縣執行事項、有縣立法執行事項；並於 111 條明定：「如有未列舉事項發生時，其事務有全國一致性質者屬於中央，有全省一致性質者屬於省，有一縣之性質者屬於縣」。由此可見憲法係採所謂的「均權主義」，制度性保障省縣二級政府的地方自治權限，即在一定範圍內的立法與行政權。此種制度保障說，如紀俊臣（2003）所稱具有「聯邦制度之地方自治影子」。

一、法定權限與事項劃分不清

　　1999 年制定的地方制度法第二條明定省為行政院派出機關，非地方自治團體，自此臺灣的地方自治團體分為直轄市、縣（市）、鄉（鎮市），依該法辦理「自治事項」，並執行上級政府「委辦事項」。所謂「自治事項」係指地方自治團體依憲法或地方制度法規定，得自為立法並執行，或法律規定應由該團體辦理之事務，而負其政策規劃及行政執行責任之事項。所謂「委辦事項」則係指地方自治團體依法律、

上級法規或規章規定，在上級政府指揮監督下，執行上級政府交付辦理之非屬該團體事務，而負其行政執行責任之事項。地方制度法在第十八至二十條明定各地方自治團體的自治事項，其中直轄市與縣市各共有 12 大項，鄉鎮市有 8 大項。依黃錦堂（2010）的檢討，地方制度法關於權限的劃分過於偏惠地方，將許多委辦事項列為地方自治事項，造成權限劃分不精確，影響地方自治的進步。

（一）地方自治事項

　　依地方制度法規定直轄市與縣市自治事項，主要分為組織及行政管理、財政、社會服務、教育文化及體育、勞工行政、都市計畫及營建、經濟服務、水利、衛生及環境保護、交通及觀光、公共安全、事業之經營管理等 12 大項；鄉鎮市則少了勞工行政、都市計畫及營建、經濟服務與水力等項。這些自治事項主要包括：

1. 公共設施的興建維護：如文化中心、育樂中心、美術館、游泳池、圖書館、養老院、公墓、停車場、公有零售市場、觀光景點、地方道路、下水道、垃圾焚化廠、河川整治等。

2. 公共服務的提供：如國中小學教育(直轄市包括高中職)、體育活動、交通運輸、文藝活動、災害防救等。

3. 管制行政：如工商管理、環境保護、衛生管理、勞工安全等。

4. 社會福利與救助：如弱勢照顧與津貼發放等。

　　在這些自治事項業務方面，地方政府擁有完整的或高度的自主權，即立法與執行權，上級政府僅有事後合法性的監督權。惟自治事項的推動成效在於地方自治團體首長的理念與領導力，亦受限於地方政府的財力與人力；上級政府更經常透過補助款方式予以規範或指導。

（二）上級委辦事項

　　地方自治團體接受中央政府委辦事項，主要係依據中央各部會的

專業行政法律所規範，如空氣汙染防治法、水汙染防治法、建築法、勞動基準法、全民健康保險法、老人福利法、商業法等。範圍包括建築管制、商業許可、藥品管理、環境保護、交通安全、勞工行政、教育社福機構管理、農林漁牧管理、災害應變與社會保險救助等，涉及全方位的國民生活與經濟活動。這些專業法規與管制行政係立基於公共安全與公共利益考量，必須對於人民的經濟活動進行所謂的命令與控制（command and control）。管制行政程序包括建立標準（如土地使用規則）、事前許可（如核發執照）、以及事中監督（如安全檢查）等。

由於管制行政的對象是全國國民，一致的標準亦須一體適用，因此管制標準與規範由中央各部會制訂，除了部分事項與業務仍由中央自行辦理外，大多必須委託地方政府辦理。上述委辦事項與地方政府自治事項中的管制行政事項，黃錦堂（2010）認為確實出現重疊現象，部分係依據中央法規辦理，部份則係地方政府以自治法規加強之，如何劃分似須視個案性質或地域性差異而有所不同。

地方政府在執行這些委辦事項時，中央各部會或行政院擁有合法性與合目的性的監督；得要求地方政府作出決定，或甚至嚴重時（如地方應作為而不作為致影響公共利益）之代行處理（依地方制度法第76條規定），亦得撤銷、變更、廢止或停止地方政府之違法作為（依地方制度法第75條規定），總之中央政府享有高度的執行監督權。然如黃錦堂（2011:50）所述：「中央部會對直轄市政府與縣市政府之執行公共安全法律，原則上也無能力為事前、事中之高度監督，而只於發生災害或報章有關醜聞報導時，才出面介入。」

二、缺乏溝通協調機制

我國憲法雖採均權制，保障地方自治的立法與行政權，精省後地方制度法的制定，亦對地方自治權限與事項多所規範；然而由於過去長期處在兩岸對峙與威權領導的政治情勢下，實際運作偏向於單一國

家的中央集權體制，地方政府自治權力與能力仍然十分薄弱（趙永茂，2003）。地方自治團體依法具有公法人資格與自主自治權，因此地方政府對於其組織結構、人事與財政皆應有高度自主權，中央政府應僅有適法性與否的監督，而非行政監督權。因為既是地方自治體，中央政府僅需監督其「合法性」即可；至於中央政府委託地方政府辦理事項，自然可以兼顧「適當性」、「目的性」與否的監督。然而精省迄今，中央與地方的權責關係並未有所改進，地方政府無論組織編制、人事配置與增闢財源（如地方規費的徵收）等皆仍須經過中央政府的核准。

由於中央政府對於地方自治的態度一直係扮演著監督者與指導者的角色，此種父權主義的心態，以及政策制定欠缺溝通，中央與地方自然難以形成夥伴關係（李長晏，1999）。關於政策溝通不良產生的問題，大法官會議第553號解釋即指出有關地方制度法之自治監督制度設計，缺乏自治團體與監督機關間的溝通協調機制，因而影響地方自治功能之發揮。

以健保費的支出責任歸屬案為例，可以突顯中央在制訂法規時與地方政府的欠缺溝通。全民健康保險自1995年開辦，依全民健康保險法第27條規定有責由地方自治團體補助的保險費。該項須由地方政府分攤的支出責任，當時並未獲得地方政府的認同，許多地方政府皆積欠；如到2001年11月台北市政府已積欠69億餘元，而2002年該府預算市議會僅同意編列10億元償還，並要求市府申請大法官釋憲。2002年10月4日大法官會議釋字第550號解釋：「法律之實施須由地方負擔經費者，…，於制定過程中應與地方政府充分之參與。行政主管機關草擬此類法律，應與地方政府協商，以避免有片面決策可能造成之不合理情形，……。」

三、中央立法影響地方財政收支

我國現行大部分涉及地方財政收支的法律（如房屋稅法、土地稅法等），皆係由中央政府訂定，地方只有按照規定執行；如因修法增

加地方政府負擔或減少地方稅收,中央政府又無法籌足財源彌補,將實質影響地方財政收支,因此經常造成爭議。

2002 年修正土地稅法,將土地增值稅減半徵收兩年,造成地方政府稅收大幅減徵。2005 年立法院三讀通過將土地增值稅率由原先60%、50%、40% 調降為 40%、30%、20%,自此稅率永久調降;長期嚴重影響地方政府稅收,如修法前每年土增稅收入皆超過 1,000 億元,最高 1993 年為 1,868 億元;修法後至 2012 年每年皆少於 1,000 億元,好幾年度都在 500 億元上下。雖訂有中央政府補足規定,但中央財政困窘,並無法完全補足地方政府實質損失。

再如中央政府 2000 年訂定的「地方民代費用支給及村里長事務補助費補助條例」,當年臺灣省 7,700 位村里長與 4,000 位鄉鎮民代表經費法制化後,每年多增加 26 億餘元,中央卻不負擔多出的經費。立法委員為討好選舉樁腳,以「中央請客地方買單」方式,增加地方政府支出,引起地方不滿。

參、財源劃分的不均問題

財政收支劃分法係規範各級政府間財源劃分的主要法律,該法歷次的修正皆由財政部主導,雖有徵詢地方意見,然在地方意見難以整合下,最終仍以中央所訂政策為依歸。因此該法最為地方政府所詬病,視為是導致地方財政困窘與阻礙地方自治進步的罪魁禍首。茲分析其所造成的政府間財政垂直與水平不均問題如次:

一、財源分配的垂直不均

依財政收支劃分法中央稅收包括所得稅、關稅、營業稅、貨物稅、菸酒稅、遺產贈與稅、證券交易稅、期貨交易稅、礦區稅、獨佔與專賣收入等 10 項;地方稅收包括地價稅、房屋稅、土地增值稅、使用牌照稅、契稅、統籌分配稅、菸酒稅、娛樂稅、遺產贈與稅等 9 項。至

於規費收入、罰賠款收入、財產、營業盈餘及事業收入、信託收入、捐贈收入、補助收入等中央與地方皆列為收入項目。

以 2013 年度為例，全國各級政府歲入 2 兆 4,979 億餘元，其中 70.8% 為稅課收入，計 1 兆 7,688 億餘元，是最主要的收入來源。而其中所得稅（含個人綜所稅與營利事業所得稅）為最大宗合計 7,432 億元，占稅課收入的 42%。其他大宗稅收如營業稅 3,030 億餘元、貨物稅 1,625 億餘元、關稅 970 億餘元、證券與期貨交易稅 739 億餘元等；地方稅收主要四大項為地價稅 708 億餘元、房屋稅 630 億餘元、使用牌照稅 577 億餘元與土地增值稅 1,032 億餘元。可見稅收劃分將大宗稅收劃歸為國稅，自然出現垂直的不均現象；2013 年地方政府稅課收入加上中央統籌分配稅款，合計約為 5,300 億餘元，僅占全國稅課收入的約三成，而歸屬中央政府收入的稅課收入則占全國的約七成。

我國中央政府分得稅課收入七成的比例是否適當？國際間比較如表一所示，依 OECD 統計資料分析，2012 年聯邦制國家（如美國、加拿大、德國等）中央政府分得稅收比例平均為 68.5%，但其中美國僅為 47.8%、德國 51.1%、加拿大 44%；至於單一國家制國家（如英國、法國、日本等），中央政府分得稅收比例平均則高達 83.9%，其中英國超過九成，法國約為七成，但其中較特殊的是日本，中央分得稅收比僅為 53.3%。我國中央政府分得稅收比例雖接近聯邦制國家平均數，但較美國、加拿大與德國等國皆高；我國中央分得比例比單一國家制平均數低，但仍高於日本許多。是故我國中央政府分得稅收比例是否適當？實在值得隨著民主化與地方自治的進展予以檢討。

Neyapti（2010）的研究指出收入的分權化（decentralization），讓地方政府對自我財政負責，可以改善政府的財政平衡。Cassette 和 Paty（2010）則針對歐盟 15 國，1972 至 2004 年資料的實證分析，發現收入的分權化（租稅自主），縮小了中央政府的規模，擴張了地方政府規模，可能導致政府整體規模的擴增。

表一　國際間稅課收入在各級政府分配比例　　　（單位：％）

國家	中央政府	州政府	地方政府
聯邦國家平均	68.5	21.1	10.3
美國	47.8	28.7	23.5
德國	51.1	35.4	12.6
加拿大	44.0	43.3	10.7
單一國家平均	83.9	--	16.1
英國	92.6	--	7.4
法國	70.1	--	29.9
日本	53.3	--	46.7
中華民國	69.2	--	30.8

資料來源：整理自 OECD 網頁。

二、財源分配的水平不均

　　1999 年財政收支劃分法的修正係為了配合精省，將原屬省與直轄市級收入的營業稅改為國稅，並提撥營業稅收的 40%，以及所得稅與貨物稅的 10% 作為中央統籌分配稅款。統籌分配稅款的分配方式，係將其中 6% 作為特別統籌分配款，支應地方緊急及重大事項所需，由行政院依實際情形分配。其餘 94% 作為普通統籌分配稅款，由財政部核定不同的分配比例，分配直轄市、縣市、以及鄉鎮（市）三類別政府，該比例訂於財政部公布的「中央統籌分配稅款分配辦法」內。2001 年修正公布的分配辦法，將北高直轄市分配比例訂為 43%、縣市

為 39%、鄉鎮（市）為 12%；該比例一直延用至 2010 年再修正為：直轄市 61.76%、縣市 24%、鄉鎮（市）8.24%。

財政部依財政收支劃分法所訂的統籌分配稅款分配方式，制度設計上偏重直轄市，讓縣市在爭取分配統籌款時相對於直轄市處於不利的位置，是造成地方政府財政水平不均的原因之一；也是導致縣市積極爭取升格為直轄市的誘因。例如 2008 年台北縣爭取升格為准直轄市成功，當年即獲得升格與北高兩市分配直轄市 43% 統籌款的地位，台北縣 2008 年分得統籌款 327 億餘元，較 2007 年度的 103 億餘元，增加 223 億餘元。台北市則從 2007 年度的 608 億餘元減為 419 億餘元，高雄市亦從 228 億餘元減為 123 億餘元；為消減北高兩市的抗爭，行政院給予台北市一年 155 億元、高雄市 100 億元的專案補助款，同時刪減台北縣的一般補助款 100 億餘元。（2009 年度起台北縣也分得每年 100 億的專案補助款）。

2011 年中央統籌分配款分配如表二所示，當年度的普通統籌分配稅款為 1,977 億餘元，6 都（含桃園縣）分得 1,261 億餘元，較其他 16 個縣市分得的 530 億餘元，多出 731 億餘元；6 都土地面積占全國總面積的 26.7%，人口占全國的 59.9%，分得普通統籌款占全國普通統籌款的 63.8%，這又引起非直轄市縣市的抗議，認為加重直轄市與非直轄市地區的公共治理與經濟發展落差。再比較六都成立前後的分配情形如表二所示，2011 年度較 2010 年度，直轄市獲得統籌分配稅款數額增加了 462 億元，縣市則減少了 275 億元，原因是分配辦法配合縣市合併與六都成立修改所致

地方政府間的財政水平差距，主要原因固然是各地區經濟發展程度不一、人口數量與所得、土地面積、自然資源等差異，而中央統籌分配稅款的分配可以扮演著拉近差距的功能。但從上述統籌分配稅款的分配方式，可以看出在過去直轄市政府強勢參與影響下，統籌分配稅款的此項縮短差距功能並未能發揮。

表二　中央普通統籌分配稅款分配表　　　　（單位:億元）

項目	2010 年度	2011 年度	2012 年度	2013 年度	2014 年度
直轄市 （含桃園市）	799	1,261	1,286	1,329	1,457
縣市	805	530	540	562	612
鄉鎮市	223	187	196	196	215
合計	1,827	1,977	2,021	2,087	2,284

資料來源：整理自財政部國庫署網頁。

三、地方財政自主性偏低

如前述分析，中央與地方政府分得稅收比例有垂直的不均問題，導致所有地方政府普遍的缺乏足夠財源支應年度歲出所需。茲以近年來地方政府財政自主性情形分析如表三所示，表列自籌財源係指不包括統籌分配稅款的歲入（即歲入減去上級政府補助款與統籌分配稅款），自有財源則包括統籌分配稅款。近年來地方政府自籌財源占其歲出比約四成，加上中央統籌分配稅款可提高到六成多（2009 年度比例較低，係因金融風暴稅收短收所致）。換句話說，仍約有將近四成的歲出必須依賴中央政府補助款或舉借債務支應，地方財政的缺乏自主性影響自治業務的推展。

地方政府財政入不敷出，到底支出主要用在那些政事呢？表四以2014 年預算資料分析，前四大支出分別為教育科學文化支出（31.0%）、一般政務支出（19.1%）、經濟發展支出（18.8%）、以及社會福利支出(14.3%)。對於直轄市政府預算言，社會福利支出佔歲出比為16.8%，較縣市與鄉鎮市政府的 10.9% 高出許多，顯示直轄市社會福利較佳。縣市與鄉鎮市政府的退休撫卹支出比例較高，表示該項支出已成為縣市政府的沉重負擔。

表三 地方政府財政自主性分析 （單位:%）

年度	自籌財源占歲出比	自有財源占歲出比
2005	45.8	66.8
2006	44.7	67.9
2007	45.4	68.3
2008	38.9	62.3
2009	35.8	54.7
2010	40.0	59.1
2011	40.1	59.9

資料來源：整理自財政部網頁。

表四 地方政府歲出政事別比重

項目	所有地方政府	直轄市政府	縣市和鄉鎮市政府
一般政務支出	19.1	18.2	20.4
教育科學文化支出	31.0	33.1	28.3
經濟發展支出	18.8	17.4	20.6
社會福利支出	14.3	16.8	10.9
社區發展與環境保護支出	6.0	7.2	4.4
退休撫卹支出	7.4	5.6	9.8
債務支出	1.1	1.2	1.0
一般補助與其他支出	2.3	0.6	4.6
合計	100.0	100.0	100.0

資料來源：整理自財政部網頁。

近年來地方政府人事費支出佔歲出與自有財源比如圖一所示，佔歲出的近五成，佔自有財源的近八成，可見人事包袱的壓力。人事費加上法定的支出如社會福利與退休撫卹以及部分既定的教育經費，每年度固定的支出超過八成，導致地方財政的僵化，並讓自治業務失去彈性。

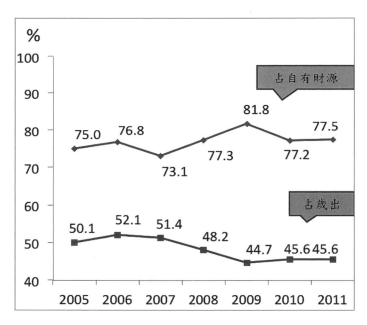

圖一　地方政府人事費占歲出與自有財源比
資料來源：陳勁欣 (2013)。

肆、中央補助款對地方自治的影響

中央政府為填補各地方政府基本財政收支差短與平衡各地方的經濟發展等因素，對於地方政府採取補助款方式支應。現行補助款分為「一般性及專案補助款」與「計畫型補助款」兩種，分析如次：

一、一般性及專案補助款

一般性及專案補助款補助事項包括：（1）縣市基本財政收支差短，（2）定額設算之教育、社會福利及基本設施，（3）平衡預算及繳款專案補助；由行政院按既定公式於年度預算編製開始前設算完成通知各縣市政府。一般性補助款因不指定用途，對於受補助的地方政府而言，如同其自有財源的增加，與共分稅（revenue sharing）性質無異（Rosen and Gayer, 2014），該財源對於地方財政的自主性有直接助益。

表五　中央一般性及專案補助占地方歲出比

年度	一般性及專案補助款（億元）	地方政府歲出（億元）	補助款佔歲出 %
2001	1,000	7,906	12.6
2002	1,100	7,651	14.4
2003	1,223	7,762	15.8
2004	1,431	8,129	17.6
2005	1,338	8,378	16.0
2006	1,358	8,212	16.5
2007	1,411	8,477	16.6
2008	1,569	9,068	17.3
2009	1,881	9,798	19.2
2010	1,920	9,869	19.5
2011	2,426	10,555	23.0
2012	2,468	10,551	23.4
2013	2,452	10,406	23.6

資料來源：整理自財政部網頁。
備註：1. 因 1998 年預算法修正，2000 年度預算為 1 年半預算，故從 2001 年度比較起。
　　　2. 2012 與 2013 年度勞健費用改由中央負擔，分別為 597 億元與 610 億元，因此該二年度一般性及專驗補助款亦相當規模減少，分別為 1871 億元與 1842 億元。為比較分析起見表內該二年度一般性及專案補助款係加入中央負擔的勞健保數。

　　精省後迄 2013 年度中央政府一般性及專案補助款彙總如表五，
2001 年度至 2007 年度該項補助款占地方政府歲出比平均為 15.6%；
2008 年度（台北縣升格為准直轄市）至 2010 年度（六都成立前）該
項補助款占地方政府歲出比增加至平均為 18.7%；2011 年度至 2013 年
度再提高至平均為 23.6%。可見中央為配合新直轄市的成立，釋出更
多的專案補助款，這有助於直轄市提高施政與自治能力。

二、計畫型補助的影響

　　計畫型補助款的補助範圍為：（1）計畫效益涵蓋面廣，且具整
體性之計畫項目；（2）跨越直轄市、縣（市）或二以上縣（市）之建
設計畫；（3）具有示範性作用之重大建設計畫；以及（4）因應中央
重大政策或建設，需由直轄市或縣（市）政府配合辦理事項；計畫型
補助則由各縣市政府提出計畫經主管部會分別核定補助。指定用途的
計畫型補助限制了地方政府可用財源的自主性，同時影響地方政府創
造施政特色。而中央各部會為進行對地方政府的計畫型補助，因補助
項目繁多，往往需要耗費大量人力進行計畫審查、實地勘查等。

　　計畫型補助經常造成詬病的是不符合成本效益分析，然而就各縣
市首長而言，如能向中央爭取到補助款，就沒有誘因向縣民增稅；爭
取更多的補助款，讓人民產生財政幻覺，絕對比加稅為更佳的策略（蔡
吉源，2000）。計畫型補助對於受補助的縣市政府言，這項財務資金
必須依據補助部會的指定計畫用於特定項目用途，如移用於其他項目
或未如數用出，皆可能影響執行績效的考核，以及未來年度補助計畫
的爭取；因此與一般自有財源性質不同，受補助縣市政府主要任務在
執行計畫預算，並不在乎預算資金的使用成效，產生所謂的「捕蠅紙
效果」（fly-paper effect）。

　　計畫型補助另一為人關注的問題是中央政府在核撥補助款時是否
涉及政治考量？王志良、詹富堯、吳重禮（2012）以 1999 到 2009 年
資料實證分析結果發現所謂「垂直式一致政府」效果（即更多補助款

給同政黨地方政府首長）不顯著，但發現總統選舉年時，中央投入更多補助款給反對或游移團體較多的縣市。羅清俊、詹富堯（2012）利用 2006 年 2009 年中央政府計畫型補助計畫資料發現立法委員特殊利益提案比例較高的縣市，獲得計畫型補助款也較多。

近年來中央政府計畫型補助款金額持續在增加，每年約一千五百億元左右，屬地方政府重要財源，同時亦表示中央政府透過各種計畫補助方式，影響地方施政。為落實地方自治，同時減輕各部會分配計畫補助款與考核業務負擔，似宜將計畫型補助限制在符合財劃法第三十條規定者為主，即具整體性、示範性、跨越縣市及配合中央重大政策者，而將屬於經常性支出補助部分調整為一般性補助。

伍、公共債務法對地方自治的限制

1996 年政府制定公布的公共債務法對於各級政府的赤字預算編製與未償債務餘額的控制，產生實質約束力；特別是對於縣市地方政府更是予以較嚴格的規範。新直轄市成立後，該法面臨適用問題，終於在 2013 年 6 月 27 日經立法院三讀通過修正。

1996 年制訂的公共債務法版本制度設計上給予中央與直轄市政府極大的舉債空間，該法明訂各級政府一年期以上未償債務餘額佔前三年度 GNP 比例，中央政府為 40%、直轄市為 5.4%（其中台北市 3.6%、高雄市 1.8%）、所有縣市政府合計為 2%、鄉鎮市為 0.6%。對於個別縣市政府與鄉鎮市政府的債務，並規定一年期以上未償債務餘額佔各縣市政府總預算及特別預算歲出總額的比例不得超過 45%，鄉鎮市不得超過 25%。實施近二十年的結果，出現問題是縣市政府經常以「浮編歲出」方式來增加舉債額度，又經常利用「以短支長」方式舉借一年期以下債務；事實上該債務屬長期債務，借債收入也早已支用，卻以一年期以下債務來符合公債法的規範。

　　2008 年台北縣升格為准直轄市，行政院同意其取得與北高兩直轄市相同地位分配統籌分配稅款；但礙於公共債務法係於法內明定北高兩直轄市的舉債比例，除非修法無法給予台北縣更多的舉債空間，即台北縣仍需繼續適用所有縣市政府合計 2%GNP 的舉債上限。2010 年後台中市、台南市與桃園縣皆面臨與新北市相同的困境，直到 2013 年公債法修正前，此四都雖然升格卻無法有較多舉債空間，引起極大的反彈，終於迫使立法院完成修法。

　　修正後的公共債務法對於公共債務的舉借，仍分為流量與存量的管制：

一、流量的管制

　　公共債務法對於各級政府年度預算赤字舉借新債予以約束，即各政府每年度舉債額度，不得超過各該政府總預算及特別預算歲出總額的 15%。（直轄市在 2014 年度起五年內得不超過 20%）。

二、存量的管制

　　公共債務法對於累積未償還債務餘額存量亦進行規範；對於一年以上公債，各級政府合計不得超過前三年度國內生產毛額（GDP）平均數之 50%，其中中央政府為 40.6%、直轄市政府 7.65%、縣市政府 1.63%、鄉鎮市政府 0.12%。同時對於縣市政府與鄉鎮市政府還規定所舉借一年以上債務未償餘額預算數，佔各該政府總預算及特別預算歲出總額之比率，各不得超過 50% 及 25%。至於未滿一年的短債，在中央與地方政府各不得超過其當年度總預算及特別預算歲出總額的 15% 與 30%。

　　公共債務法的修正的構想是在中央政府難以釋出更多財源之際，考量直轄市應為其財政負責；因此放寬直轄市的舉債空間，以 2013 年度資料預估，直轄市未來年度約可以有 4,500 億元、縣市政府則僅約 500 億元。

　　各級政府舉債餘額至 2014 年底如表六所示，直轄市累積一年期以上未償債務占 GDP 比為 3.80，距上限 7.65% 尚有空間；以過去直轄市舉債速度，此限額應可支撐數年，如 2011 年底直轄市共舉債 5,289 億餘元，到 2014 年底為 6,726 億餘元，三年僅增加 1,437 億餘元。雖然新公債法已放寬直轄市自 2014 年起五年內，每年度舉債額度可以在總預算與特別預算歲出的 20% 內，直轄市迄今在舉債方面尚可謂節制。換句話說，爭取補助款，以及要求修正財政收支劃分法擴增中央統籌分配稅款規模，仍是地方首長的最佳策略。

表六　各級政府一年期以上未償債務餘額（2014 年底）

政府別	金額（億元）	占前三年 GDP 平均數 %
中央政府	53,758	36.4
直轄市政府	6,726	4.6
縣市政府	2,053	1.4
鄉鎮市政府	23	0.0
合計	62,560	42.4

資料來源：整理自財政部網頁。

陸、六都後地方自治的提升

　　「地方制度法」第四條規定，人口聚居達 125 萬人以上，且在政治、經濟、文化及在都會區域發展上，有特殊需要的地區得設直轄市。同法第七條之一亦規定，內政部基於全國國土合理規劃及區域均衡發展之需要可將縣市改制或與其他直轄市、縣市行政區域改制為直轄市。2010 年 12 月 25 日新北市（原台北縣）、台中市（合併台中縣）與台

南市（合併台南縣）三個直轄市誕生，同時高雄縣併入高雄市；2014年12月25日桃園縣升格為桃園市，自此臺灣六個直轄市成立，地方自治也出現嶄新的一頁。

一、各級政府歲出結構比的變化

　　各級政府間歲出結構比在不同期間的變化如表七所示，將期間分為1996年臺灣直選總統前、1999年精省前、精省後至2011年五都與桃園准直轄市成立前、以及成立後迄今，四個階段。以中央政府歲出佔各級政府歲出比觀之，總統直選前六個年度平均為54.1%，直選後至精省前四個年度降為52.4%。而精省接收省業務與支出，導致中央所佔比例大幅成長，至2010年的11年度平均為63.6%，因此可謂精省後讓財政支出更為中央化。近三年度，中央比例降為平均60.4%，直轄市所佔比例則從北高二都的10.1%，大幅上升至24.1%，增加了10%；縣市則從21.1%降至12.9%（因部分縣市合併入直轄市所致）。新直轄市的誕生讓中央釋出較多的財源與降低其歲出結構比，似有利於地方自治的提升。

表七　不同期間各級政府歲出結構比　　　　　（單位：%）

期間（年度）	中央政府	省、直轄市政府	縣市政府	鄉鎮市政府	合計
1980—1995（總統直選前）	54.1	26.6	14.4	4.9	100.0
1996—1999（精省前）	52.4	28.6	14.9	4.1	100.0
2000—2010（精省後至五都與桃園准直轄市成立前）	63.6	10.1	21.1	5.2	100.0
2011—2013（五都與桃園准直轄市成立後）	60.4	24.1	12.9	2.6	100.0

資料來源：整理自審計部審定決算。

　　當前我國中央政府佔各級政府歲出比例約六成是否適當？依 Dziobek、Mangas 與 Kufa（2011) 就國際貨幣基金會（IMF）的資料分析，62 個國家自 1990 至 2008 年的資料如表八所示，已開發國家平均數為 72%，開發中國家平均數為 83%，單一制國家平均數為 81%，聯邦制國家平均數為 62%，全部國家平均數為 79%。我國中央政府歲出佔各級政府歲出比與聯邦制國家平均數相當，亦與美國的 59% 相近；然與支出分權化較高的國家比較，如加拿大的 35%，瑞士的 43%，則仍高出許多。

　　財政分權化是否可以改善財政績效呢？依據 Escolano 等人（2012）針對歐盟 27 個國家的研究，發現支出分權化確實與較佳的財政績效相關聯，特別是當地方政府對於中央的補助款依賴性愈低時，財政績效愈佳。同時他們也發現有關公債與赤字等財政規範，對於地方政府的財政績效沒有影響。

表八　支出分權化國際比較表—中央政府支出佔各級政府支出比重　（單位:%）

國家分類	平均數 %	標準差	國家數
已開發國家	72	16	24
開發中國家	83	14	38
單一制國家	81	15	54
聯邦制國家	62	11	8
全數國家	79	16	62

資料來源：Dziobek、Mangas 與 Kufa (2011)。

二、六都的功能與業務增加

2010 年因應縣市改制與新增直轄市，行政院核定將部會部分功能予以調整與進行業務移撥項目。有關業務功能調整移撥項目數與經費如表九所示，功能調整或業務移撥 49 大項，149 小項目；涉及預算經費中功能調整有 36 億餘元，業務移撥項目有 175 億餘元，其中國立高中職移轉為直轄市立經費達 156 億餘元，其次，署立醫院與醫療機構 17 億餘元。另法定社會福利經費包括農保、老農津貼與國民年金等依法由直轄市負擔，改制後桃園縣、台中市縣、台南市縣與高雄縣等一年增 62 億餘元（台北縣自 2008 年改制為准直轄市已開始自行負擔）。三大類預算增加，改制後淨增加支出預算年約 274 億餘元，由中央專案補助。

表九　中央業務功能調整或移撥由直轄市辦理項目與經費

項目	大項目	小項目	經費（千元）	涉及預算移轉項目
功能調整 (1)	38	91	3,650,371	18
業務移撥 (2)	8	55	17,543,143	17
法定社會福利支出	3	3	6,259,604	3
合計 (1)+(2)	46	146	21,193,514	35
總計	49	149	27,453,118	38

料來源：行政院。

備註：移撥只限於台北縣、桃園縣、台中市縣、台南縣市與高雄縣。經費計算以 2010 年 7 月 11 日為止。

柒、結論與建議

　　地方自治成效取決於首長的施政理念與領導能力，並受限於地方政府的財政預算規模與人力資源，同時亦受到上級政府補助款大小的影響。綜合上述分析可知，目前地方政府分得稅收僅占全國稅收三成，加上統籌分配稅款後，地方自有財源僅能支應其歲出的約六成，財政自主性明顯不足；再加上人事經費與法定支出佔歲出比例過高，造成支出的僵化，影響地方自治業務的推廣與自治績效。

　　中央政府的一般性補助，主要以公式分配，不指定用途，對於地方政府言如同自有財源增加，有助於提升地方政府財政自主性。2011年五都與桃園准直轄市成立後，此類補助款占地方政府歲出比例顯著提高，約佔歲出的二成多，愈顯其重要性。在財政收支劃分法未修正通過前，公共債務法的修正，雖給與了直轄市更多的舉債空間，但也同時期許直轄市為其財政健全負更多的責任。

　　從各級政府歲出結構比的變化，可以發現總統直選後，中央歲出佔各級政府歲出比有降低的跡象；但精省後則讓財源與權責皆走向中央集權化；這種現象持續到新直轄市成立後，中央政府的歲出結構比才開始降低。因此六都的成立可謂是地方自治的新契機，不僅中央政府各部會進行了功能調整與業務移撥，未來財源劃分將重新檢討，地方自治功能的提升應可預期。

　　財政收支與地方自治功能的彰顯息息相關，中央與地方政府的關係，應不僅是權限與財源的劃分，而是夥伴關係，未來宜朝協力合作與資源共享的方向邁進。同時地方政府也應朝提升財政自主性努力，全面檢討支出項目的合理性（如非法定義務支出、教育與人事支出等），肩負起地方公共投資的重要角色，並積極開拓財源（如採多元開發、引進民間 PFI 等）（張婉如等，2014）；以及強化債務管理，追求財政的永續性，如此才能持續擴展地方自治業務（徐仁輝，2015）。

為求地方財政的永續與地方自治的提升，提出以下兩項建議：

一、加強府際合作

全球化的時代，中央政府角色功能在弱化，隨之而起的是都會治理的興起（Tanzi, 2008）。各式各樣都會公共財與服務，如下水道、自來水、大眾運輸系統等，皆賴都會政府的提供。因此強化都會治理的必要性已日趨受到重視，財政分權趨勢也隨著全球化與都會治理的興起而更為明顯（徐仁輝，2011）。

過去為數眾多的地方自治團體與政府（如學區、自治區等），今日已難有足夠的財力提供市民所需的公共財貨與服務，因此地方政府的整併或合作，俾形成共同體成為地方自治的新發展趨勢（郝培芝，2014）。美國大都會內任何地方政府皆可以採取委託外包方式，利用其他政府的產能來提供公共財或服務。即公共財的生產需規模經濟時，眾多小型政府就會以契約方式委託其他政府提供（Ostrom et al., 1973; Beaty and Rubin, 2010），外包項目包括有：公共場所與建築物安全檢查、土地規劃、自來水提供、污水處理、垃圾收集與掩埋、廢棄物回收、911 報案處理、有毒物品處理、警力、消防、公共衛生、公共汽車、辦公空間、健康保險、人力培訓、藥物與酒精檢驗、醫療照護等。美國政府的「多層級治理模式」（Multi-level Governance），就是以特定任務的提供為導向，政府組織跨越了傳統的政治疆域（徐仁輝，2011）。未來在六都的帶領下，地方政府應朝區域整合發展與府際合作方向努力，合作提供公共財貨與勞務，達到資源共享與效率目的。

二、加強地方財政透明度

都會政府有更多的財源，吸引優秀人才加入，就可以提高施政效能；同時加強創新與競爭，增進施政品質，滿足市民的需求，因此更多財政資源的下放是必要的。然而在地方政府獲得更多財源與舉債空間之際，必須注意地方財政可能因首長或民代的不負責行為而崩潰。

　　學者們所謂的「二代財政聯邦主義」（Secondary Fiscal Federalism）認為地方首長施政未必是最大化地方福利，中央政府的補助款也未必是為了內化外溢效果，而經常是競租的結果（Oates, 2008）。健全有效率的資本市場可以提高地方政府借貸成本與對其借貸有所限制；同樣的，健全的房地產市場也可以對劣質的地方財政予以資本化，亦即市場機制可以對地方政府不負責任財政產生限制作用（Weingast, 1995）。因此要防止地方政府不負責的財政行為除了公共債務法、預算法的規範外，還應加強財政透明度，借重公民監督與市場機制來約束。

參考書目

王志良、詹富堯、吳重禮 (2012)。〈鞏固支持或資源拔樁？解析中央對地方補助款分配的政治因素〉，《政治科學論叢》，第 51 期，頁 51-90。

李長晏 (1999)。《我國中央與地方府際關係分析：英國經驗之學習》。台北：國立政治大學公共行政學系博士論文。

紀俊臣 (2003)。《台北市與中央關係之研究》。台北：台北市政府研考會。

郝培芝 (2014)。〈另類地方政府改革模式？從歐洲比較觀點分析法國基層政府改革之獨特性〉，《行政暨政策學報》，第 59 期，頁 127-166。

徐仁輝 (2011)。〈二代財政聯邦主義帶給我們的啟示：為五都成立後的地方財政建言〉，《當代財政》，第 9 期，頁 29-34。

_____ (2015)。〈新六都後中央與地方財政關係的探討〉，《財稅研究》，第 44 卷，第 2 期，頁 1-16。

黃錦堂 (2010)。〈台灣中央與地方權限劃分〉，「府際關係的新興議題與治理策略學術研討會」論文。台北：臺灣大學社會科學院大陸研究中心，11 月 12 日。

_____ (2011)。〈縣市改制為直轄市中央與地方業務功能調整：法治觀點〉，《研考雙月刊》，第 35 卷，第 6 期，頁 44-56。

陳勁欣 (2013)。〈中央對地方政府補助制度的探討〉，「大數據研討會」論文。新北市：新北市主計處。

張婉如、朱紀燕、楊靜怡、陳果廷、陳盈竹 (2014)。〈重返財政健全 --- 中央與地方財政合作與改革策略之探討〉，《財稅研究》，第 43 卷，第 2 期，頁 13-53。

趙永茂 (2003)。〈台灣府際關係與跨域管理發展策略與途徑〉，「兩岸地方政府管理比較研究研討會」論文集，1 月 10 日。

蔡吉源(2000)。〈落實地方財政自我負責精神強化開源節流機制〉，財政部〈編〉，《當前財政問題研討會實錄》，頁 294-335。台北：財政部。

羅清俊、詹富堯 (2012)。〈立法委員特殊利益提案與中央政府計畫型補助的分配：從民國 94 年至 98 年資料探析〉，《公共行政學報》，第 42 期，頁 1-31。

Beaty, LeAnn and Irene S. Rubin (2010)。〈地方層面上的政府間合作：場合、原因、對象、以及相關者〉，《公共行政評論》，第 3 卷，第 3 期，頁 4-24。

Cassette, Aurélie and Sonia Patty (2010). "Fiscal Decentralization and the Size of Government: A European Country Empirical Analysis." *Public Choice*, Vol.

143, No. 1:173-189.

Dziobek. Claudia, Carlos Mangas and Phebby Kufa (2011). "Measuring Fiscal Decentralization---Exploring the IMF's Databases." International Monetary Fund Working Paper (WP/11/126). https://www.imf.org/external/pubs/ft/wp/2011/wp11126.pdf (accessed April 25,2015).

Escolano, Julio, Luc Eyraud, Marialuz Moreno Badia, Juliane Sarnes, and Anita Tuladhard (2012). "Fiscal Performance, Institutional Design and Decentralization in European union Countries." International Monetary Fund Working Paper (WP/12/45). https://www.imf.org/external/pubs/ft/wp/2012/wp1245.pdf (accessed accessed April 25, 2015).

Musgrave, Richard A. and Peggy B. Musgrave (1980). *Public Finance in Theory and Practice*. New York: McGraw-Hill.

Neyapti, Bilin (2010). "Fiscal Decentralization & Deficits: International Evidence." *European Journal of Political Economy*, Vol. 26, No. 2:155-166.

Oates, Wallace E. (1972). *Fiscal Federalism*. New York: Harcourt Brace Jovanovich.

_____ (1999). "An Essay on Fiscal Federalism." *Journal of Economic Literature*, Vol. 37, No. 3:1120-1149.

_____ (2008). "On the Evolution of Fiscal Federalism: Theory and Institutions." *National Tax Journal*, Vol. 61, No. 2:313-334.

Ostrom, Elinor, William H. Baugh, Richard Guarasci, Roger B. Parks, and Gordon P. Whitaker (1973). *Community Organization and the Provision of Police Services*. Beverly Hills, CA: Sage Publications.

Rosen, Harvey S. and Ted Gayer (2014). *Public Finance*. New York: McGraw-Hill.

Tanzi, Vito (2008). "The Future of Fiscal Federalism." *European Journal of Political Economy*, Vol. 24, No. 3:705-712.

Weingast, Barry R. (2009). "Second Generalization Fiscal Federalism: The Implication of Fiscal Incentives." *Journal of Urban Economics*, Vol. 65, No. 3:279-293.

臺灣民主之
反思與前瞻

Public Finance and Local Governance

Jen-Hui Hsu [*]

Abstract

Twenty years have passed since the first presidential elections were held in Taiwan. How has local governance improved since the streamlining of Taiwan provincial government and the establishment of six municipalities during this period? This paper tries to understand the changes in local governance from the view of local public finance. The existing problems include vertical inequality and poverty of local finance resulting from the classification of taxation. The favored distribution of general sharing tax revenue to municipalities has led to horizontal inequality between local governments. The central government has increased the amount of general grants and has revised the public debt law to increase the amount of debt that municipalities can borrow. The departments also have shifted the functions and business to municipalities at the same time. The performance of local governance should improve in the near future. Finally, this paper recommends strengthening governmental cooperation and reinforcing the fiscal transparency of local governments.

Keywords: Classification of Taxation, Local Public Finance, Local Governance.

* **Jen-Hui Hsu** is Professor at the Department of Public Policy and Management, Shih-Shin University. His expertise area are fiscal administration, public budgeting, and public economics.

地方派系政治與地方生態的審思與展望

黃信達 *
東海大學

摘 要

　　由於臺灣特殊的民主化歷程緣故，造就了臺灣不同於其他民主國家的地方民主政治與地方政治生態，尤其是其中的地方派系及其型塑的地方派系政治與地方生態，也因此，地方派系因其特性成為臺灣民主政治中重要的選舉機器。但令人惋惜的是，不論是學界論述中的地方派系或臺灣一般媒體與市井百姓眼中的地方派系，似乎常常與黑金政治掛上連結，在臺灣民主政治中總是被賦予負面形象與視為負面因子，甚至是影響民主轉型與鞏固的阻礙。民主是一種公民的政治參與，是一種強調由下而上的政治運作體制。基層民主政治運作的良窳，影響著整體國家民主政治的發展與鞏固，故而，本文目的即在嘗試透過審思臺灣地方派系政治與地方生態發展，對於臺灣政治轉型民主化後的今日，嘗試提出一些看法供讀者參考。為此，本文將從什麼是「地方派系」以及地方政治開始帶入，接下來再論及它從過去到現下在臺灣的民主發展中扮演的角色與行為，如此將有助於我們對於它所型塑出來的地方派系政治現況，以及現今臺灣地方政治未來發展可能的走向有所瞭解與期盼。

關鍵詞：地方政治、地方派系、恩庇侍從關係、社會網絡關係、政治密友主義

---

* **黃信達** 東海大學政治學系助理教授，興趣研究領域為政治學方法論、經驗政治、選舉研究及民意調查。

壹、前言

　　臺灣的民主政治開展，是由下而上的過程，並非是如同一般民主化國家般的自始便是全國性各層級的民主政治同時推展。自從國民政府在國共內戰中失利並播遷來台後，國民政府在臺灣的憲政民主實施過程中，經歷了兩岸軍事敵對的戒嚴時期以及隨後的解嚴與政治改革開放時期迄今。在戒嚴時期，雖然存在著兩岸軍事對峙，但是 1949 年遷台後的國民政府為了取得統治的正當性，在臺灣實施有限的地方層級選舉（陳明通，1995:11）。是以解嚴前臺灣的民主選舉，主要是透過屬於基層地方自治選舉的舉行來獲得落實，地方自治主要係侷限在以縣市及其下級層級組織的自治與選舉為主。而中央層級的選舉直到解嚴之後，才逐漸的開放與全面普及並成為常態化。換言之，臺灣的全面性各層級民主選舉要到 1991 年 5 月 1 日廢除，12 月 21 日選出第二屆國民大會才算全面性的實施。這樣的民主化歷程，也造就了臺灣不同於其他民主國家的地方民主政治與地方政治生態，尤其是其中的「地方派系」及其型塑的「地方派系政治」與地方生態，也因而地方派系成為臺灣地方政治中重要的選舉機器。在戒嚴的國民黨一黨獨大威權體制時期，地方派系幾乎壟斷了地方層級選舉的公職職位乃至準公部門的職務，即便臺灣政治轉型進入民主化與政黨政治的時期至今，似乎地方派系在各層級選舉中的「選舉機器」角色仍並未失去，或許不再風光，但並未褪去。故而時至今日，每逢選舉時期，媒體的選舉報導中仍必然得見關於地方派系動向，與其對該次選舉中的政黨或候選人的影響討論報導。當然，學界相關民主化與選舉研究中的地方派系角色也從未消失。但令人惋惜的是，不論是學界論述中的地方派系或一般媒體與市井小民眼中的地方派系，似乎常常與黑金政治掛上連結，在臺灣民主政治中總是被賦予負面形象與視為負面因子。有鑑於民主是一種公民的政治參與，是一種強調由下而上的政治運作體制。基層民主政治運作的良窳，影響著整體國家民主政治的發展與鞏固，故而，本文目的即在嘗試透過審思臺灣地方派系政治與地方生態發展，

對於臺灣政治轉型民主化後的今日，嘗試提出一些看法供讀者參考。為此，本文將從什麼是「地方派系」以及地方政治開始帶入，先簡要對於相關重要名詞定義以及研究此領域的一些重要理論視角做一摘要的介紹，使讀者能快速粗略的掌握，在不同理論觀點下的一些關於地方派系起源、結構與運作學界常見看法論點，接下來，考量篇幅，將有違於一般研究論文的理論一致性依循作法，我們綜合各理論視角研究文獻的重要發現論述，嘗試將之混合並依時間與歷史演進順序呈現，焦點主要放在呈現它從過去到現在，在臺灣的民主發展中扮演的角色與重要行為事件，如此將有助於讀者對於它所型塑出來的地方派系政治現況，以及現今臺灣地方政治未來發展可能的走向有所瞭解與期盼。

貳、關於地方派系與地方政治

關於地方政治或說「地方政治生態」這個概念，是政治生態學中的說法，最早受法國社會心理學家西蒙尼特（D. Simonnet）的看法影響，認為生態具有共生、有機、動態、平衡與小群體等特質，因此政治生態學中特別強調的是大環境和個人、集體的關係，以及社會互換的集體活動現象（方勝雄 [譯]，D. Simonnet[原著]，1989:73-89）。也因此，所謂的「地方政治生態」，依循學者趙永茂的看法，是指：「地方政治中，互動共生的行為個體和群體，與地方政治、經社文化等環境之間的動態互動體系。」（趙永茂，1998:307-308）所以，地方政治生態的討論範疇顯然的包涵了以地方為主的政治經濟環境，置身其中的主要行為者：地方派系、政黨、候選人甚至地方性團體組織如社團、宗親會乃至於企業財團、黑道等等，以及這些行為者活動作用的場域、目標對象：諸如取得或掌握政府公職、農漁會、水利會、地方金融機構如信合社、社區發展協會等等所構成的體系。而這些活動者或團體在地方範疇內（通常是在單一個縣市內）競逐、掌握這些公部門或準公部門職務的職位或控制權的互動結果，形成了現今我們看到

的地方政治與生態。一般而言，在民主的國家，這些公職或準公部門資源的掌握與分配是透過民主的選舉相關行為來進行分配與定期輪換的，這種透過選舉的方式來分配公部門職務與資源，因為具有開放性與流動性，所以基本上比起獨裁或威權體制中，由上而下的主觀決定授予對象方式，相對來的不容易產生諸如私相授受或長期壟斷把持滋生貪腐的弊病。然而，在民主形式的選舉中，如果出現少數具有強大政治組織動員能力的團體，則仍有可能形成變相的壟斷，例如存在著兩個強大的政黨，則形成兩黨競爭的體系（當然這種「壟斷」並不一定不好），臺灣地方政治特殊之處則在於，早從一黨獨大威權體系時期，開放選舉的地方層級中，各縣市就都幾乎形成了以少數特定地方派系，而非以政黨形式輪流掌握這些地方公部門公職或準公部門的情形（當然這其中絕大多數的地方派系是從屬於國民黨下），這也使得臺灣的地方政治發展經驗在民主國家中顯得非常的特殊，也型塑出來獨特的地方派系政治與地方政治生態圈。這種特殊的地方派系現象，直到今日，縱使我們政黨政治上，不再由一黨獨大，中央或地方都已經有政黨輪替經驗，政治體制與選舉制度歷經多次變革或修正，但地方派系，整體來說，仍能影響、型塑地方政治的面貌，甚至影響全國性選舉的結果，其在臺灣民主政治中扮演的角色與重要性可見一斑。

　　是此，為了瞭解地方派系政治與地方政治，我們有必要瞭解關於這其中的最主要角色之一「地方派系」的起源的說法，這將有助於我們瞭解地方派系在面對時空環境的結構性轉變下，將面臨什麼樣的轉變、未來何去何從的可能。

一、地方派系定義

　　在臺灣，幾乎所有人都知道「地方派系」，然而，從經驗上我們很容易發現，多數人對於「什麼是地方派系」、「哪些是地方派系政治人物」，一時間卻也很難說的清楚，甚至對於特定政治人物是否是

特定地方派系成員也會出現認知上的差異，就好比華人文化中的「江湖」大家都知道，卻很難給出一個具體描述。即便我們嘗試著去從臺灣相關學者的研究中，來瞭解並嘗試找出一個通用的「地方派系」定義，似乎也是困難的。這或許是由於臺灣的基層民主，主要以縣市為主要實施單位，地方政治生態與地方派系發展至今，早已發展出屬於各縣市地方的獨特樣貌，故任何的分類與定義方式，均只能含蓋到實際過去或現存地方派系特性的一部份。因此，對一般民眾而言，「地方派系」概念不論源自媒體的政治傳播而來，或依照自身所處地區社會人際互動經驗而來，總是模糊而不一致，充滿歧異性。對學者而言，在進行研究時，面對這種多樣性，勢必因地制宜，各自依其研究主題與研究方法，另行提出更切合研究個案對象的「地方派系」定義。也因此自然而然的形成「地方派系」定義眾多，各具特色，例如學者趙永茂（1997:206-207）從社會學角度出發，指出地方派系是地方政治人物以地緣、血緣、宗族或社會關係為基礎，相互聯合，以爭取地方政治權力的組合。並無固定的正式組織與制度，其領導方式依賴個人政治、社會、經濟關係，其活動採半公開方式，而以選舉、議會等為主要活動場域，並在此等政治場域中擴展其政治或社會關係勢力，具有在地方政治上決定選票、推薦人才影響選舉與決策的功能。又「地方派系之別於其他黨派團體者，乃由於其以利害為主，無正式組織，其領導方式乃靠個人關係，至其活動方式則採半公開方式，其活動偶遇選舉而更加強，且因無組織，故其持久性常是人亡派息。」學者高永光（2004:34）則認為地方派系是臺灣地方政治人物，基於他們的社會人際關係，所形成的關係網路。這些人際關係來自於血緣、地緣、姻緣和語緣。透過這些網路，派系中的政治人物與追隨著間展開互動，構成政治上的結盟，目地在影響地方政治，追求利益。進一步，高永光指出，地方派系是一種非正式團體，多數臺灣地方派系缺乏組織化，不過透過前述的關係網絡，經常動員，尤其是選舉。在派系內部，所講究的並非只是單純的「服務」與「禮物」交換，更講究人情、

道義、認同與忠誠。學者陳明通則從恩庇—侍從觀點（patron-client relationship）切入，認為地方派系是以為基本構成單元，為達公部門或準公部門資源取得及分配的集體目標，所建立起來的一套多重人際網路，並將它按照活動的場域做中央與地方層次之分，地方派系是以地方基層政權作為主要活動空間。學者田弘茂也認為恩庇—侍從二元聯盟關係是地方派系結盟的基礎，其成員間的關係不僅是以彼此的共有認同來維繫，同時其上下之間的關係也依靠恩庇者與侍從者之間的利益交換作為結合的基礎（陳明通，1995:179-190）。另外學者陳陽德（1996:175-190）稱地方派系乃指一群不具任何有形組織的地方有力人士，因意氣相投或利害一致而結合，並且掌握有地方事業機關及政府作為的團體。

　　從上述幾個比較重要或不同的地方派系研究面向的定義中，我們可以發現，由於臺灣各縣市地方派系眾多，因其不同地理與背景環境，自然也難有一個通用涵蓋完整的定義，也自然使得定義眾多，但我們仍能從這些學者的研究中，歸納出臺灣地方派系具有下列的幾項特色，而有助於我們瞭解它：首先，地方派系顧名思義的具有地域性，因其發展環境與政策限制，故通常是以縣市為活動地域與發展範圍。第二，早初一個地區內地方派系的形成，通常是地方上人士對於政治權力與代表性政治職位競逐而來（如縣市長職位），亦即相同於派系成因中的「衝突」特質，因此一個場域內至少存在著兩個或兩個以上相對立或競爭的派系。第三，雖然臺灣的地方派系並沒有正式的組織與制度，但是卻多數都可以透過訪談研究中指認出派系領導者（或稱掌門人）以及具有派系屬性身份的代表性政治人物，這些派系中人間存在交換互惠關係、具有層級性、同時對「共同屬性標誌」擁有認同。[1]第四，這些地方派系主要的活動為參與政治性選舉，競逐政治職位，其次為

---

1. 「共同屬性標誌」一般可以理解為「派系名稱」，例如過去臺中縣的紅派、黑派，高雄縣的黑派、白派，嘉義縣的黃派、林派等等稱呼。而甚至可能發展出特定的具體符號標誌的使用。例如過去臺中縣的紅派候選人競選旗幟、宣傳看板、競選背心偏好使用紅色底色，而黑派候選人則多使用黑色做為底色。

準公部門如農、漁會等職位的競逐與掌握，進而從中試圖獲取壟斷獨佔的經濟資源與利益。第五，早期地方派系幾乎都是依附在國民黨底下發展與運作，但是解嚴後的後期，因為政黨政治結構的改變以及國民黨威權統治不再，對地方派系的控制力下降，派系在擺脫國民黨的羽翼下開展新的生存模式，開始重視自身的利益而去尋求結盟，並原有從屬政黨關係轉變為以派系的勝選考量下與政黨合作的策略性聯盟。當然民進黨在組黨與發展過程中，所發展出的黨內中央型派系在地方的發展與向下延伸所形成的「中央派系地方化現象」，也往往成為不可忽視的地方政治力量。

二、不同理論觀點下的地方派系起源、結構與運作

瞭解了地方派系的定義特性後，我們進一步來檢視不同理論觀點下的地方派系起源、結構與運作。這個部分對於我們理解與推估現今的各縣市的地方派系現狀與未來發展，是相當重要的一環。因為從結構的觀點來說，如果一個地方派系的形成與發展是受惠於特定的結構環境，那一旦這個結構環境出現巨大轉變，則有可能使得這個地方派系因為無法調適而消逝，一如有人認為恐龍的繁盛是因為氣候環境所致，而其滅絕也可能是因為地球氣候變遷進入冰河期難以適應生存所致。

學者 Beller 與 Belloni（1978:430-437）認為影響政黨內部形成派系的因素一般而言，可以區分為社會原因（societal causes）、政治原因（political causes）及結構原因（structural causes）。社會原因（societal causes) 是指包含了文化規範是否具有分裂性、生活場域的地理空間差異、社會經濟階層的屬性差異（如階級、年齡）、教育差異、區域經濟發展差異、因傳統與現代化導致的社會變遷等因素。在華人系統以「關係」做為尋求我群安全感的需求下，成為派系組成的根源。而政治因素（political causes）則包括政治制度上的菁英主義（elitism）、選舉制度、政黨制度。如果政治體制長期受政治菁英主導，則人民參

與程度下降，菁英間容易形成派系。如果選舉制度採取比例代表制（PR）加上偏好投票，則有助於黨內的成員組成派系以爭取在提名名單上的順位優勢。採取單記不可轉讓（SNTV）則會使候選人面臨同黨間高強度競爭，因此組成人脈或金脈上的相互合作組織，會有利於提升競爭實力，派系也因而產生。抑或可能是因為政黨發展或弱化過程中，派系領袖導可能強化或喪失對派系成員的控制力，致派系面臨不同的環境變化，促使行動者相互結盟或產生分裂，導致派系獲得發展或衰退，而政治菁英的自利動機與權力取得有時候會超越政黨或組織利益，造成派系組織或政黨的分裂與重組。至於結構原因（structural causes）則是指政黨的意識型態是否有折衷性？政黨組成來自一致的，亦或是多團體、多政黨的組成？政黨組織型態是幹部型政黨（cadre party，或使命型政黨）亦或是群眾型政黨（mass party 也稱掮客型政黨）？這些導致政黨內部控制力強弱差異的原因（政黨結構）會影響政黨內部組織運作呈現集權型、分權型、派系聯盟型等等不同樣貌。[2] 對照臺灣的相關學者研究，Beller 與 Belloni 的社會因素、政治因素及結構因素雖然可以讓我們對於臺灣地方派系出現有個大致概念，但是藉由國內學者的幾個研究，更可以讓我們更貼近與理解臺灣獨特各個地方派系的起源與結構運作間的差異性。這些研究主要有基於政治經濟學的結構性權力觀點，借用人類學恩庇—侍從觀點（patron-client relationship）來切入強調制度性結構關係取向，或是借用政治經濟學中討論腐化與政治經濟發展的密友主義解釋，延伸而為政治的密友主義（political cronyism）觀點，抑或是基於社會學角度，藉由社會關係網絡途徑（social-network relationship）來出發，重視社群性關係取向的理解。以下分別簡要說明不同理論視角間對於派系起源與發展的看法。

---

2. 所謂集權型政黨是指其決策權力集中於黨中央實際最高決策機關或少數領導階層。分權型政黨指其決策由各地方或區域黨部所主導。派系聯盟型政黨指政黨公開接受或默認派系的存在，各派系並建立起其活動與運作規範；而政黨政策的形成更來自於派系間的討論、競爭、協商與妥協。相關可以參見張瑞猛、陳華昇（1991:109）。

（一）恩庇—侍從觀點

就抱持恩庇侍從的認知觀點研究者而言，對於臺灣地方派系的生成與發展，一般認為主要是受到戒嚴時期的國民黨政權刻意扶植型塑而成。抱持此種觀點的相關研究，大致上均同意認為國民黨政府在遷台初期，基於其外來政權屬性與省籍的隔閡，使得其統治無法深入臺灣社會底層，因此，藉助地方自治選舉與地方基層政治菁英分享政治權力（僅限於地方層級權力），為其爭取政治支持以及獲取統治正當性的侍從主義作法便成了一個理想的選擇。（Wu, 1987:29-41；林佳龍，1989:137；趙永茂，1997:239；陳明通，1995；陳明通、朱雲漢，1992；若林正丈，1994；廖忠俊，1997；王業立，1998:80）當時的國民黨主要視地方派系為中介者的角色，仰賴「恩庇者」（patron）與「侍從者」（client）間以利益交換作為結盟機制的運作型態，來建立起國民黨政權在臺灣的普遍支持來源（陳明通、朱雲漢，1992：80-81）。而考量到避免再出現類似光復初期的全島地方政治菁英串連的情形，動搖國民黨統治基礎，以及分而治之的有效統治需求，解嚴之前的地方派系，國民黨主要是依照「侷限化、平衡化、經濟攏絡」的模式來型塑，透過在大多數縣市，扶植至少兩個以上派系存在，並且輪流提名不同派系候選人參選取得縣市長與議長職務，形成派系輪政的方式，來維持地區內派系間的相互競爭與平衡，同時對於其政治與經濟活動場域也予以侷限在鄉鎮市或縣市範圍之內，便於國民黨中央的操控與防止坐大（陳明通，1995:152-153, 237；趙永茂，1997:243；王業立，1998:78, 81；王振寰，1996:138-140；林佳龍，1989:136-137;Wu, 1987；趙永茂、黃瓊文，2000:170-171）。所以，學者陳明通以二元層級結構概念，勾勒出由上而下的：國民黨（恩庇者）VS. 派系領導階層（侍從者）；派系領導階層（恩庇者）VS. 派系樁腳階層（侍從者）；派系樁腳階層（恩庇者）VS. 派系選民支持者（侍從者）這樣的黨國與派系結構。其運作交換則是恩庇者提供下層以政治利益（如政治職務提名）、經濟利益（特別是獨佔性經濟利益如公車經營權、

信用合作社經營權）、象徵性利益（通常是指出席重要婚喪喜慶，「給面子」等），而交換下層侍從者對上層回報以政治忠誠與選舉時的選票支持。[3]

（二）社會關係網絡觀點

相對於恩庇侍從觀點視地方派系為國民黨威權政體，刻意由上而下型塑而出的產物，抱持社會關係網絡觀點的學者，透過對於特定地方的社會網絡與歷史文化觀察，認為透過「關係」的建構發展與運作，社會可以形成以此為連帶基礎的運作，而在政治上，則可據此而形成派系（Jacobs, 1979）。故而，地方派系的形成與發展，可以被視為是一個地方性社會網絡結構的形成與發展（陳介玄，1997:32）。因此，早期日據時期既存的地方性文人及其社會網絡，就是後來戒嚴時期臺灣地方派系發展形成的社會基礎與來源（吳文星，1982；王振寰，1996:139；吳芳銘，1996:41-42）。原有孕育已久的地方性社會網絡，經由地方自治選舉的開放，漸次結構成熟化，而形成具有垂直結構的「派系網絡」，並隨著結構化的發展而不斷再製、支援、擴充或者削弱派系發展的「樁腳網絡」乃至擴大連結「俗民網絡」（陳介玄，1997:34-38）。是故，一個地區的地方派系，在社會關係網絡觀點下，事實上是一個由「地方派系網絡」、「樁腳網絡」以及「俗民網絡」所形成的人際互動網絡。由於地方自治的選舉制度中，各級行政機關首長（如縣長、省轄或縣轄市市長、鄉鎮長、村里長等）採行的是單一選區相對多數決的選舉制度（SMD），而各級的議會則採取複數選區相對多數決制（MMD）中的單記非讓渡投票（SNTV）兩種不同的選舉制度安排，因此，在此種競逐地方政治職務的過程中，尤其是行政機關首長的職務，必然容易因此衍生出至少相抗衡的兩個派系，一如 Sartori（1976）所指出的 SMD 選制在政黨體系上容易型塑出兩黨體系一般，在基層地方自治中，似乎也有此一類似情形，而議

---

3. 詳細討論可以參見陳明通（1995）。

會 SNTV 制度則使得在行政首長職務上失去舞台的派系及其成員,未必完全沒有空間與機會。因此,隨著威權戒嚴時期的國民黨統治下的地方自治選舉的定期舉行,基於特定社會網絡基礎的地方派系也因此得以發展、茁壯,並與控制執中央政權的國民黨形成依附合作關係。在這樣的派系結構與運作觀點下,其運作交換內容,也不脫政治利益、經濟利益、象徵性利益、政治忠誠與選舉時的選票支持這些形式,但是必須指出說明的是社會關係網絡相對於恩庇侍從的強調政治、經濟權力與利益的交換,其更強調人際關係中的情感連結與象徵性利益交換與維持。基本上,作為派系網絡內的成員,本質上的一個要素是,在日常生活行動上,能突顯出「政治行動」的特質。所謂「政治行動」是指以政治利益以及政治權力為其行動目的。這雖然跟恩庇侍從觀點的派系領導階層相合,但是在下一層的「樁腳網絡」看法則出現差異。樁腳網絡不同於「派系網絡」,主要區別在於作為樁腳,不管大小樁腳的角色,其不一定是在正式組織位階上的人,下台的各級地方首長及民意代表、各類社團的負責人、某個企業的老板、地方上大家族的長者、廟宇管理委員會的主任委員或成員、各行業公會理事長等都可以作為樁腳。是以,相對於「派系網絡」成員之固化,「樁腳網絡」成員是流動的。就日常生活之行動特質而言,樁腳職業、頭銜與身分地位之多元組成,使其行動不像派系網絡內的成員是一種「政治行動,而是另一種「政治取向行動」類型,「政治取向行動」不一定以政治利益及政治權力為行動目的,經濟利益及象徵利益,亦可以是其行動目標。而樁腳存在的價值來自於其擁有之網絡,而不在於樁腳個體本身。樁腳之所以成為樁腳必須具備有隱性或顯性人際網絡,或者是開發人際網絡的能力。相應於派系網絡在團體動員所扮演的發動機角色,其在地方派系的發展過程中扮演著傳動機及工具機的職能是不能被完全取代的。最後,「俗民網絡」是指樁腳網絡真正能動員的有效邊界。換言之,俗民網絡意味著某個派系在其派系網絡及樁腳網絡動員之下,所能夠吸納的支持群眾之數量。「俗民網絡」是相應於樁腳網絡及派

系網絡的一個具特定指涉的解釋概念。[4] 所以這種以社會連帶關係而建構的地方派系，最典型的是桃園縣所呈現的以宗親會系統形成的地方政治網絡與生態。根據相關的研究顯示，過去的桃園縣地方派系不同於一般其他縣市的地方派系，其地方政治勢力的區劃，基本上可以地域（北、南）族群（閩、客）以及宗親（十大姓）三種不同區劃標準區隔出不同，所以閩客族群、地域觀念、宗親傳統與基層權力共同構成桃園獨特的社會結構特徵。[5] 桃園縣的地方派系或有稱南、北派或有稱姓氏宗親派也有鄉鎮型或個人系統的。但是若不論族群或地域，主要可以列出「陳姓」、「黃姓」、「邱姓」、「呂姓」、「吳姓」、「劉姓」、「彭姓」、「張廖簡」、「林姓」、「李姓」等相對最有影響力與政治實力的十大姓宗親。（陳明通，1995:280-281；陳雪玉，2003:54-68；劉佩怡 2005:24, 2009:77-90；陳佳慧，2009:89-108）而從2009年臺灣選舉與民主化調查（TEDS）資料，比較雲林與桃園縣市長選舉的分析中，可以明確看出桃園的選舉動員仍可以看出宗族在選舉動員拉票過程中扮演的獨特角色差異（黃信達，2010）。

（三）政治密友主義分析觀點

　　在政治的密友主義觀點下，因為結盟兩方成員間的資源會出現消長變化，很難區辨出像恩庇侍從所指涉恩庇者與侍從者角色固定的關係。故而密友關係強調結盟關係雙方是比較平等的關係，不若恩庇理論側重的上下不對稱關係。密友主義概念下的結盟關係有時會比較緊密，有時鬆散，甚至會出現競爭或衝突。其中也存在交換關係，但其是相互影響的交換關係，而非上下支配的交換關係，結盟關係可以隨意廢止，但也可能因為同時面對外在更大的敵人，而放棄過去的嫌隙，

---

4. 相關概念解釋可以參見陳介玄（1997）。

5. 也由於桃園縣的特殊性使然，並非所有人都認為宗親會或宗姓勢力符合「地方派系」稱呼，而其北閩、南客分法除了族群的共同屬性標誌外，族群內的政治成員間沒有類似地方派系同一派系政治行動者間的強連結結盟關係，所以並非學者都有一定共識「桃園縣有地方派系」主要是對於「地方派系」定義要求持廣義或狹義上標準的差異所形成。本文採取比較寬鬆的廣義認定。

再次合作（蔡榮祥，2014:14-15）。所以，政治密友主義觀點下，派系領導者與派系中比較忠誠的次級領導者的連結，是「穩固的密友主義」（solid cronyism），關係緊密程度上，情感連結大於或超越單純利益考量，比較不會因為對手的利益收買而撼動。派系領導者與一些可能會流動的次級派系領導者或成員關係連結則是「脆弱的密友主義」（fragile cronyism），此一關係模式中，利益交換或得失計算大於關係的聯繫。政治密友主義下的結盟二元關係中，即便雙方社會、經濟地位可能不平等，但是相對結盟關係中的政治地位是較為平等的，因為在政治上，雙方都可能握有彼此所需要的資源，畢竟派系領導人資源與影響力無法穿透到每一個基層選民中，就需要次級領導者或樁腳所握有的特定資源與網絡來彌補。所以實質政治上的關係不一定如表面上（或禮俗上）的上下層級，而可能是較為平等的互動地位。也因為這種特性，派系領導人的領導權力繼承成功與否，相當依賴新領導人的個人密友主義經營，而非只是繼承領導者的名號就可以領導整個派系，如果新繼承的領導者與派系次級成員間，只能維持鬆散的密友主義關係，則其掌握的政治實力，會比較不如前任領導者（蔡榮祥，2014:16-19）。政治密友主義的分析優點是可以解釋派系發展的動態變化、部分派系成員在派系之間的流動以及派系的核心基礎結構。在政治密友主義觀點下，地方派系的運作跟密友關係的型態有直接關係，而派系的發展或衰落，又跟其存活的領導人與成員如何適應環境變動有關，亦即結盟主體他們對結構變遷的適應能力與對制度中的結構缺陷（不利結盟維持因素）應對能力再加上歷史的偶然，會形成多樣的不同發展現況。

　　透過上述所指陳的主要不同檢視研究途徑後，我們基本上可以歸納出來，臺灣地方派系或有基於恩庇侍從概念下，因為國民黨的穩定統治需求，而加以刻意創造培植型塑出來的地方派系類型，這類型的地方派系的生存運作，相當依賴一個具有強大資源提供能力的政黨做為恩庇主供其依侍發展，換言之，一旦這種結構中的恩庇主因為制度

結構性環境變化或其他原因,而失去了提供資源的能力後,地方派系可能趨向瓦解或者另尋恩庇對象,例如屏東縣地方派系的式微便被學者王金壽(2004:196-197)認為與國民黨無法再維繫過去威權體制下的制度環境,加上現代化、選舉制度變化、派系領導人繼承失敗、民進黨成立乃至司法體系改革與獨立於國民黨的控制等因素有關。又例如學者趙永茂(2001)對彰化縣與高雄縣的研究指出的 2000 年總統大選後的新政黨政治形勢對地方派系衝擊導致派系內部重組轉型與或走向漸趨式微影響等。而相同的,社會網絡觀點下的地方派系因其發展相當依賴的是社會關係連帶基礎,然而大環境的政治經濟體系上的變動,社會結構也必然受到影響,更主要的是社會的現代化過程中所帶來的都市化、理性強調等影響,衝擊改變了社會結構中的人際關係基礎。傳統農業社會的人際關係連帶與都會化人際關係連帶是相當不同的,而理性伴隨的民主知識與法治觀念也增加了選民投票的自主性與對關係連帶的投票動員影響力。所以這種社會關係網絡類型的地方派系,容易因為都市化而遭到結構性打擊,例如臺中市過去的賴派相當依賴農會系統的組織,但是隨著都市發展與重劃,賴派所分布地區的農田逐漸消失變成一棟棟的公寓大樓社區,外移人口大量移入,稀釋改變了原來地區範圍內的選民結構,致使賴派消逝(黃信達,2011a)。當然,都市化並不必然一定導致地方派系的消亡,例如高永光(2000)對臺北縣的研究便指出都市化與派系影響力不見得是負相關的。事實上,綜合相關臺灣學者的研究結果,一定程度顯示出了,地方派系在面對臺灣民主政治發展一路走來在政治、經濟及社會面向上的變遷過程中,不同理論下發展類型的地方派系,面對相同的歷史進程背景,導致不同的結果。有走向式微甚至消亡的,也有因為能夠調適而轉型繼續存活的,一如政治密友主義觀點下所描述的因為他們對結構變遷的適應能力與對制度中的結構缺陷(不利結盟維持因素)應對能力再加上歷史的偶然,會形成多樣的不同發展現況。故而,現今的臺灣地方政治中,地方派系政治運作與影響仍然可以被窺見與被討論。

參、地方派系政治與地方生態的審思與展望

一、地方派系政治與臺灣民主進程

　　基於上述對於地方派系特性與起源、結構與適應性的討論，接下來，我們將焦點放在它從過去到現今在臺灣的民主發展中扮演的角色與行為，以便於我們對於它所型塑出來的地方派系政治現況，以及現今臺灣地方政治未來發展可能的走向有所瞭解與期盼。首先，依時間與歷史演進順序來看，早在日據時期長久以來，臺灣各地便存在著一些由地方仕紳所組成，目的在於爭取地方自治的政治團體，例如「臺灣民眾黨」及由其分出的「臺灣地方自治聯盟」（周明，2006），主要是因為當時日本統治下開放一部份員額的街庄議員由臺人參選，這些地方仕紳為了向日本統治者爭取更多的地方自治（街庄議員席次）而形成全島性的串連。不幸的，這樣的本土政治菁英的連結與地方政治菁英，在 228 事件與白色恐怖中被摧毀或壓抑。到了國民政府開放地方自治選舉開始，在國民黨的培植與容許下，在地方上重新形成了穩固的地方派系生態，只有少數地區的地方派系是不依附於國民黨之下的，例如高雄的黑派余家班、嘉義市的許家班或雲林的黨外派系。這個時期的地方派系多數跟國民黨的關係穩定，在恩庇侍從的詮釋下，國民黨在臺灣的統治基礎穩定跟地方派系的體系有相當大關係，而這也使得地方派系在此種環境下，壟斷獨佔了地方政治公職與準公部門職務，例如農漁會、水利會等等，得以壟斷地方政治資源分配、佔有區域性獨佔經濟而獲得維持派系生存所需的資源與給養（陳明通、朱雲漢，1992），故而地方派系成為地方政治菁英意欲參政的最佳管道，政黨的政治甄補於地方層級反而不是最好的管道，換言之，地方派系一定程度壟斷了地方政治菁英的參政管道，當然也一定程度排擠阻擋了黨外地方政治菁英的參政，維持國民黨在地方執政政權的席次壟斷獨大。但必須注意特別的是，地方派系雖然是依附國民黨下依其侷限化、雙派系策略而生存於地方政治領域中，並非所有地方派系成員與

其支持者都進入國民黨的政黨體系中的，而是只有地方派系成員中佔有重要公職或準公部門職位的才是，地方派系體系下的樁腳階層尤其是底層派系支持者，往往並不在國民黨政黨體系中。這樣的地方派系之於國民黨，反而比較像是國民黨的「僱傭兵團」，儘管不依附國民黨事實上很難生存，國民黨事實上僅能掌握派系領導與核心層員，對地方派系中下層級就力有未逮。隨著國民黨統治進入威權鞏固時期，以及地方派系發展運作開始出現負面影響，諸如過份汲取地方公共財資源飽入私囊、惡化地方政治體質等等，有鑑於此，1972 年蔣經國擔任行政院長後，認為當初借重地方派系的權宜之計目標既然達成，因而發展地方黨部及救國團組織，做為國民黨政治菁英甄補的管道來吸納本土政治菁英，才是長久之計，故而倡言「拔擢青年才俊」、推動「本土化政策」開始了「吹台青」與派系替代策略。反映在地方選舉上便是 1972 年與 1977 年選舉中，國民黨大量提名非派系出身候選人以及擴大黨員入黨政策。這樣的政策初始在 1972 年第 7 屆縣市長選舉中是成功的，為國民黨贏得了全省全部 20 名縣市長席次（地方派系只提名 8 席，黨工幹部 12 席），然而 1977 年第 8 屆縣市長選舉中，遭遇到挫敗（地方派系只提名 3 席全當選，黨工幹部提名 17 席，落選 4 席），甚至發生中壢事件（若林正丈，1994:183）。自此，國民黨不得不放緩打壓地方派系的腳步，1984 年關中接任國民黨臺灣省黨部主委，引入美國政黨提名的黨內初選制度，試圖以此方法來吸收並消除地方派系。然而，隨著 1986 年民進黨成立、1987 年解除戒嚴、1988 年蔣經國過世與隨之而來 1989 年的三合一選舉中，國民黨縣市長選舉慘敗，導致關中下台而結束了國民黨的派系替代策略。這十年間的國民黨與地方派系關係，是個重要的時期，因為顯然國民黨無法對地方派系取而代之。

隨著國民黨李登輝的上台、1990 年爆發野百合學運、1991 年廢除動員戡亂時期臨時條款，國民大會全面改選，到 2000 年間，在政治上是臺灣走向全面民主化的重要的民主轉型期，政治體制上的變動

也最為劇烈。此時期的國民黨內有黨內主流非主流的爭議、1993 年反對李登輝的黨員分裂出走成立新黨、1997 年凍省爭議、2000 年宋楚瑜出走成立親民黨，在外則有民進黨的競爭，尤其是儘管 1994 年當時國民黨宋楚瑜贏得省長選舉、1996 年李登輝贏得第一次總統直選，但是隨後國民黨卻在 1997 年縣市長選舉中，在 23 個縣市中，只贏得 8 個縣市，民進黨贏得 12 個縣市的執政權，（其餘 3 個縣市則由無黨籍人士贏得），民進黨除了第一次獲得 23 位縣市長中的過半席位外（在 2014 的縣市長選舉中再度獲得過半席次），民進黨也首度在全國性的選舉中過半超越國民黨的得票率，而「綠色執政」下的人口也首次超過全國總人口的 70%。此次選舉與 1998 年直轄市市長暨市議員選舉，被認為同為 2000 年總統大選後的中央政府政黨輪替奠定基礎。在這段期間，國民黨對地方派系的禁錮逐漸解開，地方派系隨著凍省省議會停止民選，立法委員席次擴張，開始進入中央層級，侷限化與雙派系平衡策略失靈，甚至反過來逐漸更依賴地方派系在選舉中的動員支持。對地方派系而言，國民黨提名不再是當選的保證，地方派系在在 1972~2000 年間這一段歷程中，面臨政治、經濟與社會環境的劇烈變動，在激烈的選舉競爭為求生存，導致逐漸財團化或與財團結合引入競選資金，甚至與黑道合作，確保樁腳與賄選通路出現了財團化與黑道化。使得原本的地方政治更形惡質化，出現地方民代素質低落、賄選歪風盛行、黑道涉入選舉，甚至地方基層民代出身黑道或與黑道過從甚密比例超過 50%（王業立，2002a:13-15）。這些變化最終導致了 2000 年的中央政黨輪替，而自此恩庇侍從觀點下的國民黨與倖存的地方派系間關係，開始有了根本性的轉變，過去上下依侍的關係似乎難再，而成了「擬似水平二元聯盟」或水平二元聯盟關係。[6]

---

6. Carl H. Lande 所提出的水平二元聯盟關係（horizontal dyadic alliance）是指兩個人之間透過交換恩惠，在需要的時候彼此相互幫助的一種自願性協定關係（Lande,1977:xiv）。不過 Lande 的水平二元聯盟比較像是一般朋友間的友誼互惠交換關係，不若政治密友主義強調為政治目的而建立的友誼交換關係。所以吳芳銘（1996）用「擬似水平二元聯盟」來形容恩庇侍從衰退後的國民黨與地方派系關係。

　　隨後 2001 年的縣市長選舉中地方政治生態相對於 1997 年又出現新的變動，在 23 個縣市中，民進黨與國民黨相當，各拿下 9 席；初成立的親民黨 2 席；新黨也首度贏得 1 席；另外 2 席則屬無黨籍。在此次的縣市長選舉中，「泛藍軍」攻下了 13 席，而「泛綠軍」僅贏得 10 席。但是選舉呈現出的重點在於：雖有近半數的 12 個縣市發生「政權輪替」，整體開始出現「北藍南綠」的政黨版圖現象，但是在多數的選區中因為單一選區相對多數決制的制度性特徵使然，雙方的得票率差距並不算太大，往往幾個百分點選票的流動，就足以顛覆整個選舉結果（王業立，2002b）。其次，首次出現嘉義縣原依附國民黨的縣市層級的地方派系林派，在與敵對的國民黨黃派縣長席次對抗競爭中，選擇轉移與民進黨結盟。顯示了地方派系不再必然的以國民黨為結盟對象，而這也顯示出了國民黨無力整合協調地方派系間衝突的結果，同時擁有中央執政資源的民進黨，除了黨內中央派系致力向基層扎根地方化外，也開始試圖與親國民黨地方派系結盟，儘管收穫不大。之後，2004 年國民黨與親民黨結合並與地方派系緊密合作，試圖贏回中央執政失敗，但是民進黨卻在 2005 年縣市長選舉進一步失敗，席次僅剩雲林以南除嘉義市外之所有縣市共 6 席。這也導致了 2006 年 7 月 23 日，民進黨全國黨員代表大會中通過「解散派系」提案，民進黨除了禁止黨內派系以派系名義設辦公室、招募會員、對外募款，也規定黨內公職人員不得加入派系。一般普遍認為，解散派系對民進黨是一件好事，但事實上卻形成民進黨中央派系地下化與地方化的結果，伴隨著民進黨在南部地方縣市的穩定執政，形成中央以個人名義的新系統名稱（如蘇系、謝系等等），而地方政治上則是可能存在親國民黨地方派系與民進黨地方化後的派系以政黨名義競逐地方公職的現象左右地方政治版圖。必須注意的是，到這個時間點為止，歷次選舉中縣市議員席次上，多數地方議會泛綠議員席次仍難以過半，不論縣市長是否為泛綠獲勝，這也意味著，地方派系或許無力在縣市長選舉上維持必然勝選，但是在縣市議員席次上，卻仍能維持相對優勢。2008 年

總統選舉在民進黨身陷貪污弊案的大環境氛圍下，泛藍地方派系與國民黨的合作，使得國民黨馬英九勝選，重新取得中央執政，然而因為馬英九的個人政治特質與黨內改革行動，卻導致 2009 年與 2010 年五都直轄市選舉中，國民黨雖然席次上仍能維持優勢，但選舉中與地方派系的切割卻也逐漸明顯，其中反映在初升格後的臺中直轄市選舉中，提名原臺中市胡志強，因為原臺中縣紅黑地方派系的消極不合作，使得胡志強的勝選以慘勝來形容。當然直轄市升格政策使得升格的地區的鄉鎮市改制為區，取消代表會，也導致這些地區地方派系頓失許多基層政治政治職位空間（張傳賢、黃信達，2013；黃信達，2011b）。另外，國民黨甚至在台南直轄市正副議長選舉中，為了維持乾淨選風，祭出黨紀一舉將跑票的十位黨籍議員，全部開除黨籍。使得台南市議會無黨籍議員達 30 席，成為議會最大勢力，民進黨則由 27 席減為 24 席，國民黨由 13 席減至僅存 3 席（自由時報，2010）。儘管後續國民黨馬英九仍贏得 2012 年的總統大選，一般咸信，地方派系仍在藍綠對決的選舉中，維持與國民黨的結盟，然而 2014 年的地方基層九合一大選，卻因為馬英九執政績效不彰以及政策等等問題積累，引發 2013 年 8 月因洪仲丘案發生白衫軍運動、2014 年 3 月服貿協議爭議引發太陽花運動，這兩個運動的特點是由非政黨力量所主導發起的公民運動，而公民參與的主體是平常政黨與地方派系選舉政治動員比較難觸及的年輕選民，結果導致了國民黨在九合一大選的大敗，對於地方政治而言，連泛藍執政 16 年的臺北市都因為「白色力量」而使國民黨敗選，輸給以白色力量為號召的無黨籍參選人柯文哲。柯文哲競選影響甚至外溢到其他縣市，出現了因為年輕選票的投票，使得不僅國民黨，連地方派系資深基層候選人也深受影響，尤其是議員與村里長層級選舉。使得地方政治出現新的政治生態。

二、地方派系政治的審思與展望

綜觀整個臺灣民主政治與地方政治發展過程中，地方派系的發展與演變幾乎就等於臺灣的地方政治史。從功能面向而言，Duverger

（1964:278-279）曾指出黨內派系的存在，可能代表黨內不同利益的呈現、促使理念與領導者選擇的競爭，完善「黨內民主」、扮演黨內「忠誠反對」的角色、扮演在認同、利益、組織共識未完善建立之前，扮演凝聚意見的建設性角色。而不論日據時期或國民政府遷台初期到國民黨威權鞏固時期間，臺灣的地方派系在當時的政治環境下，其所扮演的功能與角色，似乎的確與 Duverger 所指的一些正向功能相符，尤其地方派系透過其派系網絡的策動與發展過程中，藉由樁腳網絡利用各種政治利益、經濟利益及象徵利益達成人情效力及關係連帶，形成對於俗民的圈內化或擬派系化作用，稱之為地方派系對於地方社會的「團體化」與「再團體化」凝聚作用。除了有助於穩定整個國家外，也是該時空環境背景下，基層民主參與的可能與相對主要有效管道、做為地方民意需求匯集與反應形成公共政策有效管道，而地方派系的選舉政治動員，的確有助於在威權政治體制下的基層民眾的政治參與，有助於當時地方民主政治的相關活動的開展與養成推進。然而當地方民主政治由地方派系長時間壟斷、把持參政管道，時間經久，且也逐漸的顯現出這種地方派系政治的缺點。絕大多數學者研究中均指出，地方政治參與的壟斷或地方派系間的交相傾軋，最終往往使得地方派系浮濫運用所掌握把持的地方政府公權力，用以汲取一派乃至少數人經濟私利益，侵蝕多數地方民眾的公利益，諸如鑽營於都市計畫或公共建設規劃過程中的土地紅利獲取，扭曲符合公益的正常應為都市計畫或公共建設規劃；以公權力掩護寡佔性的非法經濟活動如砂石場、八大行業；地方公部門採購利益與佣金回扣索取破壞品質；省營金融行庫、信用合作社與農會信用部經營的特權貸款或把持，侵蝕地方金融體制的健全，甚至導致危機；地方派系發展到後期甚至相互利益分贓、為求維繫派系而黑金財團化、選舉中助長買票文化等等，一連串負面影響使得地方政治體質惡質化，導致地方政治腐敗、地方政府容易出現決策僵局與應付政治危機能力遲緩等等諸多惡果，甚至影響民主鞏固。最終因其在一般民眾心中的形象評價日益惡劣，最終也拖垮

恩庇地方派系的國民黨政權。

　　從臺灣地方派系的建構、結構化到與解構或轉型出現新型態的運作過程中，我們可以觀察到影響地方派系發展變遷的一些重要因素及其帶來的影響：諸如政治大環境的民主化帶來了多黨的政黨競爭：這讓地方派系失去以往強韌的恩庇主，使的很多地方派系難以適應而走向崩解衰微，也為勉強轉型存活的地方派系帶來派系合作對象跨出國民黨的可能，但另一方面，民進黨政黨中央派系地方化也為派系帶來原有地方派系之外的新競爭者。轉型的地方派系與政黨的關係的水平化或轉變為密友聯盟關係形式，做為在特定地區仍有一定政治選舉動員實力的派系（甚至扮演關鍵少數的角色），其似乎相對於政黨有比較多的自主性以及流動性，至少在選舉中不再必然依附國民黨下，而有積極合作或消極不合作甚至與其對立的策略選擇空間，原本互競的地方派系間也可能形成共治合作（例如原臺中縣紅黑派在 14-15 屆運作），然而政府體制改變帶來的不同公職席次變化乃至消失（凍結國大、凍省、總統直選、直轄市擴張為六都等等）、立委選舉制度與席次改變，也正逐漸壓縮傳統地方派系的可佔有公職數量，加上改變後的立委混合型選制有助於政黨黨紀控制力的提高，這對於地方派系而言，是相當大的不利因素，但有助於政黨政治的健全與地方意欲參政新人無須依賴或加入地方派系，而能有更大的出線機會。地方派系能否勉力生存於政黨之外？值得後續觀察。

　　至於社會與經濟的發展面向中，臺灣社會由農業型態轉變為現代型人口集中都市，經濟快速增長與全球化自由化等社會經濟環境改變，也為地方派系的生存帶來巨大影響。現代化過程中的理性強化、法律性、公領域與個人私領域劃分與注重隱私等等現代性特性，使得不但買票侷限性加大，傳統農村存聚落居住型態朝向都市化與社區大樓居住型態，不僅改變人際連帶社會關係，衝擊傳統地方派系組織發展網絡，大樓管理委員會中立化運作與排斥，也使得派系椿腳面臨政治動員拉票困難，取消村里民大會猶如雪上加霜，地方派系組織發展面臨

年輕人的疏離化難以納入再團體化。當然民主化與相關政府廉政、商業法規的法制化，如政府採購法與金融監理相關法規趨向完善，加上經濟開放的國際化全球競爭與制度化發展趨勢，金融體系開始整併形成更大的金控（財團），擠壓消滅小的地區合作經濟銀行體、甚至企業也朝向跨國型企業發展等等，無財團化的地方派系越來越難以掌控金融事業體，導致汲取地方利益管道大幅縮減剩下少數獨佔特許經營如公車、採砂石，但也招致財團、黑道覬覦競爭，簡而言之，維繫地方派系生存與選舉支持的金脈管道縮減嚴重，一開始導致其必須與財團結盟或引入黑道，然而結局往往是飲鴆止渴，最終仍難逃其害而衰敗。

伴隨民主化而來的媒體開放，乍看之下似乎沒有直接影響，其實不然。新聞媒體對於地方派系的新聞，通常是選舉報導專題分析地方派系實力或過去地方派系間的競爭歷史，然而可以發現切入面向往往是負面的。政治傳播相關研究對於媒體影響力早已明確說明，其所具有議程設定、涵化能力與皮下注射效用，復以地方派系本身的非正式組織特性與運作模式，一般民眾對於地方派系的印象主要來源往往是依賴媒體的報導資訊內容。這使得地方派系在形象塑造上與選舉過程中，有時候往往必須想辦法隱藏派系屬性，以避免遭受對手攻擊或選民背棄。這自然加深派系生存難度，而即便嘗試培植新生代或代表性指標人物，但此種擁有清廉、能力形象代理候選人難尋，尤其現今媒體與網路社群團體與軟體發達，使得「完美的」候選人難出現，更遑論「漂白」。姑且不論國外網路社群與傳播媒體這種政治傳播媒介科技帶來的影響衝擊，在臺灣 2014 年的臺北市長選舉便是一個典型的範例。其影響的並不只是單一地區選舉，其效應甚至擴散，形成對整個基層選舉議題的主導，也影響了投票率。由於政府推動社區總體營造（典型產物是地方社區發展協會）並沒有達到取代過去村里民大會功能，也對於促進社區公共議題參與意識及行動效果仍有限，尚難以重構新的「社區」概念做為參與式民主的有效支撐。然而網路社群平台

與即時通訊軟體的出現，似乎在臺灣慢慢形成公共議題論域於網路世界中，在媒體報導的推波助瀾下，似乎能有效吸引年輕組群對於公共議題的關心與參與討論，有助於公共政策參與的與共識意見的達致，這是審議式民主以及共識型民主相當重要的一環。同時網路資訊也使得對政府的公共監督可能性大增，舉凡太陽花學運中公民動員模式、其中「零時政府（g0v.tw）」對於相關政府公開資訊的提供（透過網路協做迅速將生硬資訊轉化成具易讀性與傳播性資訊），割闌尾公民罷免立委活動的募資與達成連署門檻到柯文哲市府的透明政府操作與網路監督抓漏模式，都顯示了電子化民主論域中的實踐可能性。但網路這個平台也並非全然沒有隱憂，一個是資訊正確性問題，此從服貿與反服貿的「懶人包」資訊正確性爭議可窺端倪，而另一個顯例是網路充斥的「健康資訊偏方」的正確性往往比例相當低，卻呈現出另一種資訊傳遞特性。另一個因素核心因素是因為網路匿名的可能性伴隨而來的「網路民粹」與「網路霸凌」，這些隱憂無異於為過去選舉中的負面競選（negative campaign）提供一個更廉價有效的平台通路。不論如何，目前我們看到的網路社群與媒體影響，似乎還是針對全國性或相對較大範圍直轄市議題與政治人物在作用，其他非「重點」縣市反而有被媒體平台邊緣化趨勢，而未來如果網路社群與媒體影響作用，如果擴及真正地區內地方公共議題的關注，成為地方人參與地方政治的論域平台，則地方派系透過「選民服務」或「爭取地方利益」的中介功能也將可能被取代，對地方派系生存影響也將是巨大的。

整體來說，如以派系變遷視為依變數，則過去三四十年來影響派系的發展因素，主要仍是政治制度上的變動，如解嚴民主化、選制改革、政黨政治發展、都市發展與社會變遷乃至政治文化變遷等因素，臺灣的地方派系問題之特殊，儘管過去因其負面行為結果常被視為負面的存在，但平心而論，其亦有正面之處而使得現今仍未完全消退於臺灣政治中，例如或許就是因為地方派系提供的許多選民服務，相較於政府的公共服務，更能貼近與即時滿足地方民眾的需求之故。故而

或許與其思索消弭之外，嘗試在歷史演進脈絡性下，思考中央與地方政府部門，能如何提供更兼具品質與能量，並且貼近於地方需求的政府公共服務，或可使傳統自利型地方派系，逐漸轉型為公共服務型與政策型派系，使臺灣政治步入政黨政治、健全的公共治理時代。

　　本文透過對於地方派系的相關學界重要理論看法、臺灣民主發展歷程中角色檢視希望協助讀者瞭解，並對下列問題答案能有啟迪思考：「為什麼地方派系在某些地方十分突顯，但在其他地方又不顯著？在派系盛行的地區，為什麼派系會出現不同的面貌？」臺灣地方民主政治過程中所蘊生的地方派系，事實上依據不同理論下的地方派系起源類型，面對相同的歷史進程背景以及地區間社會經濟發展背景差異，可能導致不同的結果，有的地方派系已經或逐漸走入歷史，有的雖然轉型但可能仍然有一定的影響力而繼續存活，甚至轉換成另一種樣貌存在成為「原子化地方派系」（atomized local faction）。[7]其轉型存活或沒落消逝關鍵，或許在原有派系類型各自理論下相當一定程度可以解釋，但如若再配合政治密友主義的詮釋角度，更有可能更貼近地方派系經歷世代輪替過程的成敗與現狀。換言之，單一地方派系理論可能難以完整詮釋，在現今臺灣政治現狀下的地方派系現狀，或提供未來發展可能較為精確的預測依循，但是若能綜合的運用不同詮釋理論來互補驗證，或許可以更有助於對地方派系現在與未來的觀察理解。關於派系的存在一如美國憲法之父 James Madison 所言，其存在的潛在原因存在於人的本性之中，因此，在任何文明社會裡，無論是宗教、政治或社會等層面，到處都可以發現它的蹤跡。派系傾軋的結果，不可避免會造成政治上的不穩定和偏私的情形，若要消滅派系，只有兩個途徑其一是消滅自由，因為自由之於派系，猶如空氣之於火，是它須臾不可或缺的給養。其二是使所有公民都有同樣想法、情緒及利益。

---

7. 這裡借用 Sartori「原子化政黨」(atomized party) 概念來形容地方派系在原有領導人過世後，無法有效產生足以繼承原領導人權威的人，而使原派系個人山頭化。「原子化政黨」：指政黨領導階層四分五裂，而黨員各自圍繞著領導成員打轉的情形 (Sartori, 1976:75)。

而兩者在民主社會皆不可能實現（Madison, 1787）。所以問題不在消滅，而在於消除或減低其負向影響，亦即學者丁仁方（1999:76）所指出的「地方派系雖無法避免，但派系政治應做為民主鞏固的附加物（addenda）而非取代制度性的運作，導致公眾辯論、責任歸屬難以實現。」

參考書目

丁仁方（1999）。〈統合化、半侍從結構、與臺灣地方派系的轉型〉，《政治科學論叢》，第 10 期，頁 59-83。

方勝雄（譯），Dominique Simonnet（原著）（1989）。《生態主張》。臺北：遠流出版社。

王金壽（2004）。〈瓦解中的地方派系：以屏東為例〉，《臺灣社會學》，第 7 期，頁 177-207。

王振寰（1996）。《誰統治臺灣？：轉型中的國家機器與權力結構》。臺北：巨流圖書公司。

王業立（1998）。〈選舉、民主化與地方派系〉，《選舉研究》，第 5 卷，第 1 期，頁 77-94。

_____（2002a）。〈臺灣地方層級的選制與選舉〉，陳文俊（主編），《海峽兩岸地方政府與企業》，頁 1-20。高雄：中山大學政研所。

_____（2002b）。〈縣市長選舉結果與地方政黨版圖變遷〉，《國家政策論壇》，第 2 卷，第 2 期，頁 75-82。

自由時報（2010）。〈重懲跑票 兩黨鍘 15 議員〉，12 月 30 日。http://news.ltn.com.tw/news/focus/paper/456146。2015/03/27。

吳文星（1982）。《日據時期臺灣社會領導階層之研究》。臺北：正中書局。

吳芳銘（1996）。《地方派系的結盟與分化變遷之研究：以嘉義縣和高雄縣為例》。嘉義：中正大學政治學研究所碩士論文。

周明（2006）。〈臺灣地方自治的第一聲獅吼—「臺灣地方自治聯盟」實現投票選舉的意義〉。臺灣省諮議會（主編），《臺灣民主的興起與變遷學術研討會論文集》，頁 1-14。南投：臺灣省諮議會。

林佳龍(1989)。〈威權侍從政體下的臺灣反對運動：民進黨社會基礎的政治解釋〉，《臺灣社會研究季刊》，第 2 卷，第 1 期，頁 117-143。

若林正丈（1994）。《臺灣：分裂國家與民主》。臺北：月旦出版社。

高永光（2000）。〈「城鄉差距」與「地方派系影響力」之研究—1998 臺北縣縣議員與鄉鎮市長選舉的個案分析〉，《選舉研究》，第 7 卷，第 1 期，頁 53-86。

_____（2004）。〈臺北縣地方派系與黑道互動模式之研究〉，《選舉研究》，第 11 卷，第 1 期，頁 33-72。

張傳賢、黃信達（2013）。〈2010 年臺中市長選舉中泛藍選票流失之分析〉，《臺

灣民主季刊》，第 10 卷，第 1 期，頁 1-53。

張瑞猛、陳華昇（1991）。〈政黨決策過程〉，楊泰順（主編），《政黨政治與臺灣民主化》，頁 95-122。臺北：財團法人民主文教基金會。

陳介玄（1997）。〈派系網絡、樁腳網絡及俗民網絡：論臺灣地方派系形成之社會意義〉，東海大學東亞社會經濟研究中心（主編），《地方社會》，頁 31-67。臺北：聯經出版公司。

陳佳慧（2009）。《臺灣地方派系與宗親會互動關係之研究 - 桃園縣個案分析》。高雄：國立中山大學中國與亞太區域研究所碩士論文。

陳明通（1995）。《派系政治與臺灣政治變遷》。臺北：月旦出版社。

陳明通、朱雲漢（1992）。〈區域性聯合獨占經濟、地方派系與省議員選舉：一項省議員候選人背景資料的分析〉，《國科會研究彙刊：人文及社會科學》，第 2 卷，第 1 期，頁 77-97。

陳雪玉（2003）。《桃園閩客族群與地方政治關係的歷史探討》。桃園：國立中央大學歷史研究所碩士論文。

陳陽德（1996）。〈民主轉型與地方政治生態的變遷〉，《東海學報》，第 37 期，頁 175-190。

黃信達（2010）。〈基層選舉中的地方派系因素〉。「臺灣選舉與民主化調查 2010 年國際學術研討會：基層選舉與基層治理」論文。臺北：政治大學，10 月 30 日。

＿＿＿＿（2011a）。〈2010 年臺灣直轄市選舉中的地方派系因素〉。「臺灣選舉與民主化調查 2011 年國際學術研討會：五都選舉」論文。臺北：東吳大學政治系，12 月 4 日。

＿＿＿＿（2011b）。〈臺中縣市合併升格後地方派系與政黨關係初探〉，《政治與政策》，頁 91-140。

廖忠俊（1997）。《臺灣地方派系的形成發展與質變》。臺北：允晨文化。

趙永茂（1997）。《臺灣地方政治的變遷與特質》。臺北：翰蘆出版社。

＿＿＿＿（1998）。〈地方政治生態與地方行政的關係〉，《政治科學論叢》，第 9 期，頁 305-328。

＿＿＿＿（2001）。〈新政黨政治形勢對臺灣派系政治的衝擊：彰化縣與高雄縣個案及一般變動趨勢分析〉，《政治科學論叢》，第 14 期，頁 153-182。

趙永茂、黃瓊文（2000）。〈臺灣威權體制轉型前後農會派系特質變遷之研究：雲林縣水林鄉農會一九七〇及一九九〇年代為例之比較分析〉，《政治科

學論叢》，第 13 期，頁 165-200。

劉佩怡（2005）。〈臺灣『宗親政治』形成初探－以桃園縣為個案分析〉，《人文學報》，第 29 期，頁 19-36。

＿＿＿（2009）。〈宗族、宗親會與選舉動員〉，《選舉評論》，第 6 期，頁 77-90。

蔡榮祥（2014）。《雲嘉南地方派系的持續與變遷》。臺北：華藝出版社。

Beller, Dennis C. and Frank P. Belloni (1978). "Party and Faction: Models of Political Competition." In Frank P. Belloni and Dennis C. Beller (eds.), *Faction Politics: Political Parties and Factionalism in Comparative Perspective* (pp. 430-437). Santa Barbara, CA: ABC-Clio Inc.

Duverger, Maurice (1964). *Political Parties: Their Organization and Activity in the Modern State*. Trans. by Barbara and Robert North. New York: John Wiley & Sons.

Jacobs, J. Bruce (1979). "A Preliminary Model of Particularistic Ties in Chinese Political Alliances: Kan-ch'ing and Kuan-hsi in a Rural Taiwanese Township." *The China Quarterly*, No. 78:237-273.

Lande, Carl H. (1977). "Introduction: The Dyadic Basis of Clientelism." In Steffen W. Schmidt, James C. Scott, Carl Lande, and Laura Guasti (eds.), *Friends, Followers, and Factions: A Reader in Political Clientelism* (pp. xiii–xxxvii). Berkeley, CA: University of California Press.

Madison, James (1787). "Federalist No. 10 The same subject continued (The Union as a Safeguard Against Domestic Faction and Insurrection)." In Alexander Hamilton, James Madison, and John Jay, *The Federalist Papers* (pp 10:55-10:66). Richmond, Virginia: Westvaco Corporation.

Sartori, Giovanni (1976). *Parties and Party Systems: A Framework for Analysis*. Cambridge: Cambridge University Press.

Wu, Nai-teh (1987). *The Politics of a Regime Patronage System: Mobilization and Control within an Authoritarian Regime*. Unpublished doctoral dissertation, University of Chicago, Chicago, IL.

Local Politics and Local Factions:
Review and Prospect

Hsin-Ta Huang [*]

Abstract

"Local factions," as a unique type of faction politics and well-functioning election mobilization machine, not only play important roles in Taiwan's democratic development but also shape the local political ecology in Taiwan. The success of a country's democratic development considerably depends on good basic level (grass-roots) operation of democracy. By first explaining what "local politics and local factions" in Taiwan are, this article focuses on the changes of behavior and roles that local factions act on Taiwan's democratic development. Reviewing them under several theoretical prospects (such as Patron-client Relationship, Social-network Relationship and Political Cronyism) serves to help us understand how democratization, electoral reform, social change, and urbanization have impacted local politics and local factions in the past years. Given the background description and discussion, this article assists readers in thinking about the prospects and expectations of local politics and local factions in Taiwan.

Keywords: Local Politics, Local Factions, Patron-client Relationship, Social-network Relationship, Political Cronyism.

* **Hsin-Ta Huang** is currently an Assistant Professor at Department of Political Science, Tunghai University. His specialized fields include survey method, qualitative method, election and voting behavior. Current research interest fields are voting behavior, Taiwan local factions and public opinion poll.

Taiwan Foundation for Democracy

Background

Taiwan's peaceful transition to democracy is not only a historical accomplishment for its twenty-three million people, but a landmark in the worldwide spread of democracy. Only after years of struggle and effort could this transformation take place. We must never forget this history, for it shapes the cornerstone of our continued commitment to the principles of democracy and human rights.

The Foundation was established with an inter-related, two-tracked mission in mind. Domestically, the TFD strives to play a positive role in consolidating Taiwan's democracy and fortifying its commitment to human rights; internationally, the Foundation hopes to become a strong link in the world's democratic network, joining forces with related organizations around the world. Through the years, Taiwan has received valuable long-term assistance and stalwart support from the international community, and it is now time to repay that community for all of its efforts.

The Ministry of Foreign Affairs initiated the Taiwan Foundation for Democracy project in 2002. After much research and careful evaluation, the Ministry integrated the required resources from many sectors of society. In January 2003, the Ministry obtained the support of all political parties to pass the budget for the Foundation in the legislature. The TFD formally came into being on June 17, 2003, with its first meeting of the Board of Trustees and Supervisory Board. At that meeting, Legislative Yuan President Wang Jin-pyng was elected its first chairman. According to its By-laws, the TFD is governed by a total of fifteen trustees and five supervisors, representing political parties, the government, academia, non-governmental organizations, and the business sector.

Mission

The Taiwan Foundation for Democracy (TFD) is the first   assistance foundation to be established in Asia, and is devoted to strengthening democracy and human rights in Taiwan and abroad. Its primary concerns are to further consolidate Taiwan's democratic system, promote democracy in Asia, and actively participate in the global democratic network.

The TFD will put its ideals into practice through farsighted, transparent, and non-partisan management. Building on the strength of both political parties and civil society, the TFD will enable Taiwan to positively contribute to the worldwide movement for democracy. According to its By-laws, the Foundation's mission is as follows:

• Work with the international community to strengthen democracy around the globe and expand Taiwan's participation in international activities;

• Support democratization in Asia and the rest of the world by establishing close relationships with leaders of the world's democracies and cooperative partnerships with civil society groups, political parties, think tanks, and non-governmental organizations in democratic countries; and

• Elevate Taiwan's democracy and further consolidate its democratic development by promoting education in democracy and international exchanges among academic circles, think tanks, parliaments, and political parties from the world over.

Our Tasks

The primary source of funding for the TFD is the government. However, it is independently incorporated, non-partisan, and non-profit. According to its By-laws, the Foundation may accept international and domestic donations. One-fifth of its budget is reserved for Taiwan's political parties, supporting their own international and local initiatives that are in line with the mission of the TFD. The remaining budget is used for the TFD core activities, including:

• Building relationships with related institutions around the world;

• Participating actively in the global promotion of democracy and supporting the improvement of human rights conditions;

• Supporting democracy promotion activities of NGOs and academic institutions;

• Promoting research and publications on democratic developments at home and abroad; and

• Holding seminars, workshops, conferences, and other educational activities in the area of democracy and human rights.

臺灣民主基金會

緣起與成立

臺灣民主轉型成功，不僅是兩千三百萬臺灣人民值得驕傲的歷史性成就，更是國際社會讚賞的焦點。此一轉型並非一朝一夕所能完成，而是經歷了一段漫長的爭自由、爭人權的過程。這段歷史見證吾人追求民主、人權之過程。

基此，為積極鞏固我國民主與人權進步實績、回饋國際對我長期的堅定支持與協助，同時藉由參與全球民主力量網路的聯繫，促進我國參與全球民主政黨及相關組織之活動，財團法人臺灣民主基金會之設立理念於焉成型。

外交部自二○○二年即積極推動籌設，經過長期資料蒐整及審慎評估後，結合我國產、官、學及民間等各方面人力、經驗與資金，在朝野各政黨之支持下，於二○○三年元月獲立法院審查通過預算。二○○三年六月十七日，財團法人臺灣民主基金會在召開首屆董事暨監察人會議後正式成立，立法院王院長金平獲推舉擔任首屆董事長。依照章程規定，十五位董事分別依照比例，由來自政府、政黨、學界、非政府組織，以及企業界的代表出任。

宗旨

做為亞洲地區所建立的第一個國家級民主基金會，臺灣民主基金會的基本理念是在全民共識的基礎上，建立一個永續經營、具遠景並運作透明化的超黨派機構，透過凝聚政黨、民間組織力量，共同為擴大臺灣參與全球民主接軌及鞏固民主實績而努力。 依照章程，基金會設立宗旨包括：

- 與民主國家相關社團、政黨、智庫及非政府組織（NGOs）等建構合作夥伴關係，並與國際民主力量接軌，有效凝集世界民主力量，拓展我國國際活動空間。
- 支持亞洲及世界各地之民主化，與全球各地民主領袖建立密切合作及聯繫網絡，並致力推動全球民主發展。
- 透過全球學術界、智庫、國會、政黨等管道推動民主教育及國際交流，提升臺灣民主素質，鞏固民主發展。

工作方向

財團法人臺灣民主基金會係由政府贊助設立，惟仍屬獨立運作的、超黨派的組織，依據章程，基金會得接受國內外民間捐款。基金會五分之一預算保留作為各主要政黨申請從事國內、外民主人權相關活動之用；其餘五分之四則作為推動各項業務之經費。

本會業務推動範圍包括：

- 推動與世界各國民主組織建立結盟關係。
- 支持國內外學術界、智庫、民間非政府組織推展有關民主與人權之活動。
- 支援國內各政黨從事國會外交及國際民主交流活動。
- 發掘國內外民主發展問題、研發政策並發行書刊。
- 推動有關民主、人權之研討會，舉辦公共論壇及相關民主教育活動。

臺 灣 民 主 之 反 思 與 前 瞻

編 著 者：江大樹、余致力、吳玉山、吳重禮、周育仁、

　　　　　明居正、林繼文、孫煒、徐仁輝、張力亞、

　　　　　彭懷恩、黃長玲、黃俊翰、黃信達、楊和縉

　　　　　（依姓氏筆畫排列）

主　　　編：王業立

發 行 人：蘇嘉全

出 版 者：財團法人臺灣民主基金會

　　地址：106 臺北市大安區信義路三段 147 巷 17 弄 4 號

　　電話：+886(2) 2708-0100（代表號）

　　傳真：+886(2) 2708-1128,2708-1148

電子信箱：tdq@tfd.org.tw

　　網址：http://www.tfd.org.tw

出版年月：民國 105 年 6 月初版

　　售價：新台幣 350 元

© 2016 年 / 版權屬財團法人臺灣民主基金會

ISBN 978-986-93341-0-5